은동진 쌤의

KB139621

한국사
능력검정시험

한권으로 끝내기
기본(4, 5, 6급)

예문에듀
EDU

머리말

전국의 한국사능력검정시험 수험생 여러분!

만나서 반갑습니다.
한국사를 맛있게 만들어주는 은쌤이 왔습니다.

현장과 인강에서 한국사 강의를 한 지가 어느덧 10년이 훌쩍 넘었습니다. 〈EBS〉, 〈이투스〉, 〈에듀윌〉에서 한국사 대표 강사로 많은 수험생을 만나면서 '어떻게 하면 역사의 진정한 의미와 가치를 사람들에게 전해줄 수 있을까?', '어떻게 하면 역사를 재미있고 쉽게 알려줄 수 있을까?'라는 고민을 늘 가지고 있었습니다. 이 고민은 지금도 현재진행형입니다. 이를 해결하기 위해 여러 노력을 하다 보니 자연스럽게 많은 수험생들의 사랑을 받으면서 강의를 할 수 있었던 것은 아닌가 싶습니다.

수능 강의, 공무원 강의, 인문학 강연, 방송, 라디오 등 다양한 매체에 참여하여 역사를 쉽고 재미있게 알려주기 위해서 노력해 왔는데 가장 큰 사랑을 받았던 곳이 바로 한국사능력검정시험 강의였습니다. 많은 수험생들이 주신 사랑에 보답하고자 1년 여 동안 한국사능력검정시험 강의와 책을 준비하였습니다.

그 결과물이 바로 '은동진 쌤의 한국사능력검정시험 한권으로 끝내기[기본(4, 5, 6급)]'입니다. 한국사능력검정시험은 대부분의 문항들이 문제은행식으로 이전 회차에 나왔던 문항들이 반복해서 출제가 됩니다. 그렇기 때문에 다른 그 어떤 시험보다도 핵심 이론 정리와 기출문제 풀이가 중요합니다. 이 책은 꼼꼼하고 깊이가 있는 강의로 혼자 공부를 해도 모든 문제가 풀릴 수 있도록 구성하였습니다.

이 책의 부록으로는 한국사 시대별 압축 요약집, 시대별 왕 족보집이 있습니다. 시험에 자주 나오는 개념들을 단 하나도 놓치지 않고 모두 담았습니다. 수험생들이 시험장에서 마지막까지 볼 수 있도록 알차게 구성하였습니다.

'은동진 쌤의 한국사능력검정시험 한권으로 끝내기[기본(4, 5, 6급)]'가 많은 한국사능력검정시험 수험생들의 합격에 도움이 되길 바랍니다.

저자 은동진

※ 은동진 선생님 방송 및 강연 섭외 등은 이메일과 인스타그램 디엠으로 문의를 남겨주시면 빠른 시일 내에 답변 드리겠습니다. 감사합니다.
· 이메일 edjzzang@naver.com
· 인스타그램 https://www.instagram.com/edjzzang

한국사능력검정시험 가이드

시험 정보

✎ 시험 종류 및 인증 등급

시험 종류	심화	기본
인증 등급	1급(80점 이상)	4급(80점 이상)
	2급(70~79점)	5급(70~79점)
	3급(60~69점)	6급(60~69점)
문항 수	50문항(5지 택1형)	50문항(4지 택1형)

※ 100점 만점(문항별 1~3점 차등 배점)

✎ 평가 내용

시험 종류	평가 내용
심화	한국사 심화 과정으로서 한국사에 대한 체계적인 이해를 바탕으로 한국사의 주요 사건과 개념을 종합적으로 이해하고, 역사 자료를 분석하고 해석하는 능력, 한국사의 흐름 속에서 시대적 상황 및 쟁점을 파악하는 능력을 평가
기본	한국사 기본 과정으로서 기초적인 역사 상식을 바탕으로 한국사의 필수 지식과 기본적인 흐름을 이해하는 능력을 평가

✎ 2024년 시험 일정

구분	원서접수	추가접수	시험일시	합격자 발표
제69회	01월 16일(화) 10:00 ~01월 23일(화) 18:00	01월 30일(화) 10:00 ~02월 02일(금) 18:00	02월 17일(토)	02월 29일(목)
제70회	04월 23일(화) 10:00 ~04월 30일(화) 18:00	05월 07일(화) 10:00 ~05월 10일(금) 18:00	05월 25일(토)	06월 05일(수)
제71회	07월 09일(화) 10:00 ~07월 16일(화) 18:00	07월 23일(화) 10:00 ~07월 26일(금) 18:00	08월 10일(토)	08월 22일(목)
제72회	09월 03일(화) 10:00 ~09월 10일(화) 18:00	10월 01일(화) 10:00 ~10월 04일(금) 18:00	10월 20일(일)	10월 31일(목)

※ 2024년 제70회(5월 25일 토요일), 제72회(10월 20일 일요일) 시험은 심화만 시행

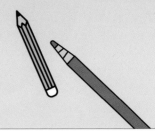

은쌤이 알려주는 4단계 합격 비법

STEP 1 은쌤이 콕 찝어주는 시대별 핵심 이론으로 쉽게 익히기!

시험에 자주 출제된 이론만을 모아 한 눈에 파악할 수 있도록 **도표 형태**로 만들었어요.

예시로 종종 등장하는 **사료 및 자료**도 한눈에 파악할 수 있도록 정리했어요.

내용의 이해를 도울 수 있는 **사진**도 꼼꼼하게 담았어요.

27강 흥선 대원군의 국내외 정치

▲ 당백전
경복궁 중건을 위해 당백전을 발행하고, 이외에도 성문세, 원납전, 결두전 등을 징수하여 백성들의 많은 원성을 초래했다.

서원 철폐
"진실로 백성에게 해가 되는 것이 있으면 비록 공자가 다시 살아난다 해도 용서하지 않겠다. 지금 서원은 도둑의 소굴이 되어버렸으니 말할 것도 없다."

~~…의 위치 함치 소굴을 지어 유생들을 해산시켰다.~~

▲ 흥선 대원군의 영정

1 흥선 대원군의 국내 정치

(1) 흥선 대원군의 집권 ...외 정세

| 국내 | 세도 정치의 폐단 ...삼정의 문란으로 인한 민란 발생) 동학과 천주교 확산 |
| 국외 | 서양에 대한 위기...시아의 남하와 연해주 차지, 이양선 출몰, 일본과 중국 의 개항 |

배경	• 세도 정치의 폐단, 왕권 약화 • 고종 즉위 → 흥선 대원군의 섭정
왕권 강화 정책	• 안동 김씨 세력 축출, 문벌을 가리지 않고 인재 등용 • 정치 기구 개편 : 비변사 폐지 → 의정부와 삼군부 기능 강화(정치 · 군사 업무 분리) • 법전 정비 : 『대전회통』 『육전조례』 등 편찬 • 경복궁 중건 : 왕실의 권위 회복 　─ 경비 마련 : 원납전 징수, 당백전 발행(물가 급등) 　─ 양반 묘지림 벌목, 통행세 징수, 백성 부역 동원 　─ 결과 : 양반과 농민 모두 반감 고조
서원 철폐	• 배경 : 붕당의 근거지, 국가 재정 부담, 민생 피폐 • 전개 : 전국에 47개소의 서원을 제외한 만동묘(임진왜란 때 도와준 명의 황제인 신종 · 의종을 위해 세운 사당) 포함 600여 개 철폐 → 서원의 토지와 노비 몰수 • 결과 : 왕권 강화, 민생 안정, 국가 재정 확보

(3) 흥선 대원군의 수취 체제의 개혁 : 삼정의 문란 시정

배경	삼정의 문란, 민생 피폐
목적	국가 재정 확보, 민생 안정
민생안정	• 전정 : 양전 사업 실시, 토지 겸병 금지 • 군포 : 호포제 실시 → 양반에게도 군포 부과 → 국가 재정 확충 • 환곡 : 사창제 시행 → 지방관과 토호의 중간 수탈 방지

(4) 흥선 대원군의 국내 정치 평가

| 의의 | 국가 기강 정립, 민생 안정에 이바지 |
| 한계 | 조선 왕조 체제 내에서 전제 왕권 강화 목표
　─ 양반의 불만 : 서원 철폐, 호포제 실시, 원납전 징수
　─ 백성의 불만 : 당백전 발행, 통행세 징수, 백성들의 부역 |

은쌤이 알려주는 합격 노트로 최신 출제 경향 파악하기!

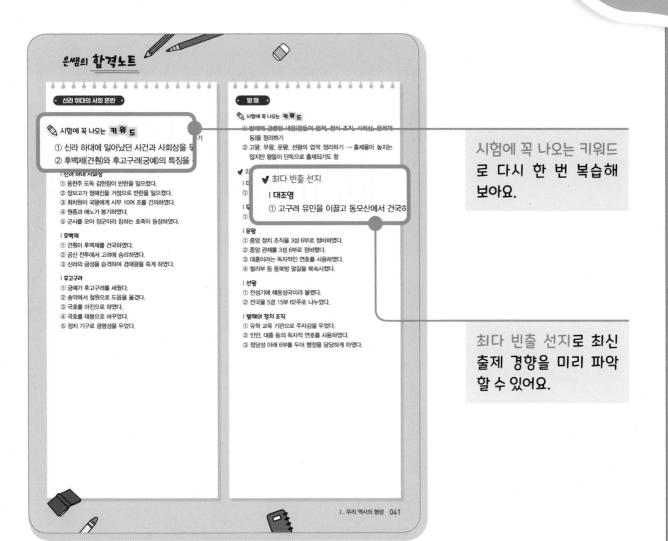

은쌤의 합격노트

• 신라 하대의 사회 혼란 •

🖊 시험에 꼭 나오는 **키 워 드**

① 신라 하대에 일어났던 사건과 사회상을 뒤 ───기
② 후백제(견훤)와 후고구려(궁예)의 특징을

| 신라 하대 사회상
① 웅천주 도독 김헌창이 반란을 일으켰다.
② 장보고가 청해진을 거점으로 반란을 일으켰다.
③ 최치원이 국왕에게 시무 10여 조를 건의하였다.
④ 원종과 애노가 봉기하였다.
⑤ 군사를 모아 장군이라 칭하는 호족이 등장하였다.

| 후백제
① 견훤이 후백제를 건국하였다.
② 공산 전투에서 고려에 승리하였다.
③ 신라의 금성을 습격하여 경애왕을 죽게 하였다.

| 후고구려
① 궁예가 후고구려를 세웠다.
② 송악에서 철원으로 도읍을 옮겼다.
③ 국호를 마진으로 하였다.
④ 국호를 태봉으로 바꾸었다.
⑤ 정치 기구로 광평성을 두었다.

• 발해 •

🖊 시험에 꼭 나오는 **키 워 드**
① 발해에 관련된 내용(왕들의 업적, 정치 조직, 사회상, 문화재 등)을 정리하기
② 고왕, 무왕, 문왕, 선왕의 업적 정리하기 → 출제율이 높지는 않지만 왕들이 단독으로 출제되기도 함

✔ 최

✔ 최다 빈출 선지

| 대조영
① 고구려 유민을 이끌고 동모산에서 건국하

| 무왕
① 중앙 정치 조직을 3성 6부로 정비하였다.
② 중앙 관제를 3성 6부로 정비했다.
③ 대흥이라는 독자적인 연호를 사용하였다.
④ 철리부 등 동북방 말갈을 복속시켰다.

| 선왕
① 전성기에 해동성국이라 불렸다.
② 전국을 5경 15부 62주로 나누었다.

| 발해의 정치 조직
① 유학 교육 기관으로 주자감을 두었다.
② 인안, 대흥 등의 독자적 연호를 사용하였다.
③ 정당성 아래 6부를 두어 행정을 담당하게 하였다.

시험에 꼭 나오는 키워드로 다시 한 번 복습해 보아요.

최다 빈출 선지로 최신 출제 경향을 미리 파악할 수 있어요.

은쌤이 알려주는 4단계 합격 비법

STEP 3

은쌤의 3단 분석으로 기출문제 완벽 공략하기!

문제와 관련된 핵심 이론을 따로 적어 효율적으로 학습할 수 있어요.

정답의 '이유'를 짚어주는 은쌤의 정답 분석!

오답 보기까지 완벽하게 분석한 오답 피하기!

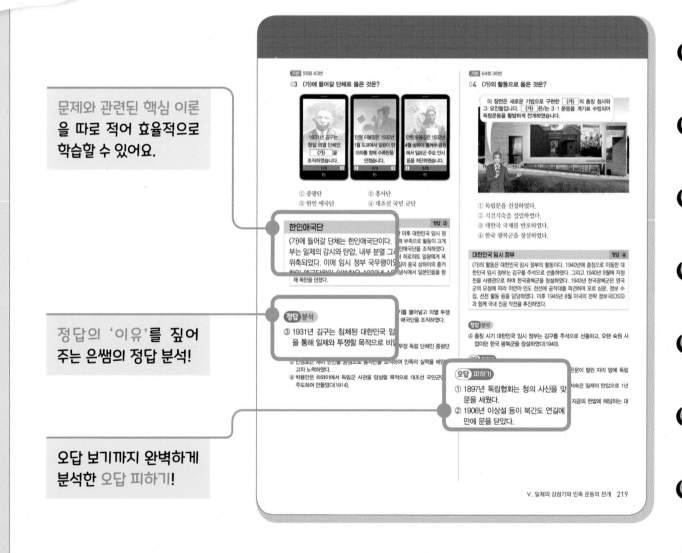

기출 55회 43번

03 (가)에 들어갈 단체로 옳은 것은?

> 1931년 김구는 항일 의열 단체인 (가) 을 조직하였습니다.
>
> 단원 이봉창은 1932년 1월 도쿄에서 일왕이 탄 마차를 향해 수류탄을 던졌습니다.
>
> 단원 윤봉길은 1932년 4월 상하이 훙커우 공원에서 일본군 주요 인사 등을 처단하였습니다.

① 중광단 　　② 흥사단
③ 한인 애국단 　④ 대조선 국민 군단

한인애국단

(가)에 들어갈 단체는 한인애국단이다. 이후 대한민국 임시 정부는 일제의 감시와 탄압, 내부 분열 그 인애국단을 조직하였다. 위축되었다. 이에 임시 정부 국무령이었 길이 중국 상하이의 훙커우 … 하인 애국단이의 이봉창은 1932년 1월 … 기념식에서 일본인들을 향해 폭탄을 던졌다.

정답 분석

③ 1931년 김구는 침체된 대한민국 임 … 기를 불어넣고 의열 투쟁을 통해 일제와 투쟁할 목적으로 비 … 애국단을 조직하였다.

② 안창호는 재미 민족을 중심으로 흥사단을 조직하여 민족의 실력을 배양 … 장 독립 단체인 중광단고자 노력하였다.

④ 박용만은 하와이에서 독립군 사관을 양성할 목적으로 대조선 국민군 … 주도하여 만들었다(1914).

기출 64회 36번

04 (가)의 활동으로 옳은 것은?

> 이 장면은 새로운 기법으로 구현한 (가) 의 충칭 청사와 그 요인들입니다. (가) 은/는 3·1 운동을 계기로 수립되어 독립운동을 활발하게 전개하였습니다.

① 독립문을 건설하였다.
② 서전서숙을 설립하였다.
③ 대한국 국제를 반포하였다.
④ 한국 광복군을 창설하였다.

대한민국 임시 정부　정답 ④

(가)의 활동은 대한민국 임시 정부의 활동이다. 1940년에 충칭으로 이동한 대한민국 임시 정부는 김구를 주석으로 선출하였다. 그리고 1940년 9월에 지청천을 사령관으로 하여 한국광복군을 창설하였다. 1943년 한국광복군은 영국군의 요청에 따라 미얀마·인도 전선에 공작대를 파견하여 포로 심문, 정보 수집, 선전 활동 등을 담당하였다. 이후 1945년 8월 미국의 전략 정보국(OSS)과 함께 국내 진공 작전을 추진하였다.

정답 분석

④ 충칭 시기 대한민국 임시 정부는 김구를 주석으로 선출하고, 오랜 숙원 사업이던 한국 광복군을 창설하였다(1940).

오답 피하기

… 문이 헐린 자리 앞에 독립
① 1897년 독립협회는 청의 사신을 맞 … 서숙은 일제의 탄압으로 1년문을 세웠다.

… 지금의 헌법에 해당하는 대
② 1906년 이상설 등이 북간도 연길에 … 만에 문을 닫았다.

은쌤만의 부록으로 완벽하게 마무리하기!

STEP 4

시대별 압축요약집

하루에 하나씩 **따라가면**
자연스럽게 주요 개념이
머릿속에 쏙! 들어와요.

시대별 왕 족보집

자주 출제되는 **시대별**
왕들을 삽화로 표현하여
지루할 틈이 없어요.

차 례

Ⅰ 우리 역사의 형성

01강 선사시대의 문화 • 12

02강 고조선과 여러 나라의 성장 • 16

03강 고대 삼국의 형성과 전개 • 22

04강 신라의 삼국 통일과 발전 • 32

05강 신라 하대의 혼란과 발해의 성장 • 38

06강 고대 삼국과 남북국의 경제, 사회 • 44

07강 고대 삼국과 남북국의 문화 • 50

Ⅱ 고려 귀족 사회의 형성과 변천

08강 고려의 건국과 정치 발전 • 64

09강 문벌 귀족 사회 • 72

10강 무신 정권 • 76

11강 공민왕의 개혁 정치와 고려 멸망 • 80

12강 고려의 경제 활동과 사회 모습 • 84

13강 고려의 학문과 사상 • 88

14강 고려의 문화 유산 • 92

Ⅲ 조선 유교 사회의 성립과 변화

15강 조선의 건국과 초기의 왕들 • 98

16강 조선 초기의 통치 체제 정비 • 104

17강 사림의 대두와 붕당 정치의 형성 • 108

18강 조선 초기의 사회와 경제 • 112

19강 조선 초기의 문화 유산 • 116

20강 임진왜란과 호란의 발발 • 120

21강 조선 후기 대외관계와 수취 체제의 변화
• 126

22강 조선 후기 정치의 변동 • 130

23강 영 · 정조의 정치와 세도 정치 • 136

24강 조선 후기의 경제 변화와 사회 변동 • 142

25강 조선 후기 사회 개혁론의 대두 • 148

26강 조선 후기의 문화 • 154

Ⅳ 국제 질서의 변동과 근대 국가 수립 운동

27강 흥선 대원군의 국내외 정치 • 160

28강 개항과 개화 정책 • 164

29강 임오군란, 갑신정변, 동학 농민 운동의 발발
• 170

30강 갑오개혁 추진과 독립 협회, 대한 제국의
활동 • 176

31강 일제의 국권 피탈 • 182

32강 항일 의병 투쟁과 애국 계몽 운동 • 188

33강 개항 이후 경제적 침탈과 구국 운동 • 192

34강 근대 문물의 수용 • 198

Ⅴ 일제의 강점기와 민족 운동의 전개

35강 일제의 식민 통치와 경제 수탈 • 206

36강 3·1 운동과 대한민국 임시 정부 • 214

37강 실력 양성 운동과 대중적 사회 운동 • 220

38강 학생 항일 운동과 사회적 민족 운동 • 224

39강 1910년대 국내외 민족 운동 • 228

40강 1920년대 항일 무장 독립 투쟁과 의열 투쟁 • 232

41강 1930~1940년대 항일 무장 독립 투쟁 • 236

42강 일제 강점기의 사회와 문화 • 240

Ⅵ 대한민국의 발전과 현대 세계의 변화

43강 대한민국 통일 정부의 수립 노력 • 250

44강 대한민국 정부 수립과 6·25 전쟁 • 256

45강 이승만 정부와 장면 내각 • 260

46강 박정희 정부 • 264

47강 전두환·노태우·김영삼·김대중·노무현·이명박 정부 • 270

48강 평화 통일을 위한 노력과 사회 변동 • 276

Ⅶ 우리나라의 지역사와 문화

49강 우리나라의 주요 지역 역사, 세시 풍속, 민속놀이 • 282

50강 우리나라의 유네스코 등재 유산과 조선의 궁궐 • 292

부록1 시대별 압축 요약집 • 302

부록2 시대별 왕 족보집 • 352

I

우리 역사의
형성

01강 선사시대의 문화

02강 고조선과 여러 나라의 성장

03강 고대 삼국의 형성과 전개

04강 신라의 삼국 통일과 발전

05강 신라 하대의 혼란과 발해의 성장

06강 고대 삼국과 남북국의 경제, 사회

07강 고대 삼국과 남북국의 문화

선사시대의 문화

01강

1 구석기 시대 = 약 70만 년 전~

의	짐승 가죽
식	사냥 · 채집 · 어로
주	동굴, 바위그늘, 강가 막집
사회	• 이동 생활, 무리 생활 • 평등 사회(지배자 없이 지혜로운 연장자가 지도자 역할)
도구	뗀석기 : 사냥 도구(주먹도끼, 찍개, 슴베찌르개 등), 조리 도구(긁개, 밀개)
예술	고래, 물고기, 새를 새긴 조각품 ➡ 사냥감 번성 기원
대표 유적지	평양 상원 검은모루, 경기도 연천 전곡리, 충남 공주 석장리 등

▲ 막집(복원)

▲ 주먹도끼
하나의 도구를 여러 용도로 사용

2 신석기 시대 = B.C 8000년 전~

의	가락바퀴, 뼈 바늘 ➡ 옷 그물(원시적 수공업)
식	• 농경 시작 : 밭농사 중심(조, 피, 수수) • 돌 농기구 사용 : 돌괭이 · 돌삽 · 돌낫 · 돌칼 등 • 목축 시작, 갈돌 · 갈판 이용(도토리)
주	• 정착 생활 : 주로 강가나 해안가에 움집을 짓고 생활 • 움집 거주 : 바닥이 원형이나 모서리가 둥근 방형
사회	• 부족 사회(혈연 중심 씨족 사회), 족외혼, 평등 사회 • 원시 신앙 등장 : 애니미즘, 토테미즘, 샤머니즘, 영혼 · 조상 숭배
도구	간석기, 갈판 · 갈돌, 돌 농기구, 최초로 토기 제작(빗살무늬 토기)
예술	조개껍데기 가면, 치레걸이, 짐승 뼈나 이빨로 만든 장신구
대표 유적지	서울 암사동, 제주 한경 고산리, 황해 봉산 지탑리(탄화된 좁쌀 발견) 등

▲ 가락바퀴

▲ 조개껍데기 가면

▲ 움집터

▲ 빗살무늬 토기

▲ 갈판과 갈돌

▲ 신석기 움집 내부 복원

❸ 청동기 시대 = B.C. 2000년~B.C. 1500년경에 시작

식	일부 저습지에서 벼농사 시작(돌 농기구 사용)
주	산간, 구릉 지대에 거주(배산임수), 움집 거주
사회	• 계급 사회 : 농경 발달 ➡ 잉여 생산물 발생 ➡ 사유 재산 발생 ➡ 빈부 차이 ➡ 계급 분화, 성 역할 분화 ➡ 사회 규모의 확대로 우리 역사상 최초의 국가 고조선 등장 • 지배자인 군장(족장) 출현, 선민 사상(천손 사상) 대두 • 고인돌 제작 : 지배자의 무덤, 군장의 권력 상징
도구	• 무덤 : 고인돌, 돌널무덤 • 청동기 : 비파형 동검, 거친무늬 거울, 청동 방울 등 • 토기 : 미송리식 토기, 민무늬 토기, 붉은 간 토기 • 농기구 : 반달 돌칼, 홈자귀, 돌팽이, 돌도끼 등 ➡ 돌 농기구 사용
예술	바위그림 : 울산 울주 대곡리 반구대, 고령 장기리 일대
대표 유적지	충남 부여 송국리(탄화미 발견), 경기 여주 흔암리, 평북 의주 미송리 등

▲ 반달 돌칼

▲ 비파형 동검

▲ 거친무늬 거울

▲ 농경무늬가 새겨진 청동기

▲ 미송리식 토기

▲ 고인돌

❹ 철기 시대 = B.C. 5세기 경~

도구	• 철제 무기와 철제 농기구(쟁기, 쇠스랑 등) 사용 • 청동기 의기화 : 세형동검, 잔무늬 거울(의식용 · 제사용) • 한반도에 독자적인 청동기 문화 발전 : 거푸집, 세형동검, 잔무늬 거울
사회	철기 사용 ➡ 정복전쟁 활발, 농업 생산력 급증, 인구 증가 ➡ 연맹 왕국 등장
중국과 활발한 교류	• 한반도에서 중국 화폐 출토 : 명도전, 반량전, 오수전 등 • 한자 사용의 증거 : 경남 창원 다호리의 붓

▲ 고인돌

▲ 울주 대곡리 반구대 암각화

◆ 한반도에 독자적인 청동기 문화 발전

▲ 새형동검

▲ 잔무늬 거울

▲ 세형동검 거푸집

◆ 중국과 활발한 교류

▲ 명도전

▲ 다호리 유적 출토 붓

은쌤의 합격노트

• 선사 시대 •

✎ 시험에 꼭 나오는 키워드

각 시대별 생활상과 유물 알기

✔ 최다 빈출 선지

| 구석기
① 주로 동굴이나 막집에서 살았다.
② 뗀석기로 고기를 잘랐다.
③ 주먹도끼로 짐승을 사냥하였다.

| 신석기
① 가락바퀴를 이용하여 실을 뽑았다.
② 빗살무늬 토기에 곡식을 저장하기 시작하였다.
③ 농경과 목축을 시작하여 식량을 생산하였다.
④ 정착 생활이 시작되면서 움집이 등장하였다.

| 청동기
① 반달 돌칼로 벼 이삭을 수확하였다.
② 지배층의 무덤으로 고인돌을 만들었다.
③ 거푸집으로 비파형 동검을 제작하였다.
④ 의례 도구로 청동 방울 등을 사용하였다.
⑤ 거친무늬 거울 목에 걸었다.
⑥ 민무늬 토기를 제작하였다.

| 철기 시대
① 철제 농기구로 농사를 지었다.
② 철제 무기를 사용하였다.
③ 무덤 껴묻거리로 오수전 등을 묻었다.
④ 거푸집으로 세형 동검을 제작하였다.

01 다음 축제에서 체험할 수 있는 활동으로 적절한 것은?

① 가락바퀴로 실 뽑기
② 뗀석기로 고기 자르기
③ 점토로 빗살무늬 토기 빚기
④ 거푸집으로 청동검 모형 만들기

구석기 시대   정답 ②

다음 축제에서 체험할 수 있는 활동은 구석기 시대의 활동이다. 구석기인들은 식량을 찾아다니며 주로 동굴이나 막집, 바위그늘에서 거주하였다.

정답 분석

② 구석기인들은 주먹도끼, 찍개, 찌르개 등으로 사냥을 하고, 자르개, 밀개, 긁개 등으로 사냥한 짐승의 가죽을 벗기거나 음식을 조리하였다.

오답 피하기

① 신석기 시대에 뼈바늘을 비롯하여 실을 뽑는 도구인 가락바퀴도 발견되었는데, 이를 통해 당시 사람들이 옷을 만들어 입었음을 알 수 있다.
③ 신석기 시대의 대표적인 토기인 빗살무늬 토기는 서울 암사동, 경남 김해 등 한반도 전역에서 출토되었으며, 대부분 강가나 바닷가에서 발견되었다.
④ 거푸집은 우리나라에서 직접 청동기를 제작하였음을 보여 주는 유물로 청동기 후기~철기 시대에 사용되었다.

02 다음 가상 공간에서 체험할 수 있는 활동으로 가장 적절한 것은?

이곳은 농경과 목축이 시작된 신석기 시대의 마을을 체험할 수 있는 가상 공간입니다. 마을 곳곳을 거닐며 다양한 활동을 해볼까요?

① 청동 방울 흔들기
② 빗살무늬 토기 만들기
③ 철제 농기구로 밭 갈기
④ 거친무늬 거울 목에 걸기

03 (가) 시대의 생활 모습으로 가장 적절한 것은?

고인돌의 고장
화순으로 오세요

핑매바위 고인돌
마당바위 고인돌
괴바위 고인돌
감태바위 채석장
관청바위 고인돌
고인돌 유적 탐방 경로

화순에는 처음으로 금속 도구를 사용한 ☐(가)☐ 시대의 문화유산인 고인돌 유적이 있습니다. 이곳에는 고인돌의 덮개돌을 떼어 냈던 채석장이 남아 있어서 고인돌을 만들었던 과정을 확인할 수 있습니다.

① 철제 농기구로 농사를 지었다.
② 주로 동굴이나 막집에서 살았다.
③ 반달 돌칼로 벼 이삭을 수확하였다.
④ 빗살무늬 토기에 곡식을 저장하기 시작하였다.

신석기 시대	정답 ②

다음 가상 공간에서 체험할 수 있는 활동은 신석기 시대 활동이다. 신석기 시대에는 인류가 농경과 목축을 시작하여 스스로 식량을 생산하는 단계에 이르렀다(신석기 혁명). 신석기 시대 초기에는 여전히 채집, 사냥, 물고기 잡이를 주로 했으나, 점차 농경과 목축이 생활에서 차지하는 비중이 높아졌다.

정답 분석

② 신석기 시대인 기원전 5000년경부터 한반도 중서부 지방에서 빗살무늬 토기가 만들어지기 시작하여 점차 전역으로 퍼져 나갔다.

오답 피하기

① 청동기 시대 지배 세력은 청동 단추나 띠고리로 장식한 화려한 옷을 입고, 청동 거울이나 청동 방울 등 의례 도구를 사용하여 주술적 능력을 과시하였다.
③ 철기 시대에 철제 농기구가 제작되었다.
④ 청동기 시대에 청동기는 주로 무기나 의식용 도구로 사용되었으며, 대표적인 유물로는 비파형 동검과 거친무늬 거울 등이 있다.

청동기 시대	정답 ③

(가) 시대는 청동기 시대이다. 우리나라 청동기 시대를 대표하는 무덤인 고인돌은 이러한 지배자의 모습을 잘 보여 준다. 대형 고인돌은 덮개돌의 무게만 수십 톤에 이르는데, 엄청난 노동력을 동원할 수 있는 지배자만 만들 수 있었다. 또한 무덤 내부에서는 동검과 같은 무기뿐만 아니라 청동 거울이나 청동 방울 등 의례 도구가 함께 출토되고 있다.

정답 분석

③ 청동기 시대에는 반달 돌칼 등과 같이 더욱 발전된 석기를 이용하여 농사를 지었다.

오답 피하기

① 철기 시대에 철제 농기구를 사용하여 농사를 지었다.
② 구석기인들은 식량을 찾아다니며 주로 동굴이나 막집, 바위그늘에서 거주하였다.
④ 신석기 시대의 대표적인 토기인 빗살무늬 토기는 서울 암사동, 경남 김해 등 한반도 전역에서 출토되었으며, 대부분 강가나 바닷가에서 발견되었다.

02강   고조선과 여러 나라의 성장

1 고조선의 건국

(1) 단군왕검의 건국 이야기

고조선 성립의 역사적 사실은 『삼국유사』, 『제왕운기』 등에 수록됨 ➡ 선민사상, 농경 사회, 홍익인간의 건국 이념, 토테미즘, 제정일치 사회

▲ 강화 마니 참성단
『고려사』에는 참성단에서 단군이 하늘에 제사를 지냈다는 이야기가 전하고 있다.

> 옛날 ①환인의 아들 환웅이 천부인 3개와 3천의 무리를 이끌고 태백산 신단수(神檀樹)
> <u>하늘의 자손임을 내세운 선민사상</u>
> 밑에 내려왔는데 이곳을 신시(神市)라 하였다. 그는 ②풍백(風師), 우사(雨師), 운사(雲
> <u>농경 중시 사회</u>
> 師)로 하여금 인간의 360여 가지 일을 주관하게 하였는데 그 중에서 곡식, 생명, 질병, 형
> 벌, 선악 등 다섯 가지 일이 가장 중요한 것이었다. 이로써 인간 세상을 교화시키고 ③<u>인</u>
> <u>간을 널리 이롭게 하였다.</u> 이때 곰과 호랑이가 사람이 되기를 원하므로 환웅은 쑥과 마
> <u>홍익인간의 통치 이념</u>   <u>곰과 호랑이를 수호신으로 삼은 부족들(토테미즘)</u>
> 늘을 주고 이것을 먹으면서 100일간 햇빛을 보지 않는다면 사람이 될 것이라고 하였다.
> ④<u>곰은 금기를 지켜 21일 만에 여자로 태어났고 환웅과 혼인하여 아들을 낳았다.</u> 이가 곧
>   <u>환웅 부족과 곰을 숭배하는 부족의 연합(족외혼)</u>
> ⑤<u>단군왕검(檀君王儉)</u>이었다.   – 『삼국유사』 –
> <u>제정일치 사회 = 단군은 제사장, 왕검은 정치적 지배자</u>

2 고조선의 성장과 멸망

◈ 고조선의 문화 범위

세 유물의 출토 지역이 겹치는 지역을 고조선의 문화 범위로 추정한다.

◀ 비파형 동검

▲ 미송리식 토기

▲ 탁자식(북방식) 고인돌

고조선 건국 (기원전 2333)	• 기원전 2333년 단군왕검이 아사달을 도읍으로 건국 • 청동기 문화를 바탕으로 건국된 우리나라 최초의 국가	
↓		
기원전 3세기 초	• 부왕에서 준왕으로 왕위 부자 상속이 이루어짐 • 왕 아래 상, 경, 대부, 장군 등의 관직 설치	
↓		
위만 조선(B.C.194~108)		
성립	진·한 교체기에 위만이 무리 이끌고 고조선으로 망명(기원전 2세기) ➡ 위만이 준왕을 몰아내고 왕위 차지 ➡ 준왕은 남쪽 진국으로 이동	
성장	• 철기 문화의 본격적인 수용 • 중국의 한과 남방의 진 사이에서 중계 무역으로 경제적 이익 획득	
멸망	우거왕 때 중국 한 무제의 침략 ➡ 수도 왕검성 함락 ➡ 멸망	
멸망 이후	한은 일부 지역에 한사군 설치(낙랑·진번·임둔·현도)	

❸ 고조선의 8조법 (범금 8조, 8조 법금, 금법 8조)

> (고조선에는) 백성들에게 금하는 법 8조가 있었다. ①사람을 죽인 자는 즉시 죽이고,
> <small>개인의 노동력과 생명 중시, 형벌 존재(사회 질서 엄격)</small>
> ②남에게 상처를 입힌 자는 곡식으로 갚는다. ③도둑질을 한 자는 노비로 삼는다. 용서
> <small>사유 재산 인정, 농경 사회</small>   <small>사유 재산 인정, 노비 제도 인정(계급 사회), 화폐 사용</small>
> 받고자 하는 자는 한 사람마다 50만 전을 내야 한다.
>
>   비록 용서를 받아 보통 백성이 되어도 풍속에 역시 그들은 부끄러움을 씻지 못하여
> 결혼을 하고자 하여도 짝을 구할 수 없다. 이러해서 백성들은 도둑질을 하지 않아 대문을
> 닫고 사는 일이 없었다. ④여자들은 모두 정조를 지키고 신용이 있어 음란하고 편벽된
> <small>남성 위주의 가부장적 사회</small>
> 짓을 하지 않았다.
>
>   -『한서』 지리지 -

고조선의 8조법(범금 8조)

중국 역사서 "한서"에는 고조선의 사회 모습을 보여 주는 8조법 가운데 3개 조목이 전해진다. 이를 통해 고조선 사회에 권력과 경제력 차이가 생겨나고 노비가 있었으며, 가부장적 사회 질서가 자리 잡기 시작하였음을 알 수 있다. 또한, 지배 계급이 새로운 사회 질서를 유지하고 노동력과 사유 재산을 보호하기 위해 애썼음도 엿볼 수 있다.

❹ 여러 나라의 성장

(1) 부여

위치	만주 쑹화강 유역 평야 지대
정치	5부족 연맹 왕국 : 왕(중앙)과 대가(사출도)들이 다스리는 5부족 연맹체 형성 ┌ 왕 아래 마가, 우가, 구가, 저가 등의 여러 가(加)들 존재 └ 대가들은 별도로 저마다 독립된 사출도를 지배
경제	농경과 목축 발달, 말·주옥·모피(특산물)
사회	• 순장 : 왕이 죽으면 사람들과 껴묻거리와 함께 묻음 • 우제점법 : 소를 죽여 발굽의 모양으로 길흉 점침 • 형사취수제 : 형이 죽으면 동생이 형수와 혼인 • 1책 12법 : 남의 물건을 훔쳤을 때 12배 배상
제천 행사	12월 영고 : 수렵 사회 전통 계승

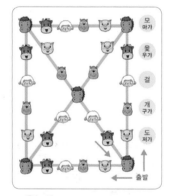

▲ 윷놀이
신채호는 부여의 사출도에서 윷놀이가 시작되었다고 주장했다. 윷의 도는 돼지의 저가, 개는 구가, 윷은 우가, 모는 마가를 표시, 걸은 임금 자리로 보았다.

(2) 고구려

위치	압록강 지류인 동가강 유역의 졸본 지방
정치	5부족 연맹 왕국 : 계루부, 절노부, 소노부, 관노부, 순노부의 연합 ┌ 왕 아래 상가·고추가 등 대가들과 사자, 조의, 선인 등의 관직이 있음 └ 제가회의 : 대가들이 모여 국가 중대사 논의
경제	산악 지대 위치 ➡ 약탈 경제, 집집마다 부경(창고) 설치
사회	• 서옥제 : 남자가 혼인하여 신부 집 뒤편에 작은 별채(서옥)를 지어 생활하다가 자식이 자라면 처자식을 데리고 자기 집으로 돌아가는 혼인 풍속 • 형사취수제, 1책 12법 : 부여와 같은 제도임
제천 행사	10월 동맹, 조상신 숭배(국동대혈에서 주몽과 유화 부인에 제사를 지냄)

▲ 졸본성 정상(중국 랴오닝 성)
고구려의 첫 도읍지인 졸본성으로 추정되는 곳으로 중국에서는 오녀산성이라고 부른다. 산의 높이는 해발 820m에 이른다.

▲ 여러 나라의 성장

(3) 옥저

위치	함경도의 동해안 지방
정치	• 군장 국가 : 읍군, 삼로 등의 군장이 통치 • 연맹 왕국으로 성장하지 못함 ➜ 고구려에 예속
경제	해산물 풍부(소금, 어물) ➜ 고구려에 공납
사회	• 민며느리제 : 혼인을 약속한 여자 아이를 신랑 집에서 성인이 될 때까지 키운 다음 신부 집에 예물을 주고 정식으로 혼인하는 모습 • 가족공동무덤(골장제) : 가족이 죽으면 시체를 가매장했다가 나중에 그 뼈를 추려 무덤에 안치

(4) 동예

위치	강원도 북부 동해안
정치	• 군장 국가 : 읍군, 삼로 등의 군장이 통치 • 연맹 왕국으로 성장하지 못함 ➜ 고구려에 예속
경제	• 특산물 : 단궁(활), 과하마, 반어피 • 방직 기술 발달(명주, 삼베)
사회	책화 : 다른 부족의 경계를 침범하면 노비, 소, 말 등으로 배상
제천 행사	10월 무천

(5) 삼한

구성	마한은 54개 소국, 진한과 변한은 각각 12개 소국으로 구성
정치	• 마한의 목지국 지배자('진왕', '마한왕')가 삼한 전체 주도 • 군장 국가 : 신지, 견지, 부례, 읍차 등의 군장이 각 소국 통치 • 제정분리 사회 : 제사장 천군이 신성 구역인 소도를 다스림
경제	• 벼농사 발달 ➜ 저수지 발달(벽골제, 의림지), 철제 농기구 사용 • 변한 : 철 생산하여 낙랑 및 왜에 수출, 철을 화폐처럼 사용
사회	두레 : 농사 등 여러 공동 노동을 하는 조직
제천 행사	5월 수릿날(씨를 뿌릴 때 행함), 10월 계절제(추수할 때 행함)

▲ 솟대
솟대는 삼한의 천군이 다스리는 신성 지역이었던 소도에서 유래하였다.

"삼국지" '위서 동이전'에 기록된 고조선 이후 성장한 여러 나라의 모습

• (부여) 흰 옷을 즐겨 입어, 흰 베로 만든 큰 소매 달린 도포와 바지를 입고 가죽신을 신는다.
• (고구려) 부여의 별종(別種)이라 하는데, 말이나 풍속 따위는 부여와 많이 같지만 기질이나 옷차림이 다르다.
• (옥저) 말은 고구려와 대체로 같지만 경우에 따라 다르기도 하다.
• (동예) 노인들은 예로부터 스스로 일컫기를 고구려와 같은 종족이라고 하였다.
• (삼한) 해마다 5월이면 씨뿌리기를 마치고 귀신에게 제사를 지낸다.

은쌤의 **합격노트**

고조선

✎ 시험에 꼭 나오는 **키워드**

고조선의 사회상 파악하기

✔ 최다 빈출 선지

① 범금 8조를 만들어 사회 질서를 유지하였다.
② 건국 이야기가 삼국유사에 실려 있다.
③ 한의 침략을 받아 멸망하였다.

여러 나라의 성장

✎ 시험에 꼭 나오는 **키워드**

각 나라의 사회상 파악하기

✔ 최다 빈출 선지

| 부여
① 영고라는 제천 행사를 열었다.
② 여러 가(加)들이 별도로 사출도를 주관하였다.
③ 지배층으로 마가, 우가, 저가, 구가 등이 있었다.

| 고구려
① 주몽이 건국하였다.
② 서옥제라는 혼인 풍습이 있었다.
③ 제가 회의에서 나라의 중요한 일을 결정하였다.
④ 동맹이라는 제천행사를 열었다.

| 동예
① 읍락 간의 경계를 중시하는 책화가 있었다.
② 단궁, 과하마, 반어피 등의 특산물이 있었다.
③ 읍군, 삼로라는 지배자가 읍락을 다스렸다.
④ 무천이라는 제천 행사를 열었다.

| 옥저
① 혼인 풍습으로 민며느리제가 있었다.
② 읍군, 삼로라는 지배자가 읍락을 다스렸다.

| 삼한
① 낙랑군과 왜에 철을 수출하였다.
② 신지, 읍차 등의 지배자가 있었다.
③ 소도라고 불리는 신성 구역이 있었다.

대표 기출 문제

기본 63회 2번

01 (가) 나라에 대한 설명으로 옳은 것은?

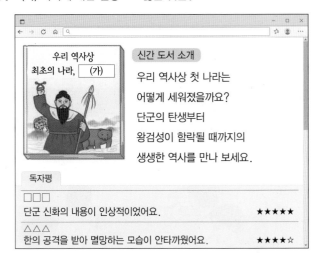

우리 역사상 최초의 나라, (가)

신간 도서 소개

우리 역사상 첫 나라는
어떻게 세워졌을까요?
단군의 탄생부터
왕검성이 함락될 때까지의
생생한 역사를 만나 보세요.

독자평

□□□
단군 신화의 내용이 인상적이었어요.　★★★★★
△△△
한의 공격을 받아 멸망하는 모습이 안타까웠어요.　★★★★☆

① 범금 8조가 있었다.
② 책화라는 풍습이 있었다.
③ 낙랑군과 왜에 철을 수출하였다.
④ 제가 회의에서 나라의 중요한 일을 결정하였다.

고조선　　　　　　　　　　　　　　　**정답 ①**

(가) 나라는 고조선이다. "삼국유사"에는 기원전 24세기에 단군 왕검이 고조선을 건국하였다고 전하고 있다. 단군 신화의 건국 이야기에 따르면, 하늘에서 내려온 환웅이 신시를 열어 세상을 다스리다가, 곰에서 변한 여자와 결합하여 단군 왕검을 낳았고, 이 단군 왕검이 고조선을 세워 1500여 년간 다스렸다고 한다. 이후 고조선의 경제·군사적 발전에 불안을 느낀 중국의 한 무제는 대규모 군대를 동원하여 침공하였다. 고조선은 1년여 동안 끈질기게 저항했으나, 지배층의 내분으로 멸망하였다.

정답 분석

① 고조선에는 사회의 기본질서를 유지하는 범금 8조법이 있었다.

오답 피하기

② 동예는 다른 부족의 경계를 침범할 경우에는 가축이나 노비로 변상해야 하는 책화의 풍습이 있었다.
③ 변한은 철을 많이 생산하여 교역에서 화폐처럼 사용하였고, 낙랑군과 왜 등에 수출하였다.
④ 고구려는 왕 아래에는 상가, 고추가 등의 대가가 있어 제가 회의를 통해 국가의 중요한 일을 결정하였다.

02 밑줄 그은 '이 나라'에 대한 설명으로 옳은 것은?

이 유물은 여러 가들이 별도로 사출도를 다스린 이 나라의 금제 허리띠 장식이에요.

날개 달린 말의 모습이 새겨져 있네요.

① 영고라는 제천 행사를 열었다.
② 신성 지역인 소도가 존재하였다.
③ 혼인 풍습으로 민며느리제가 있었다.
④ 읍락 간의 경계를 중시하는 책화가 있었다.

부여   정답 ①

밑줄 그은 '이 나라'는 부여이다. 부여는 왕 아래에는 가축의 이름을 딴 마가, 우가, 저가, 구가의 부족장이 있었다. 이들은 사출도로 불리는 행정 구역을 다스렸고 각기 대사자, 사자 등의 관리를 두었다.

정답 분석

① 부여는 매년 영고라는 제천 행사를 열어 각 집단의 결속력을 다졌다.

오답 피하기

② 삼한은 정치와 종교가 분리되어 제사장인 천군은 신성 지역인 소도에서 농경과 종교에 대한 의례를 주관하였다.
③ 옥저의 혼인 풍습으로는 민며느리제가 있었다. 이 풍습은 며느리가 될 여자아이를 남자 집에서 데려다 키운 후, 성인이 되면 남자 쪽에서 여자 쪽에 예물을 건네주고 결혼하는 것이다.
④ 동예는 공동체의 전통이 강하게 남아 다른 공동체의 생활권을 침범하면 책화라 하여 노비와 소, 말로 변상하였다.

---

03 다음 퀴즈의 정답으로 옳은 것은?

한국사 퀴즈 대회

제시된 힌트를 종합하여 알 수 있는 나라는 어디일까요?

1단계	군장으로 읍군, 삼로 등이 있었습니다.
2단계	민며느리제라는 풍습이 있었습니다.
3단계	가족이 죽으면 뼈를 추려 가족 공동 무덤에 안치하였습니다.

① 동예   ② 부여   ③ 삼한   ④ 옥저

옥저   정답 ④

옥저는 왕 없이 읍락마다 읍군, 삼로라고 불리는 군장이 있어 자기 부족을 다스렸다. 또한 민며느리제가 있었다. 장례 풍습으로 사람이 죽으면 가매장을 하였다가 나중에 그 뼈를 추려 가족 공동 무덤에 안치하였다.

정답 분석

④ 옥저는 민며느리제, 가족 공동 무덤(골장제)가 있었다.

오답 피하기

① 동예는 책화라는 풍습과 무천이라는 제천 행사가 있었다.
② 부여는 1책 12법, 형사취수제 등의 풍습과 영고라는 제천 행사가 있었다.
③ 삼한은 제정분리 사회로 천군이 다스리는 소도가 있었고, 수릿날과 계절제라는 제천 행사가 있었다.

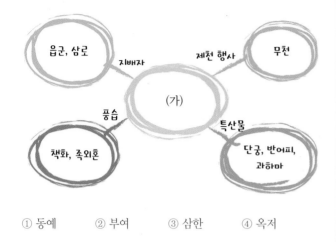

기본 64회 2번

04 (가)에 들어갈 나라로 옳은 것은?

① 동예   ② 부여   ③ 삼한   ④ 옥저

기본 60회 2번

05 (가) 나라에 대한 설명으로 옳은 것은?

① 영고라는 제천 행사가 있었다.
② 신지, 읍차 등의 지배자가 있었다.
③ 혼인 풍습으로 민며느리제가 있었다.
④ 읍락 간의 경계를 중시하는 책화가 있었다.

동예   정답 ①

동예는 왕 없이 읍락마다 읍군, 삼로라고 불리는 군장이 있었다. 단궁이라는 활과 과하마, 반어피 등이 유명하였다. 씨족 사회의 전통이 남아 있어 족외혼을 엄격하게 지켰으며, 다른 부족의 영역을 함부로 침범했을 때에는 책화라고 하여 노비나 소, 말로 배상하게 하였다. 또한, 산천을 중시하여 산과 내마다 구분이 있어 함부로 들어가지 않았다. 해마다 10월에는 무천이라는 제천 행사를 열었다.

정답 분석

① 동예는 책화라는 풍습과 무천이라는 제천 행사가 있었다.

오답 피하기

② 부여는 1책 12법, 형사취수제 등의 풍습과 영고라는 제천 행사가 있었다.
③ 삼한은 제정분리 사회로 천군이 다스리는 소도가 있었고, 수릿날과 계절제라는 제천 행사가 있었다.
④ 옥저는 민며느리제, 가족 공동 무덤(골장제)이 있었다.

삼한   정답 ②

(가) 나라는 삼한이다. 삼한의 천군은 하늘에 대한 제사를 주관하였고, 신성 구역인 소도를 다스렸다. 소도에는 정치적 군장의 세력이 미치지 못하였고 이 지역에 범죄자가 들어가도 잡아갈 수 없었다.

정답 분석

② 삼한에서는 신지, 읍차 등으로 불리는 군장이 농업 생산에 필요한 물의 관리권을 장악하여 권력을 확대해 나갔다.

오답 피하기

① 부여에는 영고라는 제천 행사가 있었다. 이는 하늘을 숭배하고 제사를 지내는 의식으로 추수 감사제와 같은 성격을 띠었으나, 12월에 개최된 점으로 볼 때 수렵사회의 전통을 이어받은 것으로 짐작된다.
③ 옥저에서는 신부가 될 여자 아이를 신랑 집에서 데려다가 성인이 될 때까지 키운 다음, 신부 집에 예물을 주고 정식으로 혼인하는 민며느리제가 유행하였다.
④ 동예는 공동체적 관계가 강하게 남아 있어 다른 읍락의 산이나 하천을 함부로 침범하면 책화라 하여 노비와 소, 말 등으로 배상하게 하였다.

03강 고대 삼국의 형성과 전개

◆ 고구려와 백제의 돌무지무덤

▲ 고구려 장군총

▲ 백제 석촌동 고분

백제 초기 무덤이 고구려의 돌무지 무덤을 닮은 것은 백제의 건국 중심 세력이 고구려와 같은 계통의 집단 임을 나타낸다.

▲ 가야 연맹의 중심 세력 변화

1 고대 국가의 성립

고구려	주몽(동명성왕)(B.C. 37)	부여 계통 유이민과 압록강 토착민이 결합하여 졸본에서 건국
	유리왕	고구려 제2대왕, 졸본에서 국내성으로 천도
백제	온조왕(B.C. 18)	부여·고구려 계통 유이민과 한강 유역 토착민과 결합하여 건국
신라	박혁거세(B.C. 57)	• 경주 일대에서 박혁거세 집단을 중심으로 사로국을 건국 • 사로국은 점차 주변의 소국들을 정복하여 신라로 발전
금관가야	김수로(B.C. 42)	• 금관가야(가락국)의 시조, 전기 가야 연맹 주도 • 『삼국유사』의 『가락국기』에 김수로왕의 설화가 전해짐

2 1~2세기 : 고구려의 체제 정비

고구려	태조왕(53~146)	현도군(한 군현)을 몰아냄, 옥저 정복
	고국천왕(179~197)	• 왕위의 부자 상속 확립 • 을파소의 건의로 진대법 시행

3 3세기 : 고구려의 위기와 백제의 체제 정비

백제	고이왕(234~286)	• 율령 반포 : 관등제 정비(6좌평제, 16관등 마련), 백관의 공복 제정 • 목지국 병합 : 한반도 중부 지역 확보
금관가야	전기 가야 연맹 주도(3세기 이후)	• 중앙 집권적 고대 국가로 성장하지 못함 • 질 좋은 철 생산, 덩이쇠를 화폐처럼 사용 • 낙랑과 왜 사이에 중계 무역 : 철(덩이쇠) 수출 • 고구려 광개토 대왕의 침략으로 연맹의 주도권 상실 • 대표 유적지 : 김해 대성동 고분군(왕과 왕족 무덤)

가야의 유물

▲ 덩이쇠

▲ 기마 인물형 토기

▲ 수레바퀴모양 토기

▲ 철갑옷과 말 가리개

가야의 유물을 통해 가야의 철기 문화가 높은 수준이었음을 알 수 있다.

④ 4세기 : 첫 삼국의 주도권을 잡은 백제, 동북아시아의 강자 고구려, 신라의 체제 정비

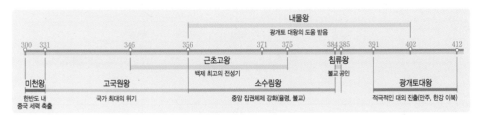

| 미천왕 | 고국원왕 | 근초고왕 | 소수림왕 | 침류왕 | 광개토대왕 |

내물왕
광개토 대왕의 도움 받음

300 331 / 346 / 356 / 371 375 / 384 385 / 391 402 / 412

근초고왕
백제 최고의 전성기

침류왕
불교 공인

미천왕
한반도 내 중국 세력 축출

고국원왕
국가 최대의 위기

소수림왕
중앙 집권체제 강화(율령, 불교)

광개토대왕
적극적인 대외 진출(만주, 한강 이북)

고구려	고국원왕 (331~371)	• 전연(선비족) 침입으로 수도 국내성 함락 • 백제 근초고왕의 평양성 공격으로 전사(국가적 위기 발생)
	소수림왕 (371~384)	• 불교 수용(중국 전진에서 수용) • 율령 반포 • 태학 설치(유학 교육 실시)
	광개토 대왕 (391~413)	• 정복 활동 　┌ 백제를 공격하여 한강 이북 점령 　├ 요동 지역 확보(후연), 만주 일대 확보(부여, 숙신 등) 　└ 신라 내물왕의 요청으로 신라에 침입한 왜군 격퇴 ➡ 신라에 대한 영향력 확대 • '영락' 연호 사용(최초), 스스로 '태왕', '성왕'이라 부르게 함 • 광개토 대왕릉비 : 아들 장수왕이 아버지 광개토 대왕의 업적을 기리기 위해 건립
백제	근초고왕 (346~375)	• 왕위의 부자 상속 • 정복 활동 　┌ 마한 완전 정복 　└ 고구려의 평양성 공격 ➡ 고구려 고국원왕을 전사시킴 • 백제 중심의 해상 교역권 확립 　┌ 중국 남조의 동진과 국교 　├ 가야에 지배권 행사 ➡ 왜로 가는 교통로 확보 　└ 중국 요서 지방과 일본 규슈 지방 진출, 왜에 칠지도 하사 • 고흥이 역사서 『서기』 편찬
	침류왕 (384~385)	불교 수용(동진에서 수용)
신라	내물왕 (356~402)	• 김씨의 왕위 세습 확립 • 왕의 칭호로 '마립간' 사용 • 낙동강 동쪽의 진한 지역 장악 • 고구려 광개토 대왕의 도움으로 왜군 격퇴 ➡ 고구려의 정치적 간섭을 받음
금관 가야	전기 가야 연맹 붕괴 (4세기 말~ 5세기 초)	5세기 초 가야 연맹은 백제와 왜를 도와 신라 공격 ➡ 신라를 구원하러 온 고구려 광개토 대왕 군대의 공격으로 큰 타격을 입음(낙동강 동쪽 영토 상실) ➡ 금관가야 중심의 전기 가야 연맹 해체 ➡ 대가야를 중심으로 후기 가야 연맹 형성

▲ 칠지도
백제의 왕세자가 왜왕을 위해 만들었다는 내용이 새겨져 있으며, 근초고왕 때 만들어진 것으로 추정된다.

▲ 호우명 그릇
그릇 밑바닥에 '을묘년국강상광개토지호태왕호우십'이란 명문이 새겨진 호우명 그릇은 신라의 무덤인 호우총에서 발견되었다. 이것은 413년 사망한 광개토 대왕의 3년상 행사에 쓰였던 제사 용기로 추정된다. 이를 통해 5세기 고구려가 신라에 많은 영향력을 행사하였음을 짐작할 수 있다.

▲ 광개토 대왕릉비

▲ 충주(중원) 고구려비

▲ 고령 지산동 32호분 출토 판갑옷과 투구(가야)　▲ 고령 지산동 32호분 출토 금동관(가야)

⑤ 5세기 : 동아시아의 패권을 쥔 고구려

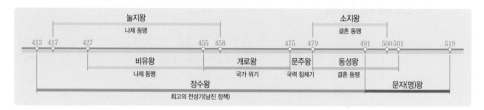

고구려	광개토 대왕 (391~413)	• 황해도 · 요동 · 만주 차지 • 한강 이북 차지, 신라 내물왕의 요청으로 왜 격퇴	
	장수왕 (413~491)	• 남진 정책 : 국내성에서 평양으로 천도(427) 　┌ 백제와 신라는 나 · 제 동맹으로 고구려 남진 견제 　└ 백제의 한성 점령, 백제 개로왕 전사 ➡ 한강 유역 차지 • 광개토 대왕릉비, 충주(중원) 고구려비 건립	
백제	개로왕 (455~475)	• 북위에 고구려 정벌을 요청하는 국서 보냄 • 고구려 장수왕의 공격으로 한성에서 전사	
	문주왕 (475~477)	고구려 장수왕의 침입으로 한강 유역 상실 ➡ 아버지 개로왕의 전사 및 수도 함락 ➡ 한성에서 웅진으로 수도 천도(475)	
금관 가야	후기 가야 연맹 (5세기 말)	• 고령의 대가야(시조는 이진아시왕)가 후기 가야 연맹 주도 • 질 좋은 철 생산과 좋은 농업 입지를 바탕으로 성장 • 대표 유적지 : 고령 지산동 고분군	

⑥ 6세기 : 중흥을 꾀하는 백제와 한강 유역을 차지한 신라

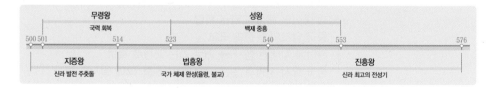

▲ 백제 무령왕릉

백제	무령왕(사마왕) (501~523)	• 지방에 22담로 설치 ➡ 왕족 파견하여 지방 통제 • 중국 남조의 양나라와 교류 강화 ➡ 무령왕릉(중국의 남조 양식으로 만들어짐)
	성왕 (523~554)	• 국가 조직 재정비 : 중앙 집권 체제 강화 　┌ 웅진(공주)에서 사비(부여)로 수도 천도(538) 　├ 국호를 '남부여'로 변경(부여 계승 의식 표방) 　└ 중앙 관청을 22부로 확대 정비 • 신라와 연합하여 한강 하류 지역 일시 차지 ➡ 신라 진흥왕의 한강 유역 차지(나 · 제 동맹 결렬) ➡ 한강 유역 다시 상실 ➡ 관산성 전투에서 전사

신라	지증왕 (500~514)	• 국호를 '신라', 왕호를 '마립간'에서 '왕'으로 변경 • 이사부로 하여금 우산국(울릉도) 복속 • 수도에 시장인 동시를 열고, 관리 기관인 동시전 설치

	법흥왕
	(514~540)
		• 체제 정비
		  ┌ 율령 반포 및 관등제 정비(17관등), 공복 제정
		  ├ 이차돈의 순교를 계기로 불교 공인
		  └ 독자적 연호 '건원' 사용
		• 금관가야 병합 : 김구해가 세 아들과 함께 항복

	진흥왕
	(540~576)
		• 체제 정비
		  ┌ 화랑도를 국가적인 조직으로 정비
		  └ 황룡사 건립, 거칠부가 『국사』 편찬
		• 정복 활동
		  ┌ 한강 하류 지역 차지 ➡ 당항성 축조
		  ├ 관산성 전투에서 성왕을 전사시킴
		  └ 원산만 일대(함경도) 진출, 대가야 정복(가야 지역 전체 장악)
		• 영토 확장 기념 : 단양 신라 적성비와 4개의 순수비(북한산비, 창녕비, 황초령비, 마운령비) 건립

후기 가야 연맹	멸망	• 금관가야 : 신라 법흥왕에 의해 멸망(532) • 대가야 : 신라 진흥왕에 의해 멸망(562)

▲ 북한산 순수비

진흥왕이 한강 하류 지역을 돌아보며 세운 비석이다. 19세기 초 김정희가 비문을 판독하여 진흥왕 순수비임을 확인했다. 이는 김정희의 "금석과안록"을 통해 볼 수 있다.

▲ 4세기 신라 전성기

▲ 5세기 신라 전성기

▲ 6세기 신라 전성기

7 7세기 : 강국으로 발전하는 신라

고구려	영양왕(590~618)	• 신라를 공격하던 온달이 아단성 전투에서 전사함 • 을지문덕이 살수에서 수나라 군을 섬멸시킴 • 이문진이 『신집』 편찬
백제	무왕(600~641)	서동요 설화의 주인공, 익산에 미륵사 건립
신라	선덕여왕(632~647)	• 신라 최초의 여성 왕 • 자장의 건의로 황룡사 9층 목탑 건립, 첨성대 건립

▲ 황룡사 9층 목탑지

은쌤의 합격노트

· 고구려의 성립과 발전 ·

✎ 시험에 꼭 나오는 키워드

- 고구려 왕들의 업적과 백제, 신라 왕들의 업적을 구분하여 정리하기
- 소수림왕, 광개토 대왕, 장수왕은 단독으로 출제가 됨

✔ 최다 빈출 선지

Ⅰ 고국천왕
① 진대법을 실시하였다.

Ⅰ 소수림왕
① 태학을 설립하였다.
② 율령을 반포하였다.
③ 불교가 공인되었다.

Ⅰ 광개토 대왕
① 신라에 침입한 왜를 격퇴하였다.
② 영락이라는 독자적 연호를 사용하였다.

Ⅰ 장수왕
① 도읍을 평양성으로 옮겼다.
② 광개토 대왕릉비를 건립하였다.
③ 백제를 공격하여 한성을 함락시켰다.

· 백제의 성립과 발전 ·

✎ 시험에 꼭 나오는 키워드

- 백제 왕들의 업적과 고구려, 신라 왕들의 업적을 구분하여 정리하기
- 근초고왕, 무령왕, 성왕은 단독으로 출제가 됨

✔ 최다 빈출 선지

Ⅰ 근초고왕
① 왜에 칠지도를 보냈다.
② 고국원왕을 전사시켰다.
③ 고흥에게 역사서인 서기를 편찬하게 하였다.

Ⅰ 문주왕
① 웅진으로 천도하였다.

Ⅰ 무령왕
① 지방에 22담로를 두어 왕족을 파견하였다.

Ⅰ 성왕
① 사비로 천도하였다.
② 진흥왕과 연합하여 한강 하류 지역을 되찾았다.
③ 관산성 전투에서 패배하였다.

· 신라의 성립과 발전 ·

✎ 시험에 꼭 나오는 키워드

- 신라 왕들의 업적과 고구려, 신라 왕들의 업적을 구분하여 정리하기
- 지증왕, 법흥왕, 진흥왕은 단독으로 출제가 됨

✔ 최다 빈출 선지

Ⅰ 지증왕
① 이사부가 우산국을 정벌하였다.
② 시장을 감독하기 위한 기구로 동시전이 설치되었다.

Ⅰ 법흥왕
① 율령을 반포하였다.
② 불교가 공인되었다.
③ 병부를 설치하였다.
④ 상대등이 설치되었다.

Ⅰ 진흥왕
① 화랑도를 국가 조직으로 개편하였다.
② 관산성 전투에서 성왕을 전사시켰다.
③ 북한산 순수비를 세웠다.
④ 대가야를 정복하였다.

· 가야의 성립과 발전 ·

✎ 시험에 꼭 나오는 키워드

가야에 관련된 내용(정치 조직, 사회상 등)을 정리하기

✔ 최다 빈출 선지

Ⅰ 금관 가야
① 낙랑군과 왜에 철을 수출하였다.
② 전기 가야 연맹을 주도하였다.
③ 김수로왕이 건국하였다고 전해진다.
④ 신라 법흥왕 때 멸망하였다.

Ⅰ 대가야
① 후기 가야 연맹을 주도하였다.
② 신라 진흥왕 때 멸망하였다.

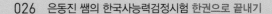

기본 60회 6번

01 밑줄 그은 '이 나라'에 대한 설명으로 옳은 것은?

김해 지역에 세워진 이 나라의 역사를
여행 앱을 통해 만나 보세요.

국립 김해
박물관

김해
구지봉

김해 대성동
고분군

김해
수로왕릉

① 전기 가야 연맹을 주도하였다.
② 교육 기관인 국학을 설치하였다.
③ 옥저를 정복하고 동해안으로 진출하였다.
④ 지방에 22담로를 두어 왕족을 파견하였다.

기본 64회 3번

02 (가)에 들어갈 내용으로 옳은 것은?

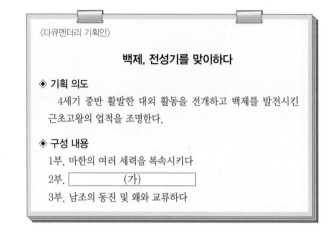

〈다큐멘터리 기획안〉

백제, 전성기를 맞이하다

◈ 기획 의도

   4세기 중반 활발한 대외 활동을 전개하고 백제를 발전시킨 근초고왕의 업적을 조명한다.

◈ 구성 내용

1부. 마한의 여러 세력을 복속시키다
2부. (가)
3부. 남조의 동진 및 왜와 교류하다

① 사비로 천도하다
② 22담로를 설치하다
③ 고국원왕을 전사시키다
④ 독서삼품과를 시행하다

금관가야 정답 ①

밑줄 그은 '이 나라'는 금관가야이다. 금관가야는 김수로가 건국한 것으로 전해진다. 김해 대성동 고분은 대표적인 금관가야 유적지이다. 구지봉은 서기 42년 수로왕이 탄생한 성스러운 장소이다.

정답 분석

① 변한에서 성장한 소국들은 3세기경 김해의 금관가야를 중심으로 연맹 왕국을 이루었다.

오답 피하기

② 신라 신문왕은 유학 교육을 실시하여 왕권을 보좌할 실무 관료를 양성하고자 국학을 설립하였다.
③ 고구려 태조왕은 부전고원을 넘어 옥저를 복속하여 경제 기반을 확대하였다.
④ 백제 무령왕은 지방의 22담로에 왕족을 파견함으로써 지방 통제를 강화하였다.

백제 근초고왕의 업적 정답 ③

(가)에 들어갈 내용은 백제 근초고왕의 업적이다. 4세기 후반 근초고왕은 남으로 마한을 통합하고, 북으로 고구려의 평양을 공격하여 중국-백제-가야-왜를 연결하는 해상 교역로를 확보하였다. 또한, 백제는 동진과 국교를 맺었으며 요서에 진출하고 규슈와 교류하는 등 활발한 대외 활동을 벌였다.

정답 분석

③ 백제 근초고왕은 고구려의 평양성을 공격하여 고국원왕을 전사시켰고 마한의 남은 세력을 복속시켰다.

오답 피하기

① 백제 성왕은 대외 진출에 유리한 사비(부여)로 수도를 옮기고, 국호를 일시적으로 남부여로 바꾸었다.
② 백제 무령왕은 지방의 22담로에 왕족을 파견함으로써 지방 통제를 강화하였다.
④ 신라 중대 원성왕은 국학의 졸업 시험으로 독서삼품과를 시행하여 성적이 우수한 자에게 관직에 진출할 기회를 주었다.

기본 54회 3번

03 (가)에 들어갈 내용으로 옳은 것은?

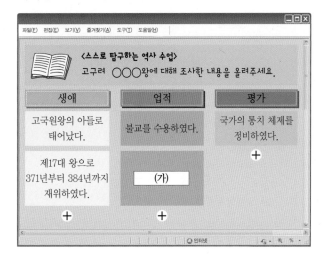

파일(F) 편집(E) 보기(V) 즐겨찾기(A) 도구(T) 도움말(H)

〈스스로 탐구하는 역사 수업〉
고구려 ○○○왕에 대해 조사한 내용을 올려주세요.

생애	업적	평가
고국원왕의 아들로 태어났다.	불교를 수용하였다.	국가의 통치 체제를 정비하였다.
제17대 왕으로 371년부터 384년까지 재위하였다.	(가)	+

① 태학을 설립하였다.
② 병부를 설치하였다.
③ 화랑도를 정비하였다.
④ 웅진으로 천도하였다.

고구려 소수림왕의 업적　　　　　정답 ①

(가)에 들어갈 내용은 고구려 소수림왕의 업적이다. 고국원왕을 이은 소수림왕은 위기를 극복하기 위해 체제 정비에 힘썼다. 먼저, 국립 교육 기관인 태학을 설립하여 유능한 인재를 양성하는 한편, 율령을 반포하여 백성을 다스리고 국가를 운영할 기준을 마련하였다. 또한, 불교를 받아들여 다양한 사상과 신앙을 통합해 나갔다.

정답 분석

① 고구려 소수림왕은 국립 교육 기관인 태학을 설립하여 유능한 인재를 양성하는 한편, 율령을 반포하여 백성을 다스리고 국가를 운영할 기준을 마련하였다.

오답 피하기

② 신라 상대 법흥왕은 병부를 설치하여 군권을 장악하고, 김해 지역의 금관가야를 병합하였다.
③ 신라 상대 진흥왕은 유능한 인재를 양성하기 위해 국가 차원에서 화랑도의 활동을 장려하여 국가적 조직으로 개편하였다.
④ 백제 문주왕은 고구려 장수왕이 백제 수도 한성을 점령하고 아버지인 개로왕을 살해하자, 한강 유역에서 웅진(공주)으로 도읍을 옮겼다.

기본 61회 2번

04 (가)에 들어갈 내용으로 옳은 것은?

• 고구려 제19대 왕
• 영락이라는 연호를 사용함

(가)

• 한강 이북 지역을 차지함
• 숙신, 후연, 거란, 동부여 등을 정벌함

(앞면)　　　　　(뒷면)

① 태학을 설립함
② 평양으로 천도함
③ 천리장성을 축조함
④ 신라에 침입한 왜를 격퇴함

고구려 광개토 대왕의 업적　　　　　정답 ④

(가)에 들어갈 내용은 고구려 광개토 대왕의 업적이다. 광개토 대왕은 거란과 후연 등을 격파함으로써 요동과 만주 일대를 장악하였다. 동아시아에서 지배권을 확대한 광개토 대왕은 독자적 연호인 '영락(永樂)'을 사용하여 고구려의 높은 위상을 드러냈다.

정답 분석

④ 고구려 광개토 대왕은 신라 내물왕의 요청에 군대를 파견하여 왜를 격퇴하면서 한반도 남부에까지 영향력을 확대하였다.

오답 피하기

① 고구려 소수림왕은 태학을 설치하였다. 태학에서는 박사들이 유교 경전인 오경과 중국 역사서 등을 가르쳤다.
② 고구려 장수왕은 넓은 영역을 원활하게 운영하고, 남진 정책을 적극 추진하기 위해 평양으로 수도를 옮겼다.
③ 고구려 연개소문은 천리장성 축조 공사를 감독하던 중에 정변을 일으켜 영류왕을 죽이고 보장왕을 세웠다.

---

05 다음 검색창에 들어갈 왕으로 옳은 것은?

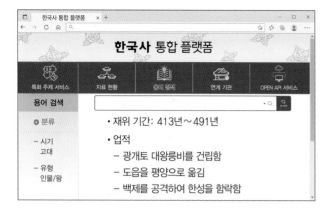

① 미천왕　　　　② 장수왕
③ 고국천왕　　　④ 소수림왕

06 다음 가상 인터뷰에 등장하는 왕의 재위 기간에 있었던 사실로 옳은 것은?

① 불교가 공인되었다.
② 노비안검법이 시행되었다.
③ 이사부가 우산국을 정벌하였다.
④ 황룡사 구층 목탑이 건립되었다.

고구려 장수왕의 업적　　　　　　　정답 ②

다음 검색창에 들어갈 왕은 고구려 장수왕이다. 광개토 대왕의 뒤를 이은 장수왕은 국내성을 기반으로 한 귀족 세력을 약화시키고자, 국내성에서 대동강 유역의 평양으로 수도를 옮겼다. 이후 백제를 공격하여 수도 한성을 함락하고, 남한강 유역으로 진출하여 한반도 중부 지역까지 영토를 확장하였다. 광개토 대왕릉비는 장수왕이 아버지 광개토 대왕이 이룬 업적을 기리기 위해 태왕릉 앞에 세운 거대한 비석이다.

정답 분석

② 고구려 장수왕은 본격적인 남하 정책을 펼치기 위해 도읍을 국내성에서 평양으로 옮겼다.

오답 피하기

① 고구려 미천왕은 낙랑을 공격하여 중국 세력을 완전히 몰아냈고, 대동강 유역을 확보하여 남쪽으로 진출할 수 있는 발판을 마련하였다.
③ 고구려 고국천왕은 재상 을파소의 건의를 수용하여 먹을 것이 부족한 봄에 백성에게 곡식을 빌려주고 가을에 갚도록 한 진대법을 시행하였다.
④ 고구려 소수림왕은 율령을 반포하여 국가 체제를 정비하였다. 이러한 개혁으로 고구려의 중앙 집권 체제는 더욱 강화되었다.

신라 지증왕의 업적　　　　　　　정답 ③

다음 가상 인터뷰에 등장하는 왕은 신라 지증왕이다. 신라는 6세기 지증왕 때부터 국가 체제를 정비하였다. 왕이라는 중국식 칭호를 사용하고, 국호를 신라로 정하였다.

정답 분석

③ 신라 상대 지증왕 때 이사부를 앞세워 우산국(울릉도 일대)을 복속시켰다.

오답 피하기

① 신라 상대 법흥왕은 이차돈의 순교를 계기로 불교를 공인하여 새롭게 성장한 세력들을 포섭하였다.
② 고려 초기 광종은 노비안검법을 실시하여 억울하게 노비가 된 자를 양인으로 해방하였다.
④ 신라 상대 선덕여왕은 승려 자장의 건의로 황룡사 9층 목탑을 세웠다.

기본 51회 5번

07 밑줄 그은 '나'의 업적으로 옳은 것은?

> 나는 신라의 제23대 왕으로 병부를 설치하고, 율령을 반포하였소.

① 녹읍을 폐지하였다.
② 불교를 공인하였다.
③ 독서삼품과를 시행하였다.
④ 북한산에 순수비를 세웠다.

기본 55회 3번

08 다음 가상 인터뷰에 등장하는 왕의 업적으로 옳은 것은?

> 즉위하신 이후에 어떤 일을 하셨나요?

> 한강 유역을 차지한 뒤, 이를 기념하여 북한산에 순수비를 세웠습니다. 그리고 화랑도를 국가적인 조직으로 개편했습니다.

① 국학을 설립하였다.
② 병부를 설치하였다.
③ 대가야를 정복하였다.
④ 독서삼품과를 실시하였다.

신라 법흥왕의 업적　　　　　정답 ②

밑줄 그은 '나'는 신라 법흥왕이다. 법흥왕 때에는 강화된 왕권을 바탕으로 불교를 공인하고 율령을 반포하였다. 아울러 병부 및 상대등 제도를 새로 설치하는 등 정치 조직을 강화했으며, '건원'이라는 자주적인 연호를 사용하였다.

정답 분석

② 신라 상대 법흥왕은 이차돈의 순교를 계기로 불교를 공인하여 사상적 통합을 도모하였다.

오답 피하기

① 신라 중대 신문왕은 전제 왕권을 강화하면서 조세만을 징수할 수 있는 관료전을 지급하고 녹읍을 폐지하였다.
③ 신라 중대 원성왕은 독서삼품과를 실시하여 관리를 채용하였으나 진골 귀족들의 반발로 제대로 시행되지 못하였다.
④ 신라 상대 진흥왕은 영토를 확장하고 단양 신라 적성비와 4개의 순수비를 세웠다.

신라 진흥왕의 업적　　　　　정답 ③

다음 가상 인터뷰에 등장하는 왕은 신라 진흥왕이다. 진흥왕 때에는 한강을 차지하였을 뿐 아니라 대가야를 정복하고, 북으로는 함경도 지방까지 영토를 넓혔다. 단양 신라 적성비와 4개의 순수비는 진흥왕의 영토 확장을 잘 보여 준다. 화랑도를 국가적인 조직으로 개편하여 인재를 양성하였다.

정답 분석

③ 신라 상대 진흥왕은 대가야를 정복하여 가야 지역 전체를 장악하였다.

오답 피하기

① 신라 중대 신문왕은 유학 교육을 실시하여 왕권을 보좌할 실무 관료를 양성하고자 국학을 설립하였다.
② 신라 상대 법흥왕은 병부를 설치하여 군사력을 강화하고, 상대등을 설치하여 중앙 집권 체제를 확립하였다.
④ 신라 중대 원성왕은 유교 경전에 대한 이해 수준을 평가하여 관리를 채용하는 독서삼품과를 시행하였다.

기본 52회 5번

09 밑줄 그은 '이 왕'으로 옳은 것은?

충청남도 공주에 있는 이 무덤은 중국 남조의 영향을 받아 벽돌로 만들어졌습니다. 이곳에서 출토된 묘지석을 통해 무덤의 주인공이 이 왕임을 알 수 있습니다.

무덤 내부 모습   묘지석

① 성왕   ② 고이왕   ③ 무령왕   ④ 근초고왕

기본 58회 4번

10 밑줄 그은 '이 왕'의 업적으로 옳은 것은?

부여 나성 발굴 과정에서 성의 북문 터가 확인되었습니다. 부여 나성은 백제 사비 도성을 감싸는 방어 시설로, 수도를 웅진에서 사비로 옮긴 이 왕 때 축조된 것으로 추정됩니다.

부여 나성 북문 터 확인

① 동진으로부터 불교를 받아들였다.
② 고흥에게 역사서인 서기를 편찬하게 하였다.
③ 진흥왕과 연합하여 한강 유역을 회복하였다.
④ 대야성을 비롯한 신라의 40여 개 성을 빼앗았다.

백제 무령왕의 업적	정답 ③

밑줄 그은 '이 왕'은 백제 무령왕이다. 벽돌무덤은 중국 남조의 영향을 받았는데, 무령왕릉이 대표적이다. 무령왕릉의 무덤 입구는 외부 침입자와 사악한 기운을 막아 내는 돼지 모양의 진묘수가 배치되어 있는데, 그 형태가 중국 남조에서 발견된 것들과 유사하다.

정답 분석

③ 백제 무령왕은 지방의 22담로에 왕족을 파견함으로써 지방 통제를 강화하였다.

오답 피하기

① 백제 성왕은 대외 진출에 유리한 사비(부여)로 수도를 옮기고, 국호를 일시적으로 남부여로 바꾸었다.
② 백제 고이왕은 6좌평의 관제를 마련하고 관리의 복색을 제정하는 등 지배 체제를 정비하였다.
④ 백제 근초고왕은 고구려의 평양성을 공격하여 고국원왕을 전사시켰고 마한의 남은 세력을 복속시켰다.

백제 성왕의 업적	정답 ③

밑줄 그은 '이 왕'은 백제 성왕이다. 백제 성왕은 대외 진출에 유리한 사비로 천도하고, 부여 계승 의식을 내세우며 국호를 남부여로 선포하였다.

정답 분석

③ 백제 성왕은 신라 진흥왕과 힘을 합쳐 한강 유역을 고구려로부터 탈환하였다. 그러나 신라는 돌연 한강 하류 지역을 기습하여 차지하자 성왕은 신라를 공격하다가 관산성에서 전사하였다.

오답 피하기

① 백제 침류왕 때 동진에서 온 인도 승려 마라난타가 불교를 전하였다.
② 백제 근초고왕의 명을 받아 고흥이 "서기"를 편찬하였다.
④ 백제 의자왕은 신라 서부의 군사 요충지인 대야성을 비롯한 서쪽 변경 40여 개의 성을 빼앗았다.

신라의 삼국 통일과 발전

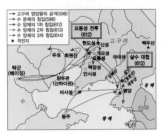

▲ 고구려와 수의 전쟁

나·당 동맹의 체결

김춘추가 말했다. "백제는 강성하고 교활하여 침략을 일삼아 왔습니다. 만약 폐하께서 군사를 보내 그 흉악한 무리들을 없애지 않는다면 우리나라 백성은 모두 포로가 될 것입니다." 당 태종이 크게 동감하고 군사를 보낼 것을 허락하였다.
-『삼국사기』-

백제 의자왕이 신라 서부의 대야성을 비롯한 40여 개의 성을 빼앗자 다급해진 신라는 김춘추를 당에 보냈다. 당은 고구려를 공격하는 것은 어렵다고 보고 신라와 동맹을 맺었다.

1 고구려와 수·당과의 전쟁

수나라	배경	수의 고구려 압박 ➜ 고구려 영양왕의 요서 지방 선제공격
수나라	전개 과정	• 수나라 문제의 침입(1차) : 고구려 침략 실패 • 수나라 양제의 침입(2차~4차) : 고구려 침략 실패 • 을지문덕의 살수 대첩(612, 2차 침입) : 수의 육군 113만 대군의 요동성 공략 실패 ➜ 수의 우중문은 30만 별동대를 이끌고 평양성 공격 ➜ 을지문덕에게 살수(청천강)에서 대패(살수 대첩)
당나라	배경	• 연개소문의 정변(642) ┌ 연개소문은 당의 침입에 대비하여 천리장성 축조 및 감독 └ 연개소문은 정변을 일으켜 영류왕을 제거하고 보장왕을 세움 • 당 태종은 연개소문의 정변을 구실로 고구려 침략
당나라	전개 과정	• 당나라 1차~3차 침입 ➜ 이후에도 수차례 침입하나 실패 • 안시성 전투 승리(645, 1차 침입)

2 신라의 삼국 통일

나·당 동맹 (648)	백제의 의자왕이 신라 대야성 등 40여 개 성을 빼앗음 ➜ 신라 김춘추의 고구려 원병 요청 실패 ➜ 신라 김춘추가 당으로 건너가 군사 동맹 체결(진덕 여왕) ➜ 나·당 동맹 결성(당에게 대동강 이북 땅을 넘기기로 약속)
백제 멸망 (660)	금강 하구에서 당 군에 패배, 계백이 이끄는 결사대가 황산벌에서 김유신의 신라군에 맞서 싸우다 패배(황산벌 전투) ➜ 사비성 함락 ➜ 백제 멸망
백제 부흥운동의 전개	• 복신과 도침은 왕자 부여풍을 왕으로 추대하고 주류성에서 부흥 운동 전개 • 흑치상지는 임존성에서 부흥 운동 전개(당의 소정방을 물리침) • 백강(금강) 전투(663) : 왜의 지원군 합류, 나·당 연합군에 패배 • 결과 : 지배층 내분으로 실패
고구려 멸망 (668)	• 멸망 전 상황 : 수·당과 거듭된 전쟁으로 국력 소모, 연개소문 사후 지배층 분열 ➜ 연남생(연개소문의 맏아들)은 당에 투항, 연정토(연개소문의 동생)는 신라 투항 • 나·당 연합군의 평양성 함락 ➜ 고구려 멸망 ➜ 당은 고구려의 평양에 안동 도호부 설치
고구려 부흥운동의 전개	• 검모잠은 한성(황해도 재령)에서 안승을 왕으로 추대하여 부흥 운동 전개 • 고연무는 고구려 유민을 모아 오골성을 근거지로 부흥 운동 전개 • 신라 문무왕은 당 견제를 위해 안승이 금마저(익산)에 보덕국을 세우도록 하고, 보덕국 왕으로 임명(674) • 결과 : 지배층 내분으로 실패, 발해 건국으로 고구려의 전통이 계승됨

▲ 백제와 고구려의 부흥 운동

나·당 전쟁 (675~676)	당의 한반도 지배 욕심 : 한반도에 웅진 도독부(백제)·계림 도독부(신라)·안동 도호부(고구려) 설치
	• 매소성 전투(675) : 당의 20만 대군을 매소성에서 물리침 • 기벌포 전투(676) : 금강 하구 기벌포에서 당의 설인귀가 이끄는 수군 격파 • 평양에 있던 안동 도호부를 요동성으로 축출 ➡ 삼국 통일 완성
	의의 : 자주적인 성격, 민족 문화 발전 토대

▲ 나·당 전쟁의 전개

❸ 통일 신라의 발전

무열왕(김춘추) (654~661)	• 최초의 진골 출신 왕 ➡ 이후 무열왕계 직계 자손이 왕위 독점 • 백제를 멸망시키고, 삼국 통일의 기반 마련 • 사정부 설치 : 관리들에 대한 감찰과 탄핵을 담당
문무왕 (661~681)	• 고구려 멸망 ➡ 나·당 전쟁 승리(매소성, 기벌포 전투) ➡ 당군 축출 (안동 도호부를 요동으로 축출) ➡ 삼국 통일 이룩(676) • 외사정 설치 : 지방관의 비행을 감찰하기 위해 외사정 파견 • 문무왕릉(수중릉)

신문왕
(681~692)
	• 전제 왕권 강화
	  ┌ 김흠돌의 난 진압 : 진골 귀족 숙청, 6두품 중용
	  ├ 문무 관료에게 관료전 지급(687), 녹읍 폐지(689)
	  ├ 진골 귀족, 상대등 권한 약화 ➡ 6두품 세력 강화
	  └ 만파식적 설화 ➡ 강력한 왕권을 상징
	• 체제 정비
	  ┌ 9주 5소경 체제 : 지방 행정 조직을 완성하여 중앙 집권 강화
	  ├ 9서당 10정 편성 : 9서당은 중앙군(민족 융합), 10정은 지방군
	  └ 국학 설립 : 유학 교육 기관

성덕왕 (702~737)	정전 지급 : 백성 가운데 정(丁)의 연령층에게 주어졌던 토지

▲ 9주 5소경

❹ 통일 신라의 통치 체제 정비

중앙 통치 제도	• 집사부 기능 강화 : 진골 귀족 세력 약화 목적, 왕명 수행 및 기밀 사무 수행, 집사부의 장관인 시중의 기능 강화 • 여러 관부의 설치 : 위화부를 비롯한 13부를 두고 행정 업무 분담
지방 제도 정비	• 9주 : 옛 고구려·백제·신라의 땅을 나누어 9주 설치 • 5소경 : 수도 금성(지금의 경주)의 지리적 취약성 보완 목적 ➡ 군사와 행정상의 요지에 설치 • 상수리 제도 : 지방 세력을 견제하기 위해 각 주의 향리 1명을 수도 금성의 여러 관청에 보내어 일정 기간 근무하게 함(인질 제도)
유교 정치 이념 강화	• 국학 설립 : 박사와 조교를 두어 유교 경전을 가르침 • 독서삼품과 실시 : 원성왕 때 유학의 이해 수준에 따라 관리를 채용

▲ 김유신
• 신라에 투항한 금관가야 왕족의 후손
• 진평왕, 선덕여왕, 진덕여왕, 문무왕까지 5명의 신라 왕을 섬김
• 백제와 고구려를 멸망시키는데 큰 공적을 세움
• 사후 163년 뒤 흥덕왕으로부터 흥무대왕이라는 시호를 받음

은쌤의 **합격노트**

● 고구려의 대외 항쟁 ●

✎ 시험에 꼭 나오는 **키워드**

고구려와 수나라, 당나라의 항쟁을 구분하기

✔ 최다 빈출 선지

ㅣ 고구려 vs 수나라
① 을지문덕이 살수에서 수의 군대를 물리쳤다.

ㅣ 고구려 vs 당나라
① 연개소문이 정변을 일으켜 권력을 장악하였다.
② 연개소문이 당의 침입에 대비하여 천리장성을 쌓았다.
③ 고구려가 안시성에서 당군을 물리쳤다.

● 신라의 삼국 통일 과정 ●

✎ 시험에 꼭 나오는 **키워드**

삼국 통일 과정 속에서 일어난 사건들을 시간순으로 숙지하기

✔ 최다 빈출 선지

ㅣ 나·당 동맹 직전 상황
① 의자왕이 대야성을 비롯한 신라의 40여 개 성을 빼앗았다.

ㅣ 나·당 동맹
① 신라가 당과 군사 동맹을 체결하였다.

ㅣ 백제 멸망
① 백제와 신라 사이에 황산벌 전투가 벌어졌다.

ㅣ 백제 부흥 운동
① 흑치상지가 백제 부흥 운동을 전개하였다.
② 백제 부흥군은 백강에서 왜군과 함께 당군에 맞서 싸웠다.

ㅣ 고구려 멸망
① 당이 안동도호부를 평양에 설치하였다.

ㅣ 고구려 부흥 운동
① 검모잠이 고구려 부흥 운동을 전개하였다.

ㅣ 나·당 전쟁
① 신라군이 매소성에서 당군을 격파하였다.
② 신라군이 기벌포에서 당군을 격파하였다.

● 통일 신라의 발전 ●

✎ 시험에 꼭 나오는 **키워드**

통일 신라 초기의 왕인 태종 무열왕, 문무왕, 신문왕의 업적 숙지하기 ➡ 신문왕은 단독 출제가 잦음, 태종 무열왕과 문무왕은 단독 출제 빈도는 낮지만 오답 선지로 자주 활용됨

✔ 최다 빈출 선지

ㅣ 태종 무열왕(김춘추)
① 진골 출신 최초로 왕위에 올랐다.

ㅣ 문무왕
① 삼국 통일을 이룩하였다.

ㅣ 신문왕
① 김흠돌이 반란을 도모하였다.
② 교육 기관인 국학을 설치하였다.
③ 중앙군으로 9서당을 설치하였다.
④ 9주 5소경을 설치하였다.
⑤ 주요 지역에 5소경을 설치하였다.
⑥ 녹읍이 폐지하고 관료전을 지급하였다.

ㅣ 통일 신라의 통치 체제
① 상수리 제도를 실시하였다.

대표 기출 문제

기본 48회 6번

01 밑줄 그은 '이 전투'로 옳은 것은?

> 나는 <u>이 전투</u>에서 우문술, 우중문이 이끄는 수의 30만 대군을 격퇴하였소.

① 귀주 대첩　　　② 살수 대첩
③ 안시성 전투　　④ 처인성 전투

기본 66회 6번

02 (가)~(다)를 일어난 순서대로 옳게 나열한 것은?

만화로 보는 삼국 통일 과정

고구려의 평양성이 함락되었다.	왜군이 백강 전투에서 패배하였다.	신라군이 기벌포에서 당군에 승리하였다.
(가)	(나)	(다)

① (가)-(나)-(다)　　② (가)-(다)-(나)
③ (나)-(가)-(다)　　④ (다)-(가)-(나)

고구려의 대외 항쟁(살수 대첩)　　　정답 ②

밑줄 그은 '이 전투'는 살수 대첩이다. 수 양제가 113만 대군을 이끌고 고구려를 공격해오자 을지문덕은 수의 30만 군대를 청천강 부근에서 궤멸시키면서 대승을 거두었다(612).

정답 분석

② 수 양제가 100만이 넘는 대군을 이끌고 고구려를 침공하자 을지문덕이 유인전과 기습 공격전으로 대승을 거두었다.

오답 피하기

① 강감찬이 이끄는 고려군은 귀주에서 퇴각하는 거란군을 크게 물리쳤다.
③ 당 태종은 직접 대규모 병력을 동원하여 공격해 왔지만, 고구려는 이를 안시성에서 물리쳤다.
④ 처인성 전투에서 고려의 승려 김윤후가 적장 살리타를 사살하여 몽골군이 철수하기도 하였다.

삼국 통일 과정(안시성 전투 - 백강 전투 - 고구려 멸망)　　　정답 ③

(나) 신라는 먼저 당과 연합하여 백제를 공격하였다. 백제는 황산벌 등지에서 저항하였으나 결국 사비성이 함락되면서 멸망하였다(660). 복신과 흑치상지, 도침 등 많은 백제 부흥 운동 세력은 한때 200여 성을 회복하였지만, 백강 전투를 마지막으로 모두 진압되었다.

(가) 고구려는 연이은 전쟁으로 국력을 많이 소모했을 뿐만 아니라 연개소문이 사망한 후 지배층 내부에서 권력 다툼이 일어났다. 나·당 연합군은 이 기회를 이용하여 평양성을 함락하고 고구려를 멸망시켰다(668).

(다) 신라는 675년 매소성 싸움에서 당을 크게 격파하여 나·당 전쟁의 주도권을 장악하였고, 676년 기벌포 싸움에서도 당의 수군에 대승을 거두었다. 신라는 당군을 몰아내고 삼국 통일을 완수하였다.

대표 기출 문제

03 다음 가상 뉴스에서 보도하고 있는 사건이 일어난 시기를 연표에서 옳게 고른 것은?

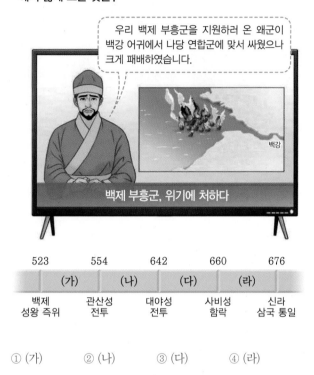

> 우리 백제 부흥군을 지원하러 온 왜군이 백강 어귀에서 나당 연합군에 맞서 싸웠으나 크게 패배하였습니다.

백강

백제 부흥군, 위기에 처하다

523		554		642		660		676
	(가)		(나)		(다)		(라)	
백제 성왕 즉위		관산성 전투		대야성 전투		사비성 함락		신라 삼국 통일

① (가) ② (나) ③ (다) ④ (라)

삼국 통일 과정(백강 전투)　　　정답 ④

다음 가상 뉴스에서 보도하고 있는 사건은 백제 부흥군의 백강 전투이다. 신라는 먼저 당과 연합하여 백제를 공격하였다. 백제는 황산벌 등지에서 저항하였으나 결국 사비성이 함락되면서 멸망하였다(660). 복신과 흑치상지, 도침 등 많은 백제 부흥 운동 세력은 한때 200여 성을 회복하였지만, 백강 전투를 마지막으로 모두 진압되었다.

정답 분석

④ 백제 멸망 이후 각지에서 백제 부흥 운동이 일어났다. 나·당 연합군이 진압에 나서자 왜의 수군이 백제 부흥군을 지원하기 위해 백강 입구까지 왔으나 패하여 쫓겨 갔다(백강 전투).

---

04 (가)에 들어갈 전투로 옳은 것은?

> 〈역사 다큐멘터리 기획안〉
>
> ## 신라, 최후의 승자가 되다!
>
> 1. 기획 의도 : 한반도를 차지하려 한 당을 몰아내고 신라가 삼국 통일을 이룬 과정을 집중 조명한다.
>
> 2. 구성
>   1편 – 당이 웅진도독부, 안동도호부를 설치하다
>   2편 – 신라가 고구려 부흥 운동을 지원하고 군사력을 보강하다
>   3편 – 신라가 당에 맞서 　(가)　에서 승리하다

① 기벌포 전투 　　② 우금치 전투
③ 진주성 전투 　　④ 처인성 전투

삼국 통일 과정(나·당 전쟁)　　　정답 ①

(가)에 들어갈 전투는 기벌포 전투이다. 당은 백제와 고구려 멸망 이후 신라까지 지배하려고 하였다. 이에 신라는 남침해 오던 당의 20만 대군을 매소성에서 격파하였고(매소성 전투), 금강 하구의 기벌포에서 설인귀가 이끄는 당의 수군을 섬멸하였다(기벌포 해전). 신라는 당 군을 몰아내고 삼국 통일을 이룩함으로써 대동강에서 원산만에 이르는 영토를 확정하였다(676).

정답 분석

① 신라는 금강 하구의 기벌포에서 설인귀가 이끄는 당의 수군을 섬멸하였다.

오답 피하기

② 제2차 동학 농민 운동 때 농민군은 공주 우금치에서 일본군과 관군의 연합 부대와 대치하면서 크게 패하였다.

③ 임진왜란 때 진주 목사 김시민과 진주성을 지키는 군대가 왜군을 상대로 7일간의 격전 끝에 진주성 전투를 승리로 이끌었다.

④ 몽골의 2차 침략 당시 처인성 전투에서는 승려 김윤후가 적장 살리타를 사살하여 몽골군이 철수하기도 하였다.

05 밑줄 그은 '그'로 옳은 것은?

이때 고구려 관리에게 토끼와 거북이의 이야기를 듣게 되었답니다. 그는 뜻을 알아차리고 꾀를 내어 영토를 돌려주겠다고 한 뒤 신라로 무사히 돌아왔어요. 그리고 몇 해 후 당으로 건너가 동맹을 맺었지요.

－ 3 －

선덕 여왕 11년 그는 군사를 청하러 고구려로 떠났습니다. 하지만 죽령 이북의 땅을 돌려달라는 보장왕의 요구를 들어주지 않아 별관에 갇히게 되었지요.

－ 4 －

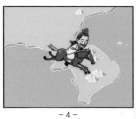

① 김대성
② 김춘추
③ 사다함
④ 이사부

06 밑줄 그은 '이 왕'의 업적으로 옳은 것은?

문무왕의 아들인 이 왕은 동해에 작은 산이 떠다닌다는 이야기를 듣고 이견대로 갔어요. 용이 나타나 말하기를, 산에 있는 대나무로 피리를 만들면 천하가 평온해질 것이라고 했어요. 이후 그 대나무로 피리를 만들어 만파식적이라 부르고, 나라의 보물로 삼았어요.

① 국학을 설립하였다.
② 우산국을 정벌하였다.
③ 천리장성을 축조하였다.
④ 화랑도를 국가 조직으로 개편하였다.

신라 태종 무열왕(김춘추)의 업적　　정답 ②

밑줄 그은 '그'는 신라의 태종 무열왕 김춘추이다. 642년 백제 의자왕은 신라의 대야성을 비롯한 서쪽 변경 40여 개 성을 빼앗았다. 이에 다급해진 신라는 김춘추를 고구려에 보내 보장왕, 연개소문을 만나 담판을 벌였으나 성과를 거두지 못하였다. 이어 일본과 외교 교섭도 실패하자 신라는 결국 당과 동맹을 맺었다.

정답 분석

② 신라 중대 태종 무열왕은 김유신의 지원을 받아 진골 출신으로는 처음으로 왕위에 올랐다.

오답 피하기

① 신라 중대 경덕왕 때 김대성은 불국사 조성을 주도하였다.
③ 신라 상대 진흥왕은 이사부에게 명하여 대가야를 토벌케 하였는데, 이때 사다함이 부장이 되었다.
④ 신라 상대 지증왕은 이사부를 앞세워 우산국(울릉도 일대)을 복속시켰다.

신라 신문왕의 업적　　정답 ①

밑줄 그은 '이 왕'은 신라 신문왕이다. 동해의 용이 된 문무왕은 하늘의 천신이 된 김유신과 힘을 합쳐 신이한 대나무를 아들인 신문왕에게 보냈다. 이 대나무로 피리(만파식적)를 만들어 부니 적군이 물러가고, 병이 낫고, 온갖 자연재해가 멎었다고 한다. 신문왕이 만파식적을 만들 대나무를 얻었다는 이견대와 아버지 문무왕의 수중왕릉은 오늘도 서로 마주보며 서 있다.

정답 분석

① 신라 중대 신문왕은 유학 교육을 실시하여 왕권을 보좌할 실무 관료를 양성하고자 국학을 설립하였다.

오답 피하기

② 신라 상대 지증왕은 이사부를 앞세워 우산국(울릉도 일대)을 복속시켰다.
③ 당 태종이 즉위하면서 침략의 야욕을 드러내자 영류왕 대에 집권자였던 연개소문은 요동에 천리장성을 쌓아 침략에 대비하였다.
④ 신라 진흥왕은 유능한 인재를 양성하기 위해 화랑도를 국가적 조직으로 개편하였다.

05강 신라 하대의 혼란과 발해의 성장

1 신라 하대의 사회 혼란

▲ 신라 하대의 사회 혼란

중앙	• 진골 귀족들 간의 왕위 쟁탈전 심화(8세기 후반 혜공왕 피살) 　┌ 진골 귀족들의 왕위 다툼(150여 년간 20명의 왕이 교체됨) 　└ 왕권 약화, 중앙 정부의 통제력 약화 • 6두품의 반신라화 　┌ 당에 유학, 관직 승진의 제한으로 불만(골품제 모순 비판) 　├ 호족과 함께 새로운 사회 건설 추구 　└ 최치원(6두품)의 시무 10조 건의 ➡ 진성여왕은 받아들이지 않음
지방	• 지방 호족의 등장 : 스스로 성주·장군이라 칭함 　┌ 출신 : 토착 촌주, 중앙에서 밀린 귀족, 군진 세력 등 　├ 기반 : 대농장, 군대 보유, 독자적 통치 기구 마련, 지방 행정·군사 장악 　└ 특징 : 6두품 세력과 결탁, 선종 수용 • 계속된 반란 　┌ 김헌창의 난(헌덕왕, 822) : 아버지 김주원이 왕위에서 밀리자 웅천주(공주) 　│ 에서 반란 　└ 장보고의 난(문성왕, 846) : 청해진을 기반으로 왕위 다툼에 개입 • 농민 봉기 : 9세기 말 진성여왕 때 가장 극심 　┌ 배경 : 국가 재정 궁핍, 흉년 및 전염병, 귀족·지방 세력가의 수탈 　└ 원종·애노의 난(889, 진성여왕), 적고적의 난(896, 진성여왕), 양길의 난 등
새로운 사상의 등장	• 선종의 유행 　┌ 성격 : 참선 수행, 정신 수양 등을 통한 해탈 강조 　├ 특징 : 개인주의적 성향 ➡ 지방 호족과 농민의 지지 　└ 발전 : 선종의 9종파인 9산 선문 성립, 승탑 발전(화순 쌍봉사 철감선사탑) • 풍수지리설의 유행 　┌ 특징 : 신라 말 도선에 의해 보급, 지형에 따라 인간의 길흉화복이 정해짐 　└ 결과 : 호족의 환영, 신라 정부의 권위 약화, 새로운 국가 건설에 영향 • 미륵 신앙(미륵불 숭배)의 유행 : 미륵이 나타나 세상을 구원한다는 신앙

▲ 화순 쌍봉사 철감선사 승탑
철감선사는 통일 신라의 선종 승려
이다. 신라 말에 선종이 유행하면서
고승의 사리를 봉안하는 승탑이 많
이 만들어졌다.

2 후삼국의 성립

(1) 후백제

건국	상주 출신의 군인 견훤이 완산주(지금의 전주)에 도읍을 정하고 후백제를 건국 (900)
성장	• 차령산맥 이남의 충청도와 전라도 지역까지 장악 • 중국의 후당·오월(검교태보의 직을 받음)에 사신을 파견하여 외교 관계 체결 • 막강한 군사력으로 신라 압박 : 대야성 함락(920), 신라 경애왕 살해(927)
한계	• 신라 금성에 침입하여 경애왕을 살해하는 등 신라에 적대적인 자세를 보임 • 견훤은 장남 신검에 의해 금산사에 유폐된 후 고려에 귀부(935)

▲ 견훤이 유폐당하였던 김제 금산사

(2) 후고구려

건국	• 북원(지금의 원주)의 양길 세력 밑에 있던 궁예(신라 왕족의 후예)가 양길을 몰아내고 세력을 키움 • 송악(개성)에 도읍을 정하고 후고구려 건국(901)
성장	체제 정비 ┌ 국호를 후고구려에서 마진으로 바꾸고(904), 철원으로 천도(905) ➡ 다시 국호를 마진에서 태봉으로 변경(911) ├ 광평성 설치 : 최고 중앙 관부, 내정을 총괄 ├ 9관등제 실시 : 골품제를 대신할 신분제 정비 └ 미륵 신앙을 통해 전제 정치 도모
한계	• 궁예 스스로 미륵불이라 칭하며 주변 인물을 숙청 • 왕건이 궁예를 몰아내고 신하들의 추대 속에 고려 건국(918)

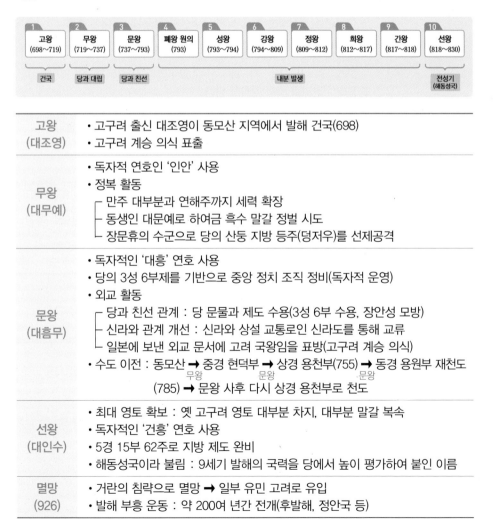

▲ 후삼국 시대

❸ 발해의 건국과 발전

1 고왕 (698~719)	2 무왕 (719~737)	3 문왕 (737~793)	4 폐왕 원의 (793)	5 성왕 (793~794)	6 강왕 (794~809)	7 정왕 (809~812)	8 희왕 (812~817)	9 간왕 (817~818)	10 선왕 (818~830)
건국	당과 대립	당과 친선			내분 발생				전성기 (해동성국)

고왕 (대조영)	• 고구려 출신 대조영이 동모산 지역에서 발해 건국(698) • 고구려 계승 의식 표출
무왕 (대무예)	• 독자적 연호인 '인안' 사용 • 정복 활동 ┌ 만주 대부분과 연해주까지 세력 확장 ├ 동생인 대문예로 하여금 흑수 말갈 정벌 시도 └ 장문휴의 수군으로 당의 산둥 지방 등주(덩저우)를 선제공격
문왕 (대흠무)	• 독자적인 '대흥' 연호 사용 • 당의 3성 6부제를 기반으로 중앙 정치 조직 정비(독자적 운영) • 외교 활동 ┌ 당과 친선 관계 : 당 문물과 제도 수용(3성 6부 수용, 장안성 모방) ├ 신라와 관계 개선 : 신라와 상설 교통로인 신라도를 통해 교류 └ 일본에 보낸 외교 문서에 고려 국왕임을 표방(고구려 계승 의식) • 수도 이전 : 동모산 ➡ 중경 현덕부 ➡ 상경 용천부(755) ➡ 동경 용원부 재천도 　　　　　　　무왕　　　　　문왕　　　　　　.문왕 　　(785) ➡ 문왕 사후 다시 상경 용천부로 천도
선왕 (대인수)	• 최대 영토 확보 : 옛 고구려 영토 대부분 차지, 대부분 말갈 복속 • 독자적인 '건흥' 연호 사용 • 5경 15부 62주로 지방 제도 완비 • 해동성국이라 불림 : 9세기 발해의 국력을 당에서 높이 평가하여 붙인 이름
멸망 (926)	• 거란의 침략으로 멸망 ➡ 일부 유민 고려로 유입 • 발해 부흥 운동 : 약 200여 년간 전개(후발해, 정안국 등)

▲ 발해 무왕의 당나라 산둥반도 공격 추정도

▲ 발해의 최대 영역

4 발해의 통치 체제 정비

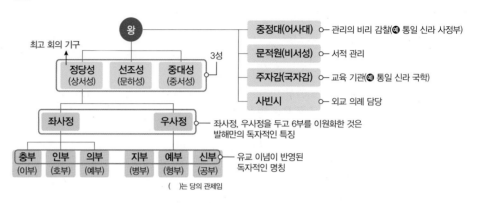

중정대(어사대)	○─ 관리의 비리 감찰(예 통일 신라 사정부)
문적원(비서성)	○─ 서적 관리
주자감(국자감)	○─ 교육 기관(예 통일 신라 국학)
사빈시	○─ 외교 의례 담당

▲ 발해 상경성 터

유득공의 『발해고』

부여씨가 망하고 고씨가 망하자 김씨가 그 남쪽을 영유하였고, 대씨가 그 북쪽을 영유하여 발해라 하였다. 이것이 남북국이라 부르는 것으로 마땅히 남북국사가 있어야 했음에도 고려가 이를 편찬하지 않은 것은 잘못된 일이다. 무릇 대씨가 누구인가? 바로 고구려 사람이다. 그가 소유한 땅은 누구의 땅인가? 바로 고구려 땅이다. ─『발해고』─

조선 후기 역사가이자 실학자 유득공은 『발해고』에서 남북 시대라는 용어를 처음으로 사용하였다. 유득공이 통일 신라와 발해를 '남북국'이라고 일컬은 이유는 발해의 주도 세력이 고구려계 유민이고, 그 영역이 고구려의 땅이므로 발해 역사를 민족사에 포함해야 하기 때문이었다.

중앙 행정 기구	• 당의 제도를 수용하여 3성 6부제 운영 • 운영과 명칭에서 발해의 독자성 유지 • 3성 　┌ 최고 행정 기관인 정당성을 중심으로 운영 　└ 정당성을 관장하는 최고 직책 대내상이 선조성 · 중대성 총괄 • 6부 　┌ 이원적 운영 : 좌사정, 우사정으로 나눔 　└ 6부에 충 · 인 · 의 · 지 · 예 · 신 유교적 명칭 사용(독자적인 명칭) • 중정대 : 관리의 비리 감찰을 담당 • 주자감 : 발해의 최고 교육 기관, 유학을 가르치고, 당에 유학생을 보냄 • 문적원 : 책과 문서 관리, 비문, 축문, 외교 문서 등의 작성을 담당 • 사빈시 : 외교 의례 담당
지방 행정 구역	• 선왕 대에 5경 15부 62주로 완비 • 5경 : 전략적 요충지에 상경 용천부, 중경 현덕부, 동경 용원부, 남경 남해부, 서경 압록부 등 설치 • 15부 62주 : 부에는 도독, 주에는 자사, 현에는 현승을 지방관으로 파견
군사 조직	• 중앙군으로 10위를 조직하여 도성의 방어를 담당 • 지방군은 각지의 지방관이 지휘하도록 함

5 발해의 성격

고구려 계승 의식	• 지배층의 대다수가 옛 고구려계로 구성됨('대'씨, '고'씨) • 발해와 일본 간에 주고받은 국서에서 '고려 국왕'이라는 명칭을 사용 • 고구려 문화와의 유사성 　┌ 발해 석등, 연꽃무늬 기와, 온돌, 돌사자상 등 　└ 정혜 공주 묘(굴식 돌방무덤, 모줄임 천장 구조), 이불병좌상 등 • 멸망 후 왕자 대광현 등 다수가 고려 편입
당나라 문화 수용	• 당의 3성 6부제 수용 • 당의 장안성을 모방하여 만든 발해의 상경성 • 정효 공주 묘(벽돌무덤 양식), 영광탑 등

은쌤의 합격노트

• 신라 하대의 사회 혼란 •

✎ 시험에 꼭 나오는 키워드

- 신라 하대에 일어났던 사건과 사회상을 묶어서 함께 알기
- 후백제(견훤)와 후고구려(궁예)의 특징을 구분하여 정리하기
- 최치원과 장보고는 인물 문제로 단독 출제가 됨

✔ 최다 빈출 선지

┃ 신라 하대 사회상
① 웅천주 도독 김헌창이 반란을 일으켰다.
② 장보고가 청해진을 거점으로 반란을 일으켰다.
③ 최치원이 국왕에게 시무 10여 조를 건의하였다.
④ 원종과 애노가 봉기하였다.
⑤ 군사를 모아 장군이라 칭하는 호족이 등장하였다.

┃ 후백제
① 견훤이 후백제를 건국하였다.
② 공산 전투에서 고려에 승리하였다.
③ 신라의 금성을 습격하여 경애왕을 죽게 하였다.

┃ 후고구려
① 궁예가 후고구려를 세웠다.
② 송악에서 철원으로 도읍을 옮겼다.
③ 국호를 마진으로 하였다.
④ 국호를 태봉으로 바꾸었다.
⑤ 정치 기구로 광평성을 두었다.

• 발해 •

✎ 시험에 꼭 나오는 키워드

- 발해에 관련된 내용(왕들의 업적, 정치 조직, 사회상, 문화재 등)을 정리하기
- 고왕, 무왕, 문왕, 선왕의 업적 정리하기 ➡ 출제율이 높지는 않지만 왕들이 단독으로 출제되기도 함

✔ 최다 빈출 선지

┃ 대조영
① 고구려 유민을 이끌고 동모산에서 건국하였다.

┃ 무왕
① 장문휴가 당의 산둥반도를 공격하였다.

┃ 문왕
① 중앙 정치 조직을 3성 6부로 정비하였다.
② 중앙 관제를 3성 6부로 정비했다.
③ 대흥이라는 독자적인 연호를 사용하였다.

┃ 선왕
① 전성기에 해동성국이라 불렸다.
② 전국을 5경 15부 62주로 나누었다.

┃ 발해의 정치 조직
① 유학 교육 기관으로 주자감을 두었다.
② 인안, 대흥 등의 독자적 연호를 사용하였다.
③ 정당성 아래 6부를 두어 행정을 담당하게 하였다.

대표 기출 문제

기본 60회 12번

03 (가)에 들어갈 인물로 옳은 것은?

이것은 (가) 이/가 세운 태봉의 도성 터 사진입니다. 삼국사기에 의하면 수많은 청주 사람을 이곳 철원성에 옮기고 도읍으로 삼았 다고 합니다.

이 사진에 대해 설명해 주세요.

① 견훤　　② 궁예　　③ 온조　　④ 주몽

후고구려 궁예
　　　　　　　　　　　　　　정답 ②

(가)에 들어갈 인물은 궁예이다. 궁예는 신라 왕족 출신으로, 도적의 무리 속에 서 힘을 길러 강원도, 경기도 일대, 황해도 지역까지 세력을 키웠다. 그는 세력 이 커지자 송악(개성)에 도읍을 정하고 후고구려를 세웠다(901). 이후 궁예는 철원으로 도읍을 옮기고 국호를 태봉으로 고쳤으며 독자적인 관제를 정비하는 등 국가의 체제를 갖추었다.

정답 분석

② 궁예는 초적의 무리를 이끌고 철원을 중심으로 세력을 확장하여 경기도와 강원도 및 충청북도 일대를 점령하고 후고구려를 세웠다.

오답 피하기

① 견훤은 백제 부흥을 내세우며 완산주를 수도로 삼고 후백제를 건국하였다.
③ 주몽의 아들 온조는 하남 위례성에서 백제를 세웠다.
④ 주몽은 부여에서 남쪽으로 내려와 고구려를 건국하였다.

기본 61회 9번

04 (가) 국가에 대한 설명으로 옳은 것은?

역사 신문

제△△호　　　　　　　　　　　　　　○○○년 ○○월 ○○일

특집 기획 **해동성국으로 우뚝 서다**

고구려를 계승한 (가) 은/는 선왕 때 요동에서 연해주에 이르는 최대 영토를 확보하 였다. 이후 당으로부터 '바다 동쪽의 융성한 나라'를 뜻하는 '해동성국'이라 불렸다. 이를 통해 이 국가의 국제적 위상을 알 수 있다.

① 한의 침략을 받아 멸망하였다.
② 중앙 정치 조직을 3성 6부로 정비하였다.
③ 정사암에서 국가의 중대사를 결정하였다.
④ 화랑도를 국가적인 조직으로 운영하였다.

발해
　　　　　　　　　　　　　　정답 ②

(가) 국가는 발해이다. 발해 3대 왕 문왕 사후 내분에 휩싸였던 발해는 9세기 초 10대 왕 선왕 대에 부흥하였다. 선왕은 흑수부를 제외한 거의 모든 말갈족 을 복속시키고 요동 지역으로 진출하였으며, 남쪽으로는 대동강 유역까지 진 출하여 신라와 국경을 접하였다. 이로써 발해는 약 5,000리의 광활한 영역을 차지하였다. 이 시기에 당은 발해를 해동성국이라고 불렀다.

정답 분석

② 발해의 중앙 정치 조직은 3성 6부를 기본으로 하였다. 이는 당의 제도를 수 용한 것이지만 운영과 명칭은 독자적이었다.

오답 피하기

① 고조선의 경제 · 군사적 발전에 불안을 느낀 중국의 한 무제는 대규모 군대 를 동원하여 고조선을 멸망시켰다.
③ 백제는 정사암 회의에서 귀족들이 모여 대표를 선출하고 국가의 중요 정책 을 결정하였다.
④ 신라의 화랑도는 원화에 기원을 둔 청소년 수련 단체로 진흥왕 대에 이르 러 국가적인 조직으로 개편되었다.

06강 고대 삼국과 남북국의 경제, 사회

1 삼국의 경제

수취 제도	조세(곡물 수취), 공물(특산물 징수), 역(15세 이상 남자 동원)
농업	철제 농기구 보급, 황무지 개간 장려, 저수지 축조
상업	신라는 경주에 시장을 개설하고 시장 감독 관청인 동시전 설치(지증왕)

▲ 삼국의 경제 활동

2 삼국의 사회

고구려	• 사회 기풍 : 대외 정복 활동을 전개하는 등 상무적이고 씩씩한 기풍 • 형벌 : 1책 12법 존재, 적에게 항복하거나, 살인자는 사형에 처함 • 혼인 풍습 : 지배층은 형사취수제와 서옥제 등으로 혼인 • 진대법 실시(고국천왕) : 을파소의 건의, 곡식을 봄에 빌려주고, 가을에 받는 빈민구제 제도 • 제가 회의 : 국가 중대사를 논의하는 귀족 회의
백제	• 사회 기풍 : 언어, 풍습, 의복, 상무적 기질 등이 고구려와 유사 • 형벌 : 도둑질한 자는 귀양과 함께 2배로 배상, 관리의 뇌물 수수나 공금 횡령 시 3배를 배상하게 하고, 죽을 때까지 금고형에 처함 • 왕족 부여씨와 8성의 귀족은 능숙한 한문을 구사하고, 투호·장기 등을 즐김 • 정사암 회의 : 부여의 정사암(천정대)이라는 바위에 모여 국가 중대사를 논의하는 귀족 회의

신라	• 동시전 설치(지증왕), 녹읍과 식읍 지급
	• 화백 회의 : 만장일치제의 귀족 합의제, 국왕과 귀족 간의 권력을 조정하는 기능을 담당
	• 골품제
	  └ 출신 성분에 따라 골(骨)과 품(品)으로 등급을 나누는 폐쇄적인 신분 제도
	  └ 관직 진출 제한, 일상생활 규제(가옥 규모, 장식물, 수레 등)
	• 화랑도(국선도, 풍월도)
	  └ 원시 사회의 청소년 집단과 원화가 기원
	  └ 진흥왕 때 국가적 조직으로 정비 ➡ 무예를 닦아 삼국 통일에 기여
	  └ 진평왕 때 원광의 세속 5계를 행동 규범으로 삼음

신라의 골품과 관등표

관 등		골 품				공복
등급	관등명	진골	6두품	5두품	4두품	
1	이벌찬					자색
2	이 찬					
3	잡 찬					
4	파진찬					
5	대아찬					
6	아 찬					비색
7	일길찬					
8	사 찬					
9	급벌찬					
10	대나마					청색
11	나 마					
12	대 사					황색
13	사 지					
14	길 사					
15	대 오					
16	소 오					
17	조 위					

▲ 신라의 골품과 관등표

3 발해의 경제와 사회

수취 제도	조세(조·콩·보리 등)와 공물(베·명주·가죽 등 특산물)을 걷고, 부역을 동원
경제	• 농업 : 밭농사가 주로 이루어졌고, 일부 지역에서 벼농사를 지음 • 목축 발달 : 솔빈부의 말이 주요 수출 품목 • 수렵 : 모피·녹용·사향 등을 생산하여 수출

▲ 발해 솔빈부의 옛터로 말을 기르던 곳

사회	이원적 주민 구성 ┌ 지배층 : 왕족 대씨와 귀족 고씨 등 고구려계 사람들 ➡ 주요 관직 차지 └ 피지배층 : 말갈족이 대다수, 토착 세력이 말갈 주민 통치
당	• 산둥반도에 발해관 설치(당이 발해 사신이 이용할 수 있도록 만든 여관) • 수출품(담비 모피, 인삼, 불상·자기, 솔빈부의 말 등) ⇄ 수입품(귀족의 수요 　품인 비단, 책 등) • 영주도를 통해 당나라와 교역 : 당나라 수도 장안으로 직통하는 육로 교통 　의 간선도로 • 조공도를 통해 당나라와 교역 : 당과 경제적인 교역로로 많이 이용
신라	신라도를 통해 신라와 교역 : 주로 견직물 교역
일본	일본도를 통해 일본과 교역 : 주로 당에서 들어온 외래품 수출
거란	거란도를 통해 거란과 교역

▲ 남북국 시대의 무역

❹ 통일신라의 경제와 사회

수취 제도	조세(곡물 수취), 공물(특산물 징수), 역(16~60세 남자 차출)
민정 문서 (촌락 문서)	• 일본 도다이사(동대사) 쇼소인(정창원)에서 발견 • 제작 목적 : 조세, 공물, 부역의 징수 및 근거 • 서원경에 속했던 4개 촌락에 대한 기록 　┌ 세금 수취를 위해 촌주가 3년마다 작성 　├ 호구(인구수, 남녀별, 연령별로 구분) 등을 기록 　└ 말과 소의 수, 토지 종류와 면적 등을 기록
토지 제도	• 신문왕 : 관료들에게 관료전을 지급하고 녹읍을 폐지 • 성덕왕 : 백성에게 정전 지급(농민 경제 안정 추구)
경제	상업 : 경주 인구 증가 ➡ 통일 이전의 동시 외에 서시와 남시가 설치
사회	• 통일 후 : 진골 귀족의 주요 관직 독점, 백제와 고구려의 옛 유민 포섭 • 신라 하대 : 귀족들의 왕위 쟁탈전, 농민 반란, 호족 세력의 성장
당나라	• 유학생(빈공과 응시), 사신, 승려 등 파견 ➡ 당의 문화, 서역 문화 수용 • 당에 신라방·신라촌(집단 거주지), 신라소(자치 기구), 신라관(여관), 신라원 　(절) 등 형성
서역	국제 무역항인 울산항을 통해 아라비아, 페르시아 등의 서역 상인들 왕래
장 보 고	활동	• 당에 건너가 군인(무령군 소장)으로 활동 • 귀국 후 흥덕왕 때 완도에 청해진 설치 ➡ 청해진을 중심으로 무역 활동 전개 • 중국 산둥반도에 적산법화원 창건 : 당나라에 거주하던 신라인의 신앙 생 　활 중심지이자 본국과의 연락소 역할을 함 • 왕위 쟁탈전에 가담하여 신무왕 즉위에 공을 세움 ➡ 신무왕의 아들 문성 　왕 즉위 ➡ 문성왕이 자신의 딸을 왕비로 받아들이지 않자 반란을 일으킴 　➡ 문성왕이 보낸 자객에게 살해당함
	청해진	장보고가 완도에 청해진 설치 후 해적 소탕 ➡ 남해·황해의 해상 무역권 장 악 ➡ 당나라와 신라·일본을 잇는 해상 무역을 주도

▲ 민정(촌락) 문서

▲ 경주 원성왕릉 무인 석상
서역인을 모습을 한 석상을 통해 당
시 신라와 이슬람 지역의 교류를 짐
작할 수 있다.

▲ 완도의 청해진 유적

▲ 임신서기석

5 삼국의 학문(유학)

고구려	학교 설립	• 태학(소수림왕, 수도) : 유교 경전과 역사를 가르침 • 경당(장수왕 대로 추정, 지방) : 한학과 무술 교육을 병행
백제	박사 제도 : 5경 박서(유학 경전을 가르침), 의박사 · 역박사(기술 학문을 가르침)	
신라	임신서기석 : 신라 청소년들이 유교 경전을 공부하였다는 내용이 새겨져 있음	

6 삼국의 역사서 편찬

고구려	『유기』 ➡ 이문진의 『신집』 5권(영양왕)	⇒	• 왕과 국가의 위대한 업적을 과시하고 권위를 높임 • 왕에 대한 충성심과 국가에 대한 자긍심 고취
백제	고흥의 『서기』(근초고왕)		
신라	거칠부의 『국사』(진흥왕)		

▲ 삼국의 불교 수용

7 삼국의 불교

특징	• 중앙 집권 국가로 발전하는 과정에서 수용 • 새로운 국가 정신의 확립과 왕권 강화(왕즉불 사상, 업설)
고구려	소수림왕 때 중국 전진의 승려 순도를 통해 수용(372)
백제	• 침류왕 때 중국 동진의 마라난타를 통해 수용(384) • 성왕 때 노리사치계를 파견하여 일본에 불교 전파
신라	• 법흥왕 때 이차돈의 순교를 계기로 공인(527) • 승려 원광은 화랑에게 세속 5계를 가르침 • 승려 자장은 선덕 여왕 때 황룡사 9층 목탑 건립 건의

8 삼국의 도교

특징	산천 숭배와 신선 사상이 결합하여 불로장생과 현세의 구복 추구
고구려	대표 유물 : 강서대묘의 사신도
백제	대표 유물 : 백제 금동 대향로, 산수무늬벽돌, 사택지적비, 무령왕릉 지석
신라	화랑도의 별칭인 국선도, 풍류도, 풍월도에 도교 사상 반영

▲ 사택지적비

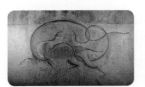

▲ 고구려 강서대묘의 현무도

▲ 백제 금동 대향로

▲ 백제 산수무늬 벽돌

▲ 무령왕릉 지석

은쌤의 합격노트

• 고대 삼국의 경제, 사회 •

✎ 시험에 꼭 나오는 키워드

- 고대 삼국의 특징적인 사회상을 구분하여 정리하기
- 신라의 화랑·골품 제도, 촌락 문서, 장보고는 단독으로 출제됨

✔ 최다 빈출 선지

| 고구려
① 진대법을 실시하였다(고국천왕).
② 경당에서 글과 활쏘기를 가르쳤다.
③ 제가 회의에서 나라의 중요한 일을 결정하였다.

| 백제
① 정사암에서 국가의 중대사를 결정하였다.
② 왕족인 부여씨와 8성의 귀족이 지배층을 이루었다.

| 신라
① 화백 회의에서 중요한 일을 결정하였다.
② 시장을 감독하기 위한 기구로 동시전이 설치되었다.

| 통일 신라
① 독서삼품과가 실시되었다.
② 상수리 제도를 실시하였다.
③ 장보고가 청해진을 설치하였다.
④ 장보고는 산동반도에 법화원을 세웠다.
⑤ 골품제라는 엄격한 신분 제도가 있었다.

| 골품 제도
① 골품에 따라 일상생활을 규제하였다.
② 골품에 따라 관직 승진의 제한을 받았다.

| 화랑 제도
① 원광이 세속 5계를 지었다.
② 화랑도를 국가 조직으로 개편하였다(진흥왕).

| 촌락(민정) 문서
① 노동력 동원과 세금 징수를 위해 작성되었다.

대표 기출 문제

기본 58회 5번

01 밑줄 그은 '이 나라'에 대한 설명으로 옳은 것은?

> 이 사진에 대해 설명해 주세요.

> 사진은 이 나라의 왕성인 경주 월성입니다. 월성은 2014년부터 본격적인 발굴 작업이 진행 중이며, 올해에는 방어 시설인 해자의 복원이 마무리될 예정입니다.

① 골품제라는 엄격한 신분 제도가 있었다.
② 전국을 5도 양계로 나누어 통치하였다.
③ 빈민 구제를 위해 진대법을 실시하였다.
④ 정사암에서 국가의 중대사를 결정하였다.

신라의 사회	정답 ①

밑줄 그은 '이 나라'는 신라이다. 신라의 경주 월성(반월성)은 서기 101년 파사왕 22년에 신라의 왕성으로 축성되어 신라가 망하는 서기 935년까지 궁궐이 있었던 곳이다.

정답 분석

① 신라의 신분제인 골품제는 왕족과 귀족을 골과 품으로 나누고, 귀족은 세력에 따라 6단계로 나눈 것이다.

오답 피하기

② 고려 중기 현종 때부터 전국을 경기와 5도 양계로 나누어 통치하였다.
③ 고구려 고국천왕은 을파소의 건의를 받아들여 진대법과 같이 가난한 농민을 구제하기 위한 구휼 제도를 시행하였다.
④ 백제는 정사암 회의라는 귀족 회의를 통해 국가 운영의 주요 사항을 결정하였다.

대표 기출 문제

기본 64회 5번

02 다음 퀴즈의 정답으로 옳은 것은?

> 혈통에 따라 관직 진출뿐만 아니라 일상생활까지 차별한 신라의 신분 제도는 무엇일까요?

① 골품 제도
② 기인 제도
③ 음서 제도
④ 상수리 제도

기본 63회 4번

03 밑줄 그은 '이 국가'에 대한 설명으로 옳은 것은?

> 이 유물은 2009년 포항 중성리에서 발견되었습니다. 현재 남아 있는 이 국가의 비석 중 가장 오래된 것으로, 당시의 관등 체계 및 골품제의 정비 과정 등을 알 수 있는 귀중한 자료입니다.

① 진대법을 실시하였다.
② 영고라는 제천 행사를 열었다.
③ 화백 회의라 불리는 합의 기구가 있었다.
④ 왕족인 부여씨와 8성의 귀족이 지배층을 이루었다.

신라의 골품 제도　　　　정답 ①

다음 퀴즈의 정답은 골품 제도이다. 신라는 왕족인 김씨와 박씨, 석씨 등이 최고 지배층을 이루었는데, 이들이 중심이 되어 지방 족장 세력을 통합, 편제하는 과정에서 독특한 신분 제도인 골품제가 마련되었다. 골품은 개인의 신분뿐만 아니라 친족의 등급을 나타내는 것으로, 개인의 정치·사회적 활동 범위를 결정하였음은 물론, 집과 수레의 크기나 복색 등 일상생활까지 규제하였다.

정답 분석

① 신라는 골품 제도라는 신분제를 통해 관등의 승진이나 경제적 혜택에 차등을 두었다.

오답 피하기

② 고려 초기 태조 왕건은 지방 호족의 자제를 뽑아 개경에 머물게 하는 기인 제도를 실시하여 호족을 견제하고 지방 통치를 보완하고자 하였다.
③ 고려 시대에 공신이나 5품 이상 고위 관료의 자제는 과거를 치르지 않고도 음서를 통해 관직에 임용될 수 있었다.
④ 통일 신라는 지방의 유력자를 중앙으로 데려오는 일종의 인질 제도인 상수리 제도를 시행하였다.

신라의 사회상　　　　정답 ③

밑줄 그은 '이 국가'는 신라이다. 신라의 골품제는 개인의 혈통에 따라 관직 승진의 상한선을 정하였고, 혼인, 가옥의 크기, 의복의 빛깔과 옷감의 종류 등에 이르기까지 사회생활 전반을 규제하였다.

정답 분석

③ 신라는 귀족 회의인 화백 회의에서 국가의 중대사를 논의하였다. 특히 다른 나라와 달리 만장일치제라는 특징이 있었다.

오답 피하기

① 고구려 고국천왕은 을파소의 건의를 받아들여 진대법과 같이 가난한 농민을 구제하기 위한 구휼 제도를 시행하였다.
② 부여는 매년 영고라는 제천 행사를 열어 각 집단의 결속력을 다졌다.
④ 백제의 지배층은 왕족인 부여씨와 8성의 귀족으로 이루어졌다.

기본 51회 9번

04 (가)에 들어갈 내용으로 옳은 것은?

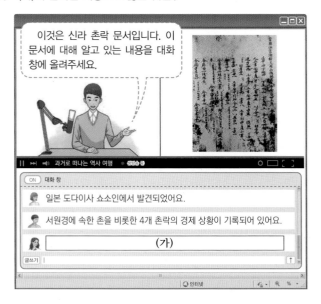

① 단군의 건국 이야기가 수록되어 있어요.
② 병인양요 때 프랑스군에게 약탈당하였어요.
③ 유네스코 세계 기록 유산으로 등재되었어요.
④ 노동력 동원과 세금 징수를 위해 작성되었어요.

신라 촌락 문서   정답 ④

(가)에 들어갈 내용은 신라 촌락 문서에 대한 것이다. 통일 후 신라는 늘어난 생산 자원과 노동력을 더욱 철저하게 편제하여 관리하기 위해 촌락 문서를 작성하였다. 이 문서는 촌주가 촌락 내 인구 수·토지 크기·소와 말의 수·토산물의 증감을 조사하여 3년마다 다시 작성하였다.

정답 분석

④ 신라는 촌락 문서로 전국의 인구와 경제력을 파악하여 세금을 걷고 노동력을 동원하였다.

오답 피하기

① 고려 후기 일연은 "삼국유사"를 통해 불교사 이외에 단군의 고조선 건국 이야기를 수록하였다.
② 병인양요 당시 외규장각 의궤를 프랑스군이 약탈하였다.
③ 신라 촌락 문서는 유네스코 세계 기록 유산에 등재되지 않았다.

기본 49회 8번

05 (가)에 해당하는 인물로 옳은 것은?

① 원효   ② 설총
③ 장보고   ④ 최치원

신라 무신 장보고   정답 ③

(가)에 해당하는 인물은 신라 장보고이다. 장보고는 흥덕왕 때 해적을 소탕하고 완도에 청해진을 설치하였다. 청해진은 당과 신라, 일본을 연결하는 국제 무역 항로의 중간 지점이었다. 장보고는 이곳을 중심으로 해적들을 소탕하고 당과 신라, 일본을 연결하는 국제 무역을 주도하였다.

정답 분석

③ 신라 장보고는 완도에 청해진을 설치하고 해적을 소탕하여 해상 무역을 장악하였다.

오답 피하기

① 신라 승려 원효는 분파 의식을 극복하고자 화쟁 사상을 주장하였고, 그 사상을 담은 "십문화쟁론"을 지었다.
② 신라 설총은 이두를 체계적으로 정리했을 뿐 아니라 "화왕계"를 지어 유교적인 도덕 정치를 강조하였다.
④ 신라 최치원은 당에서 신라로 귀국한 후 진성 여왕에게 개혁안 10여 조를 올렸으나 받아 들여지지 않자 가야산의 해인사 등지에서 은둔 생활을 하였다.

07강 고대 삼국과 남북국의 문화

① 삼국의 고분과 벽화

구분	시기	고분 양식	특징
고구려	초기	돌무지 무덤	시신 위에 돌을 덮거나 돌을 깎아 계단식으로 쌓음, 벽화 없음 예 장군총
	후기	굴식 돌방무덤	• 내부에 돌로 널방을 만들고 통로로 연결함, 모줄임천장 구조 • 벽과 천장에 그림을 그림 예 무용총, 각저총, 강서대묘
	고구려 고분 벽화		• 만주 지린성 집안(국내성) 일대 : 무용총, 각저총, 오회분 • 평안도, 황해도 일대 : 쌍영총, 강서대묘, 안악 3호분
백제	초기	돌무지 무덤	백제 건국 세력이 고구려 유이민 계통임을 보여줌 예 서울 석촌동 고분군
	웅진 시대	굴식 돌방무덤	예 공주 송산리 고분(1~5호분) : 백제 왕과 왕족들의 무덤
		벽돌 무덤	공주 무령왕릉 : 중국 남조의 영향을 받아 벽돌로 축조 ┌ 백제 고분 중 피장자와 축조 연대가 확인되는 유일한 무덤 ├ 중국 남조의 영향을 받아 벽돌로 축조 └ 무덤 주인을 알 수 있는 묘지석 발견, 진묘수, 금동제 신발, 　금송으로 만든 관 등이 출토
	사비 시대	굴식 돌방무덤	예 부여 능산리 고분군 : 작은 규모, 벽화 있음, 백제 금동 대향로 출토
신라	초기	돌무지 덧널무덤	나무관(덧널)을 짜 시체를 넣고 그 위에 돌을 쌓은 다음 흙을 덮 음 → 도굴이 어려움, 다양한 껴묻거리 발견 예 천마총[천마도(벽화 아님), 금관 등 많은 유물 출토], 호우총 (호우명 그릇), 황남대총(서역 관련 유물 출토)

② 고대 삼국과 가야의 대외 교류

(1) 일본과의 교류(일본 아스카 문화 형성에 영향을 끼침)

고구려	• 혜자 : 쇼토쿠 태자의 스승 • 담징 : 종이와 먹, 벼루 만드는 기술 전파, 호류사 금당 벽화 제작
백제	• 왕인 : 논어, 천자문 가르침 • 아직기 : 일본 태자에게 한자 교육 • 노리사치계 : 일본에 불교 전파 • 칠지도 : 근초고왕 때 왜왕에게 보낸 칼
신라	조선술, 축제술, 도자기 만드는 기술 전파, 불상 · 음악 전래
가야	토기 문화 전파(일본 스에키 문화에 영향을 끼침)

▲ 고구려 장군총(돌무지 무덤 양식)

▲ 백제 무령왕릉 석수

▲ 신라 천마도(천마총에서 출토)
자작나무 껍질을 겹쳐서 만든 말다
래에 그려진 것으로 벽화가 아니다.

▲ 고구려 수산리 고분 벽화(좌)와 일본
다카마쓰 고분 벽화(우)

▲ 가야 토기

▲ 일본 스에키 토기

가야는 일본에 토기 제작 기술을 전하여 스에키라는 일본 토기에 영향을 미치기도 하였다.

▲ 금동 미륵보살 반가사유상(좌)과 일본 목조 미륵반가상(우)

③ 삼국의 건축

고구려	• 졸본성(오녀산성) : 고구려의 첫 번째 수도 • 국내성(고구려의 두 번째 수도), 환도산성(국내성의 군사·방어성) • 평양의 안학궁 : 장수왕이 국내성에서 평양으로 천도하면서 건립된 궁성
백제	• 공주 공산성 : 웅진 시기의 궁궐터가 있음 • 부여 관북리 유적 : 사비 시기의 왕궁지로 추정되는 궁궐터 • 익산 미륵사지 : 백제 무왕 때 세워진 백제 최대 규모의 사찰 터
신라	경주 황룡사 : 신라 진흥왕 때 세워짐

▲ 백제 공주 공산성

④ 삼국의 과학 기술

고구려	천문학 : 별자리 그린 천문도 발견, 고분 벽화에 별자리 그림
백제	• 칠지도 : 백제 근초고왕이 왜에 보낸 칼, 강철 위에 상감 기법으로 금으로 글자 새겨 넣음 • 백제 금동 대향로 : 부여 능산리 고분 인근 절터에서 출토, 백제 왕실의 의례에 사용한 것으로 추정, 도교와 불교의 요소가 복합적으로 표현
신라	• 천문학 : 7세기 선덕여왕의 첨성대 축조(동양에서 가장 오래된 천문대) • 금속 기술 발달 : 화려한 금관 제작

▲ 백제 금동 대향로

⑤ 삼국의 불교 예술의 발달

고구려	불상	금동 연가 7년명 여래 입상 : 경상남도 의령에서 출토 ┌ 고구려의 승려들이 만들어 유포한 천불 중의 하나 ├ 중국 북조 양식에 고구려의 독창성 가미 └ 불상 뒷면(광배)에 고구려 연호 '연가'가 적혀 있음(제작 연대 추정)
백제	탑	• 익산 미륵사지 석탑 : 목탑 양식을 반영하여 건립 　┌ 현존하는 삼국 시대 석탑 중 가장 규모가 크고 오래된 탑 　├ 석탑 해체 과정에서 발견된 금제 사리 봉안기의 기록을 통해 석탑의 건립 연도가 명확하게 밝혀짐(639) 　└ 일제 강점기 때 시멘트로 보수 • 부여 정림사지 5층 석탑 : 1층 탑신에 당의 소정방이 쓴 글이 있어 '평제탑'이라고 불렸음

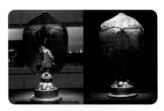
▲ 고구려 금동 연가7년명 여래입상 (좌는 앞면, 우는 뒷면)

▲ 백제 서산 용현리 마애삼존불

▲ 신라 경주 배동 석조여래 입상

백제	불상	서산 용현리 마애여래 삼존상 : 둥근 얼굴 윤곽에 자비로운 인상을 지녀 '백제의 미소'로 불림
신라	탑	• 경주 황룡사 9층 목탑 : 선덕 여왕 때 자장의 건의로 건립, 고려 시대 몽골의 침입으로 소실(1238) • 분황사 모전 석탑 : 현재 남아 있는 신라 석탑 중에 가장 오래됨, 돌(석재)을 벽돌 모양으로 다듬어 쌓음
	불상	경주 배동 석조여래 입상 : 다정한 얼굴, 온화하고 자비로운 불성을 표현

▲ 백제 익산 미륵사지 석탑

▲ 백제 부여 정림사지 5층 석탑

▲ 신라 분황사 모전 석탑

6 발해의 문화

교육		• 주자감 : 중앙 교육 기관으로 유교 경전을 가르침 • 도당 유학생 : 당과 관계 개선 후 많은 유학생을 파견, 빈공과에서 신라 유학생과 경쟁
불교		왕실과 귀족 중심, 고구려 불교 계승
고분	정혜 공주 묘	굴식 돌방무덤 : 고구려 양식 계승, 돌사자상(고구려 문화 계승) 출토, 벽화가 없음
	정효 공주 묘	벽돌무덤 : 당과 고구려 양식이 함께 반영, 내부 천장은 고구려 양식 계승, 벽화가 있음
건축		발해의 수도 상경성은 당시 당의 수도인 장안성을 본떠 건설됨(당의 영향)
고구려 계승		발해 석등, 온돌 장치, 발해 치미 및 수막새(기와), 용머리 등
탑		영광탑 : 당의 벽돌탑 양식 영향, 현재 온전히 남아 있는 유일한 발해의 탑
불상		이불병좌상 : 고구려 후기 법화 사상의 전통을 이은 발해 불상(고구려 양식 계승)

▲ 정효 공주 묘의 벽화

▲ 발해 석등(고구려 문화 계승)

▲ 발해의 이불병좌상 (고구려 문화 계승)

▲ 정혜 공주 묘의 돌사자상 (고구려 문화 계승)

▲ 발해 연꽃무늬 수막새 (고구려 문화 계승)

▲ 발해 영광탑 (당의 영향)

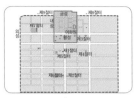
▲ 발해의 상경성 구조(당의 영향)

▲ 발해의 상경성 터(당의 영향)

▲ 발해 치미(고구려 문화 계승)

▲ 발해 용머리(고구려 문화 계승)

7 통일신라의 학문(유학)

유학	• 김대문(진골귀족 출신) : 『화랑세기』, 『계림잡전』, 『고승전』, 『한산기』 등 저술
	• 강수(6두품) : 외교 문서 작성, 김인문 석방 요청서인 『청방인문표』 작성
	• 설총(6두품) : 원효의 아들, 한자의 음훈을 빌려 우리말을 표기한 이두 정리, 『화왕계』를 지어 신문왕을 깨우치고자 함
	• 최치원(6두품)
	  ┌ 당에 유학하여 빈공과에 급제
	  ├ 당에서 황소의 난이 일어나자 『토황소격문(격황소서)』을 지어 명문장가로 유명해짐
	  ├ 귀국 후 진성 여왕에게 시무 10여 조를 건의하지만 수용되지 않음
	  └ 은둔 생활을 하며 『계원필경』 등과 같은 뛰어난 저술과 문장을 남김

원효	• 『대승기신론소』, 『금강삼매경론』, 『십문화쟁론』 저술 : 불교의 사상적 이해 기준 확립 및 종파 간의 사상적 대립을 해소 • 일심 사상과 화쟁 사상 제시 : 종파 간의 사상적 대립 극복 노력 • 아미타 신앙 강조 : '나무아미타불'이라고 외우면, 죽어서 극락정토에 갈 수 있다고 전도 ➡ 불교의 대중화에 기여 • 무애가라는 노래를 지어 세상에 퍼트림 • 설총을 낳은 후로는 속인의 옷을 바꾸어 입고 스스로 소성거사라 일컬음
의상	• 당 유학 후 화엄 사상 강조 ➡ 화엄 사상을 바탕으로 화엄종 개창, 부석사 건립 • 관음 신앙 강조 : 현세의 고난 구제 • 『화엄일승법계도』 저술 : 모든 존재가 상호 의존적인 관계에 있으면서 서로 조화를 이룸
혜초	『왕오천축국전』 저술(인도 구법 여행기) : 당나라 바닷길로 중앙아시아, 인도 등 여러 나라를 순례하고, 각 나라의 풍물을 생생하게 기록
선종의 유행	• 수행을 통한 깨달음 중시, 선종 9산 선문 성립 • 선종이 유행하면서 고승의 사리를 봉안하는 승탑이 많이 만들어짐

▲ 최치원 초상

▲ 원효 초상

▲ 의상이 건립한 영주 부석사

8 통일신라의 고분

특징	통일 후 무덤 규모 축소, 화장 유행(불교 영향)
대표 유적	• 경주 문무대왕릉 : 호국적 성격, 수중릉 • 굴식 돌방무덤(고구려 영향) : 봉토 주위에 둘레돌. 12지 신상 조각 예 김유신묘, 경주 원성왕릉(괘릉), 성덕대왕릉

▲ 문무왕릉(수중릉)

▲ 성덕대왕 신종
경덕왕이 아버지인 성덕왕의 명복을 빌기 위해 만들려다 뜻을 이루지 못하고 죽자, 그 아들인 혜공왕이 완성하였다.

▲ 신라 포석정지
경주 포석정은 신라 하대 헌강왕 대에 조성된 연회 장소이다. 후백제 견훤은 신라를 공격하여 포석정에서 놀고 있던 경애왕을 자살하게 하고, 신라의 마지막 왕 경순왕을 세우고 돌아갔다.

▲ 무구정광대다라니경
남아 있는 가장 오래된 목판 인쇄물이다. 1966년 경주 불국사 3층 석탑에서 발견되었다.

▲ 양양 진전사지 3층 석탑(좌)
구례 화엄사 4사자 3석탑(우)

❾ 통일신라의 건축

불교	불국사 : 청운교, 백운교, 석가탑, 다보탑 위치 ➜ 불교의 이상세계 표현
궁궐	동궁과 월지(안압지) ㄱ 문무왕 때 조성된 것으로 추정 ㄴ 나무로 만든 14면체 주사위(주령구) 출토 : 상류층 음주 문화를 알 수 있음

▲ 불국사

▲ 불국사의 청운교과 백운교

▲ 불국사 경내의 석가탑

▲ 동궁과 월지(서쪽 연못)

▲ 동궁과 월지(동쪽 연못)

▲ 동궁과 월지에서 출토된 주사위

❿ 통일신라의 불교 예술의 발달

탑	중대	• 감은사지 3층 석탑 : 신라 석탑 양식의 효시, 신문왕이 아버지 문무왕의 은혜에 감사한다는 뜻으로 건립 • 불국사 다보탑 : 틀에 얽매이지 않는 기법, 다보여래 상징 • 불국사 3층 석탑(석가탑) : 현존 세계 최고 목판 인쇄물인 무구정광대다라니경 발견
	하대	화순 쌍봉사 철감선사 승탑 : 팔각 원당형의 형태, 선종의 유행과 관련
불상		석굴암 : 인공으로 만든 석굴 사원, 석굴 안에 새겨진 여러 조각들은 본존불을 중심으로 완벽한 통일과 조화를 이룸

▲ 감은사지 3층 석탑

▲ 불국사 다보탑

▲ 불국사 3층 석탑 (석가탑)

▲ 석굴암

은쌤의 **합격노트**

고대 삼국의 문화

✎ 시험에 꼭 나오는 **키워드**

고대 삼국에서 자주 출제되는 유물, 유적 사진을 자주 보면서 눈에 익히기 ➡ 고구려(금동 연가 7년명 여래 입상), 백제(서산 용현리 마애여래 삼존불, 익산 미륵사지 석탑, 부여 정림사지 5층 석탑, 금동 대향로), 신라(분황사 모전 석탑)

✔ 최다 빈출 선지

┃고구려 금동 연가 7년명 여래 입상
① 연가라는 독자적인 연호를 사용하였다.
② 연가 7년이라는 명문이 새겨져 있어 제작 연대를 추정할 수 있다.

┃백제 익산 미륵사지 석탑
① 현존하는 삼국 시대 석탑 중 가장 규모가 크며 목탑 양식을 반영하여 건립되었다.
② 금제 사리 봉안기가 발견되었다.

┃신라 분황사 모전 석탑
① 돌을 벽돌 모양으로 다듬어 쌓았다.
② 현재 남아 있는 신라 석탑 중에 가장 오래되었다.

┃신라 황룡사 구층 목탑
① 자장의 건의로 황룡사 구층 목탑이 건립되었다(선덕여왕).

남북국의 문화

✎ 시험에 꼭 나오는 **키워드**

• 통일 신라와 발해에서 자주 출제되는 유물, 유적 사진을 자주 보면서 눈에 익히기 ➡ 신라(감은사지 3층 석탑, 석가탑, 다보탑, 석굴암), 발해(이불병좌상, 돌사자상, 영광탑, 석등, 치미)
• 시험에 단독 출제되는 원효, 의상, 혜초 업적 정리하고 숙지하기

✔ 최다 빈출 선지

┃신라의 감은사지 3층 석탑
① 문무왕의 아들인 신문왕이 완공하였다.
② 삼국 통일 이후 조성된 석탑 양식의 전형을 보여준다.

┃신라의 석가탑
① 내부에서 무구정광대다라니경이 발견되었다.
② 불국사 삼층 석탑을 건립하였다(경덕왕).

┃원효
① 무애가를 지어 불교 대중화에 기여하였다.
② 십문화쟁론을 저술하였다.
③ 대승기신론소를 저술하였다.
④ 금강삼매경론을 저술하였다.

┃의상
① 영주 부석사를 건립하였다.
② 화엄일승법계도를 지어 화엄 사상을 정리하였다.
③ 관음 신앙을 강조하였다.

┃혜초
① 인도와 중앙아시아를 다녀와서 왕오천축국전을 저술하였다.

대표 기출 문제

기본 66회 8번

01 (가)에 들어갈 문화유산으로 옳은 것은?

> 백제 무왕이 건립한 사찰의 터에는 목탑 양식이 반영된 석탑이 남아 있습니다. 이 석탑의 복원 공사 중에 사리장 엄구와 금제 사리봉영기가 발견되었습니다.

(가)

① 경천사지 십층 석탑
② 화엄사 사사자 삼층 석탑

③ 미륵사지 석탑
④ 분황사 모전 석탑

백제 익산 미륵사지 석탑   정답 ③

(가)에 들어갈 문화유산은 백제 익산 미륵사지 석탑이다. 익산 미륵사지 서탑 금제 사리 봉안기에 따르면 무왕의 왕비인 사택 왕후의 발원으로 건립되었고, 백제 왕실에서 불교를 신봉한 모습을 볼 수 있다.

정답 분석

③ 백제 익산 미륵사지 석탑은 목탑 양식의 흔적이 남아 있는 백제의 탑이다.

오답 피하기

① 고려 후기의 개성 경천사지 10층 석탑은 1348년에 세운 대리석탑으로, 원 불탑의 영향을 받은 것이다.
② 화엄사 4사자 3층 석탑은 통일 신라 시기에 화강암으로 네 마리의 석사자 를 지주로 삼아 건조한 3층 불탑이다.
④ 경주 분황사 모전 석탑은 신라 시대 선덕 여왕이 석재를 벽돌 모양으로 쌓 은 석탑으로 유명하다.

기본 64회 6번

02 (가)에 들어갈 문화유산으로 옳은 것은?

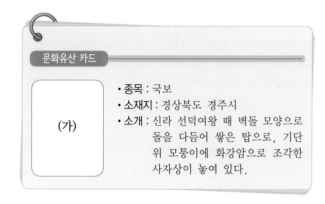

문화유산 카드

(가)

- 종목 : 국보
- 소재지 : 경상북도 경주시
- 소개 : 신라 선덕여왕 때 벽돌 모양으로 돌을 다듬어 쌓은 탑으로, 기단 위 모퉁이에 화강암으로 조각한 사자상이 놓여 있다.

① 분황사 모전 석탑
② 정림사지 오층 석탑
③ 월정사 팔각 구층 석탑
④ 화엄사 사사자 삼층 석탑

신라 분황사 모전 석탑   정답 ①

(가)에 들어갈 문화유산은 신라 분황사 모전 석탑이다. 경주 분황사 모전 석탑 은 신라 시대 선덕 여왕이 석재를 벽돌 모양으로 쌓은 석탑으로 유명하다.

정답 분석

① 경주 분황사 모전 석탑은 신라 시대 선덕 여왕 때에 석재를 벽돌 모양으로 쌓은 석탑이다.

오답 피하기

② 백제의 부여 정림사지 5층 석탑으로 한때 1층 탑신에 당의 소정방이 쓴 글 이 있어 평제탑이라고 불리기도 하였다.
③ 평창 월정사 8각 9층 석탑은 고려 초기의 대표적인 석탑이다.
④ 화엄사 4사자 3층 석탑은 통일 신라 시기에 화강암으로 네 마리의 석사자를 지주로 삼아 건조한 3층 불탑이다.

기본 50회 4번

03 (가)에 들어갈 문화유산으로 옳은 것은?

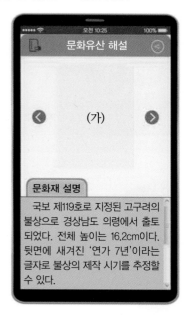

문화유산 해설

오전 10:25

(가)

문화재 설명

국보 제119호로 지정된 고구려의 불상으로 경상남도 의령에서 출토되었다. 전체 높이는 16.2cm이다. 뒷면에 새겨진 '연가 7년'이라는 글자로 불상의 제작 시기를 추정할 수 있다.

① ② ③ ④

기본 63회 5번

04 (가)에 들어갈 문화유산으로 옳은 것은?

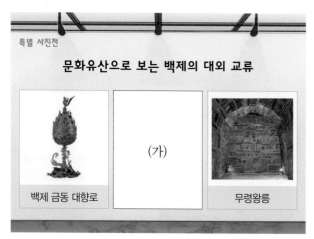

특별 사진전

문화유산으로 보는 백제의 대외 교류

백제 금동 대향로 (가) 무령왕릉

① 칠지도

② 청자 상감 운학문 매병

③ 천마총 장니 천마도

④ 호우총 청동 그릇

고구려 연가 7년명 여래 입상

정답 ③

(가)에 들어갈 문화유산은 고구려 금동 연가 7년명 여래 입상이다. 불상 뒷면에는 고구려와 관련된 글이 새겨져 있다. 광배 뒷면에 쓰인 '연가 7년'이라는 글자를 통해 제작 연대를 짐작할 수 있다. '연가'는 고구려의 독자적인 연호로 추정한다.

정답 분석

③ 고구려의 금동 연가 7년명 여래 입상은 북조 불상의 영향을 받았으며, 직선적이고 강렬한 고구려의 개성이 잘 드러나 있다.

오답 피하기

① 삼국 시대에 제작된 국보 제83호 금동 미륵보살 반가사유상이다.
② 신라의 석굴암으로 인도와 중국의 석굴 사원의 전통을 잇고 있다.
④ 발해의 이불병좌상이다. 고구려 불상 양식의 영향을 받았다.

백제의 문화유산

정답 ①

(가)에 들어갈 문화유산은 백제의 문화유산이다. 백제 금동 대향로는 당시 뛰어난 금속 공예 기술을 보여 주는 걸작품이다. 무령왕릉은 백제 제25대 무령왕의 벽돌무덤으로 중국 남조에서 유행하던 벽돌무덤을 본떠 만들었다.

정답 분석

① 칠지도는 4세기 백제에서 만들어 일본에 전한 것이다.

오답 피하기

② 청자 상감운학문매병은 고려 청자의 독특한 선을 잘 보여준다.
③ 신라의 경주 천마총 장니 천마도는 말의 안장 양쪽에 달아 늘어뜨리는 장니에 그려진 말(천마) 그림이다.
④ 호우명 그릇은 광개토 대왕의 제사를 위해 만든 그릇으로, 신라의 무덤에서 발견된다.

대표 기출 문제

05 (가)에 들어갈 문화유산으로 옳지 않은 것은?

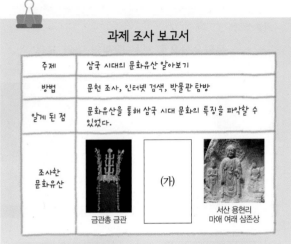

과제 조사 보고서

주제	삼국 시대의 문화유산 알아보기
방법	문헌 조사, 인터넷 검색, 박물관 탐방
알게 된 점	문화유산을 통해 삼국 시대 문화의 특징을 파악할 수 있었다.
조사한 문화유산	금관총 금관 / (가) / 서산 용현리 마애 여래 삼존상

① 금동 연가 7년명 여래 입상
② 논산 관촉사 석조 미륵보살 입상
③ 천마총 장니 천마도
④ 장군총

삼국의 문화유산 · 정답 ②

(가)에 들어갈 문화유산은 삼국 시대의 문화유산이다. 최초로 발견된 신라 금관인 금관총 금관은 신라 금관의 백미로 평가한다. 백제 서산 용현리 마애 여래 삼존상은 얼굴에 미소를 머금고 있어 '백제의 미소'로 불린다.

정답 분석

② 관촉사 석조 미륵보살 입상은 충청남도 논산시 은진면에 위치한 동양 최대의 석불로 고려 초기 광종 때 혜명 대사가 건립하였다.

오답 피하기

① 고구려 금동 연가 7년명 여래 입상의 뒷면에는 고구려와 관련된 글이 있다.
③ 신라의 경주 천마총 장니 천마도는 말의 안장 양쪽에 달아 늘어뜨리는 장니에 그려진 말(천마) 그림이다.
④ 장군총은 고구려 돌무지 무덤의 꽃으로 장수왕의 무덤으로 추정된다.

---

06 다음 특별전에 전시될 문화유산으로 적절하지 않은 것은?

특별전
고구려를 계승한
해동성국, □□
2023.○○.○○. ~ ○○.○○.

① 치미
② 연꽃무늬 수막새
③ 이불병좌상
④ 성덕 대왕 신종

발해의 문화유산 · 정답 ④

다음 특별전에 전시될 문화유산은 발해의 문화유산이다. 발해는 9세기 초 선왕 때에 이르러 서로는 랴오허 강까지 진출하고 동북으로는 헤이룽장 강까지 영역을 확대하여 '해동성국'이라 불렸다.

정답 분석

④ 신라의 성덕 대왕 신종은 금속 주조 기술의 수준 높은 경지를 보여 준다.

오답 피하기

① 발해의 치미로 지붕 꼭대기에 올려놓은 장식물로 망새라고도 한다.
② 발해의 연꽃무늬 수막새는 목조건축 지붕의 기왓골 끝에 사용되는 기와이다.
③ 발해의 이불병좌상으로 고구려 후기 법화 사상의 전통을 이은 불상이다.

기본 64회 9번

07 다음 자료에 해당하는 국가의 문화유산으로 옳은 것은?

> ○ 대조영은 마침내 그 무리를 거느리고 동쪽으로 가서 계루부의 옛 땅을 차지하고, 동모산에 웅거하여 성을 쌓고 살았다.
>
> ○ 대인수가 왕위에 올라 연호를 건흥으로 바꾸었다. …… 여러 차례 학생들을 유학 보내어 고금의 제도를 익히게 하니, 비로소 해동성국에 이르렀다.

①
영광탑

②
금관총 금관

③
금동 대향로

④
판갑옷과 투구

발해의 문화유산 정답 ①

다음 자료에 해당하는 국가의 문화유산은 발해의 문화유산이다. 발해 제1대 왕 대조영은 천문령이라는 곳에서 추격하던 당 군을 크게 격파하고, 지금의 지린성 동모산 기슭에 발해를 건국하였다. 발해는 9세기 초 선왕 때에 이르러 서로는 랴오허 강까지 진출하고 동북으로는 헤이룽장 강까지 영역을 확대하여 '해동성국'이라 불렸다.

정답 분석

① 발해의 영광탑으로 현재 온전히 남아 있는 유일한 발해의 탑이다.

오답 피하기

② 최초로 발견된 신라 금관인 금관총 금관이다.
③ 백제 금동 대향로는 당시 뛰어난 금속 공예 기술을 보여 주는 걸작품이다.
④ 가야의 유적에서는 철로 만든 말 머리 가리개, 철제 갑옷 등이 많이 출토되었다. 이를 통해 가야의 철기 문화가 높은 수준이었음을 알 수 있다.

기본 48회 8번

08 (가)에 들어갈 인물로 옳은 것은?

> 이곳은 유네스코 세계유산에 등재된 무성 서원으로 (가) 을/를 제향하고 있어요. 신라 6두품 출신인 그는 당의 빈공과에 합격하여 관직 생활을 했어요. 이후 귀국하여 진성 여왕에게 10여 조의 개혁안을 올리기도 했습니다.

① 강수　　　　② 설총
③ 최승로　　　④ 최치원

신라 유학자 최치원 정답 ④

(가)에 들어갈 인물은 신라 하대 유학자 최치원이다. 신라 말에는 도당 유학생이 크게 증가했고, 그중에는 빈공과에 급제하는 경우도 많았다. 6두품 출신은 이러한 경험을 바탕으로 실력보다 골품을 중시하는 신라 사회의 모순을 지적하였다. 최치원은 당에서 귀국하여 개혁안 10여 조를 건의했으나 받아들여지지 않았다.

정답 분석

④ 신라 최치원은 당에서 귀국하여 진성 여왕에게 개혁안 10여 조를 건의했으나 받아들여지지 않았다.

오답 피하기

① 신라 강수는 당나라가 억류하고 있던 무열왕의 아들 김인문을 보내줄 것을 청하는 글 '청방인문표'을 지어 보냈다.
② 신라 설총은 이두를 체계적으로 정리했을 뿐 아니라 "화왕계"를 지어 유교적인 도덕 정치를 강조하였다.
③ 고려 초기 성종은 유학자 최승로가 제시한 시무 28조를 수용하여 유교 정치 이념을 토대로 중앙과 지방의 통치 기구를 정비해 갔다.

대표 기출 문제

기본 50회 7번

09 (가) 인물에 대한 설명으로 옳은 것은?

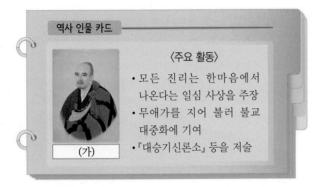

역사 인물 카드

〈주요 활동〉

• 모든 진리는 한마음에서 나온다는 일심 사상을 주장
• 무애가를 지어 불러 불교 대중화에 기여
• 『대승기신론소』 등을 저술

(가)

① 세속 5계를 지었다.
② 십문화쟁론을 저술하였다.
③ 수선사 결사를 제창하였다.
④ 영주 부석사를 건립하였다.

기본 47회 7번

10 (가)에 해당하는 인물로 옳은 것은?

검색 결과입니다.

귀족 출신의 신라 승려로 당에 유학하였다. 귀국 후 낙산사 등 여러 절을 창건하고, 관음 신앙을 전파하였다. 신라에서 화엄종을 개창하였으며 화엄 일승법계도를 남겼다.

(가)에 대해 검색해 줘.

① 원효　　② 일연　　③ 의상　　④ 지눌

신라 승려 원효 ｜ 정답 ②

(가) 인물은 통일 신라 승려 원효이다. 신라 원효는 모든 것이 한마음에서 나온다는 일심 사상을 바탕으로 다른 종파와의 사상적 대립을 완화하고자 화쟁 사상을 주장하였다. "대승기신론소"와 "금강삼매경론"을 저술하였다. 또한 광대 복장으로 지내며 "화엄경"의 이치를 쉬운 내용으로 담은 "무애가"라는 노래를 지어 민중 속에 퍼뜨려 불교 대중화에 힘썼다.

정답 분석

② 신라 승려 원효는 분파 의식을 극복하고자 화쟁 사상을 주장하였고, 그 사상을 담은 "십문화쟁론"을 지었다.

오답 피하기

① 신라 승려 원광은 세속 5계를 지어 화랑도가 지켜야 할 행동의 규범을 제시하였다.
③ 고려 후기 무신 집권기에 지눌은 수선사 결사를 제창하고 수행 방법으로 돈오점수와 정혜쌍수를 주장하였다.
④ 신라 승려 의상은 당에서 귀국하여 영주 부석사를 비롯한 여러 사원을 건립하여 불교 문화의 폭을 확대하였다.

신라 승려 의상 ｜ 정답 ③

(가)에 해당하는 인물은 신라 승려 의상이다. 의상은 당에 유학한 뒤 귀국하여 화엄 사상을 정립하였다. 이는 모든 존재가 상호 의존적인 관계에 있으면서 서로 조화를 이루고 있다는 내용이다. 부석사를 비롯한 여러 사원을 건립하여 불교 문화의 폭을 확대하였다. 의상은 아미타 신앙과 함께 현세의 고난을 구제받고자 하는 관음 신앙을 통해 불교 대중화에도 이바지하였다.

정답 분석

③ 신라 승려 의상은 "화엄일승법계도"를 저술하여, 모든 존재는 상호 의존적인 관계에 있으면서 서로 조화를 이루고 있다는 화엄 사상을 정립하였다.

오답 피하기

① 신라 승려 원효는 광대 복장으로 지내며 "화엄경"의 이치를 쉬운 내용으로 담은 "무애가"라는 노래를 지어 민중 속에 퍼뜨려 불교 대중화에 힘썼다.
② 고려 후기 승려 일연은 불교사를 중심으로 지방의 기록과 민간 설화까지 포함하여 "삼국유사"를 저술하였다.
④ 고려 후기 무신 집권기에 승려 지눌은 수선사 결사를 제창하고 수행 방법으로 돈오점수와 정혜쌍수를 주장하였다.

11 학생들이 공통으로 이야기하는 문화유산으로 옳은 것은?

① ② ③ ④

12 다음 일기의 소재가 된 유적으로 옳은 것은?

○○월 ○○일 ○요일   날씨 :

오늘은 동해안에 있는 절터에 갔다. 신문왕이 아버지 문무왕에 이어 완성한 곳으로, 절의 이름은 선왕의 은혜에 감사하는 마음을 담아 지었다고 한다. 마침 그곳에는 축제가 열려 대금 연주가 시작되었다. 마치 만파식적 설화 속 대나무 피리 소리가 들리는 것 같았다.

① 경주 감은사지

② 여주 고달사지

③ 원주 법천사지

④ 화순 운주사지

불국사 3층 석탑	정답 ①

학생들이 공통으로 이야기하는 문화유산은 통일 신라의 불국사 삼층 석탑이다. 경주 불국사 3층 석탑은 통일 신라 시대에 유행하였던 이중 기단 위에 3층 탑을 쌓는 양식이다. 1966년 경주 불국사 3층 석탑에서는 세계에서 가장 오래된 목판인쇄물인 무구정광대다라니경이 발견되었다.

정답 분석

① 신라 경주 불국사 3층 석탑이다.

오답 피하기

② 백제 부여 정림사지 5층 석탑이다.
③ 신라 분황사 모전 석탑이다.
④ 백제 익산 미륵사지 석탑이다.

경주 감은사지	정답 ①

다음 일기의 소재가 된 유적은 경주 감은사지이다. 감은사는 "삼국유사"에 의하면 문무왕이 왜병을 진압하려고 이 절을 처음으로 지었고, 그 아들 신문왕이 완성하였다고 한다.

정답 분석

① 경주 감은사지는 신라 30대 문무왕 때에 왜구를 막기 위해 짓기 시작하여 31대 신문왕 때 완공되었다.

오답 피하기

② 여주 고달사지는 신라 35대 경덕왕이 창건하였다.
③ 원주 법천사지는 신라 33대 성덕왕이 창건하였다.
④ 화순 운주사지는 신라 승려 아도화상이 창건하였다.

II

고려 귀족 사회의
형성과 변천

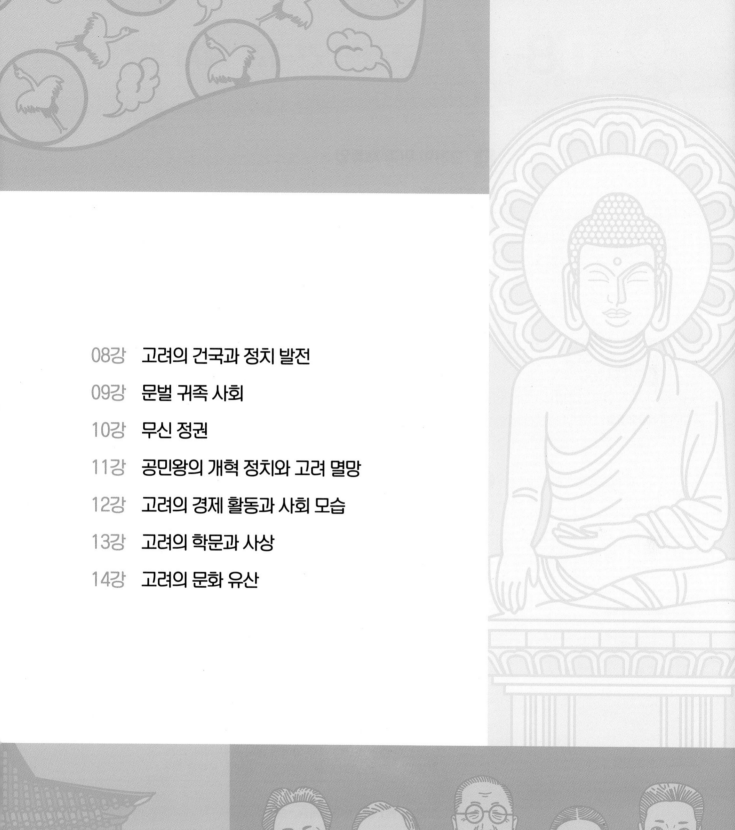

08강 고려의 건국과 정치 발전

09강 문벌 귀족 사회

10강 무신 정권

11강 공민왕의 개혁 정치와 고려 멸망

12강 고려의 경제 활동과 사회 모습

13강 고려의 학문과 사상

14강 고려의 문화 유산

08강 고려의 건국과 정치 발전

① 고려의 민족 재통일

(1) 통일 과정

고려 건국 (918)	• 궁예가 포악한 정치를 일삼자 신하들이 왕건을 국왕으로 추대 • 국호를 '고려', 연호를 '천수', 도읍을 '송악(개경)'으로 삼음
공산 전투 (927)	후백제가 신라에 침략해 경애왕 피살 ➡ 신라를 돕기 위해 출전한 고려군이 공산(대구 지역)에서 후백제군에게 대패(신숭겸이 왕건 대신 죽음)
고창 전투(930)	고려군이 후백제군을 고창(안동)에서 격퇴 ➡ 후백제와 경쟁에서 우위 확보
견훤 귀순과 신라 항복 (935)	• 견훤 귀순 : 견훤이 넷째 아들 금강에게 왕위를 물려주려 하자, 장남인 신검이 견훤을 김제 금산사에 유폐함 ➡ 탈출한 견훤은 왕건에 귀순 • 신라 항복 : 후백제 공격에 시달리던 신라 경순왕(김부)이 왕건에 투항 ➡ 경순왕(김부)은 최초의 사심관이 됨
후삼국 통일 (936)	고려군은 일리천 전투, 황산 전투에서 신검의 후백제군을 물리치고 통일

▲ 고려의 후삼국 통일

② 중앙 집권 체제 정비

(1) 태조 왕건

호족 통합	포섭	• 혼인 정책(정략 결혼) : 왕실과 호족, 호족 간에 결혼 장려 • 사성 정책 : '왕'씨 성씨 부여 • 역분전 지급 : 통일 과정에서 공을 세운 사람에게 토지 지급
	견제	• 기인 제도 : 지방 호족 자제를 중앙에 머물게 함 • 사심관 제도 : 지방 호족에게 지역 관할권 부여
북진 정책		• 고구려 계승 의식, 서경(평양) 중시, 거란 강경책(만부교 사건, 거란의 낙타를 굶겨 죽임) • 영토 확장 : 청천강~영흥만 일대 확보
민족 통합		옛 고구려, 백제, 신라 출신 포섭, 발해 유민 수용
민생 안정		흑창 설치 : 흉년 때 빈민에게 곡식을 빌려주는 빈민 구제 기관
통치 규범		• 훈요 10조 : 후대 왕에게 통치 방향 제시 • 정계 · 계백료서 : 관료들의 올바른 품행을 강조

▲ 태조의 북진 정책

(2) 왕위 계승을 둘러싼 갈등(혜종~정종)

배경	태조의 정략 결혼의 부작용 ➡ 외척 간 왕위 계승을 둘러싼 갈등 초래
왕권의 약화	• 혜종(2대) : 왕규의 난 • 정종(3대) : 서경 천도 시도 실패, 광군 설치(거란 침입 대비)

(3) 광종

왕권 강화	• 노비안검법 : 호족이 불법적으로 차지한 노비를 해방시킴 ➡ 호족의 경제적·군사적 기반 약화, 국가 재정 확보 • 과거제 실시 : 쌍기 건의로 시행 ➡ 유교 지식과 능력을 갖춘 인재 등용 • 백관의 공복 제정 : 관리의 복색을 관등에 따라 구분하여 위계질서 확립
칭제 건원	• '황제' 칭호와 '광덕', '준풍' 등의 독자적 연호 사용, 호족 세력 숙청 • 수도 개경을 황도, 서경을 서도로 부름

(4) 경종

제도 정비	시정 전시과 실시 : 인품과 관품을 고려하여 전·현직 관료를 대상으로 지급

(5) 성종

유교 정치	최승로의 시무 28조 건의 받아들임 ➡ 유교 이념을 바탕으로 한 정치 추진
제도 정비	• 중앙 : 2성 6부제 관제 마련 • 지방 : 주요 지역에 12목을 설치하고 지방관 파견 • 의창 설치(흑창 ➡ 의창) : 빈민 구제 기구 • 상평창 설치 : 개경·서경·12목에 설치, 물가 조절 기관 • 향리 제도 마련 : 지방 호족을 향리로 강등시켜 지방 세력 견제 • 거란의 1차 침입을 물리침
유학 교육	• 개경에 최고 교육 기관인 국자감 설립 및 정비 ➡ 유학부와 기술학부로 구성 • 12목에 경학박사와 의학박사 파견, 과거 제도 정비

광종의 노비안검법의 실시

(광종은) 명령하여 노비를 안검하여 시비를 살펴 분별하게 하였다. (이 때문에) 종이 그 주인을 배반하는 자가 헤아릴 수 없을 정도였다. 이 때문에 윗사람을 능멸하는 기풍이 크게 행해지니, 사람들이 모두 원망하였다. 왕비가 간절히 말렸는데도 듣지 않았다.

-『고려사절요』-

노비안검법은 원래 노비 신분이 아니었지만, 전쟁에서 포로가 되었거나 빚을 갚지 못하여 강제로 노비가 된 사람을 조사해 양민으로 돌아가게 한 법이다. 노비는 호족의 중요한 경제·군사적 기반이었다. 따라서 노비안검법의 시행은 호족의 힘을 약화시킬 수 있는 중요한 정책이었다.

❸ 중앙 정치 제도

2성	중서 문하성	국정을 총괄하는 최고 기구(재신과 낭사로 구성, 장관은 문하시중) ⌐ 2품 이상의 재신 : 국가 정책을 심의하고 결정함 ⌐ 3품 이하의 낭사 : 정책을 건의하고 잘못을 비판함
	상서성	6부를 통솔하여 중서문하성에서 결정된 정책 집행
6부		실제 행정 실무 담당 : 이부(문관 인사)·병부(군사에 대한 일)·호부(인구 조사, 조세 징수)·형부(법률과 재판, 노비 문제)·예부(의례와 학교)·공부(건축)
중추원		• 왕명 전달, 군사 기밀 업무 담당 • 2품 이상의 추(군사 기밀)과 3품 이하 승선(왕명 출납)으로 구성
어사대		정치의 잘잘못을 논의하고, 관리의 규찰 및 탄핵
삼사		화폐와 곡식의 출납 및 회계 담당
대간		• 중서문하성의 낭사와 어사대의 관원으로 구성 • 관리 임명에서 동의권을 행사할 수 있는 서경, 왕의 잘못을 지적할 수 있는 간쟁, 잘못된 왕명을 돌려보내는 봉박의 권리를 지님

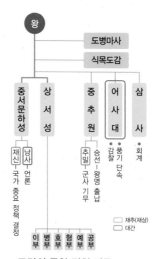

▲ 고려의 중앙 정치 기구

▲ 고려의 5도 양계
- 초기 : 호족 자치 허용
- 성종 : 12목 설치, 최초 지방관 파견
- 현종 : 4도호부 8목 체제 ➡ 5도 양계 체제로 완비

도병마사	식목도감
• 중서문하성의 재신과 중추원의 추밀 등의 고위 관료가 참여하는 회의 기구	
• 고려 귀족 정치의 특징과 독자성(독자적 기구)을 보여줌	
• 국방 문제를 담당하던 임시 기구로 설치 • 고려 후기 도평의사사(도당)로 개편	대내적인 법제와 격식 제정 및 관장

4 지방 행정 및 군사 조직

(1) 지방 행정 조직 = 이원적 구조

5도	• 5도 : 일반 행정 구역으로 안찰사 파견 • 5도 아래에 주, 군 · 현 설치 ┌ 주군 · 주현 : 지방관을 파견함 ├ 속군 · 속현 : 지방관을 파견하지 않음 ➡ 향리가 실제 행정 담당 └ 고려는 지방관이 파견된 주현보다 파견되지 않은 속현이 더 많음
양계	양계(북계와 동계) : 군사 행정 지역으로 병마사 파견
특수 행정 구역	향 · 부곡 · 소 : 신분상 양민이나 백정 농민에 비해 차별을 받음 ┌ 향 · 부곡(농업에 종사), 소(광업, 수공업에 종사) └ 거주 이전의 자유가 없음, 일반 양민에 비해 많은 세금을 부담하였음

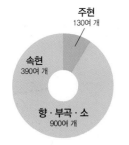

▲ 고려의 지방 편제

주현 130여 개
속현 390여 개
향 · 부곡 · 소 900여 개

(2) 군사 조직

중앙군	2군 6위 : 직업 군인으로 편성, 복무 대가로 군인전을 지급받음 ┌ 2군 : 국왕의 친위 부대로 응양군과 용호군으로 구성 └ 6위 : 수도와 국경 방어(좌우위, 신호위, 흥위위, 금오위, 천우위, 감문위)
지방군	주현군(5도의 일반 군현에 주둔), 주진군(양계에 주둔하는 상비군)
특수군	광군 : 정종 때 거란의 침입에 대비하기 위해 청천강에 배치한 상비군

5 관리 선발 제도

과거 제도	• 응시 자격 : 법제적으로 양인 이상이면 응시 가능, 실제로 문과는 귀족과 향리 자제가, 잡과는 농민이 응시함 • 문과 : 제술과, 명경과로 구성 ➡ 문관 선발 • 잡과 : 법률, 회계, 지리 등 실용 기술 시험 ➡ 기술관 선발 • 승과 : 교종, 선종 시험으로 구성 ➡ 승관 선발 • 한계 : 무과 미실시, 과거 출신자보다 음서 출신자를 더 우대
음서 제도	공신 · 종실 자손 · 5품 이상 고관 자손은 과거를 거치지 않고 관리로 채용
교육	• 중앙 : 국자감(최고 교육 기관) ➡ 유학부와 기술학부로 구성 • 지방 : 향교(지방 관리 및 서민 자제 교육) • 사학 : 사학 12도(최충의 문헌공도 등)

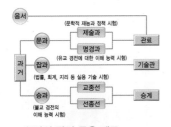

▲ 고려의 관리 등용 제도

은쌤의 합격노트

• 고려의 통일 과정 •

✏️ 시험에 꼭 나오는 키 워 드

고려의 통일 과정을 시간 순으로 기억하고 정리하기

✔️ 최다 빈출 선지

| 고려 통일 과정(시간 순으로 나열)
① 후백제군이 공산 전투에서 고려군을 크게 무찔렀다.
② 왕건이 고창 전투에서 후백제군을 상대로 승리하였다.
③ 견훤이 금산사에 유폐된 후 왕건에 귀부하였다.
④ 고려군이 일리천 전투에서 신검의 군대를 격퇴하였다.

• 고려의 중앙 집권 체제 정비 •

✏️ 시험에 꼭 나오는 키 워 드

• 태조 왕건, 광종, 성종은 단독으로 자주 출제됨
• 고려의 중앙 정치 기구와 교육 기관 정리하기 ➡ 도병마사, 어사대, 국가감은 단독으로 출제됨

✔️ 최다 빈출 선지

| 태조 왕건
① 빈민을 구제하기 위해 흑창을 만들었다.
② 경순왕 김부를 경주의 사심관으로 임명하였다.
③ 지방 세력 통제를 위해 사심관 제도를 실시하였다.
④ 훈요 10조를 남겼다.
⑤ 기인 제도를 실시하였다.
⑥ 고창 전투에서 승리하였다.

| 광종
① 노비안검법을 시행하였다.
② 쌍기의 건의로 과거제가 실시되었다.
③ 광덕, 준풍 등의 연호를 사용하였다.

| 경종
① 전시과를 처음으로 시행하였다.

| 성종
① 지방에 12목을 설치하고 지방관을 파견하였다.
② 최승로가 시무 28조를 올렸다.

| 도병마사
① 중서문사성의 재신과 중추원의 추밀로 구성되었다.
② 주로 국방과 군사 문제를 다루었다.
③ 원 간섭기에 도평의사사로 명칭이 바뀌었다.

| 어사대
① 관리들의 비리를 감찰하고 정치의 잘잘못을 논하였다.
② 중서문하성의 낭사와 함께 대간으로 불렸다.

| 고려의 지방 행정 제도
① 전국을 5도 양계로 나누어 통치하였다.
② 군사 행정 구역으로 양계를 두었다.
③ 양계에 병마사를 파견하였다.
④ 특수 행정 구역인 향과 부곡이 있었다.

| 고려의 교육 제도
① 최고 국립 교육 기관으로 국자감을 두었다.
② 지방에 유학 교육을 담당하는 향교가 있었다.

기본 55회 10번

01 (가)~(다)를 일어난 순서대로 옳게 나열한 것은?

① (가)-(나)-(다)
② (가)-(다)-(나)
③ (나)-(가)-(다)
④ (다)-(가)-(나)

기본 61회 11번

02 (가) 왕이 추진한 정책으로 옳은 것은?

희랑 대사는 화엄학에 조예가 깊은 승려로 후삼국을 통일한 [(가)]의 스승으로 알려져 있습니다. 현재 두 인물을 표현한 문화유산은 각각 남한과 북한에 있는데 오늘 이렇게 가상 만남의 자리를 마련하게 되었습니다.

① 노비안검법을 시행하였다.
② 지방에 12목을 설치하였다.
③ 사심관 제도를 실시하였다.
④ 활구라고 불린 은병을 제작하였다.

후삼국 통일 과정   정답 ③

(가)~(다)는 고려의 후삼국 통일 과정이다.
(나) 송악의 호족 왕건은 궁예를 내몰고 왕건을 왕으로 추대하였다(918). 왕건은 국호를 '고려', 연호를 '천수'로 정하고, 자신의 근거지인 송악을 수도로 삼아 국가의 기반을 다졌다. 나아가 후백제와 신라를 통합하여 후삼국의 통일을 달성하고자 하였다.
(가) 고려는 대구 공산 전투에서 패하는 등 후백제군에 고전하였다. 그러나 태조 왕건이 고창 전투에서 견훤을 크게 무찌른 것을 계기로 강원도와 경상도의 호족들이 왕건에게 복종해 오고, 신라의 경순왕도 고려에 항복하였다.
(다) 견훤이 넷째 아들 금강에게 왕위를 물려주자 장남 신검은 양검·용검 등과 함께 반란을 일으켜, 견훤을 금산사에 가두고 사람을 보내 금강을 살해한 뒤 즉위하였다. 이후 신검의 후백제군은 일리천 전투에서 왕건의 고려군에게 패하였고, 후백제는 멸망하였다.

고려 태조의 업적   정답 ③

(가) 왕은 고려 태조 왕건이다. 태조 왕건은 경순왕이 항복하여 전쟁을 치르지 않고 신라를 흡수하였다. 그 후 왕위 계승을 둘러싼 갈등을 피해 견훤이 귀순해 오자, 내분이 일어난 후백제군을 격파하고 후삼국을 통일하였다.

정답 분석

③ 태조 왕건은 호족을 견제하고 지방 통치를 보완하기 위해 기인 제도와 사심관 제도를 활용하였다.

오답 피하기

① 고려 초기 광종은 노비안검법을 실시하여 억울하게 노비가 된 자를 양인으로 해방하였다.
② 고려 초기 성종은 최승로의 건의에 따라 12개의 주요 지역 12목에 지방관을 파견하고, 향리 제도를 정비하였다.
④ 고려 숙종 때 삼한통보, 해동통보, 해동중보 등의 동전과 은병(활구)이 만들어졌다.

03 (가)에 들어갈 내용으로 옳은 것은?

청주 용두사지 철당간에는 준풍이라는 연호가 새겨져 있습니다. 이 연호를 사용한 왕의 업적을 대화 창에 올려주세요.

과거로 떠나는 역사 여행 · 청주 편

ON 대화 창

노비안검법을 시행했어요.

관리의 복색을 제정했어요.

(가)

글쓰기

① 강화도로 천도했어요.

② 쌍성총관부를 수복했어요.

③ 지방에 12목을 설치했어요.

④ 과거제를 처음으로 시행했어요.

---

04 다음 상황 이후에 일어난 사실로 옳은 것은?

신 최승로, 시무 28조를 작성하여 올립니다.

국가적인 불교 행사를 줄이고 유교를 바탕으로 나라를 다스리라는 말이로군.

① 상대등이 설치되었다.

② 12목에 지방관이 파견되었다.

③ 쌍기의 건의로 과거제가 실시되었다.

④ 웅천주 도독 김헌창이 반란을 일으켰다.

고려 광종의 업적   정답 ④

(가)에 들어갈 내용은 고려 광종의 업적이다. 광종은 과감한 개혁 정치를 펼쳐 왕권을 강화하고 호족 세력을 약화시키고자 하였다. 광종은 956년 노비안검법을 시행하여, 본래 양민이었으나 후삼국 시대의 혼란기에 호족 세력에 의해 불법으로 노비가 된 자를 다시 양민으로 돌아가게 하였다. 광종은 국왕의 권위를 높이기 위해 황제를 칭하고, 광덕·준풍 등 독자적인 연호를 사용하기도 하였다.

정답 분석

④ 고려 초기 광종은 중국 후주에서 귀화한 쌍기의 건의에 따라 과거제를 실시하였다.

오답 피하기

① 고려 후기 몽골 1차 침입 이후 무신 집권자 최우는 몽골의 무리한 조공 요구와 간섭에 맞서 강화도로 도읍을 옮겼다.

② 고려 후기 공민왕은 쌍성총관부를 무력으로 공격하여 철령 이북의 영토를 회복하였다.

③ 고려 초기 성종은 최승로의 건의에 따라 12개의 주요 지역 12목에 지방관을 파견하고, 향리 제도를 정비하였다.

고려 성종의 업적   정답 ②

다음 상황은 고려 초기 성종이 최승로의 시무 28조 건의를 수용하는 것이다. 고려 초기 성종 때 신라 6두품 출신의 유학자들이 정치에 참여하면서 유교 정치가 본격화되었다. 최승로는 이전의 혼란을 반성하고 유교 정치 실시를 주장하였다. 그는 지방 세력의 통제와 지방관의 파견, 유교의 진흥과 불교 행사의 축소, 토속적인 신앙 의례의 폐지 등을 건의하였다.

정답 분석

② 고려 초기 성종은 최승로의 시무 28조를 수용하면서 12개의 주요 지역에 지방관을 파견하고, 향리 제도를 정비하였다.

오답 피하기

① 신라 법흥왕은 병부를 설치하여 군사력을 강화하고, 상대등을 설치하여 중앙 집권 체제를 확립하였다.

③ 고려 초기 광종은 후주에서 귀화한 쌍기의 건의로 과거제를 실시하여 자신의 정책을 뒷받침하는 세력을 키우고자 하였다.

④ 신라 하대 헌덕왕 때 지방에서는 웅주 도독이었던 김헌창이 자신의 아버지가 왕위에 오르지 못한 것에 원한을 품어 반란을 일으켰다.

기본 61회 17번

05 학생들이 공통으로 이야기하는 기구로 옳은 것은?

고려의 독자적인 정치 기구야.

국방과 군사 문제 등을 논의했어.

중서문하성과 중추원의 고위 관료가 참여했어.

충렬왕 때 명칭이 도평의사사로 바뀌었지.

① 도방
② 어사대
③ 의금부
④ 도병마사

기본 54회 13번

06 다음 상황이 있었던 국가의 지방 제도에 대한 설명으로 옳은 것은?

> ○ 공주 명학소의 망이 · 망소이 등이 무리를 모아서 봉기하자, 명학소를 충순현으로 승격하여 그들을 달래고자 하였다.
>
> ○ 사신을 따라 원에 간 유청신이 통역을 잘하였으므로, 그 공을 인정하여 그의 출신지인 고이부곡을 고흥현으로 승격하였다.

① 전국을 8도로 나누었다.
② 22담로에 왕족을 파견하였다.
③ 주요 지역에 5소경을 설치하였다.
④ 군사 행정 구역으로 양계를 두었다.

고려 도병마사
정답 ④

학생들이 공통으로 이야기하는 기구는 고려의 독자적인 기구로 국방 문제를 담당하는 '도병마사'이다. 이 기구는 중서문하성과 중추원의 고관인 재신과 추밀의 합의제로 운영되었다. 또한, 도병마사는 충렬왕 때 개편되면서 구성과 기능이 크게 확대되어 고려 후기에 최고 기구의 역할을 하였다. 이와 같은 회의 기구의 존재는 문벌 귀족이 국정을 주도하던 고려 귀족 정치의 특징을 잘 보여준다.

정답 분석

④ 고려 시대 도병마사는 변경의 군사 문제와 국방상 중요한 일을 의논하던 회의 기관이었다.

오답 피하기

① 고려 시대 도방은 무신들의 사병 기관으로 최충헌은 이를 확대하여 군사적 기반을 강화하였다.
② 고려 시대 어사대는 관리들의 감찰을 담당하였다.
③ 조선 시대 의금부는 국왕 직속 사법 기구로 강상죄, 반역죄 등을 처결하였다.

고려의 지방 제도
정답 ④

다음 상황이 있었던 국가의 지방 제도는 고려의 지방 제도이다. 고려 후기 무신 집권기에 백성은 이전보다 더욱 가혹한 수탈에 시달렸다. 이에 공주 명학소에서는 망이·망소이 형제가 봉기하였다. 고려 시대 향, 부곡, 소의 주민들은 양민으로 대개 농업에 종사하였다. 하지만 일반 군현의 주민에 비해 더 무거운 조세와 역을 부담하였다. 한편, 향·부곡·소는 고려 후기 하층민의 신분 해방 운동과 대몽 항전에 힘입어 일반 군현으로 승격되기도 하였다.

정답 분석

④ 고려 중기 현종 때부터 전국을 경기와 5도 양계로 나누어 통치하였다.

오답 피하기

① 조선은 전국을 8도로 나누고, 그 아래에 부 · 목 · 군 · 현을 두었다.
② 백제 무령왕은 지방의 22담로에 왕족을 파견함으로써 지방 통제를 강화하였다.
③ 신라 진흥왕은 늘어난 영토를 9주 5소경 체제로 편성하여 중앙 집권을 강화하였다.

기본 63회 13번

07 교사의 질문에 대한 답변으로 옳지 <u>않은</u> 것은?

기본 48회 13번

08 (가)에 들어갈 기구로 옳은 것은?

① 어사대　　　　　② 의정부
③ 중추원　　　　　④ 도병마사

고려 어사대　　　　　　　　정답 ①

(가)에 들어갈 기구는 고려 시대 어사대이다. 어사대는 관리들의 감찰을 담당하였다. 어사대의 관원은 중서문하성의 낭사와 함께 대간으로 불렸는데, 이들은 직위는 낮았지만 왕과 관리의 잘못을 지적하거나 관리 임명에서 동의권을 행사할 수 있었다.

정답 분석

① 고려 시대 어사대는 관리들의 감찰을 담당하였다.

오답 피하기

② 조선 시대 의정부는 재상들의 합의로 운영되는 최고 정무 기구였다.
③ 고려 시대 중추원은 왕의 비서 기구로 군사 기밀과 왕명 출납을 담당하였다.
④ 고려 시대 도병마사는 고려 시대 변경의 군사 문제와 국방상 중요한 일을 의논하던 회의 기관이었다.

고려의 교육 기관　　　　　　정답 ②

교사의 질문의 고려 교육 기관은 국자감이다. 고려 성종 대에 유교가 정치 이념으로 강조되면서 유학 교육이 중시되었다. 이에 따라 개경에 국립 대학인 국자감(국학)이 설치되었다.

정답 분석

② 고구려는 지방 각지에 경당을 설립하여 청소년에게 학문과 무예를 가르쳤다.

오답 피하기

① 국자감은 고려 최고의 국립 교육 기관이다.
③ 고려 문종 때 최충이 세운 문헌공도를 시작으로 사학 12도가 설립되었다.
④ 고려는 각 주마다 향교를 설립하여 유교적 소양을 갖춘 인재를 양성하였다.

09강 문벌 귀족 사회

1 고려 사회의 변천과 대외 관계

(1) 다원적 국제 질서

송-거란	중국 대륙 지배권을 놓고 거란과 송의 대립
고려-송	친선 관계 유지(고려 거란 견제, 송 거란 견제)
고려-거란	고려의 북진 정책 ➡ 거란과 충돌
고려-여진	고려를 상국으로 섬김 ➡ 사대 외교

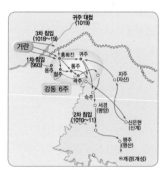

▲ 강동 6주

(2) 거란과의 항쟁

구분	원인	경과
1차 침입 (성종, 993)	• 고려의 거란 강경책 • 친송 정책	• 소손녕의 80만 대군 침입 • 서희와 소손녕의 외교 담판 ➡ 고려는 송과 관계를 끊고 거란을 적대시하지 않는다는 조건을 제시함 ➡ 강동 6주 획득(압록강 동쪽 이남 영토)
2차 침입 (현종, 1010)	• 강조의 정변 • 친송 정책의 지속 • 강동 6주 반환 거부	• 거란의 대군 침입 ➡ 개경 함락, 현종은 나주로 피신 • 현종 입조 조건으로 거란군 철수 ➡ 양규가 귀주에서 격퇴
3차 침입 (현종, 1018)	• 현종 입조 거부 • 강동 6주 반환 거부	• 소배압의 10만 대군 침입 • 강감찬의 귀주대첩으로 격퇴
결과		• 개경에 나성 축조(1029, 강감찬 건의) : 도성 수비 강화 • 천리장성 축조(1033~1044, 강감찬 건의) : 압록강 입구~동해안 도련포 (거란 · 여진 대비) • 초조대장경 조판 : 고려 최초의 대장경, 현종 때 부처의 힘을 빌려 거란을 물리치기 위해 만들기 시작, 대구 부인사에서 보관하다 몽골군의 침입으로 소실

▲ 거란의 침입

윤관의 별무반 조직

"제가 전날에 패한 원인은 적들은 말을 탔고 우리는 보행으로 전투한 까닭에 대적할 수가 없었던 것입니다." 이에 (숙종에게) 건의하여 비로소 별무반이 설립되었다.

- 『고려사』 -

고려의 별무반은 여진족과의 전투에서 매번 기병에게 패하자 만든 특수군이다. 특수 부대 별무반은 기병인 신기군, 보병인 신보군, 승려 군인 항마군으로 편성되었다.

(3) 여진 정벌과 대외 관계

고려 초		• 여진 : 고려를 부모의 나라로 생각 ➡ 말과 가죽 등 바침 • 고려 : 여진에게 식량과 옷, 관직 등을 주어 회유
12세기 초	여진의 남하	천리장성까지 남하 ➡ 기병 중심의 여진족에게 고려군 패배
	고려의 여진 정벌	• 숙종 때 윤관의 건의로 기병 중심의 별무반 편성(신기군, 신보군, 항마군으로 구성) • 예종 때 윤관과 별무반이 천리장성을 넘어 여진족 토벌 ➡ 여진족을 북방으로 몰아내고 동북 9성 축조(1107) ➡ 여진족의 주력 부대마저 격파한 후 공험진의 선춘령에 기념비를 세움 (1108) ➡ 여진족의 간청으로 9성 환부(1109)

금 건국	금의 사대 요구	• 여진족의 금 건국(1115) ➡ 거란(요) 멸망시키고 송을 남쪽으로 몰아냄 • 금은 고려에 군신 관계 요구 ➡ 이자겸의 사대 외교로 금 요구 수용 ➡ 북진 정책 중단

▲ 강민첨 초상
당시 고려 문벌 귀족의 복식을 잘 보여주고 있다.

② 문벌 귀족 사회의 동요

(1) 문벌 귀족의 형성

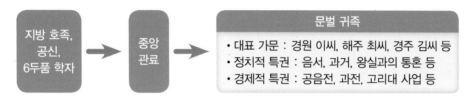

지방 호족,
공신,
6두품 학자 ➡ 중앙
관료 ➡

문벌 귀족
• 대표 가문 : 경원 이씨, 해주 최씨, 경주 김씨 등
• 정치적 특권 : 음서, 과거, 왕실과의 통혼 등
• 경제적 특권 : 공음전, 과전, 고리대 사업 등

▲ 고려 왕실과 경원 이씨의 혼인 관계도

(2) 이자겸의 난

배경	거듭된 왕실과 통혼으로 경원 이씨의 정권 독점(왕권 능가) ➡ 인종 및 측근 세력과 대립
과정	이자겸의 세력 강화 ➡ 인종의 이자겸 제거 시도 ➡ 이자겸은 척준경과 함께 군대를 이끌고 궁궐로 들어가 왕의 측근 세력을 제거하고 권력 장악 ➡ 이자겸과 척준경의 불화 발생 ➡ 인종의 사주로 척준경이 이자겸 제거 ➡ 척준경의 몰락 ➡ 실패
결과	• 중앙 지배층 분열, 왕실 권위 하락 • 문벌 귀족 사회의 붕괴 촉진

(3) 묘청의 난

배경	• 풍수지리설을 기반에 둔 서경 천도 여론 등장 • 왕실 권위 추락과 금과 사대 관계에 대한 비판 제기 • 자주적 전통 사상(개혁 세력)과 사대적 유교 정치 사상(보수 세력)의 대립

정치 세력	개경파 보수 세력	대립	서경파 개혁 세력
	• 대표 인물 : 김부식, 김인존 등 • 신라 계승 의식 표방 • 주장 : 금과 사대 관계 수용 • 금과의 충돌은 송나라만 이로움	VS	• 대표 인물 : 묘청, 정지상 등 • 고구려 계승 의식 표방 • 주장 : 금국 정벌, 칭제 건원 • 금에 대한 사대주의 외교 정책 반대

경과	묘청 등의 서경 천도 추진(풍수지리 사상을 사상적 기반으로 서경 길지설 주장) ➡ 개경파 반발로 중단 ➡ 묘청 등 서경파의 반란(묘청의 난) ➡ 서경에 '대위국' 건립, '천개' 연호 사용 ➡ 김부식이 이끄는 관군에 의해 진압
결과	문신 우대와 무신 차별의 심화 ➡ 무신 정변의 원인이 됨
의의	문벌 귀족 사회 내부의 모순 표출, 지역 세력 간의 대립 자주적 전통 사상과 사대적 유교 정치 사상의 충돌

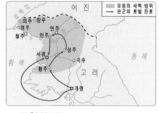

▲ 묘청의 난

은쌤의 합격노트

• 거란, 여진과의 항쟁 •

✎ 시험에 꼭 나오는 **키 워 드**

거란과의 제1~3차 항쟁과 여진 정벌의 순서와 활약 정리하기

✔ 최다 빈출 선지

┃ 거란의 침입
① 서희가 외교 담판을 통해 강동 6주 지역을 확보하였다 (1차 침입).
② 양규가 거란군을 습격하였다(2차 침입).
③ 강감찬이 군사를 이끌고 귀주에서 크게 승리하였다(3차 침입).
④ 초조대장경 간행의 계기가 되었다(3차 침입 이후).

┃ 윤관의 여진 정벌
① 윤관이 별무반 설치를 건의하였다.
② 여진 정벌을 위해 별무반이 편성되었다.
③ 별무반은 신기군, 신보군, 항마군으로 구성되었다.
④ 여진을 정벌한 후 동북 9성을 축조하였다.

• 문벌 귀족 사회의 동요 •

✎ 시험에 꼭 나오는 **키 워 드**

• 고려의 지배층 문벌 귀족의 특징 정리하기
• 이자겸의 난은 문벌 귀족 시기의 여러 사건들과 함께 시간 순으로 정리하기 ➡ 연도 흐름 문제로 출제가 됨
• 묘청의 난은 묘청의 주장과 난의 전개 과정 정리하기

✔ 최다 빈출 선지

┃ 이자겸의 난
① 이자겸이 금의 사대 요구를 수용하였다.
② 왕실의 외척인 이자겸이 난을 일으켰다.

┃ 묘청의 난
① 묘청이 서경 천도와 금국 정벌을 주장하였다.
② 묘청이 서경에서 난을 일으켰다.
③ 서경에서 난을 일으키고 국호를 대위로 하였다.
④ 김부식이 이끄는 관군에 진압되었다.

대표 기출 문제

01 (가)~(다)를 일어난 순서대로 옳게 나열한 것은?

(가) — 여진을 내쫓고 우리 옛 땅을 돌려준다면 어찌 거란과 교류하지 않겠는가? (소손녕 / 서희)

(나) — 항복은 없다. 거란에 맞서 끝까지 싸우자. (양규)

(다) — 이곳 귀주에서 거란군을 모두 물리쳐라. (강감찬)

① (가)-(나)-(다) ② (가)-(다)-(나)
③ (나)-(가)-(다) ④ (다)-(가)-(나)

고려와 거란의 항쟁   정답 ①

(가)~(다)는 고려와 거란의 항쟁이다.
(가) 고려 제6대 왕 성종 때 거란의 소손녕이 수십 만의 군사를 이끌고 1차 침입을 감행(993)하자 서희는 소손녕과 담판을 시도하였다. 서희는 거란의 1차 목표가 고려가 아니라는 것을 간파하고 거란과 강화를 맺으면서 여진에 대한 협공을 구실로 압록강 근처의 강동 6주를 획득하였다.
(나) 고려 제8대 왕 현종 때 강조의 정변을 구실로 거란은 2차 침입(1010)을 감행하였다. 이때 개경이 함락되고 현종은 나주까지 피난하였는데, 양규가 이끄는 고려 군사들이 화의를 맺고 돌아가는 거란군에 큰 피해를 입혔다. 특히 1011년 양규는 거란군 예비 병력 20만 명이 주둔한 무로대를 습격하여 2,000여 명의 목을 베고, 고려 백성 3,000여 명을 구출해냈다.
(다) 고려 제8대 왕 현종 때 거란은 2차 침략 당시 고려가 약속한 국왕의 거란 방문과 강동 6주의 반환을 요구하였으나, 고려가 이를 거절하자 3차 침입을 감행(1018)하였다. 이에 강감찬이 이끄는 고려군이 귀주에서 거란군을 크게 물리쳤다(귀주 대첩, 1019).

02 (가) 시기에 있었던 사실로 옳은 것은?

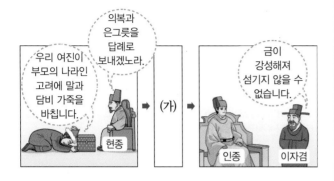

① 박위가 대마도를 정벌하였다.
② 윤관이 별무반 설치를 건의하였다.
③ 김윤후가 처인성 전투에서 승리하였다.
④ 김춘추가 당과의 군사 동맹을 성사시켰다.

03 다음 가상 인터뷰에 나타난 사건으로 옳은 것은?

① 묘청의 난   ② 김흠돌의 난
③ 홍경래의 난   ④ 원종과 애노의 난

윤관의 별무반　　　　　　　　　　　　　　　　정답 ②

(가)는 고려 현종 때 여진 족이 부모의 나라로 모시던 시기와 고려 인종 때 이자겸이 금의 사대 요구를 수락하는 시기 사이의 사실이 들어가야 한다. 고려 초기에 여진은 고려를 부모의 나라로 섬기면서 평화로운 관계를 유지하였다. 여진은 12세기 초에 강성해지자 침략을 시작하였고, 고려는 별무반이라는 특수 부대를 창설하였다. 별무반을 이끌고 여진 정벌에 나선 윤관은 여진을 내몰고 동북 지역에 9성을 쌓았다. 그 후 여진은 더욱 강성해져 금을 건국하였다. 금이 고려에 사대 관계를 요구해 오자 이자겸 등이 금의 사대 요구를 수용하였다.

정답 분석

② 고려 중기 예종 때 윤관은 별무반을 조직하고 동북 9성을 축조하였다.

오답 피하기

① 고려 후기 왜구가 노략질을 일삼자 창왕은 박위로 하여금 왜구의 근거지인 대마도를 정벌하도록 하였다.
③ 고려 후기 몽골의 2차 침입 때 승려 김윤후는 처인성에서 몽골군을 격퇴하였다.
④ 신라는 김춘추를 당에 파견하여 도움을 요청하였고, 당이 이를 받아들여 군사 동맹인 나 · 당 동맹이 체결되었다.

묘청의 서경 천도 운동　　　　　　　　　　　　정답 ①

다음 가상 인터뷰에 나타난 사건은 묘청, 정지상 등이 주도한 서경 천도 운동이다. 이자겸의 난 이후 서경 출신의 정지상과 묘청 등이 정치 혁신을 내세우며, 서경 천도, 칭제 건원, 금국 정벌 등을 주장하였다. 이들은 개경 귀족들의 반대로 서경 천도가 중단되자 반란을 일으켰으나 김부식이 이끈 관군에게 진압되었다(1135~1136).

정답 분석

① 고려 중기 1135년 묘청 세력은 서경 천도를 통한 정권 장악이 어렵게 되자 서경에서 난을 일으켰으나, 김부식이 이끈 관군의 공격으로 약 1년 만에 진압되었다.

오답 피하기

② 신라 중대 신문왕은 김흠돌의 난을 계기로 진골 귀족 세력을 숙청하고 강력한 왕권을 확립하였다.
③ 조선 후기 순조 때 홍경래는 평안도의 상인과 향임층, 무반, 광산 노동자 등과 합세하여 난을 일으켰다.
④ 신라 하대 진성 여왕 대에 무리하게 조세를 강요하여 원종과 애노의 난과 같은 농민 봉기가 발생하였다.

10강 무신 정권

1 무신 정변

배경	• 문벌 귀족의 모순 심화, 의종의 실정과 향락 • 문신 우대 · 무신 차별 대우, 군인전 미지급 등 ➡ 하급 군인 불만 고조
과정	의종의 보현원 행차 ➡ 이의방, 정중부 등의 주도하에 무신 정변 발생 ➡ 문신 제거, 의종 귀양 ➡ 무신 정권 수립
결과	중방(최씨 정권 이전의 최고 권력 기구) 중심의 권력 행사 ➡ 주요 관직 독점
영향	• 무신 정권에 대한 저항 : 김보당의 난(1173), 조위총의 난(1174) 등 • 무신 정권 초기에 무신들 간의 권력 쟁탈전이 치열하게 벌어짐

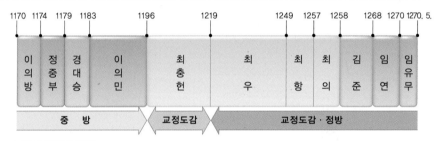

▲ 무신 정권의 변천

2 최씨 무신 정변

(1) 최충헌

성립	최충헌이 천민 출신 집권자 이의민을 제거하고 정권 장악 ➡ 4대 60여 년간 최씨 정권 지속(최충헌 ➡ 최우 ➡ 최항 ➡ 최의)

정책	• 봉사 10조 제시 : 사회 혼란을 극복하기 위한 사회 개혁안 제시
	• 교정도감
	  ┌ 최씨 정권의 최고 정치 기구 ➡ 국가 주요 정책의 결정 및 집행
	  └ 교정도감의 장관인 교정별감은 최씨 집권자들이 세습

(2) 최우

정책	• 정방 설치 : 자신의 집에 독자적 인사 행정 기구를 설치하여 인사권 장악
	• 서방 설치 : 문인들의 숙위 기관, 문인들은 무신들의 고문 역할을 맡게 됨
	• 삼별초 : 최우가 치안을 위해 설치한 야별초에서 시작됨
	  ┌ 야별초가 좌별초 · 우별초로 분리됨
	  └ 몽골에 포로로 잡혀갔던 병사로 조직된 신의군이 추가되어 삼별초가 됨

대몽 항쟁	• 최씨 무신 정권은 몽골이 침입하자 강화도로 천도하여 장기 항전 준비 • 대장도감 설치 : 초조대장경을 대신할 재조대장경(팔만대장경) 조판

무신정변

"사람들을 시켜 길에서, '문관의 관을 쓴 사람은 비록 서리라도 모조리 죽이고 씨도 남기지 말라.'라고 외치게 하였다. 사졸들이 봉기하여…… 50여 명을 찾아내어 죽였다."

-『고려사』-

고려의 지배층은 문신과 무신으로 구성되었으나 현실적으로 무신은 여러 가지 차별 대우를 받았다. 결국 분노가 폭발한 무신은 정변을 일으켰고, 이 때문에 문벌 귀족이 무너지고 무신 정권이 100여 년간 이어지게 된다.

▲ 최충헌 가족을 위한 경전
불경은 재난 예방을 위해 간행하였으며, 경갑에 넣어 끈으로 묶어 차고 다니도록 하였다.

▲ 제주 항파두리 삼별초 항몽 유적
삼별초는 대몽 항쟁의 선봉장 역할을 맡았다.

❸ 무신 집권기 농민과 천민의 저항

배경	무신 집권자의 수탈, 신분 질서 동요, 향·부곡·소의 차별
집권 초기	김보당의 난(1173), 조위총의 난(1174), 교종 계통 승려들의 반발
농민 저항	• 망이·망소이의 난(1176) : 공주 명학소 주민들이 무거운 조세 부담에 반발하여 봉기 • 김사미·효심의 난(1193) : 운문(청도)과 초전(울산)을 중심으로 경상도 지역에서 봉기
천민 저항	• 만적의 난(1198) : 최충헌의 사노비인 만적이 개경에서 신분 해방 운동 주도 • 전주 관노의 난(1182) : 지방관의 횡포에 불만을 품고 봉기
삼국 부흥 운동	고려를 부정하는 삼국 부흥 운동이 일어났지만 모두 실패 ➡ 경주에서 신라 부흥 운동(이비와 패좌, 1202), 서경에서 고구려 부흥 운동(최광수, 1217) 담양에서는 백제 부흥 운동(이연년 형제, 1232)이 전개됨

▲ 무신 집권기의 사회적 동요

❹ 몽골과의 항쟁

몽골과의 접촉	몽골이 금을 공격 ➡ 금의 지배를 받던 거란족은 이 틈을 이용하여 반란을 일으킴 ➡ 거란족은 몽골군에 쫓겨 고려 영토로 들어옴 ➡ 강동성에서 고려와 몽골군이 연합하여 거란족을 물리침(강동의 역) ➡ 몽골과 외교 관계를 맺음 ➡ 이후 몽골의 무리한 공물 요구가 계속됨
침입 배경	몽골 사신 저고여의 피살 ➡ 외교 관계 단절 ➡ 몽골의 제1차 침입 발발
제1차 침입 (고종, 1231~1232)	저고여 피살 사건을 구실로 몽골군이 침입 ➡ 귀주성에서 박서의 항전 ➡ 몽골군의 개경 포위 ➡ 고려 정부는 몽골과 강화를 맺음 ➡ 몽골은 다루가치를 남기고 철수 ➡ 최우의 강화도 천도
제2차 침입 (고종, 1232)	• 처인 부곡의 결사 항전, 김윤후가 처인성(용인) 전투에서 적장 살리타를 사살 • 대구 부인사에 보관 중이던 고려 최초의 대장경 초조대장경 소실
제3차 침입 (고종, 1235~1239)	• 몽골군이 경주까지 침입하여 황룡사 9층 목탑이 소실됨 • 부처의 힘으로 몽골을 물리치고자 팔만대장경(재조대장경) 조판 시작
제4~6차 침입 (고종, 1247~1259)	• 김윤후의 충주성 전투 승리(제5차 침입) • 다인철소 주민들이 지원없이 홀로 몽골군을 막아냄(제6차 침입)
개경 환도 및 강화	김준이 최의를 몰아내면서 최씨 정권 붕괴 ➡ 몽골과 강화(1259) ➡ 이후 김준, 임연, 임유무로 이어지던 무신 정권은 원종이 임유무를 살해하면서 종료 ➡ 원종은 개경으로 환도(1270) ➡ 원 간섭기가 시작됨

▲ 고려의 대몽 항쟁

삼별초 항쟁	배경	• 몽골과 강화 및 원종의 개경 환도에 강력히 반발하며 봉기 • 배중손 등이 왕족 '승화후 온'을 왕으로 추대하여 고려 정부에 저항
	전개과정	강화도(배중손) ➡ 진도의 용장산성(배중손) ➡ 제주도 항파두리(김통정)로 근거지를 옮기며 항쟁 ➡ 고려(김방경)와 몽골의 연합군에 의하여 진압됨 ➡ 원은 제주에 탐라총관부와 목마장을 설치함(1273)
	의의	고려의 자주 정신을 보여줌

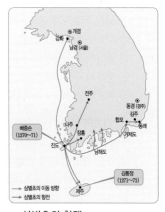
▲ 삼별초의 항쟁

은쌤의 *합격노트*

무신 집권기(최씨 무신 정권, 농민과 천민의 저항)

✏️ 시험에 꼭 나오는 **키 워 드**

- 무신정변 이후 집권한 최충헌, 최우 업적 정리하기
- 무신 집권기의 반란을 정리하기 ➡ 연표 문제로 출제

✔️ 최다 빈출 선지

| 무신정변 직후
① 무신 집권기 최고 권력 기구였다(중방).
② 무신들이 정권을 장악하였다.

| 최충헌
① 국정을 총괄하는 기구로 교정도감이 설치되었다.
② 교정별감이 되어 국정 전반을 장악하였다.

| 최우
① 강화도로 도읍을 옮겼다.
② 정방을 설치하였다.
③ 삼별초를 조직하였다.
④ 팔만대장경을 간행하였다.

| 무신 집권기 반란
① 망이, 망소이가 공주 명학소에서 봉기하였다.
② 만적이 개경에서 신분 해방을 도모하였다.

몽골과의 항쟁

✏️ 시험에 꼭 나오는 **키 워 드**

- 몽골과의 항쟁과 관련된 사건들 정리하기
- 삼별초는 단독으로 출제됨

✔️ 최다 빈출 선지

| 몽골과의 항쟁
① 사신 저고여가 귀국길에 피살되었다.
② 강화도로 천도하였다.
③ 김윤후가 처인성에서 몽골 장수 살리타를 사살하였다.
④ 황룡사 구층 목탑이 소실되었다.
⑤ 팔만대장경판이 제작되었다.

| 삼별초의 항쟁
① 최씨 무신 정권의 군사적 기반이 되었다.
② 개경 환도 결정에 반발하여 봉기하였다.
③ 배중손이 삼별초를 이끌고 몽골군과 싸웠다.
④ 제주도에서 최후의 대몽 항쟁을 펼쳤다.

대표 기출 문제

 기본 61회 16번

01 다음 상황 이후에 일어난 사실로 옳은 것은?

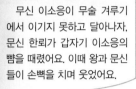

무신 이소응이 무술 겨루기에서 이기지 못하고 달아나자, 문신 한뢰가 갑자기 이소응의 뺨을 때렸어요. 이때 왕과 문신들이 손뼉을 치며 웃었어요.

이에 차별 대우를 받으며 불만이 쌓여 왔던 무신들은 정변을 일으켜 문신들을 제거하고 권력을 장악하였어요.

① 김헌창이 난을 일으켰다.
② 장문휴가 등주를 공격하였다.
③ 최치원이 시무 10여 조를 건의하였다.
④ 망이 · 망소이가 공주 명학소에서 봉기하였다.

고려의 무신 집권기	정답 ④

다음 상황은 고려 후기에 일어난 무신정변 이후의 사실이다. 고려 중기부터 오랫동안 차별 대우를 받아 온 무신들과 각종 잡일에 동원되어 왔던 군인들의 불만은 커져 갔다. 마침내 1170년(의종 24) 이의방, 정중부 등 무신들이 군인들의 지지를 받아 문신들을 제거하고 새로운 왕을 세웠다.

정답 분석

④ 고려 후기 무신 집권자 정중부가 권력을 장악하던 시기에 특수 행정 구역 공주 명학소에서 망이 · 망소이가 봉기(1176)하였다.

오답 피하기

① 신라 하대 현덕왕 때 지방에서는 웅주 도독이었던 김헌창이 자신의 아버지가 왕위에 오르지 못한 것에 원한을 품어 반란을 일으켰다.
② 발해 무왕은 장문휴가 지휘하는 군대로 등주(산둥 반도)를 공격하기도 하였다.
③ 신라 하대 진성여왕 때 당에서 귀국한 최치원은 어지러운 정치를 바로잡고자 개혁안 10여 조를 건의했으나 받아들여지지 않았다.

---

02 다음 퀴즈의 정답으로 옳은 것은?

1단계 | 고려 무신 정권기의 최고 권력 기구입니다.

2단계 | 임시 기구로 출발하였습니다.

3단계 | 최충헌이 설치하였습니다.

제시된 단계별 힌트를 종합하여 알 수 있는 기구는 무엇일까요?

300 290

① 중방　　　　② 교정도감
③ 도병마사　　④ 식목도감

03 (가)에 들어갈 내용으로 가장 적절한 것은?

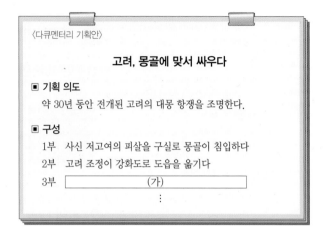

〈다큐멘터리 기획안〉

고려, 몽골에 맞서 싸우다

■ 기획 의도
　약 30년 동안 전개된 고려의 대몽 항쟁을 조명한다.

■ 구성
　1부　사신 저고여의 피살을 구실로 몽골이 침입하다
　2부　고려 조정이 강화도로 도읍을 옮기다
　3부 _____(가)_____
　　　　　　　　　　⋮

① 윤관이 별무반 편성을 건의하다
② 김윤후가 처인성 전투에서 활약하다
③ 을지문덕이 살수에서 적군을 물리치다
④ 서희가 외교 담판을 통해 강동 6주 지역을 확보하다

교정도감　　　　　　　　　　　　정답 ②

다음 퀴즈의 정답은 고려의 교정도감이다. 고려 후기 무신 집권자 최충헌은 국정을 총괄하는 최고 정치 기구로 교정도감을 설치하고, 그 우두머리인 교정별감이 되어 최고의 권력을 행사하였다.

정답 분석

② 교정도감은 인사권, 재정권, 감찰권 등을 행사하는 최고 권력 기구였다. 그 책임자인 교정별감은 최씨 정권의 집권자가 세습하였다.

오답 피하기

① 무신 정변으로 정권을 장악한 무신들은 중방을 중심으로 권력을 장악하고 주요 관직을 독차지하였다.
③ 고려의 도병마사는 고려의 독자적인 기구로 국방 문제를 담당하였다.
④ 고려의 식목도감은 법의 제정이나 각종 시행 규정을 다루었다.

고려와 몽골과의 항쟁　　　　　　　정답 ②

(가)에 들어갈 내용은 고려 후기 몽골과의 항쟁에 대한 사건이다. 고려 후기 몽골 사신 저고여 일행이 귀국길에 피살된 사건을 구실로 1231년 몽골이 고려를 침략하였다(몽골의 1차 침입). 일단 강화를 맺은 최우는 수도를 강화도로 옮기고 끝까지 항쟁할 것을 선언하였다.

정답 분석

② 고려 후기 몽골의 2차 침입 때 승려 김윤후는 처인성 전투에서 부곡민들과 합세하여 몽골 장수 살리타를 사살하고 몽골군을 퇴각시키는 큰 전과를 올렸다.

오답 피하기

① 고려 중기 예종 때 윤관이 별무반을 이끌고 여진을 공격하여 동북 지방을 점령한 후 9개의 성을 쌓아 백성을 이주시켰다.
③ 고구려 장군 을지문덕은 청천강 부근에서 평양으로 들어오려는 수의 군대를 궤멸하였다(살수대첩).
④ 고려 초기 거란의 1차 침입 때 서희는 거란의 장수 소손녕과 외교 담판을 벌여 압록강 동쪽의 강동 6주를 획득하였다.

11강 공민왕의 개혁 정치와 고려 멸망

① 권문세족의 성장과 원의 간섭

(1) 권문세족의 형성

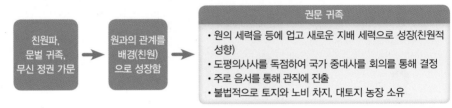

친원파, 문벌 귀족, 무신 정권 가문 → 원과의 관계를 배경(친원)으로 성장함 → **권문 귀족**
- 원의 세력을 등에 업고 새로운 지배 세력으로 성장(친원적 성향)
- 도평의사사를 독점하여 국가 중대사를 회의를 통해 결정
- 주로 음서를 통해 관직에 진출
- 불법적으로 토지와 노비 차지, 대토지 농장 소유

(2) 원의 내정 간섭

영토 상실	동녕부, 탐라총관부, 쌍성총관부 충렬왕 때 반환 / 공민왕 때 무력 탈환
관제 격하	• 왕실 호칭 격하 ┌ 조(祖), 종(宗) 대신에 충○왕 사용 └ 폐하 대신에 전하, 짐 대신에 고, 태자 대신에 세자 사용 • 관제 명칭 격하 ┌ 중서문하성과 상서성을 합하여 첨의부라고 함 └ 중추원 대신에 밀직사, 6부는 4사라 함
내정 간섭	• 고려 왕자는 원에서 교육, 원의 공주와 혼인(부마국) • 다루가치(감찰관) 파견, 군사 조직 만호부 설치 • 정동행성 설치 : 일본 원정을 위해 설치 ➡ 원정 실패 후에는 내정 간섭 기구
인적 · 물적 수탈	• 공물 징수(금 · 은 · 포 · 자기 · 인삼 등), 응방을 설치하여 해동청(매) 징수 • 결혼도감 설치 후 공녀 징발 ➡ 조혼 풍습이 생겨남
영향	• 고려 자주성 상실, 왕권이 원에 좌우 • 성리학(주자학)의 전래, 문익점에 의한 목화의 전래 • 몽골풍 : 고려에 몽골식 의복 · 장도 · 연지 · 은장도 · 설렁탕 · 변발 등 유행 • 고려양 : 몽골에 고려 의복 · 고려병(떡) · 보쌈 등 유행 • 만권당의 설치 : 충선왕이 원의 북경에 만든 학문 연구소 ➡ 이제현 등 고려 유학자들이 원 유학자들과 교류

② 공민왕의 개혁 정치

배경	14세기 중반 이후 원의 국력 쇠퇴(원 · 명 교체기)
반원 자주정책	• 기철 등의 친원파 제거, 정동행성 이문소 폐지 • 왕실 용어와 격하된 관제 복구 : 첨의부 폐지하고 중서문하성과 상서성을 복구 • 몽골풍 폐지 : 원 연호 폐지, 체두변발 금지, 원 복장 · 언어 풍습 폐지 • 유인우로 하여금 쌍성총관부를 공격하여 철령 이북 땅 회복

▲ 고려 후기 원 간섭기의 왕들

▲ 몽골습래회사
일본에 침략에 나선 고려와 원의 군사들이다.

▲ 몽골풍의 유행(변발과 족두리)

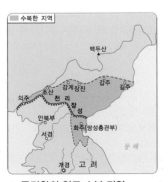
▲ 공민왕의 영토 수복 지역

왕권 강화	• 정방 폐지 : 왕이 인사권 장악, 신진 사대부 등용 • 전민변정도감 설치(신돈의 주도) : 권문세족이 불법적으로 차지한 토지를 돌려주고, 억울하게 노비가 된 사람을 해방시킴 • 성균관 개편(순수 유교 교육기관으로 정비), 과거제 정비
결과	• 원의 압력과 권문세족의 반발, 개혁 추진 세력의 미약 • 국내외 정세 불안(홍건적과 왜구의 침입) → 신돈 제거, 공민왕 시해 → 개혁 중단

3 새로운 세력의 등장과 고려의 멸망

(1) 신흥 무인 세력의 성장

등장	홍건적과 왜구의 침입 → 이성계 등이 활약하며 신흥 무인 세력으로 성장
홍건적의 격퇴	• 홍건적(한족의 농민 반란군)이 원에 쫓기어 고려 국경을 침입 • 1차 침입(공민왕, 1359) : 홍건적의 서경 점령 → 이승경 · 이방실 등의 활약 • 2차 침입(공민왕, 1361) : 개경이 함락되고 공민왕은 2개월 간 복주(안동)로 피란 → 이승경 · 이방실 · 최영 · 이성계 등의 활약
왜구의 침입	• 왜구들의 약탈 → 조세 운송의 어려움(국가 재정 궁핍) • 최영의 홍산 대첩(1376), 이성계의 황산 대첩(1380, 아지발도 사살), 박위의 쓰시마 섬(대마도) 정벌(1389) 등의 활약 • 최무선의 화통도감 설치 → 최무선, 나세, 심덕무 등의 진포 대첩(1380)

(2) 신진 사대부의 성장

출신	대부분 향리 출신, 중소 지주층
성장	• 대표 인물 : 정몽주, 정도전 등 • 충선왕, 충목왕의 개혁 정치에 참여 → 공민왕의 개혁 정치에 적극 참여 → 공민왕 대에 개혁 주도 세력으로 성장
성격	• 성리학을 사상적 이념으로 수용, 과거를 통해 중앙 정계 진출 • 권문세족 비판, 토지 개혁 주장, 불교 폐단 비판, 친명 정책을 지지함 • 고려 말 온건 개혁파(정몽주 등이 중심)와 급진 개혁파(정도전 등이 중심)로 나뉨

(3) 고려의 멸망

요동 정벌 계획	명이 철령 이북 땅 요구 → 고려는 명의 요구 거절 → 최영과 우왕은 요동 정벌 추진 → 이성계는 4불가론을 내세워 반대
위화도 회군 (1388)	최영의 지시에 의해 이성계와 원정군 출정 → 압록강 입구의 위화도에서 회군 → 최영 제거, 우왕 폐위 → 이성계의 정치적 · 군사적 실권 장악
과전법 실시 (1391)	• 목적 : 문란해진 토지 제도를 바로잡고, 신진 사대부의 경제적 기반 마련 • 결과 : 권문세족의 대농장을 몰수하여 신진 관료에 재분배
조선 건국 (1392)	정몽주 등의 온건파 사대부 제거 → 급진파 사대부들이 이성계를 왕으로 추대 → 조선 건국

공민왕의 전민변정도감 설치

신돈은 왕에게 전민변정도감을 설치할 것을 청원하고, 권세가들이 강점했던 전민(田民)을 그 주인에게 반환하였으므로 온 나라가 모두 기뻐하였다.

신돈은 공민왕에게 청하여 전민변정도감을 설치하여 권문세족의 불법적인 농장을 없애고, 빼앗은 토지를 원래 주인에게 돌려주었으며, 억울하게 노비가 된 사람을 양민으로 해방시키는 등 개혁 정치를 추구하였다.

▲ 홍건적과 왜구의 격퇴

▲ 조선 태조 이성계 어진

은쌤의 **합격노트**

• 원의 간섭과 고려 멸망 •

✎ 시험에 꼭 나오는 **키 워 드**

- 원 간섭기에 나타난 정치, 사회적 변화 정리하기
- 공민왕의 업적 정리하기
- 고려 후기 홍건적과 왜구 격퇴 과정 속에서 활약한 인물들 숙지하기
- 고려 멸망 과정을 큰 사건을 중심으로 순서 흐름 정리하기

✔ 최다 빈출 선지

l 원 간섭기

① 정동행성이 설치되었다.
② 원이 쌍성총관부를 설치하였다.
③ 지배층을 중심으로 변발과 호복이 유행하였다.
④ 권문세족이 높은 관직을 독점하였다.
⑤ 만권당에서 원의 학자들과 교류하였다.
⑥ 결혼도감을 통해 여성들이 공녀로 보내졌다.
⑦ 목화가 처음 전래되었다.
⑧ 응방을 설치하여 매를 징수하였다.

l 공민왕

① 쌍성총관부를 공격하였다.
② 전민변정도감을 설치하였다.
③ 기철 등 친원파를 숙청하였다.

l 고려 후기 홍건적과 왜구의 격퇴

① 최무선이 진포에서 왜구를 물리쳤다.
② 박위가 대마도(쓰시마섬)를 정벌하였다.
③ 최영이 홍산 전투에서 큰 승리를 거두었다.
④ 이성계가 황산에서 왜구를 물리쳤다.

l 고려의 멸망 과정

① 최영이 요동 정벌을 추진하였다.
② 이성계가 위화도에서 회군하여 정권을 장악하였다.
③ 조준 등의 건의로 과전법을 제정하였다.

대표 기출 문제

기본 64회 16번

01 밑줄 그은 '이 시기'에 볼 수 있는 모습으로 적절하지 않은 것은?

왼쪽 그림에서는 발립을 쓴 관리의 모습, 오른쪽 그림에서는 변발과 호복을 한 무사의 모습을 볼 수 있습니다. 이러한 복식은 이 시기 지배층 사이에서 유행하였습니다.

복식으로 배우는 한국사

이조년 초상　　천산대렵도(일부)

① 매를 조련시키는 응방 관리
② 원에 공녀로 끌려가는 여인
③ 황룡사 구층 목탑을 세우는 목공
④ 권문세족에게 땅을 빼앗기는 농민

고려 후기 원 간섭기 사회상	정답 ③

밑줄 그은 '이 시기'는 고려 후기 원 간섭기이다. 고려는 원 간섭기를 거치는 동안 원과 수많은 인적·물적 교류를 행하였고, 이에 따라 많은 몽골 문화가 유행하였다. 고려 충렬왕은 스스로 변발을 하고, 신하들에게도 따라 하게 하였다. 또한 고려 사회에는 몽골풍이 유행하여 변발, 몽골 복장, 몽골어가 궁중과 지배층을 중심으로 널리 퍼졌다.

정답 분석

③ 신라 선덕 여왕 때에 승려 자장의 건의로 황룡사 구층 목탑이 세워졌다.

오답 피하기

① 고려는 원에 매를 바치기 위한 기구인 응방을 설치하였다.
② 고려 후기 원은 결혼도감을 설치하고 고려의 처녀를 공녀로 뽑아 갔다.
④ 고려 후기 원의 간섭이 계속되면서 권문세족이 새롭게 지배 세력을 이루었다.

02 밑줄 그은 '왕'의 재위 기간에 있었던 사실로 옳은 것은?

왼편은 기철 등 친원파를 제거하고 정동행성 이문소를 폐지한 왕의 무덤이야.

오른편은 왕비 노국 대장 공주의 무덤이야. 왕과 왕비를 나란히 같은 곳에 모셨다.

① 동북 9성을 축조하였다.
② 독서삼품과가 실시되었다.
③ 쌍성총관부를 공격하였다.
④ 백두산정계비가 건립되었다.

고려 공민왕의 업적 정답 ③

밑줄 그은 '왕'은 고려 후기 공민왕이다. 14세기 후반에 이르러 원이 쇠퇴하자 공민왕은 정치 개혁을 통해 원의 간섭에서 벗어나고자 하였다. 공민왕은 기철을 비롯한 친원 세력을 제거하고 정동행성 이문소를 폐지하였다. 이문소는 고려에서 원과 관계된 범죄를 다스렸던 기구로 정동행성의 부속 기구 가운데 가장 강력하였다.

정답 분석

③ 고려 후기 공민왕은 동북면 병마사 유인우로 하여금 쌍성총관부를 공격하여 철령 이북의 땅을 회복하였다.

오답 피하기

① 고려 중기 예종 때 윤관이 별무반을 이끌고 여진을 공격하여 동북 9성을 축조하였다.
② 신라 중대 원성왕은 국학의 졸업 시험으로 독서삼품과를 시행하여 성적이 우수한 자에게 관직에 진출할 기회를 주었다.
④ 조선 후기 숙종 때 청의 요청에 따라 조선과 청은 국경을 답사하고 압록강과 토문강을 경계로 한다는 백두산정계비를 세웠다.

---

03 다음 자료를 활용한 탐구 주제로 가장 적절한 것은?

우왕과 최영이 요동 공격을 결정하자 이성계가 이르기를, "지금 출병하는 것은 네 가지 이유로 불가합니다. 작은 나라가 큰 나라를 공격할 수 없는 것이 첫 번째요, 여름에 군사를 동원할 수 없는 것이 두 번째요, 왜구가 빈틈을 노릴 수 있는 것이 세 번째요, 장마철이어서 활은 아교가 풀어지고 질병이 돌 것이니 이것이 네 번째입니다."라고 하였다.

① 위화도 회군의 배경
② 동북 9성의 축조 과정
③ 훈련도감의 설치 목적
④ 고구려의 남진 정책 추진

고려 멸망 과정 정답 ①

다음 자료를 활용한 탐구 주제는 위화도 회군의 배경이다. 중국에서 새로 일어난 명은 고려에 압력을 가하여 철령 이북의 땅을 요구하였다. 이에 고려에서는 우왕, 최영 등이 중심이 되어 요동 정벌을 추진하였다. 이성계는 4불가론을 내세워 요동 출병에 반대하였으나 받아들여지지 않았다. 결국, 이성계는 명으로 들어가는 길목인 압록강 위화도에서 회군하여 개경으로 진격하는 위화도 회군을 단행하였다. 이성계는 최영을 귀양 보내 죽이고, 우왕을 폐위한 후 창왕을 왕위에 세웠다.

정답 분석

① 이성계는 4불가론을 내세워 요동 출병에 반대하였으나 받아들여지지 않았다. 결국, 이성계는 명으로 들어가는 길목인 압록강 위화도에서 회군하여 개경으로 진격하였다(위화도 회군).

오답 피하기

② 고려 중기 예종 때 윤관은 별무반을 이끌고 천리장성을 넘어 여진을 북방으로 쫓아내고, 동북쪽 국경 밖에 9개의 성을 쌓아 고려의 영토로 삼았다.
③ 조선 중기 선조는 임진왜란 초기에 패전을 경험한 후 새로운 군대의 필요성을 절감하여 훈련도감을 설치하였다.
④ 고구려 장수왕은 넓은 영역을 원활하게 운영하고, 남진 정책을 적극 추진하기 위해 평양으로 수도를 옮겼다(427).

12강 고려의 경제 활동과 사회 모습

전시과 제도

고려의 토지 제도는 대개 당의 그것과 비슷하였다. 개간된 토지의 수효를 총괄하고 기름지거나 메마른 토지를 구분하여 문무백관으로부터 부병(군인), 한인(閑人)에게까지 일정한 과(科)에 따라 모두 토지를 주고, 또 등급에 따라 땔나무를 베어낼 땅을 주었다. 이를 전시과라고 한다. -『고려사』-

전시과는 관직 복무와 직역의 대가로 수조지를 관리에게 지급한 것으로, 정부는 관리의 지위에 따라 곡물을 수취하는 전지와 땔감을 채취하는 시지를 주었다.

1 고려의 토지 제도 변천

태조	역분전(940)
	후삼국 통일 과정의 공로자에게 인품과 공로에 따라 토지(과전) 지급
경종	시정 전시과(976)
	관직 고하와 인품을 기준으로 전·현직 관료에게 전지와 시지 지급
목종	개정 전시과(998)
	관직만 기준으로 전·현직 관료에게 지급, 지급량 재조정
문종	경정 전시과(1076)
	현직 관료에게만 지급, 지급량 감소, 무신 대우 개선

전시과	
특징	• 관리들에게 나라에 봉사한 대가로 토지 지급 • 관직에 따라 18등급으로 구분하여 전지와 시지 지급 • 수조권 지급, 죽거나 관직에서 물러날 때 토지를 국가에 반납
종류	• 국가 직역의 대가 : 과전(문무 관료), 외역전(향리), 군인전(군인) • 지배층 우대 : 구분전(하급 관리나 군인의 유가족), 한인전(하급 관리의 자제로 아직 관직을 갖지 못한 자) → 지배층에 편입된 사람들의 몰락 방지 • 운영 경비 마련 : 내장전(왕실), 공해전(관청), 사원전(사원), 학전(학교)

2 고려의 경제 활동

고려의 화폐

▲ 건원중보

▲ 삼한통보

▲ 해동통보

▲ 은병(활구)

성종은 건원중보라는 철전을 발행하였다. 숙종은 의천의 건의에 따라 주전도감을 설치하고 삼한통보와 해동통보 등 동전과 쌀 수십 석의 가치를 지닌 고가의 화폐인 은병(활구)을 만들었다.

수취제도	조세(곡물 수취), 공물(특산물, 수공업 제품 징수), 역(16~60세 남자 동원)
농업 기술 발달	• 농업 기술 : 우경에 의한 심경법(깊이갈이) 확대, 시비법 발달, 2년 3작의 보급(밭농사), 고려 말 남부 일부 지방에 이앙법 보급(논농사) • 고려 후기 공민왕 때 문익점이 원에서 목화씨를 가져오면서 목화 재배 시작 • 농서 : 고려 후기 충정왕 때 이암이 원의 농서인『농상집요』소개
도시	• 개경에 시전 설치, 경시서 설치(시전의 상행위 감독) • 관영 상점 설치 : 대도시에 관청의 수공업장에서 생산한 물품을 판매하는 서적점, 약점, 주점, 다점 등
화폐 경제	• 성종 때 건원중보 주조 : 우리나라 최초의 화폐 • 숙종 때 왕권 강화를 위해 화폐 사용을 적극적으로 추진함 　┌ 의천의 화폐 유통 건의에 따라 주전도감 설치 　└ 삼한통보·해동통보·해동중보·은병(활구) 등 주조 • 한계 : 화폐 유통 실패, 일반 거래에서 여전히 삼베나 곡식 사용

수공업	전기	소 수공업 : 금, 은, 철, 구리, 실, 종이, 먹, 차 등 ➡ 생산 공물로 국가에 납부
	후기	사원 수공업 : 승려, 노비들이 베, 모시, 술, 소금 등 생산
대외 무역과 교류	벽란도	예성강 하구의 벽란도가 국제 무역항으로 발전
	송	가장 활발하게 교류 ➡ 선진 문물 수용, 거란, 여진 견제
	거란과 여진	회유책과 강경책을 병행하며 교류
	일본	외교 관계가 다른 시대보다 활발하지 않음
	아라비아 (대식국)	• 수은, 향료, 산호 등 수입 • 고려가 '코리아'라는 이름으로 서방 세계에 알려짐

▲ 고려의 대외 무역

❸ 고려 신분 제도

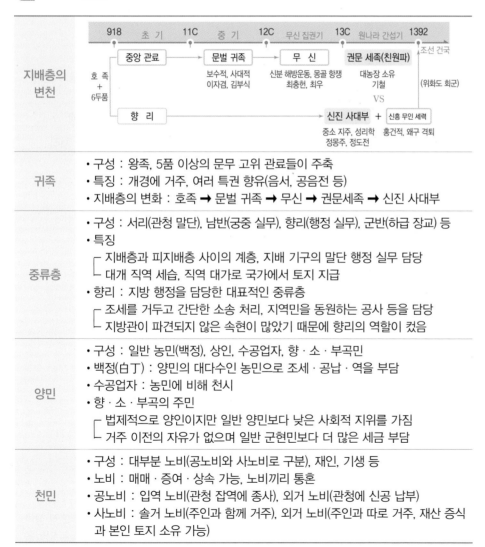

지배층의 변천	

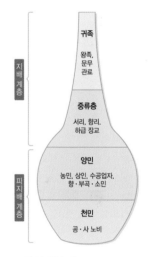
▲ 고려의 신분 제도

귀족
- 구성 : 왕족, 5품 이상의 문무 고위 관료들이 주축
- 특징 : 개경에 거주, 여러 특권 향유(음서, 공음전 등)
- 지배층의 변화 : 호족 ➡ 문벌 귀족 ➡ 무신 ➡ 권문세족 ➡ 신진 사대부

중류층
- 구성 : 서리(관청 말단), 남반(궁중 실무), 향리(행정 실무), 군반(하급 장교) 등
- 특징
  - 지배층과 피지배층 사이의 계층, 지배 기구의 말단 행정 실무 담당
  - 대개 직역 세습, 직역 대가로 국가에서 토지 지급
- 향리 : 지방 행정을 담당한 대표적인 중류층
  - 조세를 거두고 간단한 소송 처리, 지역민을 동원하는 공사 등을 담당
  - 지방관이 파견되지 않은 속현이 많았기 때문에 향리의 역할이 컸음

양민
- 구성 : 일반 농민(백정), 상인, 수공업자, 향 · 소 · 부곡민
- 백정(白丁) : 양민의 대다수인 농민으로 조세 · 공납 · 역을 부담
- 수공업자 : 농민에 비해 천시
- 향 · 소 · 부곡의 주민
  - 법제적으로 양인이지만 일반 양민보다 낮은 사회적 지위를 가짐
  - 거주 이전의 자유가 없으며 일반 군현민보다 더 많은 세금 부담

▲ 고려의 남녀 모습
고려 말의 문신인 박익의 묘(경남 밀양)에 그려진 벽화이다. 연꽃 장식의 관을 쓴 여성들이 남성들과 함께 제사 용품을 나르고 있다.

천민
- 구성 : 대부분 노비(공노비와 사노비로 구분), 재인, 기생 등
- 노비 : 매매 · 증여 · 상속 가능, 노비끼리 통혼
- 공노비 : 입역 노비(관청 잡역에 종사), 외거 노비(관청에 신공 납부)
- 사노비 : 솔거 노비(주인과 함께 거주), 외거 노비(주인과 따로 거주, 재산 증식과 본인 토지 소유 가능)

4 고려의 사회 제도

(1) 민생 안정 정책

목적	농민 생활 안정을 통한 체제 유지 도모
제위보	기금을 마련한 뒤 그 이자로 빈민 구제
의창	평상시에 곡물을 비치하였다가 흉년이 되면 빈민을 구제하는 데 사용
상평창	개경, 서경, 12목에 설치된 물가 조절 기관
의료기관	• 동서 대비원(개경-환자 진료, 빈민 구휼), 혜민국(의약 담당) • 구제도감, 구급도감(재해 시 백성 구호)

(2) 풍속과 법률

향도	• 매향 활동을 하던 불교의 신앙 조직 • 활동 　┌ 매향 활동 : 향나무를 묻는 활동으로 미륵불을 만나 구원 받음 　├ 불상, 석탑, 사찰 건립 등의 신앙적인 활동에 주도적 역할 　└ 후기에 이르러 혼례와 상장례 등 서로 돕고 마을 공동체 의식을 주관하는 　　 농민 조직으로 발전
장례	정부는 유교 규범 권장, 민간에서는 토착 신앙, 불교, 도교 풍속 유행
법률	중국의 당률을 참고하여 형법 제정, 일상생활은 대부분 관습법으로 처리
명절	정월 초하루, 삼짇날, 단오, 유두, 추석 등이 명절로 중시

(3) 여성의 삶과 가족 제도

혼인 풍습	• 여자는 18세 전후, 남자는 20세 전후에 혼인 • 일부일처제, 사위가 처가로 장가들어 사는 일이 일반적임 • 주로 같은 계층 내에서 결혼(왕실에서는 근친혼 성행)
상속	• 재산 상속에서 남녀가 동등한 권리를 가짐(자녀 균분 상속) • 아들이 없을 경우 양자를 들이지 않고 딸이 제사를 받듦
가족 제도	• 호적 　┌ 남녀에 따른 차별이 없음, 사위가 처가의 호적에 입적도 함 　└ 호적에 아들·딸을 태어난 순서대로 기재 • 재가 　┌ 여성의 재가가 비교적 자유로움 　└ 재가녀의 소생이 사회적 차별을 받지 않음 • 사위 　┌ 사위가 처가에서 생활하는 경우도 많음 　└ 음서의 혜택이 사위·외손자에게도 주어짐 • 여성의 사회적 영향력 　┌ 가족을 거느리는 호주가 되기도 함, 가정 경제와 자녀 교육의 주도권 장악 　└ 남편을 통해 국가 정책에도 영향을 끼쳤지만, 관직에는 취임할 수 없었음

▲ 사천 매향비
매향은 바닷가에 향나무를 묻는 활동이다. 이를 통해 미륵불을 만나 구원을 받을 수 있다는 불교 신앙의 하나이다.

박유의 상소

박유가 "청컨대 신하와 관료들에게 첩을 두게 하되 품위에 따라 그 수를 줄여 보통 사람에 이르러서는 1처 1첩을 둘 수 있도록 하십시오."라고 말하였다. 때마침 연등회에 박유가 왕의 행차를 호위했는데, 어떤 노파가 박유를 손가락질하면서 "첩을 두자고 요청한 자가 바로 저 빌어먹을 놈의 늙은이다!"라고 하였더니, 듣는 사람들이 서로 손가락질을 하였다.
－『고려사』-

첩을 두는 것을 허용하자는 박유의 주장은 원에 보내는 공녀를 줄이고자 하는 의도가 있다. 그렇지만 여성들은 이를 일부다처제 실시로 받아들여 크게 반발하였고, 이는 고려 여성의 지위가 높았음을 간접적으로 보여 준다.

은쌤의 합격노트

• 고려의 경제와 사회 •

✎ 시험에 꼭 나오는 키워드

- 고려 시대에 나타난 경제 모습을 정리하기 ➡ 단독 출제도 되지만 조선 후기 경제 문제의 오답으로 자주 활용됨
- 전시과는 시험에 간혹 단독 출제가 되기도 함
- 고려 시대의 사회상과 민생 안정 정책 정리하기

✔ 최다 빈출 선지

| 고려의 경제

① 예성강 하구의 벽란도가 국제 무역항으로 번성하였다.
② 건원중보가 발행되었다.
③ 활구라고 불리는 은병이 유통되었다.
④ 해동통보, 활구 등의 화폐를 발행하였다.

| 전시과

① 전지와 시지를 품계에 따라 나누어 주었다.
② 전, 현직 관리에게 토지의 수조권을 지급하였다.

| 고려의 민생 안정 정책

① 팔관회를 개최하였다.
② 여성이 호주가 될 수 있었다.
③ 빈민 구제를 위해 의창이 설치되었다.
④ 물가 조절을 위해 상평창을 설치하였다.
⑤ 구제도감 등의 임시 기구를 설치하였다.

대표 기출 문제

기본 66회 14번

01 다음 대화가 이루어진 시기의 경제 상황으로 가장 적절한 것은?

자네 들었는가? 송 사신단이 곧 수도 개경에 도착한다고 하더군.

사신단의 규모가 엄청나다니 가져온 물품도 상당하겠어.

① 공인이 관청에 물품을 조달하였다.
② 모내기법이 전국적으로 확산되었다.
③ 벽란도가 국제 무역항으로 기능하였다.
④ 고추와 담배가 상품 작물로 재배되었다.

고려의 경제 상황   정답 ③

다음 대화가 이루어진 시기는 고려 시대이다. 고려는 여러 나라와 대외 무역을 하였다. 가장 활발하게 교역을 한 나라는 송이었다. 공식적인 조공무역 이외에 사무역도 이루어졌다. 비단, 약재, 자기 및 서적 등 왕실과 귀족의 수요품을 수입하였고, 금, 은, 인삼, 종이 등을 수출하였다.

정답 분석

③ 고려의 국제 무역항은 개경과 가까운 예성강 입구의 벽란도였다.

오답 피하기

① 조선 후기 광해군이 대동법을 시행하면서 공인이라는 어용상인이 나타났다.
② 고려 후기 이앙법(모내기법)이 남부의 일부 지방에 도입되었고, 조선 후기에 이르러 전국적으로 확산되었다.
④ 조선 후기 도시 인구가 증가하고 상품 유통이 활발해지면서 인삼, 면화, 담배, 채소 등의 상품 작물 재배가 확대되었다.

13강 고려의 학문과 사상

1 유학의 발달

초기 (10세기)	• 태조 : 신라 6두품 계열 유학자들 활약 • 광종 : 과거제 실시, 유학에 능숙한 관리 등용 • 성종 : 유교 정치 확립(최승로 시무 28조 수용)
중기 (11~12세기)	• 최충 : 해동공자의 칭호, 9재 학당(사학) 설립 • 김부식 : 보수·현실적 성격의 유학을 대표, 『삼국사기』 저술
후기 (13세기)	• 안향 : 충렬왕 때 성리학 소개 • 이제현 : 만권당에서 원의 학자들과 교류(성리학 이해 심화), 『사략』 저술, 수필집인 『역옹패설』 저술 • 신진 사대부 : 성리학의 일상생활과 관련된 실천적 기능 강조

▲ 안향(좌)과 이제현(우) 초상

2 교육 기관

중앙	• 관학 : 국자감 설립(성종) ➡ 유학부와 기술학부로 구성 • 사학 : 최충의 9재 학당(문헌공도) ➡ 사학 12도 융성 ➡ 관학(국자감) 위축
지방	• 향교 : 지방 관리와 서민의 자제 교육 • 12목에 경학·의학박사 파견(성종)
관학 진흥책	• 숙종 : 국자감에 출판을 담당하는 서적포 설치 • 예종 : 국자감에 전문 강좌 7재, 양현고(장학재단), 청연각·보문각 설치 • 인종 : 경사 6학을 중심으로 교육 제도 정비

▲ 삼국사기

김부식은 묘청의 난을 진압한 후 분열된 민심을 수습하고 국왕 중심의 중앙 집권 체제를 강화하려는 목적으로 "삼국사기"를 편찬하였다.

3 역사서의 편찬

중기	김부식의 『삼국사기』(인종) : 현존 최고의 역사서 ┌ 왕명을 받아 편찬, 유교적 합리주의 사관, 신라 계승 의식 반영 └ 기전체 사서, 고대 삼국~통일 신라까지의 역사를 기록
후기 (무신 정변 이후)	• 특징 : 민족적 자주 의식을 바탕으로 전통문화 이해 노력 • 각훈의 『해동고승전』 : 삼국 시대 이래 승려들의 전기 정리 • 이규보의 『동명왕편』 ┌ 이규보의 문집인 『동국이상집』에 수록됨 └ 고구려 건국 시조(주몽)의 일대기를 서사시로 표현, 고구려 계승 의식 반영 • 일연의 『삼국유사』 ┌ 단군의 고조선 건국 이야기를 최초 수록(단군을 우리 역사의 기원으로 인식) └ 불교사를 중심으로 고대의 민간 설화 등을 수록 • 이승휴의 『제왕운기』 : 중국과 구별되는 우리 역사의 독자성 강조 ┌ 단군의 고조선 건국 이야기를 수록 ➡ 민족 시조로서 단군 강조 └ 상권에 중국의 역사, 하권에는 우리나라의 역사가 서술

▲ 삼국유사

일연의 "삼국유사"는 고조선에서 후삼국 시대까지의 역사와 불교, 설화 등의 내용을 담고 있다.

| 말기 | 이제현의 『사략』 : 성리학적 역사관 중시(정통 의식·대의명분 강조) |

④ 고려의 불교

(1) 고려 초기

태조	• 숭불 정책, 개경에 사원 건립, 훈요 10조에서 연등회와 팔관회의 개최 당부 • 연등회 : 부처의 덕을 기리고 나라와 왕실의 안녕을 비는 불교 행사 • 팔관회 : 하늘, 산신, 용왕 등의 토속신에 제사를 지내는 일종의 축제
광종	• 승과 제도 실시, 국사·왕사 제도 실시, 사원과 토지 지급 • 균여의 활동 : 귀법사에서 화엄 사상 정비(화엄종 성행), 『보현십원가』 저술

(2) 고려 중기 : 문벌 귀족 사회

대각국사
의천
	• 문종의 넷째 아들 ➡ 왕실과 문벌 귀족의 후원을 받음
	• 교종 통합 노력 : 흥왕사를 화엄종의 근거지로 통합 운동 전개
	• 해동 천태종 창시
	  ┌ 송 유학 후 개경 국청사를 중심으로 천태종 창시 ➡ 천태교학 강의 시작
	  └ 교종을 중심으로 선종의 통합 주장 ➡ 교관겸수, 내외겸전 제창
	• 교장(속장경) : 초조대장경 보완을 위해 불서 목록집 '신편제종교장총록'을 제작 ➡ 교장도감 설치 ➡ 목록에 따라 4,700여 권의 "교장(속장경)" 간행
	• 숙종에게 화폐 유통 건의 ➡ 주전도감 설치하여 삼한통보, 해동통보, 해동 중보 등의 동전과 활구(은병)라는 은전을 만들어 유통

(3) 고려 후기 : 무신 집권기(불교 정화 운동)~원 간섭기

보조국사
지눌
	수선사 결사 운동 : 정혜결사를 통해 불교 개혁에 앞장섬
	  ┌ 승려 본연의 자세로 돌아가 독경·선 수행·노동에 고루 힘쓰자
	  ├ 송광사를 중심으로 전개, 지방민의 적극적인 호응을 얻음
	  └ 선종을 중심으로 교종의 통합 주장 ➡ 정혜쌍수(권수정혜결사문), 돈오점수 제창

혜심	유·불 일치설 주장 : 유교와 불교 통합 시도 ➡ 성리학 수용의 토대 마련
요세	백련사 결사를 통해 불교 정화 운동 전개(법화 신앙을 바탕으로 함)

(4) 대장경

초조대장경	거란의 침입을 물리치고자 간행 ➡ 몽골의 침략 때 소실, 일부만 전해짐
교장 (속장경)	• 『신편제종교장총록』 간행 : 의천이 초조대장경의 부족한 점을 보완하기 위해 송·요·왜 등지에서 불교 자료를 수집하여 편찬한 목록집 • 교장(속장경) 간행 : 『신편제종교장총록』을 작성하고 10여 년에 걸쳐 제작
팔만대장경 (재조대장경)	• 부처의 힘으로 몽골의 침입을 물리치고자 간행(대장도감에서 간행) • 경남 합천 해인사에 보관, 오자나 탈자가 거의 없음, 정밀하게 제작

▲ 연등 행렬
고려 시대 불교는 왕실과 귀족부터 일반 서민까지 신봉한 종교였다. 국가는 나라의 안녕과 왕실의 번영을 기원하는 각종 불교 행사를 주관하였다.

의천의 교관겸수

교(敎)를 배우는 이는 대개 안의 마음을 버리고 외면에서 구하고, 선(禪)을 익히는 이는 인연을 잊고 안의 마음을 밝히기를 좋아하니, 모두 한쪽에 치우친 것으로 두 극단에 모두 막힌 것이다. -『대각국사문집』-

의천이 수행 방법으로 제시한 교관겸수는 교와 관을 같이 수행해야 한다는 것이다. 교는 불교의 이론적인 교리 체계로 교종이, 관은 실천적인 수행법으로 선종이 중시하였다.

▲ 팔만대장경
팔만대장경은 총 8만 장이 넘는 판본이다. 세계에서 가장 우수한 대장경으로 인정받아 2007년 유네스코 세계 기록유산에 등재되었다.

은쌤의 합격노트

• 유학과 역사서의 편찬 •

✎ 시험에 꼭 나오는 키워드

• 김부식, 일연, 안향, 이제현 등이 인물 문제로 간혹 단독 출제되기도 함
• 『삼국사기』, 『삼국유사』는 단독으로 출제됨

✔ 최다 빈출 선지

| 이제현
① 만권당에서 유학자들과 교류하였다.

| 사학의 발전
① 최충이 9재 학당을 열었다.
② 최충의 문헌공도가 설립되었다.
③ 문헌공도 등 사학 12도가 번성하였다.

| 김부식의 『삼국사기』
① 현존하는 우리나라 최고(最古)의 역사서이다.
② 유교 사관에 입각하여 기전체 형식으로 서술하였다.

| 일연의 『삼국유사』
① 불교사를 중심으로 고대의 민간 설화를 수록하였다.
② 단군의 고조선 건국 이야기가 수록되었다.

| 이승휴의 『제왕운기』
① 단군의 고조선 건국 이야기가 수록되었다.

• 고려 불교 •

✎ 시험에 꼭 나오는 키워드

의천과 지눌, 팔만대장경은 단독으로 출제됨

✔ 최다 빈출 선지

| 대각국사 의천
① 해동 천태종을 창시하였다.
② 교관겸수를 제시하였다.

| 보조국사 지눌
① 정혜쌍수와 돈오점수를 주장하였다.
② 정혜쌍수를 강조하였다.
③ 수선사 결사를 제창하였다.

| 대장경
① 거란의 침략을 물리치기 위해 제작하였다(초조대장경).
② 부처의 힘을 빌려 몽골을 막고자 팔만대장경이 조판되었다.

대표 기출 문제

01 다음 인물의 활동으로 옳은 것은?

> 나는 고려의 문신 최충이오. 지공거가 되어 과거를 주관하였고, 이후 후학을 양성하는 데 힘썼소. 이곳은 후대 사람들이 나를 기리기 위해 노동 서원이라오.

① 9재 학당을 열었다.
② 삼국유사를 집필하였다.
③ 제왕운기를 저술하였다.
④ 시무 28조를 작성하였다.

고려 유학자 최충　　　　　　　　정답 ①

다음 인물은 고려 중기 문신 최충이다. 고려 중기에 해동공자로 칭송받은 최충은 고려의 유학을 한 차원 높은 수준으로 발전시켰는데, 관직에서 물러난 후에는 9재 학당을 설립하여 제자를 양성하였다. 이를 계기로 사학 12도가 등장하여 크게 발전했는데, 사학에서 교육받은 학생이 과거에서 좋은 성적을 거두자 국자감의 관학 교육이 위축되었다.

정답 분석

① 고려 중기 해동공자로 불릴 정도로 뛰어난 유학자였던 최충은 9재 학당(문헌공도)을 세워 유학 교육에 힘썼다.

오답 피하기

② 고려 후기 승려 일연은 건국 신화인 단군 신화를 비롯한 설화나 야사를 폭넓게 수록한 "삼국유사"를 편찬하였다.
③ 고려 후기 이승휴는 자신이 살던 때까지의 우리 역사와 중국 역사를 대등한 입장에서 시로 기록한 "제왕운기"를 편찬하였다.
④ 고려 초기 최승로는 성종에게 '시무 28조'를 제출하여 유교를 진흥하고 불교 행사를 억제할 것과 각 지방에 외관을 파견할 것을 제안하였다.

기본 57회 16번

02 다음 퀴즈의 정답으로 옳은 것은?

1단계 | 본관은 경주로 고려의 유학자이자 정치가이다.

2단계 | 서경에서 묘청이 난을 일으키자 진압군의 원수로 임명되어 이를 평정하였다.

3단계 | 왕명으로 감수국사가 되어 삼국사기를 편찬하였다.

제시된 단계별 힌트를 종합하여 알 수 있는 인물은 누구일까요?

300 250

① 양규
② 일연
③ 김부식
④ 이제현

기본 58회 15번

03 (가)에 들어갈 인물로 옳은 것은?

영통사 대각국사비에 대해 검색해 줘.

검색 결과입니다.

영통사 대각국사비는 고려 문종의 넷째 아들로 승려가 된 [(가)]의 행적을 새긴 비석이다. 비문에는 그가 송에서 불교를 배우고 돌아와 해동천태종을 개창한 사실이 기록되어 있다.

① 원효
② 의천
③ 지눌
④ 혜심

고려 문신 김부식   정답 ③

다음 퀴즈의 정답은 고려 중기 문신 김부식이다. 고려 인종 때 이자겸의 난 이후 서경 출신의 정지상과 묘청 등이 서경 천도가 중단되자 반란을 일으켰으나 김부식이 이끈 관군에게 진압되었다. 고려 중기 인종 때 김부식 등이 편찬한 "삼국사기"는 현존하는 우리나라에서 가장 오래된 역사서로 유교적 합리주의 사관에 기초하여 기전체로 서술되었다.

정답 분석

③ 김부식은 묘청의 난을 진압한 후 분열된 민심을 수습하고 국왕 중심의 중앙 집권 체제를 강화하려는 목적으로 "삼국사기"를 편찬하였다.

오답 피하기

① 고려는 거란의 2차 침입 때 개경이 함락되고 현종이 나주까지 피난하는 어려움을 겪었으나 양규 등의 활약으로 이를 극복하였다.
② 고려 후기 승려 일연은 건국 신화인 단군 신화를 비롯한 설화나 야사를 폭넓게 수록한 "삼국유사"를 편찬하였다.
④ 이제현은 "사략"을 비롯한 여러 권의 사서를 저술하였는데 지금은 "사략"에 실렸던 사론(史論)만 전한다.

고려 승려 의천   정답 ②

(가)에 들어갈 인물은 고려 중기 승려 대각국사 의천이다. 고려 중기 문종의 왕자로서 승려가 된 의천은 교단 통합 운동을 벌였다. 그는 화엄종을 중심으로 교종을 정리한 뒤, 해동 천태종을 창시하여 교종의 입장에서 선종을 통합하였다. 그리고 이를 뒷받침하는 수행 방법으로는 교관겸수를 제시하였다.

정답 분석

② 고려 중기 의천은 천태종을 창시하여 선종을 교종에 포섭함으로써 불교계를 통합하려 하였다.

오답 피하기

① 통일 신라 원효는 광대 복장으로 지내며 화엄경의 이치를 쉬운 내용으로 담은 "무애가"라는 노래를 지어 민중 속에 퍼뜨려 불교 대중화에 힘썼다.
③ 고려 후기 지눌은 당시 불교계의 타락상을 비판하면서 승려 본연의 자세로 돌아가자는 개혁 운동인 수선사 결사를 제창하였다.
④ 고려 후기 혜심은 유·불 일치설을 주장하며 심성의 도야를 강조했는데, 이는 성리학을 받아들일 수 있는 사상적 토양이 되었다.

14강 고려의 문화 유산

1 각종 기술의 발달

천문학	• 천문 : 사천대 설치(천체와 기상 관측) • 역법 : 당의 선명력 ➡ 원의 수시력, 명의 대통력 수용
의학	• 태의감(의료 업무, 의학 교육 실시) 설치, 의과 시행 • 『향약구급방』 : 고려 후기 고종 때 대장도감에서 간행, 현존하는 한국의 의학 서적 가운데 가장 오래된 책, 각종 질병에 대한 우리 풍토에 맞는 처방과 약재 등 소개
인쇄술	• 상정고금예문(1234) : 최초의 금속 활자본(서양보다 200년 앞섬), 현재 전해지지 않음 • 직지심체요절(1377) : 청주 흥덕사에서 간행, 현존하는 가장 오래된 금속 활자본, 프랑스 국립 도서관에서 박병선이 발견, 2010년에 유네스코 세계기록유산 등재
화약	화통도감 설치 : 최무선을 중심으로 화약과 화포 제작 ➡ 최무선, 나세, 심덕부 등이 진포에서 왜구 격퇴(진포 대첩)

2 고려의 건축 문화

전기	• 안동 봉정사 극락전 : 배흘림 기둥에 주심포 양식으로 축조 ┌ 우리나라에서 현존하는 가장 오래된 목조 건물 └ 공민왕 때 지붕을 크게 수리했다는 기록을 통해 건축 연대 추정 가능 • 영주 부석사 무량수전 : 배흘림 기둥에 주심포 양식으로 축조, 건물 내부에 소조 아미타여래 좌상이 봉안되어 있음 • 예산 수덕사 대웅전 : 배흘림 기둥에 주심포 양식으로 축조
후기	• 다포 양식 : 공포가 기둥 위뿐만 아니라 기둥 사이에도 있음, 웅장한 지붕이나 건물을 화려하게 꾸밀 때 쓰임 • 대표적인 건축물 : 성불사 응진전(황해도 사리원), 석왕사 응진전(함남 안변)

▲ 안동 봉정사 극락전(주심포 양식)

▲ 영주 부석사 무량수전(주심포 양식)

▲ 예산 수덕사 대웅전(주심포 양식)

3 고려의 탑

전기	• 신라 양식 계승 : 현화사 7층 석탑, 불일사 5층 석탑 • 월정사 8각 9층 석탑(강원도 평창) : 송의 영향을 받아 다각 다층탑

▲ 직지심체요절(프랑스 파리)
'직지심체'는 "참선하여 사람의 마음을 직시하면, 그 심성이 곧 부처의 마음임을 깨닫게 된다."라는 뜻이다. 금속 활자본인 구텐베르크의 성경보다 70여 년 앞서 만들어졌다.

▲ 주심포 양식(좌)과 다포 양식(우)의 비교

▲ 평창 월정사 8각 9층 석탑(송의 영향)

| 후기 | 경천사지 10층 석탑 ┌ 원의 영향을 받은 다각 다층의 대리석 탑 ├ 개성에 있었다가 현재 국립 중앙 박물관에 전시되어 있음 └ 조선의 원각사지 10층 석탑에 영향을 주었음 |

▲ 경천사지 10층 석탑(원의 영향)

4 고려의 불상

| 특징 | • 고려 초기 대형 불상 제작 : 시기와 지역에 따라 독특한 모습, 인체 구성의 불균형, 신라에 비해 조형미 쇠퇴 ➡ 지방 호족의 후원 아래 다양한 지방 문화의 발달을 보여줌
• 논산 관촉사 석조 미륵보살 입상
　┌ '은진 미륵'이라 불리기도 함, 파격적이고 대범한 미적 감각을 인정받음
　└ 불상에서 발견된 기록을 통해 고려 광종 때 만들어진 것으로 추정
• 파주 용미리 마애이불 입상
　┌ 천연 암벽을 이용하여 몸체를 만들고 머리는 따로 만들어 올림
　├ 눈, 코, 입 등을 크게 만들어 거대한 느낌을 주며 조형미는 다소 떨어짐
　└ 불상 측면에 세조의 비 정의왕후와 성종의 안녕을 기원하는 발원문이 있음
• 안동 이천동 마애여래 입상 : 고려 초기 지방화된 불상의 특징을 잘 보여줌
• 신라 양식 계승 : 부석사 소조 아미타여래 좌상, 하남 하사창동 철조 석가여래 좌상 |

▲ 논산 관촉사 석조 미륵보살 입상 (은진 미륵) / ▲ 파주 용미리 마애이불 입상

▲ 영주 부석사 소조 아미타여래 좌상 / ▲ 하남 하사창동 철조 석가여래 좌상

5 고려의 자기

전기	순수 청자 : 문종~인종 대에 절정(10세기 중반~11세기 중반)
중기	• 상감 청자 : 12세기 중엽~13세기 중엽(강화도 천도기)까지 발전 • 상감 기법 : 겉 부분을 파낸 후에 그 자리에 백토나 흑토를 메우면서 무늬를 만들어 내는 방식 ➡ 다양한 무늬를 표현
후기	원 간섭기 이후 상감청자 퇴조 ➡ 분청사기의 등장

▲ 안동 이천동 마애여래 입상 / ▲ 청자 상감 운학 모란 국화문 매병

6 고려의 공예와 회화

| 금속 공예 | • 은입사 발달 : 청동기 표면을 파내고 은을 채워 넣음
• 청동 은입사 포류 수금무늬 정병, 향로 등 |
| 나전 칠기 | 옻칠한 바탕에 자개를 붙여 무늬를 표현, 경함, 화장품갑, 문방구 등 |

7 고려의 예술

| 그림 | • 초기 : 이령의 예성강도
• 후기 : 공민왕의 천산대렵도, 혜허의 관음보살도 · 김우문의 수월관음도 |

▲ 청동 은입사 포류 수금무늬 정병 / ▲ 나전 칠기

은쌤의 합격노트

• 고려의 문화 유산 •

✎ 시험에 꼭 나오는 키워드

- 고려의 금속 활자(상정고금예문, 직지심체요절)는 단독으로 출제됨
- 평창 월정사 8각 9층 석탑과 경천사지 10층 석탑은 단독 출제되거나 오답 선지로 자주 활용됨
- 고려의 각종 건축물, 탑, 불상, 상감청자, 나전칠기 등의 사진을 보고 눈에 익히기

✔ 최다 빈출 선지

| 고려의 각종 기술

① 화약과 화포 제작을 위한 화통도감이 설치되었다.
② 청주 흥덕사에서 현존하는 가장 오래된 금속 활자본인 직지심체요절이 간행되었다.
③ 부처의 힘으로 몽골의 침입을 물리치고자 만들었다(팔만대장경).

| 안동 봉정사 극락전

① 우리나라에 현존하는 가장 오래된 목조 건축물이다.
② 공포가 기둥 위에만 있는 주심포 양식의 건물이다.

| 영주 부석사 무량수전

① 배흘림 기둥에 주심포 양식으로 축조되었다.
② 건물 내부에 아미타 소조여래 좌상이 봉안되었다.

| 평창 월정사 8각 9층 석탑

① 송의 영향을 받은 다각 다층 석탑을 대표한다.

| 경천사지 10층 석탑

① 원의 영향을 받은 다각 다층의 대리석 탑이다.
② 원각사지 십층 석탑에 영향을 주었다.

대표 기출 문제

기본 63회 16번

01 (가)에 들어갈 문화유산으로 가장 적절한 것은?

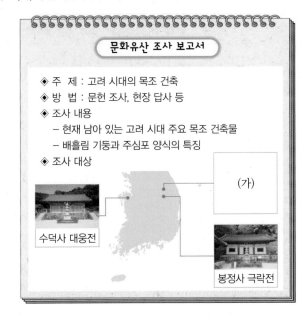

문화유산 조사 보고서

◈ 주 제 : 고려 시대의 목조 건축
◈ 방 법 : 문헌 조사, 현장 답사 등
◈ 조사 내용
　– 현재 남아 있는 고려 시대 주요 목조 건축물
　– 배흘림 기둥과 주심포 양식의 특징
◈ 조사 대상

수덕사 대웅전

봉정사 극락전

(가)

① 종묘 정전

② 경복궁 근정전

③ 법주사 팔상전

④ 부석사 무량수전

부석사 무량수전　　　　　정답 ④

(가)에 들어갈 문화유산은 고려 부석사 무량수전이다. 고려 시대 13세기 이후에 지은 주심포 양식의 목조 건물이 있는데, 안동 봉정사 극락전, 예산 수덕사 대웅전 등이 대표적이다.

정답 분석

④ 고려 시대에 건립된 영주 부석사 무량수전은 주심포 양식, 배흘림 기둥, 팔작 지붕이 조화를 이루고 있다.

오답 피하기

① 종묘는 조선 역대 국왕과 그 비(妃)의 신위(神位)를 모신 곳이다.
② 근정전은 경복궁 안에 있는 정전으로 조선 시대에 임금의 즉위식이나 대례 따위를 거행하던 곳이다.
③ 조선 후기에 건립된 충북 보은 법주사 팔상전은 우리나라에 남아 있는 유일한 오층 목탑이다.

---

02 (가)에 들어갈 문화유산으로 옳은 것은?

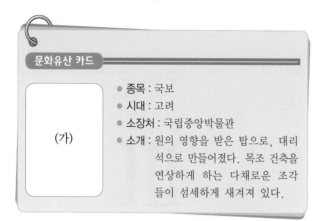

문화유산 카드

(가)

● 종목 : 국보
● 시대 : 고려
● 소장처 : 국립중앙박물관
● 소개 : 원의 영향을 받은 탑으로, 대리 석으로 만들어졌다. 목조 건축을 연상하게 하는 다채로운 조각 들이 섬세하게 새겨져 있다.

① 불국사 삼층 석탑
② 분황사 모전 석탑
③ 영광탑
④ 경천사지 십층 석탑

경천사지 10층 석탑　　　　정답 ④

(가)에 들어갈 문화유산은 고려 후기 경천사지 10층 석탑이다. 고려 후기의 개성 경천사지 10층 석탑은 1348년에 세운 대리석탑으로, 원 불탑의 영향을 받은 것이다. 이 탑은 조선 세조 때 만든 원각사지 10층 석탑에 영향을 주었다. 원래 개성 경천사터에 있던 것을 경복궁에 옮겨 세웠다가 보존의 어려움으로 해체한 후 다시 복원하여 2005년부터 국립 중앙 박물관에서 전시하고 있다.

정답 분석

④ 고려 후기에 만들어진 개성 경천사지 10층 석탑은 원의 영향을 받았다.

오답 피하기

① 경주 불국사 3층 석탑은 통일 신라 시대에 유행하였던 이중 기단 위에 3층 탑을 쌓는 양식이다.
② 경주 분황사 모전 석탑은 신라 시대 선덕 여왕 때의 석재를 벽돌 모양으로 쌓은 석탑으로 유명하다.
③ 발해의 영광탑으로 현재 온전히 남아 있는 유일한 발해의 탑이다.

---

03 (가)에 들어갈 가상 우표로 가장 적절한 것은?

저희 모둠은 태조 왕건이 세운 국가의 대표적인 문화유산을 소재로 우표 도안을 만들었습니다.

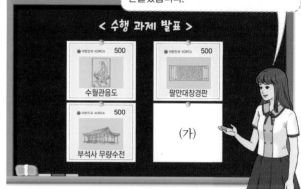

< 수행 과제 발표 >

수월관음도 / 팔만대장경판 / 부석사 무량수전 / (가)

①  산수무늬 벽돌
②  도기 바퀴장식 뿔잔
③  황남대총 금관
④  청자 상감 운학문 매병

고려의 문화유산　　　　정답 ④

(가)에 들어갈 가상 우표는 고려 시대 문화유산을 소재로 한 것이다. 고려의 수월관음보살도는 관음보살의 자비로움을 잘 나타낸 고려 불화이다. 팔만대장경은 고려가 몽골과의 전쟁 시기에 불력으로 외침을 격퇴할 것을 염원하면서 만든 것이다. 영주 부석사 무량수전은 고려 전기에 유행한 건축 양식인 주심포 양식을 대표하는 건축물이다.

정답 분석

④ 청자 상감 운학문 매병은 고려청자가 독특한 선을 가지고 있음을 보여 주는 대표적인 작품이다. 날아오르고 내려오는 학과 구름의 모습이 아름답다.

오답 피하기

① 백제의 산수무늬 벽돌에는 자연과 더불어 살고자 하는 생각이 담겨 있다.
② 도기 바퀴장식 뿔잔은 가야 시대에 만들어진 토기로 출토지는 알 수 없다.
③ 신라의 황남대총 북분에서 출토된 사슴뿔 장식이 들어간 금관이다.

III

조선 유교 사회의 성립과 변화

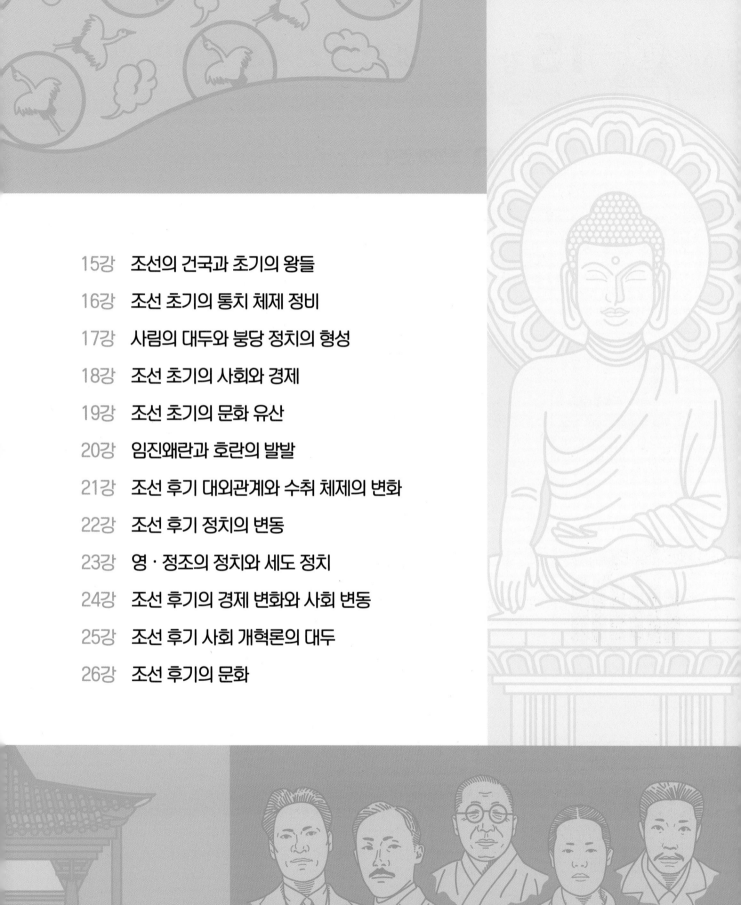

15강   조선의 건국과 초기의 왕들

16강   조선 초기의 통치 체제 정비

17강   사림의 대두와 붕당 정치의 형성

18강   조선 초기의 사회와 경제

19강   조선 초기의 문화 유산

20강   임진왜란과 호란의 발발

21강   조선 후기 대외관계와 수취 체제의 변화

22강   조선 후기 정치의 변동

23강   영 · 정조의 정치와 세도 정치

24강   조선 후기의 경제 변화와 사회 변동

25강   조선 후기 사회 개혁론의 대두

26강   조선 후기의 문화

15강 조선의 건국과 초기의 왕들

1 조선의 건국

명의 철령 이북 영토 요구	→	요동 정벌 추진	→	위화도 회군	→	과전법 실시	→	조선 건국
최영과 이성계의 대립		이성계의 4불가론		정권 장악		신진 사대부의 경제 기반 마련	반대파 제거	

2 조선 초기 왕들

(1) 태조(이성계)

건국	국호 '조선', 한양 천도(궁궐, 종묘, 사직 등 건설)
정도전	• 호는 '삼봉', 이성계를 도와 조선 건국 주도, 급진파 신진 사대부의 대표 인물 • 성리학적 통치 이념 확립, 재상 중심의 정치를 강조 • 『조선경국전』(통치 규범 마련), 『경제문감』(정치 조직에 대한 초안), 『불씨잡변』(고려 말 불교 폐단 비판) • 1차 왕자의 난 때 이방원에게 피살당함

(2) 태종(이방원)

집권	두 차례의 왕자의 난을 통해 집권 ➡ 종친, 외척의 정치 참여 제한
왕권 강화	• 6조 직계제 실시 : 6조에서 의정부를 거치지 않고, 왕에게 직접 보고 • 사간원 독립 : 문하부를 폐지하고 낭사를 사간원으로 독립 ➡ 대신들 견제 • 사병 혁파 : 공신과 왕족의 사병을 없앰 ➡ 군사권 일원화
재정 확충	호패법 실시 : 16세 이상의 모든 남자들이 가지고 다닌 일종의 신분증 ➡ 인구 동태 파악, 조세 징수와 군역 부과에 활용
민생 안정	신문고 설치 : 백성들은 억울한 일이 있으면 신문고라는 북을 치도록 함
문화	• 주자소 설치(활자 주조 담당) ➡ 계미자 주조(조선 최초의 구리 활자) • 혼일강리역대국도지도 : 동양에서 현존하는 가장 오래된 세계 지도

정도전의 정치 사상

재상은 임금의 좋은 점은 따르고 나쁜 점은 바로잡으며, 옳은 일은 받들고 옳지 않은 일은 막아서, 임금으로 하여금 가장 올바른 경지에 들게 해야 한다.

– 정도전, 『조선경국전』 –

정도전은 국왕의 자질이 한결같이 뛰어날 수 없으므로, 이를 보완할 수 있는 재상의 역할을 강조하였다.

▲ 호패

호패는 조선 시대 신분증 명패로, 신분에 관계없이 16세 이상의 모든 남자에게 지급되었다.

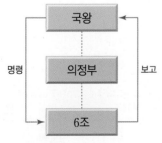

▲ 6조 직계제

국왕 ← 보고 ─ 의정부 ─ 6조
국왕 ─ 명령 → 의정부 ─ 6조

6조 직계제

의정부의 서사를 나누어 6조에 귀속시켰다. …… 처음에 왕(태종)은 의정부의 권한이 막중함을 염려하여 이를 혁파할 생각이었지만, 신중하게 여겨 서두르지 않다가 이때에 이르러 단행하였다.

–『태종실록』–

태종과 세조 때 실시된 6조 직계제는 6조가 의정부를 거치지 않고 왕에게 직접 보고하고 명령을 받도록 한 것으로, 왕권 강화를 위한 것이었다.

(3) 세종

유교 정치	• 집현전 설치 : 학문 연구 기관 • 경연 활성화 : 왕과 신하가 학문과 정책을 토론 • 의정부 서사제 실시 : 6조에서 보고하는 일을 의정부에서 논의한 후 왕에게 올림 ➡ 왕권과 신권의 조화 • 공법 제도 실시 : 전분 6등법(토지의 비옥도에 따라), 연분 9등법(풍흉에 따라)으로 수취

대외 관계	• 여진족
	  ┌ 북방 영토 개척 : 4군(최윤덕) 6진(김종서) 설치(1416~1449)
	  └ 사민 정책 실시 : 충청도 · 전라도 · 경상도의 백성을 함길도 · 평안도로 이주 장려
	• 일본
	  ┌ 대마도(쓰시마섬) 정벌(1419) : 이종무가 왜구 근거지 정벌
	  ├ 3포 개항(1426) : 일본의 요청으로 부산포, 제포(창원), 염포(울산) 개항
	  └ 계해약조 체결(1443) : 일본인에게 제한된 무역 허가

문화	• 훈민정음 창제 · 반포 • 갑인자 주조, 앙부일구, 자격루, 측우기, 혼천의 등 제작 • 『삼강행실도』, 『칠정산』, 『향약집성방』, 『의방유취』, 『농사직설』 등 편찬

국왕

재가 ↓ ↑ 건의

의정부

명령 ↓ ↑ 보고

6조

▲ 의정부 서사제

(4) 세조(수양대군)

단종	왕권 약화, 재상들이 정치적 실권 장악
권력 장악	계유정난으로 단종을 몰아내고 즉위 ➡ 단종(노산군) 복위 운동을 시도한 성삼문, 박팽년 등의 사육신 처형 ➡ 왕권 중심의 정치 실시
왕권 강화	• 6조 직계제 실시 • 집현전과 경연 제도 폐지 • 경국대전 편찬 시작 : 역대 법전과 각종 명령 등을 종합 • 직전법 실시 : 현직 관리에게만 토지 지급
기타	이시애의 난(1467) : 세조의 정책에 반대하여 함경도의 호족 이시애가 일으킨 반란

(5) 성종

통치 체제 확립	• 유교 통치 질서 완성
	  ┌ 홍문관 설치(집현전 계승), 경연 활성화
	  └ 경국대전 완성 : 조선 통치 규범 확립(유교적 법치 국가 기틀 마련)
	• 관수 관급제 실시 : 국가가 직접 토지 관리하고 관리에게 녹봉 지급

편찬 사업	• 『동국통감』(서거정) : 고조선부터 고려까지의 역사 정리(편년체) • 『악학궤범』(성현) : 조선 시대의 의궤와 악보를 정리한 음악서 • 『동국여지승람』(노사신) : 각 도의 풍속과 지리 등을 소개한 지리서 • 『동문선』(서거정) : 역대 문학 작품을 선별하여 수록 • 『해동제국기』(신숙주) : 일본의 정치, 외교관계, 사회, 풍속, 지리 등을 종합 정리

▲ 경국대전

경국대전은 세조 때 편찬을 시작하여 성종 때 완성된 법전으로 조선 왕조 통치의 기본 규정을 담았다.

▲ 해동제국기에 표시된 일본 지도

『해동제국기』 세종 때 일본을 다녀온 신숙주가 성종의 명을 받아 편찬한 책으로, 주로 일본 본토, 쓰시마, 유구에 대한 내용을 담고 있다.

은쌤의 합격노트

● 조선의 건국과 초기의 왕들 ●

✎ 시험에 꼭 나오는 키워드

조선 초기 왕들의 업적을 정리하고 숙지하기 ➜ 태조, 태종, 세종, 세조, 성종이 단독으로 출제됨. 간혹 정도전도 단독으로 출제됨

✔ 최다 빈출 선지

ㅣ정도전
① 재상 중심의 정치를 강조하였다.
② 조선경국전을 저술하였다.
③ 불씨잡변을 지어 불교를 비판하였다.
④ 요동 정벌을 추진하였다.

ㅣ태조
① 황산에서 왜구를 물리쳤다.
② 위화도 회군을 단행하였다.

ㅣ태종
① 왕위 계승을 둘러싸고 왕자의 난이 발생하였다.
② 6조 직계제를 시행하였다.
③ 계미자가 주조되었다.
④ 호패법을 마련하였다.
⑤ 신문고를 설치하였다.
⑥ 혼일강리역대국도지도가 만들어졌다.

ㅣ세종
① 훈민정음을 반포하였다.
② 4군 6진이 개척되었다.
③ 자격루를 제작하였다.
④ 칠정산을 편찬하였다.
⑤ 삼강행실도를 편찬하였다.
⑥ 농사직설을 간행하였다.
⑦ 집현전을 설치하였다.
⑧ 앙부일구를 제작하였다.
⑨ 연분 9등법을 시행하였다.
⑩ 이종무가 대마도(쓰시마섬)에서 왜구를 소탕하였다.

ㅣ세조
① 6조 직계제를 시행하였다.
② 수양 대군이 계유정난을 일으켰다.
③ 직전법을 제정하였다.
④ 성삼문 등이 상왕의 복위를 꾀하다가 처형되었다(단종 복위 운동).
⑤ 단종 복위 운동을 계기로 집현전을 폐지하였다.

ㅣ성종
① 경국대전을 완성하였다.
② 악학궤범을 완성하였다.
③ 홍문관을 설치하였다.

대표 기출 문제

01 (가)에 들어갈 인물로 옳은 것은?

(앞면)

- 조선 개국 공신
- 조선의 통치 기준과 운영 원칙을 제시한 조선경국전을 저술함
- 불씨잡변을 지어 불교 교리를 비판함

(뒷면)

① 이이

② 송시열

③ 정도전

④ 정몽주

02 (가)에 들어갈 왕으로 옳은 것은?

〈한국사 토론〉

요동 정벌, 어떻게 볼 것인가?

저는 최영의 주장처럼 명의 철령위 설치에 맞서 요동 정벌을 추진해야 했다고 생각합니다.

아닙니다. 저는 요동 정벌은 무리라는 (가) 의 4불가론이 타당하다고 생각합니다.

① 강동 6주를 획득하였다.
② 비격진천뢰를 제작하였다.
③ 황산에서 왜구를 물리쳤다.
④ 매소성 전투를 승리로 이끌었다.

조선 성리학자 정도전 　　　정답 ③

(가)에 들어갈 인물은 성리학자 정도전이다. 조선 초기 성리학자 삼봉 정도전은 성리학의 입장에서 불교를 비난한 "불씨잡변"을 편찬하였다. 국정을 주도한 정도전은 민본 사상을 강조하고 "조선경국전"을 편찬하여 조선 왕조의 통치 규범을 종합적으로 제시하였다.

정답 분석

③ 조선 초기 정도전은 재상 중심의 정치를 추구하였다.

오답 피하기

① 조선 중기 이이는 "성학집요"를 저술하여 현명한 신하가 왕의 수양을 도와주어야 한다고 주장하였다.
② 조선 후기 서인(노론)의 영수인 송시열은 효종 즉위 직후 기축봉사(1649)를 올려 멸망한 명에 대한 의리를 내세우며 북벌 운동을 주도하였다.
④ 고려 후기 정몽주 등을 중심으로 한 온건 개혁파는 조선 건국에 반대하였다.

조선 태조의 업적 　　　정답 ③

(가) 인물은 태조 이성계이다. 1388년 이성계는 4불가론을 내세워 요동 출병에 반대하였으나 받아들여지지 않았다. 결국, 이성계는 명으로 들어가는 길목인 압록강 위화도에서 회군하여 개경으로 진격하는 위화도 회군을 단행하였다. 1391년 위화도 회군으로 권력을 장악한 이후 공양왕으로부터 왕위를 물려받고 도평의사사의 인준을 얻어 조선 왕조를 새로 세웠다(1392).

정답 분석

③ 고려 후기 이성계는 전라도 지리산 부근 황산에서 왜구에게 크게 이겼다(황산대첩).

오답 피하기

① 고려 초기 거란의 1차 침입 때 서희는 거란의 장수 소손녕과 외교 담판을 벌여 압록강 동쪽의 강동 6주를 획득하였다.
② 비격진천뢰는 조선 중기 선조 때 이장손이 발명한 폭탄이다.
④ 신라는 매소성 싸움에서 당을 크게 격파하여 나·당 전쟁의 주도권을 장악하였다.

기본 66회 22번

03 (가) 왕의 업적으로 옳지 <u>않은</u> 것은?

웹툰으로 보는 한국사　　후삼국　고려　**조선**

국왕 중심의 통치 체제를 확립한 　(가)

◀이전 작품　　다음 작품▶

이미지	제목	별점
	1화 왕자의 난을 통해 권력을 장악하다	★★★★★
	2화 정종의 뒤를 이어 즉위하다	★★★★★
	3화 6조 직계제를 실시하다	★★★★★

① 신문고를 설치하였다.
② 계미자를 주조하였다.
③ 칠정산을 편찬하였다.
④ 호패법을 마련하였다.

기본 63회 18번

04 밑줄 그은 '왕'의 재위 시기에 있었던 사실로 옳은 것은?

이 책은 정초, 변효문 등이 왕의 명을 받아 편찬한 농서입니다. 우리 풍토에 맞는 농법을 보급하기 위해 각 지역에 있는 노련한 농부들의 경험을 수집하여 간행하였습니다.

농사직설

① 자격루가 제작되었다.
② 화통도감이 설치되었다.
③ 삼국유사가 저술되었다.
④ 백두산정계비가 건립되었다.

조선 태종의 업적　　　정답 ③

(가) 왕은 조선 초기 태종이다. 두 차례 왕자의 난을 통해 정도전을 포함한 개국 공신 세력을 몰아내고 정종의 뒤를 이어 왕위에 오른 태종은 왕권을 강화하고 국왕을 중심으로 통치 체제를 정비하고자 하였다. 태종은 6조 직계제를 채택하였으며, 언론 기관인 사간원을 독립시켜 대신을 견제하였다.

정답 분석

③ 조선 초기 세종은 한양을 기준으로 천체 운동을 계산한 역법서인 "칠정산"을 만들었다.

오답 피하기

① 조선 초기 태종은 궁궐 밖에 북을 달아 백성들이 북을 쳐 억울함을 하소연할 수 있도록 신문고를 설치하였다.
② 조선 초기 태종은 주자소를 설치하고 구리로 계미자를 주조하였다.
④ 조선 초기 태종은 세금과 군역을 확보하기 위해 양전 사업과 호구 파악에 노력하였고, 호패법을 시행하였다.

조선 세종의 업적　　　정답 ①

밑줄 그은 '왕'은 조선 초기 세종이다. 세종은 우리나라의 기후와 토양 조건이 중국과 다르므로 우리 풍토에 맞는 농법을 정리하는 것이 필요하다고 보았다. 이에 조선 정부는 여러 도의 관찰사들로 하여금 경험이 많은 농부를 찾아다니며 그 지역의 농사짓는 방법을 물어보도록 하고, 세종은 이를 바탕으로 "농사직설"을 편찬하였다.

정답 분석

① 조선 초기 세종은 천체 운행을 측정하는 혼천의와 물시계인 자격루, 해시계인 앙부일구 등을 만들었다.

오답 피하기

② 고려 후기 최무선은 원의 화약 제조 기술을 습득한 후 정부에 화통도감을 만들 것을 건의하였다.
③ 고려 후기 일연의 "삼국유사"는 불교사를 중심으로 지방의 기록과 민간 설화까지 포함하여 저술되었다.
④ 조선 숙종 때 청의 요청에 따라 조선과 청은 국경을 답사하고 압록강과 토문강을 경계로 한다는 백두산정계비를 세웠다.

05 (가) 왕의 재위 기간에 있었던 사실로 옳은 것은?

카드 뉴스 제작

주제: 조선의 국왕, (가)

계유정난을 일으키는 장면부터 시작해 볼까?

왕권 강화를 위해 집현전을 폐지한 내용을 다루자.

현직 관리에게만 수조권을 지급한 직전법의 내용도 넣어보자.

① 계미자가 주조되었다.
② 균역법이 실시되었다.
③ 기묘사화가 일어났다.
④ 6조 직계제가 시행되었다.

06 밑줄 그은 '왕'에 대한 설명으로 옳은 것은?

조선 왕실은 자손이 태어나면 전국 각지의 명당에 태실을 만들어 탯줄을 보관하였습니다. 이곳은 국조오례의를 편찬하는 등 통치 체제 정비에 큰 역할을 한 조선 제9대 왕의 태실입니다. 원래 경기도 광주시에 있던 것을 조선 총독부가 창경궁으로 옮겨 왔습니다.

① 훈민정음을 창제하였다.
② 경국대전을 완성하였다.
③ 초계문신제를 시행하였다.
④ 위화도 회군을 단행하였다.

조선 세조의 업적 · 정답 ④

(가) 왕은 조선 초기 세조이다. 조선 초기 나이 어린 단종이 즉위하면서 정치의 실권은 김종서, 황보인 등 재상에게 넘어갔다. 이에 수양대군은 계유정난을 일으켜 김종서 등을 몰아내고 왕위를 차지하였다. 세조는 현직 관리에게 지급할 토지가 부족하게 되자, 현직 관리에게만 과전을 지급하는 직전법을 시행하였다. 또한 강력한 왕권을 행사하기 위해 단종 복위 운동을 계기로 집현전을 폐지하여 언관의 활동을 억제하였다.

정답 분석

④ 조선 초기 세조는 6조 직계제를 시행하여 6조에서 의정부를 거치지 않고 곧바로 왕에게 재가를 받도록 함으로써 의정부의 힘을 약화시켰다.

오답 피하기

① 조선 초기 태종은 주자소를 설치하고 구리로 계미자를 주조하였다.
② 조선 후기 영조는 군역의 폐단을 시정하기 위하여 균역법을 실시하였다.
③ 조선 중기 중종 대에 조광조는 중종반정 공신의 책정이 잘못되었다며 이를 시정할 것을 요구하는 위훈 삭제를 주장하다 기묘사화를 겪었다.

조선 성종의 업적 · 정답 ②

밑줄 그은 '왕'은 조선 초기 성종이다. 조선 초기 유교적 질서를 확립하기 위해 윤리와 의례를 강조하는 서적의 편찬 사업이 이루어졌다. 성종은 국가의 여러 행사에 필요한 의례를 정비하여 "국조오례의"를 편찬하였다. "국조오례의"는 제사 의식인 길례, 관례와 혼례 등의 가례, 사신 접대 의례인 빈례, 군사 의식에 해당하는 군례, 상례 의식인 흉례를 정리한 책이다.

정답 분석

② 조선 초기 성종은 "경국대전"의 편찬을 완료하고 반포하여 이후 조선 사회의 기본적인 통치 방향과 이념을 제시하였다.

오답 피하기

① 조선 초기 세종은 집현전 학자들의 연구를 바탕으로 훈민정음을 만들어 반포하였다(1446).
③ 조선 후기 정조는 신진 인물이나 중·하급 관리 중에서 유능한 인재를 재교육하는 초계문신제를 실시하여 개혁 세력을 육성하였다.
④ 고려 후기 요동 정벌에 반대한 이성계는 압록강의 위화도에서 군대를 되돌려 최영을 제거하고 정치 권력을 장악하였다(위화도 회군).

16강 조선 초기의 통치 체제 정비

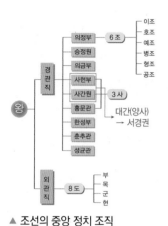

▲ 조선의 중앙 정치 조직

3사의 권한

대관은 관리를 감찰하는 임무를 맡은 관리를, 간관은 왕에게 간언을 올리는 관리를 부르는 말이다. 조선 시대에는 3사가 언론의 기능을 수행한다고 하여 언론 3사, 3사의 관리를 언관이라 하였다. 3사는 학문과 덕망이 높은 사람이 주로 임명되어, 추후에 고위직에 오르는 경우가 많았다.

1 중앙 정치 기구

의정부		• 재상의 합의로 운영 ➡ 국정 총괄 • 3정승(영의정, 좌의정, 우의정)이 모여 주요 정책 결정
6조 (이-호-예-병-형-공)		• 실질적인 주요 행정 업무 담당, 여러 소속 관청을 두고 업무 분담 • 이조(관리 인사), 호조(재정), 예조(교육, 과거, 외교), 병조(군사), 형조(사법), 공조(건설) ➡ 각 조의 수장을 판서라고 부름(이조 판서, 호조 판서 등)
왕권 강화 기구	승정원	• 왕명 출납 담당, 국왕의 비서 기구 • 수장은 도승지로 6인의 승지가 있음 • 정원·후원·은대·대언사라고도 불림
	의금부	국왕 직속 사법 기관 : 반역죄·강상죄 등 중죄인을 처벌
삼사 (언론기관)	사헌원	왕의 잘못 지적, 왕을 바른 말로 일깨움, 수장은 대사간
	사헌부	관리 비리 감찰, 풍속 교정 담당, 수장은 대사헌
	홍문관	• 집현전의 학문 연구 기능을 계승 • 대제학(수장), 부제학 등의 관직이 있음 • 국왕의 자문 역할, 왕명 대필, 경연 주관, 궁중 서적과 문서 관리
	삼사 역할	• 왕권의 전제성 견제 및 신권의 독점과 부정 방지 • 벼슬의 등급은 낮지만, 고관은 물론 왕이라도 함부로 막을 수 없음
	양사 (대간)	사간원과 사헌부가 양사, 소속 관원인 대간은 간쟁권·봉박권·서경권을 가짐
춘추관		역사서 편찬 및 보관 담당
한성부		수도(한성)의 행정과 치안 담당
성균관		국립 대학, 최고 유학 교육 기관, 생원과 진사에게 입학 자격 부여

▲ 성균관의 명륜당

2 지방 행정 조직

특징	• 전국을 8도로 구분, 그 아래에 지역의 크기에 따라 부·목·군·현 설치 • 고려의 기존 군·현의 통합 및 향·부곡·소 등의 소멸 • 모든 군·현에 지방관(수령) 파견 ➡ 중앙 집권 체제 강화
지방관 파견	• 관찰사 : 8도에 파견(임기 1년), 감찰권·행정권·사법권·군사권을 가짐 • 수령 : 부·목·군·현에 파견(임기 5년), 왕의 대리인으로 현감, 현령, 사또, 목민관으로 불림, 파견된 관할 지역의 행정권·사법권·군사권 행사, 수령 7사에 따라 근무 성적을 평가받음 • 향리 : 수령의 행정 실무 보좌, 6방(이·호·예·병·형·공방)으로 구성, 고려 시대에 비해 그 지위가 아전으로 격하, 대대로 직역을 세습

유향소	• 향청, 향사당으로도 불림, 지방 양반으로 구성된 향촌 자치 기구, 좌수와 별감이라는 향임직을 두어 운영 • 역할 : 수령 보좌, 향리의 비리 감찰, 백성 교화와 풍속 교정, 지방 여론 수렴 등
경재소	• 수도인 한양에 설치, 해당 지방 출신의 고관을 책임자로 임명 • 유향소 감시 · 통제 및 정부와 유향소 간 연락 기능 담당

▲ 조선의 지방 행정 조직

❸ 관리 등용 제도

(1) 과거 제도

실시	• 법적으로 양인 이상 응시 가능, 주로 양반이 응시 • 식년시(정기시, 3년마다 시행), 부정기 시험(증광시, 별시, 알성시)
문과	• 문관 선발을 위한 시험, 생진과(소과)와 문과(대과)로 구성 • 생진과(소과) : 합격생을 생원과 진사라 함, 성균관 입학 또는 하급 관리로 진출, 문과 응시 자격 부여 • 문과(대과) : 초시 · 복시 · 전시의 3단계로 진행, 최종 33명 선발
무과	무관 선발을 위한 시험, 초시 · 복시 · 전시의 3단계로 진행, 최종 28명 선발
잡과	• 3년마다 실시, 주로 향리의 자제, 서얼, 중인 계층이 응시 • 기술관 선발 시험 : 역과(통역), 율과(법률), 의과(의학), 음양과(지리) 등
인사제도	• 상피제 운영 : 가까운 친인척이 같은 관서에 근무하지 않도록 하거나 출신 지역의 지방관으로 임명하지 않음 ➡ 권력 집중과 부정 방지 • 서경 제도 실시 : 5품 이하의 관리 임용 시 사헌부와 사간원(양사)에서 동의해야 함 ➡ 인사의 공정성 확보

▲ 조선의 관리 등용 제도

▲ 백패(좌)와 홍패(우)
생원 · 진사 합격자에게는 백패를, 대과 급제자(문과, 무과)에게는 홍패를 주었다.

❹ 교육 기관 및 제도

서당	• 사립 초등 교육 기관 • 양반 자제뿐만 아니라 일반 서민 자제까지 문자 교육
4부 학당	• 관립 중등 교육 기관 • 한양에 4부(중학, 동학, 서학, 남학) 설치
향교	• 지방에 설치한 관립 중등 교육 기관 • 전국의 부 · 목 · 군 · 현에 하나씩 설립 • 중앙에서 교수나 훈도를 파견하여 교육 • 공간 구성 : 대성전(제향 공간), 명륜당(강학 공간), 동 · 서재(기숙사)
성균관	• 한양에 설치한 조선 최고 관립 교육 기관 • 원칙적으로 소과에 합격한 생원이나 진사가 입학 • 공간 구성(향교와 동일함) : 대성전(제향 공간), 명륜당(강학 공간), 동 · 서재(기숙사)

▲ 서당

▲ 향교의 대성전

은쌤의 합격노트

• 조선의 중앙 정치 기구와 지방 행정 조직 •

✎ 시험에 꼭 나오는 **키 워 드**

- 조선의 중앙 정치 기구의 역할 정리하기 ➡ 승정원, 의금부, 3사(사간원, 사헌부, 홍문관)는 단독으로 출제됨
- 조선의 지방 행정 제도와 교육 기관의 특징 정리하기

✔ 최다 빈출 선지

ㅣ 승정원
① 왕명 출납을 관장하였다.

ㅣ 의금부
① 국왕 직속 사법 기구로 반역죄, 강상죄 등을 처결하였다.

ㅣ 사간원
① 사헌부, 홍문관과 함께 3사로 불렸다.
② 간쟁과 논박을 담당하였다.

ㅣ 사헌부
① 관리를 감찰하고 풍속을 바로잡는 임무를 맡았다.
② 5품 이하의 관리 임명 과정에서 서경권을 행사하였다.

ㅣ 홍문관
① 사헌부, 사간원과 함께 3사로 불렸다.
② 왕의 정책 자문과 경연을 담당하였다.

ㅣ 지방 행정 제도
① 전국을 8도로 나누었다.
② 지방의 행정·사법·군사권을 행사하였다(수령).

ㅣ 서당
① 현재의 초등학교와 유사한 조선의 교육기관이다.
② 학생들은 천자문, 동몽선습, 소학 등을 배웠다.

ㅣ 4부 학당
① 수도에서 중등 교육을 담당하였다.

ㅣ 향교
① 전국의 모든 군현에 하나씩 설치되었다.
② 중앙에서 교수나 훈도를 교관으로 파견하였다.

ㅣ 성균관
① 소과에 합격한 생원, 진사에게 입학 자격이 부여되었다.
② 조선 최고의 관립 교육기관이다.
③ 대성전과 명륜당을 중심으로 구성되어 있다.

대표 기출 문제

01 (가)에 들어갈 기구로 옳은 것은?

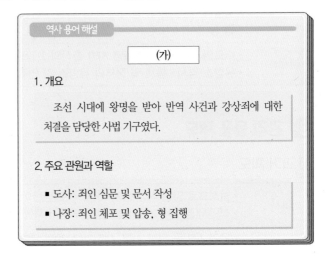

> 역사 용어 해설
>
> **(가)**
>
> **1. 개요**
>
> 조선 시대에 왕명을 받아 반역 사건과 강상죄에 대한 처결을 담당한 사법 기구였다.
>
> **2. 주요 관원과 역할**
>
> - 도사: 죄인 심문 및 문서 작성
> - 나장: 죄인 체포 및 압송, 형 집행

① 사헌부　　　　② 의금부
③ 춘추관　　　　④ 홍문관

조선 의금부　　　　　　정답 ②

(가)에 들어갈 기구는 조선 의금부이다. 의금부는 종1품 아문으로, 임금의 명령을 받들어 죄인을 신문·재판하는 특별사법관청이었다. 의금부는 조선 시대 관원의 범죄를 단독으로 재판하고 처리하였다. 특히 강상범죄, 반역 사건에 대해서는 중요하게 다루었으며 구체적으로는 왕권의 확립과 유지, 사회질서를 해치는 일체의 반란 및 음모, 저주, 흉소, 난언 및 요언 등의 사건을 처결했다.

정답 분석

② 의금부는 왕의 특명으로 죄인을 다스렸고, 왕권을 보좌하는 역할을 맡았다.

오답 피하기

① 관리들을 감찰하는 사헌부는 대간이라 하여 5품 이하의 관리 임용에 간여하는 서경권을 행사하였다.
③ 춘추관은 역사서의 편찬과 보관을 담당하였다.
④ 홍문관은 궁중의 경서·사적의 관리, 문한의 처리 및 왕의 자문에 응하는 일을 맡아보던 관청이다.

02 (가)에 들어갈 내용으로 옳은 것은?

옥당이라 쓰여 있는 이 현판은 창덕궁 내의 홍문관 청사에 걸려있던 것입니다. 홍문관은 활발한 언론 활동을 통해 사헌부 · 사간원과 함께 3사라고 불렸습니다. 또한 (가)

① 수원 화성에 외영을 두었습니다.
② 한양의 치안과 행정을 맡았습니다.
③ 재정의 출납과 회계를 관장하였습니다.
④ 왕의 정책 자문과 경연을 담당하였습니다.

조선 홍문관	정답 ④

(가)에 들어갈 내용은 홍문관의 활동이다. 조선 초기 성종은 집현전을 계승한 홍문관을 설치하였다. 홍문관은 궁중의 경서·사적의 관리, 문한의 처리 및 왕의 자문에 응하는 일을 맡아보던 관청으로 옥당(玉堂)·옥서(玉署)·영각(瀛閣) 이라고도 한다. 구성원은 영사·대제학·제학·부제학·직제학 등으로, 3정승을 비롯하여 경연청과 춘추관 등의 관원들이 이를 겸직하였다.

정답 분석

④ 조선 초기 성종은 집현전을 계승한 홍문관을 두어 관원 모두에게 경연관을 겸하게 하였고 경연에 참여할 수 있는 관리의 범위도 확대하였다.

오답 피하기

① 조선 후기 정조는 수원 화성에 행궁과 장용영의 외영을 설치하여 한성을 방어하는 요새지의 역할을 하도록 하였다.
② 조선 한성부는 도성인 한성의 행정을 담당하였다.
③ 고려의 삼사는 조선의 삼사와는 달리 국가 재정의 출납과 회계 업무를 맡았다.

03 (가)에 들어갈 내용으로 옳은 것은?

○○년 신입생 모집
조선 최고 교육 기관
(가)

1. 선발 인원 : 200명
2. 지원 자격 : 소과에 합격한 생원, 진사 등
3. 특전 : 원점* 300점인 자에게 관시(館試) 응시 자격 부여

* 원점(圓點) : 아침, 저녁 식당에 들어갈 때 찍는 점

① 향교   ② 성균관
③ 육영 공원   ④ 4부 학당

조선 성균관	정답 ②

(가)에 들어갈 내용은 조선 최고 교육 기관 성균관이다. 성균관에는 으뜸 벼슬인 정3품의 대사성을 중심으로 종3품의 좨주, 정5품의 직강 등의 관직이 있었다. 성균관 입학 자격은 생원과 진사를 원칙으로 하였는데, 성적이 우수한 학생은 문과의 초시를 면제해 주었다.

정답 분석

② 조선의 성균관은 국가 최고 교육 기관이었다.

오답 피하기

① 조선 시대 향교는 전국의 부 · 목 · 군 · 현에 하나씩 설립하였다.
③ 조선 정부는 1886년에 우리나라 최초의 근대식 공립 교육 기관인 육영 공원을 설립하였다.
④ 조선 정부는 중등 교육 기관으로 서울에 4부 학당을 설립하였다.

17강 사림의 대두와 붕당 정치의 형성

① 사림의 성장

(1) 조선 건국과 급진 개혁파

▲ 신진사대부의 분화

급진파(급진 개혁파)	vs	온건파(온건 개혁파)
온건파, 급진파 모두 성리학에 토대를 둔 신진사대부 출신		
정도전, 조준, 권근 등	대표 인물	이색, 정몽주, 길재 등
• 고려 왕조 부정, 역성 혁명 주장 • 이성계 세력과 결탁하여 조선 건국	정치 성향	• 고려 왕조의 틀 안에서 개혁 주장 • 조선 건국에 참여하지 않음
훈구파(관학파)	vs	사림파(사학파)
15세기 근세 문화 창조	시기	16세기 이후 사상계 주도
정도전, 권근, 신숙주, 정인지 등	인물	김종직, 김일손, 조광조 등
• 급진파 계승, 세조 집권에 참여 • 성균관, 집현전 통해 등장	성장	• 온건파 계승, 세조 집권에 반대 • 서원과 향약을 통해 성장

정몽주
길 재
김숙자
김종직

정여창 김굉필 김일손

이언적 서경덕 조광조   김안국

조 식 이 황   이 이 성 혼
영남학파   기호학파

▲ 사림의 계보

(2) 4차례의 사화와 사림의 정치적 성장

사화 이전의 상황		• 훈구 세력의 권력 장악 : 세조 집권 때 공을 세워 정권 장악 • 사림 세력의 정계 진출 : 성종 때 훈구 세력 견제를 위해 사림 등용 → 전랑과 3사 언관직을 중심으로 훈구 세력의 비리 비판
연산군	무오사화 (1498)	김일손이 사초에 실은 김종직의 『조의제문』을 훈구 세력이 문제 제기 → 이극돈, 유자광 등의 훈구 세력은 사림이 세조의 왕위 찬탈을 비난 하였다는 이유로 공격 → 사림 세력 제거 → 김일손 등 사림 세력 몰락, 김종직은 부관참시를 당함
	갑자사화 (1504)	연산군이 생모 폐비 윤씨가 성종 때 사약을 받고 죽은 사건(폐비 윤씨 사사 사건)을 들춰냄 → 폐비 윤씨 사사 사건에 참여한 훈구 · 사림 세 력 모두 피해를 입음
중종	중종반정 (1506)	연산군의 폭정으로 신하와 백성들의 반발이 일어남 → 연산군을 축출 하고 중종이 왕으로 즉위 → 중종은 사림파 거두 조광조를 등용
	조광조의 개혁 정치 → 급진적 개혁 → 기묘사화		
	조광조 개혁	현량과 실시	학문과 덕행이 뛰어난 인재를 무시험 추천 → 사림 등용
		유교 윤리 보급	• 향약의 전국적 시행 → 향촌 자치와 성리학적 윤리 강화 • 『소학』, 『주자가례』, 『이륜행실도』 등 보급
		소격서 폐지	도교 및 민간 신앙 배척, 불교 · 도교 행사 금지
		위훈삭제 추진	반정 공신의 위훈 삭제 추진 → 반정 공신 중 자격 없는 인물의 공신호 · 토지 · 노비 박탈

무오사화의 원인

지금 김종직의 제자 김일손이 찬수한 사초에 부도한 말로써 선왕조의 일을 거짓으로 기록 하고, 스승 김종직의 '조의제 문'을 실었다.
- 『연산군일기』 -

'조의제문'은 항우가 폐위한 중국 초의 마지막 왕인 의제 를 애도하는 내용이다. 사림은 세조가 단종을 죽인 사실을 항우가 의제를 죽인 것으로 비유하여 세조의 왕위 승계가 유교적 명분에 어긋난다고 보 았다. 결국, 이로 인해 이미 죽 은 김종직뿐만 아니라 많은 사림이 피해를 당하였다.

	기묘사화 (1519)		조광조의 급진적인 개혁 정치에 대한 훈구 세력의 반발 ➡ 조광조 등 사림 세력 제거
명종	을사사화 (1545)	배경	중종 말년에 왕위 계승을 둘러싸고, 인종의 외척 윤임(대윤)과 명종의 외척 윤원형(소윤)의 대립 심화 ➡ 중종이 죽고 인종이 즉위하면서 윤임(대윤)이 집권 ➡ 인종이 재위 8개월 만에 죽고, 이어 어린 나이에 명종이 즉위하자 어머니인 문정 왕후가 수렴청정하면서 외척 윤원형(소윤)이 집권
		결과	• 명종의 즉위로 권력을 잡은 윤원형(소윤)은 인종의 외척 세력 윤임(대윤)을 제거함(을사사화) • 사림은 대윤과 소윤 두 외척 세력의 다툼에 큰 피해를 입음 • 사회 혼란을 틈 타 임꺽정과 같은 도적들이 출현

▲ 임꺽정이 은거했다고 전해지는 고석정

조선 중기 명종 대에 백정이었던 임꺽정은 신분에 따른 차별 대우와 권세가의 수탈에 항거하였다.

(3) 사림의 정권 장악과 붕당의 형성

정권 장악	• 16세기 후반 선조 때 사림이 대거 정계에 진출하여 정권 장악 • 사림은 서원과 향약을 바탕으로 성장
붕당 출현	사림은 유명한 학자를 중심으로 학문과 정치 성향이 같은 사람들끼리 붕당을 이루었음 ➡ 이후 붕당은 중앙 정계의 주도권을 잡기 위해 서로 경쟁
붕당 형성	명종 때 나타난 외척 정치의 잔재를 청산하는 문제와 인사권을 지닌 이조 전랑의 임명 문제를 둘러싸고 사림 간의 갈등 심화 ➡ 신진 사림을 중심으로 한 동인과 기성 사림을 중심으로 한 서인으로 붕당 형성

동인(신진 사림, 김효원 중심)	서인(기성 사림, 심의겸 중심)
• 척신 정치 청산에 적극적 • 이황, 조식의 학문 계승 ➡ 영남학파	• 척신 정치 청산에 소극적 • 이이, 성혼의 학문 계승 ➡ 기호학파

② 성리학의 발달

• 성리학은 조선 건국 이후 통치의 기본 이념 ➡ 16세기 일상의 생활 윤리로 확대
• 성리학의 선구자(서경덕, 이언적) ➡ 성리학의 융성(이황, 이이 중심)

퇴계 이황(주리론)		율곡 이이(주기론)
• 이기이원론('이' 강조) • 관념적 도덕 세계 중시(인식론)	사상	• 이기일원론('기' 강조) • 경험적 현실 세계 중시(실천론)
• 동방의 주자, 도덕규범 확립 • 예안 향약 보급 • 기대승과 사단 칠정 논쟁	역할	• 수미법(공물을 쌀로 걷자는 조세 개혁안) 등 현실 개혁 주장 • 서원 향약, 해주 향약 보급
• 영남학파 형성, 동인이 주축 • 일본 성리학에 영향	영향	• 기호학파 형성, 서인이 주축 • 사회 개혁론 제시
『성학십도』, 『주자서절요』	저서	『성학집요』, 『동호문답』, 『격몽요결』

• 이황의 『성학십도』: 군주가 스스로가 성학에 따를 것을 제시
• 이이의 『성학집요』: 현명한 신하가 군주에게 성학을 가르쳐 기질을 변화시킬 것을 주장

▲ 이황의 성학십도

은쌤의 합격노트

• 사림의 성장 •

✎ 시험에 꼭 나오는 **키워드**

- 무오사화, 갑자사화, 기묘사화, 을사사화의 순서 기억하기
- 각 사화와 조광조는 단독으로 출제되기도 함
- 이황과 이이는 단독으로 출제가 됨 ➡ 두 인물의 활동을 비교하여 정리하기

✔ 최다 빈출 선지

| 무오사화
① 김종직의 조의제문이 빌미가 되었다.
② 무오사화로 김일손 등이 처형되었다.

| 갑자사화
① 폐비 윤씨 사사 사건의 전말이 알려져 김굉필 등이 처형되었다.

| 중종
① 중종반정으로 연산군이 폐위되었다.

| 조광조
① 현량과 시행을 주장하였다.
② 소격서 폐지를 건의하였다.
③ 반정 공신의 위훈 삭제를 주장하였다.

| 기묘사화
① 위훈 삭제에 대한 훈구 세력의 반발이 원인이었다.
② 조광조 일파가 축출되는 결과를 가져왔다.

| 을사사화
① 외척 사이의 권력 다툼으로 을사사화가 발생하였다.

| 퇴계 이황
① 성학십도를 저술하였다.
② 예안 향약을 시행하였다.
③ 도산 서당에서 제자를 양성하였다.

| 율곡 이이
① 성학집요를 저술하였다.
② 해주 향약 등을 시행하였다.

대표 기출 문제

기본 66회 24번

01 (가) 인물의 활동으로 옳은 것은?

> 이 책은 기묘사화의 전말을 다룬 기묘유적입니다. 현량과 실시와 위훈 삭제를 주장한 (가) 이/가 관직에서 쫓겨나는 과정이 잘 기록되어 있습니다.

① 발해고를 저술하였다.
② 대동여지도를 제작하였다.
③ 백운동 서원을 건립하였다.
④ 소격서 폐지를 건의하였다.

조선 성리학자 조광조　　　　　정답 ④

(가)에 들어갈 인물은 조선 중기 성리학자 조광조이다. 조광조는 사림의 여론을 앞세워 급진적 개혁을 추진하였다. 현량과를 실시하여 많은 사람을 3사 언관직에 등용해 경연과 언론을 활성화하였다. 나아가 과대 평가된 훈구 대신들의 공훈을 삭제하고 그들의 경제 기반을 축소하려고 하였다. 그러나 공신들의 반발로 기묘사화가 일어나면서, 조광조를 비롯한 대부분의 사림 세력이 처형되거나 중앙 정계에서 쫓겨났다.

정답 분석
④ 조광조는 도교 행사를 주관하던 소격서를 폐지하였다.

오답 피하기
① 조선 후기 유득공은 "발해고"에서 발해를 본격적으로 우리 역사로 다루어 남북국이라는 용어를 사용하였다.
② 조선 후기 김정호는 당시 조선의 지도 제작 기술을 집대성하여 대동여지도를 제작하였다.
③ 조선 최초의 서원은 중종 때 주세붕이 세운 백운동 서원이었다.

02 (가)에 해당하는 사건으로 옳은 것은?

이곳은 유네스코 세계유산에 등재된 필암 서원으로 인종의 스승이었던 김인후를 배향하고 있습니다. 그는 명종 즉위 후 왕의 외척들 간 권력 다툼으로 (가) 이/가 일어나자, 고향으로 돌아와 성리학 연구와 후학 양성에 힘썼습니다.

① 경신환국   ② 기해예송

③ 병인박해   ④ 을사사화

---

03 (가)에 들어갈 인물로 옳은 것은?

여기는 도산 서당으로, 성학십도를 저술한 성리학자 (가) 이/가 제자들을 양성한 곳입니다. 그의 사후 제자들이 스승을 추모하고자 서당 뒤편으로 도산 서원을 조성하면서 한 공간에 서원과 서당이 공존하는 보기 드문 형태를 갖추게 되었습니다.

① 서희   ② 이황

③ 박제가   ④ 정몽주

을사사화　　　　　　　정답 ④

(가)에 해당하는 사건은 을사사화이다. 1545년 인종이 재위 8개월 만에 죽고, 이어 어린 나이에 명종이 왕위에 오르게 되자 어머니인 문정 왕후가 수렴청정하고 외척 윤원형이 권력을 잡았다. 윤임은 중종비 장경왕후의 오빠로 대윤의 거두이며, 그를 대윤, 윤원형을 소윤이라 불렀다. 윤원형의 소윤 일파는 을사사화를 일으켜 정적인 윤임의 대윤 일파를 숙청하였다.

정답 분석

④ 조선 중기 명종이 왕위에 오르게 되자 외척 윤원형이 세력을 잡았다. 윤원형 등은 인종의 외척 세력을 제거하면서 을사사화가 일어났다.

오답 피하기

① 조선 후기 숙종 대에 서인은 남인 영수 허적이 역모를 꾸몄다고 고발하여 허적과 윤휴를 정계에서 제거하였다(경신환국).

② 조선 후기 현종 때 효종과 효종비의 국장과 관련해 자의 대비의 상복 문제로 예송이 일어났다.

③ 양반들의 천주교 금지 요구가 거세지자, 흥선 대원군은 1866년 9명의 프랑스 선교사를 포함한 8,000여 명의 천주교도를 탄압하였다(병인박해).

조선 성리학자 이황　　　　　　　정답 ②

(가)에 들어갈 인물은 퇴계 이황이다. 이황은 도덕적 행위의 근거로 '리'를 중시하였고, 근본적이며 이상주의적 성격이 강했다. 그는 "성학십도"를 지어 왕에게 바치며, 수양을 위해 부단히 노력해야 한다는 점을 강조하였다. 그의 학문은 김성일, 유성룡으로 이어져 영남학파를 형성하였다. 짧은 기간이지만 오늘날의 서울대 총장 격인 성균관 대사성을 역임하였고, 살아생전 도산서당에서 많은 제자를 양성하였다.

정답 분석

② 조선 중기 선조 때 퇴계 이황은 왕이 성학(성리학)을 쉽게 배울 수 있도록 "성학십도"를 만들었다.

오답 피하기

① 고려 초기 거란의 1차 침입 때 서희는 거란의 장수 소손녕과 외교 담판을 벌여 압록강 동쪽의 강동 6주를 획득하였다.

③ 조선 후기 박제가는 북학의에서 수레와 선박의 이용 확대 및 소비 촉진을 통한 생산력의 증대를 역설하였다.

④ 고려 후기 정몽주 등을 중심으로 한 온건 개혁파는 조선 건국에 반대하였다.

18강 조선 초기의 사회와 경제

① 조선의 신분 제도

구분	특징
양반	• 지위 : 고위 관직 독점, 국역 면제, 경제적으로 풍요로운 삶 • 기득권 유지 노력 : 하급 지배층과 중인의 격하, 서얼의 관직 진출 제한
중인	• 구성 : 기술관, 서리(중앙 관청의 말단 실무직), 향리, 서얼 등 ┌ 기술관 : 잡과로 선발된 의관(의학) · 역관(통역) · 산관(회계) · 율관(법률) 등 　➡ 직역 세습, 신분 내에서 혼인, 관청 근처에 거주 └ 서얼 : 양반의 첩에게서 태어난 자손으로 서자와 얼자를 합친 말 　➡ 문과 응시 불가, 무과 또는 잡과를 통해 관직 진출
상민	• 농민 : 조세, 공납, 역을 부담 • 수공업자 : 공장 안에 등록되어 수공품을 생산하거나 민영 수공업에 종사 • 상인 : 시전 상인, 보부상 국가 통제하에 활동 • 신량역천 : 신분은 양인이나 천민의 역을 담당(봉군, 역졸, 나장, 수군 등)
천민	• 구성 : 노비, 백정, 광대, 무당, 창기 등 • 노비 : 장례원에서 관리, 재산으로 취급하여 매매 · 증여 · 상속 가능, 외거 노비는 주인과 따로 거주(재산과 토지 소유가 가능하고 매년 신공을 바침)

▲ 영주 소수 서원
소수 서원은 왕이 최초로 이름을 지어 내린 사액 서원이자 공인된 사학 기관이었다.

② 서원

시초	백운동 서원 : 최초의 서원으로 중종 때 풍기 군수 주세붕이 건립, 성리학을 처음 소개한 안향을 제사 지냄, 훗날 이황의 건의로 최초의 사액 서원인 소수 서원이 됨
기능	• 설립 주체는 사림 ➡ 사화 이후 사림들의 활동 기반 ➡ 임진왜란 이후 급속히 발전 • 해당 지역에 연고가 있는 선현의 제사를 지냄, 성리학 연구, 후학 양성 등 담당
영향	• 유교 보급 및 사림 세력을 결집 ➡ 사림 세력의 사회적 위상 강화 • 흥선 대원군에 의해 정리되어 47곳만 남음

▲ 향약의 4대 덕목
• 덕업상권 : 좋은 일은 서로 권한다.
• 과실상규 : 잘못한 일은 서로 꾸짖는다.
• 예속상교 : 예의와 풍속은 서로 나눈다.
• 환난상휼 : 재난과 어려움을 겪을 때 서로 돕는다.

③ 향약

보급	• 훈구 세력에 대항하여 사림 세력이 보급을 주도 ➡ 조광조의 건의로 처음 시행 　➡ 이황(예안 향약), 이이(서원 향약, 해주 향약)의 노력으로 전국적으로 보급 • 향촌의 자치 규약 : 각각의 지방 실정에 맞는 규약을 만듦
성격	• 운영 : 신분에 관계없이 해당 지역 향민 전원을 대상(강제적) • 전통적 공동 조직과 미풍양속 계승, 삼강오륜 중심의 유교 윤리 가미 • 4대 덕목(덕업상권 · 과실상규 · 환난상휼 · 예속상교)을 바탕으로 규약 제정
영향	사림 세력의 농민 지배력 강화, 사회 풍속 교화와 향촌 질서 유지

4 조선 초기의 경제

농업	• 벼농사 : 남부 일부 지역에 모내기법의 확대에 따라 벼 · 보리의 이모작 가능 • 농민의 경험이 반영된『농사직설』(세종), 기근 대비를 위한『구황촬요』(명종) 편찬
상업	• 시전 : 국가에서 종로를 중심으로 설치한 상설 시장 • 시전 상인 : 육의전 상인이 대표적 　┌ 왕실이나 관청에 물품을 공급하는 대신 특정 상품의 독점 판매권을 부여 받음 　└ 금난전권(허가 받지 않은 상행위인 난전을 단속할 권리)을 부여 받음 • 경시서 : 시전의 불법적 상행위 통제 및 관리 감독 ➡ 세조 때 평시서로 개칭 • 장시 : 15세기 후반부터 등장 ➡ 일부가 정기시(5일장)로 발전 • 화폐 : 저화(태종), 조선통보(세종) 등을 발행 ➡ 유통 부진 • 관영 수공업 위주 : 공장 안에 등록된 기술자가 관청에 소속되어 필요 물품 생산
수취 체제	• 조세 : 세종의 공법 제도 실시(토지의 비옥도와 풍흉에 따라 세금 차등 부과) • 공납 : 각 호를 기준으로 집집마다 토산물 부과(상공 · 별공 · 진상 등) • 역 : 16세~60세 미만 양인(정남) 남자에게 부과

▲ 양안
조세 부과를 목적으로 토지(논밭)를 측량하여 만든 토지 대장이다. 20년 마다 작성하는 것이 원칙이었다.

5 토지 제도의 변천

(1) 과전법(고려, 공양왕, 1391)

배경	고려 말 이성계의 위화도 회군 이후 조준 등의 건의로 시행
시행 목적	• 권문세족의 경제적 기반 약화 • 신진 사대부의 경제적 기반 마련, 국가 재정 확보
특징	• 경기 지방의 토지에 한해서 지급, 농민의 경작권 인정 • 현 · 퇴직 관리에게 지급 ➡ 사망 및 반역 시 반납이 원칙 • 수신전 · 휼양전 · 공신전 등의 명목으로 토지 지급 ➡ 세습 가능

전시과	과전법
현직	현직 · 전직
전국	경기도 한정
토지 세습 불가	수신전 · 휼양전 세습

(2) 직전법(세조, 1466)

배경	수신전 · 휼양전 등 세습 토지의 증가로 신진 관료에게 지급할 토지 부족 ➡ 경기 지방의 과전 부족
시행 목적	토지 부족 문제 해결, 세조의 집권을 돕는 세력의 경제적 기반 강화, 국가 재정 안정
특징	현직 관리에게만 수조권을 지급하고, 기존에 지급된 수신전 · 휼양전 폐지

(3) 관수 관급제(성종, 1470)

배경	관리의 수조권 과도한 남용 ➡ 과도한 수취로 인해 농민 불만 증대
시행 목적	국가의 토지 지배권 강화
특징	• 국가가 직접 수취하여 현직 관리에게 지급(국가가 직접 수조권 행사) • 수조권을 통한 관리의 농민 지배 불가

▲ 선농단(서울 동대문)
조선 시대 국왕들은 선농단에 나아가 농업 신인 신농씨 · 후직씨에게 제사를 지냈다. 제사를 지낸 후 왕이 친히 쟁기를 들고 밭을 가는 등 농사 짓는 시범을 보였다.

은쌤의 합격노트

• 조선 초기의 사회와 경제 •

✎ 시험에 꼭 나오는 **키워드**

- 각 신분 계층의 특징 파악하기
- 서원은 단독으로 출제가 됨
- 조선 초기 경제의 특징 정리하기 → 간혹 과전법과 직전법
  은 단독으로 출제됨

✔ 최다 빈출 선지

| 중인

① 역관, 의관, 천문관, 율관 등이 포함되었다.

② 조선 후기 시사(詩社)를 조직하였다.

| 노비

① 매매, 상속, 증여의 대상이 되었다.

| 서원

① 중종 때 주세붕이 처음 백운동 서원을 건립하였다.

② 지방의 사림 세력이 주로 설립하였다.

③ 흥선 대원군에 의해 47개소를 제외하고 철폐되었다.

| 조선 초기 경제

① 풍흉과 비옥도에 따라 차등 부과하였다(전분 6등법, 연분
  9등법).

② 한양에 시전이 설치되었다.

| 과전법

① 관리가 토지의 수조권을 지급받았다.

② 지급 대상 토지를 원칙적으로 경기 지역에 한정하였다.

③ 수신전과 휼양전을 지급하였다.

대표 기출 문제

01 (가)에 들어갈 교육 기관으로 옳은 것은?

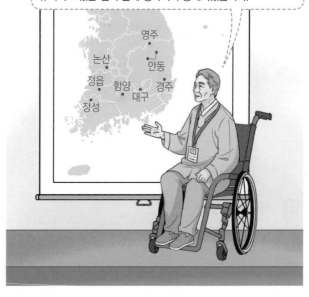

이 지도에는 유네스코 세계유산에 등재된 '한국의 (가) ' 소재지가 표시되어 있습니다. 교육과 제사를 함께 담당하는 동아시아 성리학 교육 기관의 한 유형으로, 현재까지도 그 기능이 유지되고 있는 점이 높게 평가되어 등재되었습니다.

① 서원

② 향교

③ 성균관

④ 4부 학당

조선 서원	정답 ①

(가)에 들어갈 교육 기관은 서원이다. 서원은 훌륭한 유학자를 제사 지내고 성리학을 연구하는 사립 교육 기관이다. 조선 중기 중종 때 풍기 군수 주세붕이 성리학을 도입한 안향을 기리기 위해 세운 백운동 서원이 시초이며, 이후 사림이 중앙 정계에 진출하면서 서원이 크게 늘어났다.

정답 분석

① 조선의 서원은 각기 다른 선현을 모시고 있어서 학파와 붕당을 결속시키는 구심점이 되었다.

오답 피하기

② 조선의 향교는 성현에 대한 제사와 유생 교육, 지방민의 교화를 위해 부 · 목 · 군 · 현에 각각 하나씩 설립하였다.

③ 조선의 성균관은 국가 최고 교육 기관이었다.

④ 조선 정부는 중등 교육 기관으로 서울에 4부 학당을 설립하였다.

02 다음 건의를 받아들여 제정한 법으로 옳은 것은?

> 전하께서는 무릇 수도에 거주하는 관료에게는 단지 경기 안의 토지만을 지급하고, 그 밖의 토지는 허락하지 마십시오. 이를 법으로 제정하셔서 백성과 더불어 다시 시작하십시오. 그렇게 하여 국가 개정을 넉넉하게 하고, 백성의 삶을 풍요롭게 하며, 조정의 선비들을 우대하고, 군대의 군량을 넉넉하게 하십시오.
>
> – 조준의 상소 –

① 과전법　　　　② 대동법
③ 영정법　　　　④ 호패법

03 다음 가상 뉴스 보도 이후에 전개된 사실로 옳은 것은?

> 드디어 새 궁궐의 이름이 경복궁으로 결정되었습니다. 경복궁이라는 이름에는 국왕과 백성이 함께 만년토록 태평하며 큰 복을 누리기를 바란다는 의미가 담겨 있습니다.

새 궁궐의 이름, 경복궁으로 결정

① 흑창이 운영되었다.
② 사심관 제도가 실시되었다.
③ 한양에 시전이 설치되었다.
④ 정동행성 이문소가 폐지되었다.

과전법　　　　　　　　　　　정답 ①

다음 건의를 받아들여 제정한 법은 고려 후기 공양왕 때 시행된 과전법이다. 과전법에서 관리들에게 지급한 과전은 토지의 수조권을 지급한 것으로 경기 지방에 한정하였다. 관리가 죽으면 과전은 반납하도록 정해져 있었지만, 수신전·휼양전·공신전 등은 세습이 가능하였다.

정답 분석

① 고려 후기에 마련된 과전법은 경기 지방의 토지에 한해 관리에게 등급에 따라 수조권을 지급하는 제도였다.

오답 피하기

② 조선 후기 광해군은 방납의 폐단을 극복하고 국가 재정을 보충하고자 경기도에서 처음 대동법을 시행하였다.
③ 조선 후기 인조는 연분9등법을 따르지 않고 풍년과 흉년에 상관없이 토지 1결당 쌀 4~6두를 거두는 영정법을 실시하였다(1635).
④ 조선 초기 태종은 세금과 군역을 확보하기 위해 양전 사업과 호구 파악에 노력하였고, 호패법을 시행하였다.

조선 초기 경제　　　　　　　　정답 ③

다음 가상 뉴스 보도는 조선 초기 때의 일이다. 경복궁은 조선 왕조의 개국에 따라 창건되어 초기에 정궁으로 사용되었으나 임진왜란 때 전소된 후 오랫동안 폐허로 남아 있다가 조선 말기 고종 때 중건되어 잠시 궁궐로 이용되었다.

정답 분석

③ 조선 정부는 종로에 대규모 상가인 시전을 조성하고 이를 상인들에게 임대하였다. 시전 가운데 명주, 종이, 어물, 모시, 삼베, 무명을 파는 점포가 가장 번창하였는데 나중에 이를 '육의전'이라고 하였다.

오답 피하기

① 고려 초기 태조는 흑창을 설치하여 가난한 백성을 구제하려 하였다.
② 고려 초기 태조는 지방 호족을 견제하고 지방 통치를 보완하기 위해 사심관 제도를 시행하였다.
④ 고려 후기 공민왕은 고려의 내정을 간섭하던 원의 정동행성 이문소를 폐지하였다.

19강 조선 초기의 문화 유산

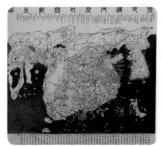

▲ 혼일강리역대국도지도
현존하는 지도 중 동양에서 가장 오래된 세계 지도이다. 중국을 중심으로 서아시아와 아프리카, 유럽까지 그려져 있다. 이 지도에서 조선은 실제보다 훨씬 크게 그려져 있다.

▲ 삼강행실도
유교 덕목에 모범이 될 만한 효자, 열녀, 충신의 이야기를 그림으로 그리고 설명을 달았다.

▲ 자격루　　　▲ 앙부일구

▲ 측우기

1 훈민정음의 창제

목적	자유롭게 표현할 우리글의 필요성, 피지배층에 대한 도덕적 교화 ➡ 세종의 반포
의의	백성들도 문자 생활 가능, 민족 문화 발전의 기반 마련

2 다양한 서적의 편찬

역사서	• 『동국통감』(성종) : 서거정 등이 단군 조선부터 고려 말까지의 역사를 쓴 통사 • 『조선왕조실록』: 태조~철종 때까지 25대 왕의 역사 기록 　┌ 편년체로 서술한 조선 왕조의 역사서 　├ 춘추관에 임시 기구인 실록청을 설치하고 춘추관 관원들이 편찬에 참여 　├ 사관들이 기록한 사초·시정기 등을 바탕으로 편찬 　└ 춘추관 및 사고에 보관, 유네스코 세계 기록 유산에 등재(1997)
지도와 지리서	• 『혼일강리역대국도지도』(태종) : 동양에서 현존하는 가장 오래된 세계 지도 • 『동국여지승람』(성종), 각 군현 위치와 역사, 면적, 인구, 풍속 등 상세한 정보
윤리와 예법	• 『삼강행실도』(세종) : 충신·효자·열녀 등의 행적을 모아 글과 그림으로 편찬 • 『국조오례의』(성종) : 국가와 왕실의 행사를 유교 예법에 맞게 정함
의학	• 『향약집성방』(세종) : 우리 풍토에 맞는 약재, 치료 방법 개발 정리 • 『의방유취』(세종) : 중국의 의서를 종합·분류한 의학 백과사전
농업	• 『농사직설』(세종) : 우리 풍토에 맞는 독자적인 농법을 정리한 최초의 농서 • 『구황촬요』(명종) : 흉년에 대처하기 위한 구황 방법 설명을 기록
음악	• 세종 때 박연은 아악을 정리하고, 세종은 『여민락』(백성과 같이 즐긴다)을 작곡 • 『정간보』(세종) : 소리의 장단과 높낮이를 표현할 수 있게 창안한 악보 • 『악학궤범』(성종) : 성현이 음악의 원리와 역사·악기·무용·의상 등을 정리

3 과학 기술의 발달

활자 인쇄술	• 태종 : 주자소 설치, 계미자 주조 • 세종 : 갑인자 주조, 인쇄 기술 발달
천문 기구	• 천체 관측 기구 　┌ 간의 : 천체의 위치를 측정하는 천문 관측기 　└ 혼의 : 천체의 운행과 그 위치를 측정하던 천문 관측기 • 시간 측정 기구 　┌ 자격루(물시계) : 자동으로 북이나 종을 침 　└ 앙부일구(해시계) : 그림자의 위치로 시간 측정 • 강우량 측정 기구 : 측우기(세계 최초) • 세종 때 장영실은 혼천의·간의·앙부일구·자격루 등 제작 참여

천문도	천상열차분야지도(태조), 고구려의 천문도를 바탕으로 돌에 새긴 천문도
역법	『칠정산』 내·외편(세종), 최초로 한양을 기준으로 천체 운동을 계산한 역법서 ┌ 일식과 월식, 날짜와 계절의 변화 등을 보다 정확하게 알 수 있음 └ 원의 수시력과 서역의 회회력 참고

▲ 천상열차분야지도(태조)

4 조선 초기의 건축

15세기	• 원각사지 10층 석탑(세조) : 고려의 경천사지 10층 석탑을 계승, 원나라 탑 양식의 영향을 받음 • 합천 해인사 장경판전 : 팔만대장경판 보관, 유네스코 세계 유산에 등재(1995)
16세기	서원 건축 유행, 안동 도산 서원(이황), 파주 자운 서원(이이) 등

▲ 원각사지 10층 석탑

5 조선 초기의 도자기

분청 사기	• 14세기 고려 후기에 제작되어 조선 전기에 유행함 • 16세기 중엽 백자가 본격적으로 생산되면서 덜 만들어지게 됨 • 1930년대에 고유섭은 청자에 분을 발라 장식한 자기라는 뜻의 '분장회청사기'라는 이름을 붙임 • 거친 질감과 소박하고 천진스러운 무늬가 조화를 이루어 우리의 멋이 잘 나타남
순백자	• 16세기 조선 중기 이후부터 크게 유행, 조선의 대표 도자기 • 흰 흙으로 형태를 만들어 투명한 백색 유약을 입힌 것

▲ 분청사기　　▲ 순백자

6 조선 초기의 회화

15세기	• 강희안의 고사관수도 : 무념무상의 선비 모습을 표현, 인간의 내면적 세계 표현 • 안견의 몽유도원도 : 안견(전문 화원)이 안평대군 꿈에서 본 장면을 표현(3일 만에 완성), 현실 세계와 이상 세계를 묘사, 안평대군의 발문과 당대 20여 명의 명사들이 쓴 제문이 있음
16세기	이정의 묵죽도, 이상좌의 송하보월도, 어몽룡의 매화도, 신사임당의 초충도 등

▲ 안견의 몽유도원도　　▲ 강희안의 고사관수도　▲ 어몽룡의 매화도

▲ 신사임당의 초충도

은쌤의 합격노트

조선 초기의 문화유산

📝 시험에 꼭 나오는 키워드

시험에 자주 나오는 서적들과 과학 기구는 관련된 왕과 함께 기억하기 ➡ 왕의 업적 문제와 연계되어 출제되기도 함, 과학 기구는 단독으로 출제되기도 함

✔ 최다 빈출 선지

｜조선왕조실록
① 사초, 시정기 등을 바탕으로 편찬되었다.
② 연대순으로 기록하는 편년체로 서술되었다.

｜삼강행실도
① 충신, 효자, 열녀를 알리기 위해 간행하였다(세종).

｜각종 서적 및 지리서
① 세계 지도인 혼일강리역대국도지도가 만들어졌다(태종).
② 훈민정음을 창제한 목적을 파악한다(세종).
③ 충신, 효자, 열녀를 알리기 위해 삼강행실도가 간행하였다(세종).
④ 우리나라 실정에 맞는 농법을 소개한 농사직설이 간행되었다(세종).
⑤ 한양을 기준으로 한 역법서인 칠정산 내편이 간행되었다(세종).

대표 기출 문제

기본 54회 20번

01 (가)에 해당하는 책으로 옳은 것은?

> 이곳은 전주 사고(史庫)입니다. 사초와 시정기 등을 바탕으로 편찬한 ___(가)___ 을/를 보관하였던 여러 사고 중 하나입니다. 전주 사고의 ___(가)___ 은/는 전란 중에도 소실되지 않았고, 그로 인해 우리의 귀중한 역사가 전해질 수 있었습니다.

① 동의보감
② 경국대전
③ 삼강행실도
④ 조선왕조실록

조선왕조실록 ㅤㅤㅤㅤㅤㅤ정답 ④

(가)에 해당하는 책은 "조선왕조실록"이다. 조선은 왕위가 바뀌면 춘추관을 중심으로 실록청을 설치하고, 전왕의 통치 기록인 사초, 시정기, 승정원일기 등을 모두 합하여 "조선왕조실록"을 편찬하였다.

정답 분석

④ "조선왕조실록"은 전왕의 통치 기록인 사초, 시정기, 승정원 일기 등을 모두 합하여 편찬하였다.

오답 피하기

① 조선 후기 허준은 광해군의 명을 받아 우리의 전통 한의학을 정리하여 "동의보감"을 편찬하였는데, 중국과 일본에서도 간행되었다.
② 조선 초기 성종은 "경국대전"의 편찬을 완료하고 반포하여 이후 조선 사회의 기본적인 통치 방향과 이념을 제시하였다.
③ 조선 초기 세종 때 모범이 될 만한 충신, 효자, 열녀 등의 행적을 그림으로 그리고 설명을 붙여 "삼강행실도"를 편찬하였다.

기본 60회 19번

02 (가)에 들어갈 내용으로 옳은 것은?

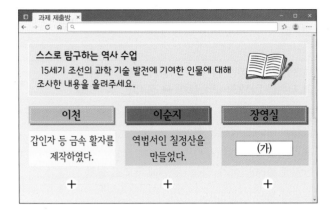

① 거중기를 설계하였다.
② 자격루를 제작하였다.
③ 대동여지도를 만들었다.
④ 동의보감을 완성하였다.

조선 과학자 장영실   정답 ②

(가)에 들어갈 내용은 장영실의 업적이다. 조선 세종 대에 과학자로 널리 알려진 장영실은 자동으로 시간을 알려주는 물시계인 자격루를 우리나라 최초로 만든 인물이다. 당시 사람들은 장영실을 가리켜 "과학을 위해 태어난 인물"이라 칭송하였다.

정답 분석

② 조선 초기 장영실은 세종의 명을 받아 자동으로 시간마다 종이 울리도록 한 국가 표준시계 물시계 자격루를 제작하였다.

오답 피하기

① 조선 후기 정약용은 "기기도설"을 참고하여 만든 거중기를 제작하여 수원 화성을 쌓을 때 사용하였다.
③ 조선 후기 김정호는 산맥, 하천, 포구, 도로망을 정밀하게 나타내고 10리마다 눈금을 표시한 대동여지도를 제작하였다.
④ 조선 후기 허준은 광해군의 명을 받아 우리의 전통 한의학을 정리하여 "동의보감"을 편찬하였다.

기본 66회 23번

03 (가)에 들어갈 문화유산으로 옳은 것은?

① 자격루
② 측우기
③ 혼천의
④ 앙부일구

앙부일구   정답 ④

(가)에 들어갈 문화유산은 앙부일구이다. 앙부일구는 '하늘을 우러러보는 가마솥을 닮은(앙부)' 해시계(일구)로, 해의 움직임에 따라 시간을 측정하였다. 앙부일구는 조선 초기 세종 때 종로 혜정교 앞과 종묘 앞의 거리에 설치되어 공공시계의 역할을 하였다. 제작에는 이천, 장영실 등이 참여했을 것으로 추정되지만, 후대의 기록이라 명확하지는 않다.

정답 분석

④ 앙부일구는 조선 초기 세종 때 처음 만들어진 대표적인 해시계이다.

오답 피하기

① 조선 초기 장영실은 세종의 명을 받아 자동으로 시간마다 종이 울리도록 한 국가 표준시계 물시계 자격루를 제작하였다.
② 조선 초기 세종은 세계 최초로 강우량을 재는 측우기를 개발하였다.
③ 혼천의는 천체의 운행과 위치를 측정하는 기구로 삼국 시대 후기부터 만들어졌다.

20강 임진왜란과 호란의 발발

1 조선 초기의 대외 관계

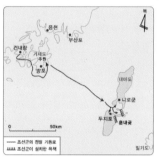

▲ 4군 6진 설치

▲ 이종무의 쓰시마섬 정벌

명나라 (사대 관계)		• 조공 : 동지사, 성절사 등 매년 정기적 · 비정기적 사절 교환 • 책봉 : 국왕의 지위를 인정(형식적 절차) ➡ 정치 안정에 도움
여진 (교린 관계)	강경책	4군 6진 설치(세종) : 최윤덕(4군), 김종서(6진)의 개척(압록강~두만강에 이르는 국경선 확정)
	회유책	• 여진족의 귀순 장려(토지, 관직, 주택 제공) • 한양에 북평관 설치, 경성 · 경원에 무역소 설치
일본 (교린 관계)	강경책	이종무의 쓰시마섬(대마도) 정벌(세종)
	회유책	• 3포 개항(세종) : 부산포, 제포(창원), 염포(울산) 등 개항 • 계해약조(세종) : 제한된 조공 무역 허용 • 왜관 설치, 한양에 동평관 설치(일본 사신 머문 객잔)
	16세기	3포 왜란(중종, 1510), 을묘왜변(명종, 1555) ➡ 일본과 외교 단절

2 임진왜란

배경		도요토미 히데요시의 일본 전국 시대 통일 ➡ 대륙 침략 도모 ➡ 조선에 명 정벌을 가는 길 요구(조선의 거절) ➡ 일본의 16만 대군이 조선 침략(임진왜란)
초기 (왜군 우세)		왜군의 침입 ➡ 부산진(정발)과 동래성(송상현) 함락 ➡ 신립의 충주 탄금대 전투 패배 ➡ 선조의 피란 ➡ 명에 원군 요청 ➡ 한성 함락 ➡ 평양성 함락 ➡ 이순신의 한산도 대첩, 금산 전투(조헌, 고경명) ➡ 김시민의 진주 대첩 ➡ 조 · 명 연합군의 평양성 탈환 ➡ 권율의 행주 대첩 ➡ 휴전 회담
반격 (3년간 진행)	수군 활약	이순신이 옥포 · 당포 · 한산도 등에서 승리 ➡ 남해안 제해권 장악(왜군 보급로 차단), 전라도 곡창 지대 수호
	의병 활약	• 익숙한 지리에 알맞은 전술과 전략(매복, 위장, 기습) • 주요 의병장 : 곽재우(의령, 홍의 장군), 고경명(담양), 김천일(나주), 조헌 · 영규(금산), 정문부(길주), 유정(사명대사), 휴정(서산대사) 등
	명군 참전	조선의 요청에 원군 파견 ➡ 조 · 명 연합군의 평양성 탈환
재정비		휴전 회담 ➡ 선조의 한양 복귀 ➡ 훈련도감 설치, 조총 제작 등
정유재란		일본의 휴전 협상 결렬 ➡ 일본의 재침입(정유재란) ➡ 원균의 칠천량 전투 패배 ➡ 조 · 명 연합군의 직산 전투 승리, 이순신의 명량 전투 승리 ➡ 도요토미 히데요시 사망으로 왜군 철수 ➡ 이순신의 노량 해전
영향	조선	• 국토 황폐화, 인구 감소, 국가 재정 궁핍(공명첩 발급) • 문화재 소실(경복궁, 사고 등), 많은 사람이 일본에 포로로 잡혀감

▲ 임진왜란과 정유재란 당시 관군과 의병의 활동

영향	일본	• 도요토미 히데요시 정권 붕괴 ➡ 에도 막부 수립(정권 교체) • 성리학자(강항)와 도공(이삼평) 등이 끌려가 일본 문화 발전 토대 마련
	중국	명의 국력 쇠퇴, 여진이 성장하여 후금 건국 ➡ 명·청 왕조 교체의 계기

③ 광해군의 정책과 인조반정

(1) 광해군의 정책

정책	• 북인이 정국을 주도, 무너진 성곽과 무기 수리, 토지 대장 및 호적 정리 • 대동법 시행, 허준의 『동의보감』 편찬, 기유약조 체결(일본의 무역 요청 허용)
실리적 중립 외교	• 의미 : 명과 후금 사이에서 실리를 취하는 중립 외교 • 배경 : 후금이 명을 공격하자 명은 조선에 원군을 요청 • 과정 : 광해군은 강홍립과 1만의 군사를 출병시키면서 실리적으로 대처하도 록 지시 ➡ 후금에 거짓 항복(서인의 반발) ➡ 인조반정의 원인이 됨

▲ 강홍립 장군의 묘

(2) 인조반정(1623)

배경	광해군의 중립 외교, 영창대군 살해와 인목대비 폐위
결과	광해군 축출, 북인 숙청 ➡ 인조 즉위, 서인 집권

④ 호란의 발발

(1) 정묘호란(1627)

배경	인조와 서인의 친명배금 정책 추진, 이괄의 난(1624)
전개 과정	후금의 조선 침략 ➡ 인조는 강화도로 피신 ➡ 용골산성의 정봉수, 의주 지역의 이립 등 의병 항쟁 승리, 관군의 승리
결과	후금과 강화 성립 ➡ 형제 관계를 체결(청이 형, 조선이 아우)

▲ 정묘호란과 병자호란

(2) 병자호란(1636)

배경	• 후금이 국호를 '청'으로 고침 ➡ 조선에 군신 관계 요구 ➡ 조선의 거절 • 조선 내 주전론, 주화론의 대립 ➡ 주전론 대세 ➡ 청의 요구 거부
전개 과정	청 태종의 침입 ➡ 왕실은 강화도로 피신, 인조는 남한산성으로 피신 ➡ 강화도 에서 김상용의 순절, 임경업의 백마산성 항쟁, 김준룡의 항쟁(누르하치의 사위 양고리 사살, 광교산 항전), 홍명구와 유림의 항쟁(김화에서 적을 물리침) ➡ 인 조는 남한산성에서 45일 간 항전 ➡ 조선은 청에 항복
결과	• 청과 강화 성립(삼전도의 굴욕) ➡ 군신 관계 성립, 명과 국교 단절, 청에 조공 • 두 왕자(소현 세자, 봉림 대군)와 척화론자 청에 압송 • 청에 대한 반감 고조 ➡ 북벌론과 북학론의 대두

▲ 삼전도비
삼전도비는 병자호란 이후 청이 조선으로부터 항복 받은 사실을 기억시키기 위해 세운 것이다.

임진왜란

✎ 시험에 꼭 나오는 키워드

- 조선 초기의 대외 관계 정리하기
- 임진왜란의 중요 사건과 인물들 정리하기

✔ 최다 빈출 선지

| 여진
① 국경 지역에 4군 6진이 개척되었다.

| 일본
① 이종무가 적의 근거지인 쓰시마를 정벌하였다.
② 3포 왜란이 일어났다.

| 임진왜란(시간 순으로 배열)
① 송상현이 동래성에서 순절하였다.
② 신립이 탄금대에서 배수의 진을 치고 싸웠다.
③ 이순신이 한산도 대첩에서 승리하였다.
④ 김시민이 진주성에서 큰 승리를 거두었다.
⑤ 이여송이 이끄는 명의 지원군이 파병되었다.
⑥ 조 · 명 연합군이 평양성을 탈환하였다.
⑦ 권율이 행주산성에서 크게 승리하였다.
⑧ 훈련도감을 창설되었다.
⑨ 휴전 회담의 결렬로 정유재란이 시작되었다.
⑩ 이순신이 명량에서 일본군을 물리쳤다.

| 의병의 활약
① 곽재우, 고경명 등이 의병장으로 활약하였다.
② 곽재우가 의병을 일으켜 정암진에서 싸웠다.
③ 조헌이 금산에서 의병을 이끌었다.
④ 정문부가 길주에서 의병을 이끌었다.

광해군과 호란

✎ 시험에 꼭 나오는 키워드

- 광해군의 정책 정리하기
- 병자호란의 주요 사건 및 인물 정리하기

✔ 최다 빈출 선지

| 광해군
① 동의보감을 간행하였다.
② 대동법이 시행되었다.
③ 강홍립의 부대가 파견되었다.
④ 광해군이 인조반정으로 폐위되었다.

| 정묘호란
① 정봉수와 이립이 용골산성에서 항쟁하였다.

| 병자호란
① 왕이 남한산성으로 피신하였다.
② 임경업이 백마산성에서 항전하였다.
③ 김상용이 강화도에서 순절하였다.
④ 전쟁 후 청과 군신 관계를 맺었다.

기본 64회 21번

01 (가) 전쟁에 대한 설명으로 옳지 <u>않은</u> 것은?

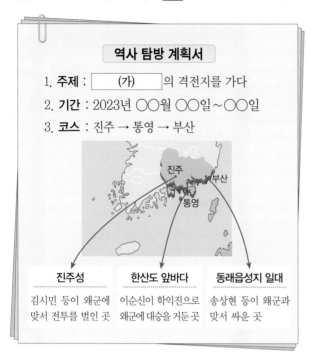

역사 탐방 계획서

1. **주제** : [(가)]의 격전지를 가다
2. **기간** : 2023년 ○○월 ○○일~○○일
3. **코스** : 진주 → 통영 → 부산

진주성	한산도 앞바다	동래읍성지 일대
김시민 등이 왜군에 맞서 전투를 벌인 곳	이순신이 학익진으로 왜군에 대승을 거둔 곳	송상현 등이 왜군과 맞서 싸운 곳

① 조헌이 금산에서 의병을 이끌었다.
② 임경업이 백마산성에서 항전하였다.
③ 곽재우가 의병을 일으켜 정암진에서 싸웠다.
④ 신립이 탄금대에서 배수의 진을 치고 전투를 벌였다.

임진왜란   정답 ②

(가) 전쟁은 임진왜란이다. 동래성 전투는 1592년 4월 15일 송상현 등이 경상도 동래(부산)에서 일본군과 맞서 싸우다 패한 전투이다. 1592년 10월 진주 목사 김시민과 진주성을 지키는 군대 4,000여 명은 3만여 대군의 왜군을 상대로 7일간의 격전 끝에 제1차 진주성 전투를 승리로 이끌었다. 1592년 7월 8일 이순신은 한산도에서 학익진 전법을 펼쳐 크게 승리하였다.

정답 분석

② 병자호란이 일어나자 청군은 임경업이 굳게 지키는 백마산성을 포기하고 직접 한양을 향해 진격하였다.

오답 피하기

① 조헌은 임진왜란이 일어나자 의병을 일으켜 청주성을 탈환하는 전과를 올렸다.
③ 곽재우는 임진왜란 때 전국에서 최초로 의병을 일으켜 의령 등에서 왜군을 물리쳤다.
④ 임진왜란 초기 신립은 충주의 탄금대에서 배수진을 치고 항전하였지만 왜군을 막아내지는 못하였다.

기본 50회 20번

02 (가) 시기에 있었던 사실로 옳은 것은?

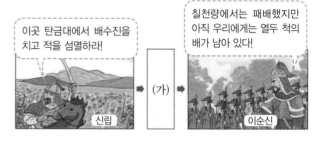

이곳 탄금대에서 배수진을 치고 적을 섬멸하라! — 신립

칠천량에서는 패배했지만 아직 우리에게는 열두 척의 배가 남아 있다! — 이순신

① 최영이 홍산에서 왜구를 물리쳤다.
② 강감찬이 귀주에서 거란을 격퇴하였다.
③ 권율이 행주산성에서 대승을 거두었다.
④ 김윤후가 처인성에서 적을 막아내었다.

임진왜란   정답 ③

(가) 시기에 있었던 사실은 임진왜란 때 신립의 탄금대 전투와 이순신의 명량 해전 직전의 일이다. 1592년 4월 26일부터 28일까지 신립은 충주의 탄금대에서 왜군에 맞서 싸웠으나 결국 막아내지 못하였다. 1597년 정유재란이 일어나자 이순신은 명량에서 울돌목의 특성을 이용하여 13척의 배로 133척의 일본 배를 물리쳤다.

정답 분석

③ 임진왜란이 일어나자 1593년 2월 전라도 관찰사 권율은 행주산성에서 왜군을 크게 무찔렀다.

오답 피하기

① 고려 후기 최영은 내륙 깊숙이 쳐들어온 대규모의 왜구를 홍산(충남 부여)에서 크게 물리쳤다.
② 1019년 거란의 3차 침입 때 강감찬이 이끄는 고려군은 강동 6주의 하나인 귀주에서 대승을 거두었다.
④ 1232년 고려 후기 몽골의 2차 침입 때 승려 김윤후는 처인성 전투에서 부곡민들과 합세하여 몽골 장수 살리타를 사살하였다.

기본 48회 24번

03 (가) 왕의 정책으로 옳은 것은?

이곳은 명과 후금 사이에서 중립 외교를 펼쳤던 ___(가)___ 와/과 왕비의 묘야.

왕이 묻힌 곳인데 왜 능이 아닌 묘라고 부르는 걸까?

___(가)___ 은/는 인조반정으로 왕의 자리에서 쫓겨났기 때문이야.

① 대전회통을 편찬하였다.
② 삼정이정청을 설치하였다.
③ 초계문신제를 실시하였다.
④ 대동법을 처음 시행하였다.

기본 61회 23번

04 다음 검색창에 들어갈 사건으로 옳은 것은?

검색

통합 검색 백과사전 웹문서 동영상 이미지 •••

연관 검색어 ∧

• 인목 대비   • 영창 대군
• 친명배금   • 이괄의 난

백과사전

1623년에 능양군이 김류, 이귀 등과 함께 광해군 및 주요 인사들을 몰아내고 정권을 장악하여 왕으로 즉위한 사건

○ ○ 백과

① 경신환국   ② 무오사화
③ 신유박해   ④ 인조반정

조선 광해군의 업적   정답 ④

(가) 왕은 조선 후기 광해군이다. 광해군의 중립 외교는 명에 대한 의리를 주장하는 서인 등 일부 사림의 반발을 샀다. 결국 서인은 인목 대비를 폐위시키는 등 유교 윤리를 어겼다는 이유로 광해군을 몰아내고 인조를 새 왕으로 추대하였다(인조반정, 1623).

정답 분석

④ 조선 후기 광해군은 공납의 폐단을 바로잡기 위해 경기도에 대동법을 처음 시행하였다.

오답 피하기

① 조선 후기 흥선 대원군은 "대전회통"을 편찬하여 통치 규범을 재정비하였다.
② 조선 후기 철종은 임술 농민 봉기의 원인이 되었던 삼정의 문란을 바로잡기 위해 삼정이정청을 설치하였다.
③ 조선 후기 정조는 신진 인물이나 중·하급 관리 중에서 유능한 인재를 재교육하는 초계문신제를 실시하여 개혁 세력을 육성하였다.

인조반정   정답 ④

다음 검색창에 들어갈 사건은 인조 반정이다. 일부 사람들은 광해군의 외교 정책에 대해 명에 의리를 저버리는 행위라고 비판하였다. 게다가 서인이 영창 대군을 지지하자, 광해군은 영창대군을 살해하고 인목 대비를 폐위하였다. 이를 두고 서인은 유교 윤리에 어긋난다며 광해군을 비판하였고, 결국 광해군을 축출하고 인조를 왕위에 앉혔다(1623).

정답 분석

④ 서인은 인목 대비를 폐위시키는 등 유교 윤리를 어겼다는 이유로 광해군을 몰아내고 인조를 새 왕으로 추대하였다(1623).

오답 피하기

① 조선 후기 숙종 때 서인은 남인 영수 허적이 역모를 꾸몄다고 고발하여 허적과 윤휴를 정계에서 제거하였다.
② 조선 초기 연산군 때 김종직의 제자였던 사관 김일손이 사초에 조의제문을 실은 것이 문제가 되어 사림 대부분이 사형당하거나 파직되는 무오사화가 일어났다.
③ 1801년 조선 후기 순조 즉위 직후에 이승훈을 비롯한 300여 명의 천주교인이 처형을 당한 신유박해가 일어났다.

05 밑줄 그은 '이 전쟁' 중에 있었던 사실로 옳은 것은?

> **문학으로 만나는 한국사**
>
> 청석령을 지났느냐 초하구는 어디쯤인가
> 북풍도 차기도 차다 궂은비는 무슨 일인가
> 그 누가 내 행색 그려내어 임 계신 데 드릴까
>
> 위 시조는 <u>이 전쟁</u> 당시 인조가 삼전도에서 항복한 뒤 봉림대군이 청에 볼모로 끌려가며 지었다는 이야기가 전해집니다. 청의 심양으로 끌려가는 비참함과 처절한 심정이 잘 표현되어 있습니다.

① 왕이 남한산성으로 피신하였다.
② 양헌수가 정족산성에서 항전하였다.
③ 김윤후가 적장 살리타를 사살하였다.
④ 조·명 연합군이 평양성을 탈환하였다.

병자호란   정답 ①

밑줄 그은 '이 전쟁'은 병자호란이다. 국력이 더욱 커진 후금은 국호를 청으로 바꾸고 조선에 대해 군신 관계를 요구하였다. 조선 정부가 이를 거절하자 청 태종은 직접 군사를 이끌고 조선을 침략하였다(병자호란, 1636). 청군의 침략으로 한성이 위험해지자 인조와 일부 신하들은 남한산성으로 들어가 청군에 대항하였다. 그러나 결국 45일간의 항전 끝에 청의 요구를 받아들여, 인조가 삼전도에 직접 나가 항복함으로써 전쟁은 끝이 났다.

정답 분석

① 조선 후기 인조는 병자호란이 일어나자 남한산성으로 피신하여 항전을 꾀하였지만 청을 물리칠 힘이 없었던 조선은 결국 청과 강화를 맺었다.

오답 피하기

② 조선 후기 병인양요 때 양헌수 부대의 활약으로 정족산성 전투에서 프랑스군의 사상자가 나왔고 결국 프랑스군은 강화도에서 철수하였다.
③ 고려 후기 몽골의 2차 침략 당시 처인성 전투에서는 승려 김윤후가 적장 살리타를 사살하여 몽골군이 철수하기도 하였다.
④ 임진왜란은 명의 원군이 전쟁에 참여하면서 국제전의 양상을 보였다. 1593년 1월 6일~1월 9일 조·명 연합군은 평양성 전투로 평양을 탈환하였다.

---

06 다음 상황 이후에 일어난 사실로 옳은 것은?

> 왕이 세자와 함께 신하들을 거느리고 삼전도에 이르렀다. …… 용골대 등이 왕을 인도하여 들어가 단 아래 북쪽을 향해 설치된 자리로 나아가도록 요청하였다. 청인(清人)이 외치는 의식의 순서에 따라 왕이 세 번 절하고 아홉 번 머리를 조아리는 예를 행하였다.

① 송시열이 북벌론을 주장하였다.
② 조광조가 위훈 삭제를 주장하였다.
③ 광해군이 인조반정으로 폐위되었다.
④ 곽재우가 의령에서 의병을 일으켰다.

병자호란   정답 ①

다음 상황 이후에 일어난 사실은 병자호란 이후의 사실이다. 청 태종은 조선을 침공하여 병자호란을 일으켰고, 삼전도에서 굴욕적인 항복을 받아낸 후 삼전도비를 세울 것을 강요하였다.

정답 분석

① 전쟁이 끝난 후 청에 볼모로 잡혀갔다가 돌아온 효종이 왕위에 오르자 송시열을 중심으로 명에 대한 의리를 지켜 청에 복수하자는 북벌 운동이 전개되었다.

오답 피하기

② 조선 중기 중종 때 조광조는 과대평가된 반정 훈구 대신들의 공훈을 삭제하고 그들의 경제 기반을 축소하려고 하였다(위훈 삭제).
③ 조선 후기 인조와 서인은 반정을 일으켜 광해군과 북인을 몰아내고 정권을 잡았다.
④ 조선 중기 곽재우는 임진왜란 때 전국에서 최초로 의병을 일으켜 의령 등에서 왜군을 물리쳤다.

21강 조선 후기 대외관계와 수취 체제의 변화

1 호란 이후 청과의 관계

(1) 북벌론

배경	청에 대한 복수심, 서인의 패전 책임 회피와 정권 유지 목적
결과	표면적으로 청과 사대 관계 유지 ➡ 효종 때 청 정벌을 위한 북벌 운동 추진(송시열, 이완 등이 중심) ➡ 어영청을 중심으로 북벌 추진 ➡ 효종의 사망과 청의 성장으로 인해 실행하지 못함

(2) 나선 정벌(효종)

배경	러시아 세력의 남하 청의 원병 요청(자주적 성격이 아님, 북벌 계획과는 연관 없음)
결과	효종 때 두 차례 조총 부대 투입 ➡ 큰 성과를 거둠 ┌ 제1차 나선정벌 : 변급 외에 150여 명의 조총군이 쑹화강에서 러시아군 격퇴 └ 제2차 나선정벌 : 신유 외에 200여 명의 조총군이 헤이룽강에서 러시아군 격퇴

▲ 나선 정벌

(3) 북학론

과정	연행사를 통해 청의 발전상 소개 ➡ 18세기 이후 일부 실학자 중심으로 청의 문물 수용 주장

(4) 청과의 간도 문제

간도 문제	• 청이 만주 일대를 출입 금지 지역으로 설정 ➡ 조선과 분쟁 발생 • 백두산정계비 건립(1712) : 숙종 때 조선과 청의 대표가 백두산 일대를 답사한 후 국경 확정 ➡ 서로는 압록강, 동으로 토문강을 경계로 정함

▲ 백두산정계비

2 임진왜란 이후 일본과의 대외 관계

국교 재개	광해군의 기유약조 체결(1609) : 임진왜란 이후 단절되었던 국교 재개
왜관 설치	임진왜란 종결 ➡ 선조 때 절영도(부산 영도)에 임시 왜관 설치(1601) ➡ 선조 때 정식으로 두모포 왜관(부산 수정동) 설치(1607) ➡ 광해군의 기유약조 체결(1609) 후 두모포 왜관에서 무역 허용(제한된 범위) ➡ 숙종 때 초량 왜관(부산 용두산 일대)을 새롭게 설치(1678)
통신사	• 목적 : 일본은 쇼군이 바뀔 때마다 에도 막부의 권위를 인정받기 위해 요청 • 성격 : 외교 사절의 역할과 일본에 선진 문화 전파(문화 교류) • 특징 : 임진왜란 이후~19세기 초까지 12회 파견(보통 300~500명 파견)
울릉도와 독도	일본 어민이 울릉도와 독도 지역을 자주 침범 ➡ 숙종 때 동래 어부 안용복이 일본으로 건너가 독도가 조선의 영토임을 확인 받음

▲ 조선 통신사가 간 길

❸ 수취 체제의 변화

(1) 대동법(광해군~숙종) : 공납 제도 개편

배경	방납의 폐단 ┌ 해당 지역에 없는 물품의 배정으로 농민 부담 가중 └ 토지가 많고 적음에 관계없이 호별로 징수하여 농민 부담 가중
시행 과정	• 광해군 때 이원익의 건의로 선혜청을 설치하고, 경기도에서 처음으로 대동법 시행(1608) ➡ 기존 방납 관련자와 양반 지주층의 거센 반발 • 효종 때 우의정 김육의 건의로 충청도에서도 대동법 시행(1652) • 숙종 때에 이르러 전국으로 확대 시행 ➡ 국경 지역인 평안도와 함경도, 제주도 등의 잉류 지역은 제외(1708)
내용	• 집집마다 부과하던 토산물(가호 기준)을 토지 결수에 따라 쌀(1결당 쌀 12두) · 삼베 · 동전 등으로 징수 • 특산물 대신에 쌀 · 삼베 · 돈으로 납부하여 정부가 필요한 물품 구입
결과	• 국가 재정 확충, 지주 부담 증가, 농민 부담 감소 • 공인의 등장 : 정부가 필요한 물품 구입 및 조달 • 상품 화폐 경제의 발달 : 공인은 시장에서 많은 물품 구매, 농민은 토산물 시장에 팔아 대동세 마련
한계	별공과 진상 등은 여전히 존재, 대동세가 소작인에게 전가

▲ 대동세의 징수와 운송

(2) 영정법(인조) : 전세 제도의 개편

배경	• 양 난 이후 토지 대장 소실, 농경지의 황폐, 조세의 비효율성 • 공법(전분 6등법, 연분 9등법)의 복잡한 징수 절차로 인한 수취의 어려움
시행	인조(1635) 때 실시
내용	풍흉에 관계없이 토지 1결당 쌀 4~6두 납부
결과	• 전세율이 낮아졌으나, 대다수 농민에게 도움이 되지 못함 • 여러 명목의 수수료, 운송비, 자연 소모 등에 대한 부가세를 농민에 부과

(3) 균역법(영조) : 군역 제도의 개편

배경	군포 징수 과정의 폐단으로 농민의 유망, 군역 기피 증가
시행	영조(1750) 때 실시
내용	• 농민의 군포 부담을 1년에 군포 2필에서 1필로 줄여줌 • 군포의 1필 감소로 인한 재정 부족 해결 방안 ┌ 결작 징수 : 지주에게 토지 1결당 쌀 2두 징수 ├ 선무군관포 부과 : 일부 상류층에게 선무군관 칭호를 주고 1년에 1필 징수 └ 잡세(어장세 · 염세 · 선박세)의 국고 전환 : 왕실 수입을 정부 재정 수입으로 전환
결과	농민 부담의 일시적 경감 ➡ 군적 문란, 지주가 결작을 소작농에게 전가 ➡ 농민 부담 다시 가중

▲ 호조랑관계회도

조선의 국가 운영을 위해 필요한 재원(인구 · 세금 · 토지 등)을 관리한 호조 관리들의 모임을 그린 작품이다.

조선 후기 대외관계

✎ 시험에 꼭 나오는 **키워드**

- 임진왜란 이후 일본과의 대외 관계 정리하기 ➡ 통신사, 안용복의 독도 문제는 단독으로 출제됨
- 호란 이후 청과의 관계 정리하기 ➡ 간혹 효종과 연계하여 출제되기도 함

✔ 최다 빈출 선지

| 임진왜란 이후 일본과의 관계
① 에도 막부의 요청에 따라 통신사를 파견하였다.
② 안용복이 일본에 가서 독도가 우리 영토임을 확인받았다.

| 효종
① 어영청을 중심으로 북벌을 추진하였다.
② 조총 부대를 나선 정벌에 파견하였다.
③ 송시열이 북벌론을 주장하였다.

| 백두산정계비
① 청과의 국경을 정한 백두산정계비를 건립하였다(숙종).

수취 체제의 변화

✎ 시험에 꼭 나오는 **키워드**

대동법, 균역법은 단독으로 출제됨 ➡ 영정법은 오답 선지로 활용됨

✔ 최다 빈출 선지

| 대동법
① 공납의 폐단을 해결할 목적으로 시행되었다.
② 특산물 대신 쌀, 베, 동전 등으로 납부하게 하였다.
③ 관청에 물품을 조달하는 공인이 등장하는 배경이 되었다.

| 영정법
① 전세를 1결당 4~6두로 고정하였다.

| 균역법
① 1년에 2필씩 걷던 군포를 1필로 줄였다.
② 부족한 재정의 보충을 위해 선무군관포를 징수하였다.
③ 부족한 재정의 보충을 위해 지주에게 결작이 부과되었다.

대표 기출 문제

기본 63회 24번

01 다음 상황 이후에 전개된 사실로 옳은 것은?

> 남한산성을 나와 삼전도에 도착한 왕께서 청 황제 앞에 나아가 항복의 예를 행하였다. 예를 마치고 해 질 무렵이 되자 청 황제가 왕에게 도성으로 돌아가도록 허락하였다. 포로로 사로잡힌 이들이 도성으로 돌아가는 왕을 보고 "우리 임금이시여, 우리 임금이시여, 우리를 버리고 가십니까."라며 울부짖는데, 그 수가 만 명을 헤아렸다.

① 북벌이 추진되었다.
② 강화도로 천도하였다.
③ 쓰시마섬을 정벌하였다.
④ 최씨 무신 정권이 붕괴하였다.

조선 효종의 업적	정답 ①

다음 상황 이후는 병자호란 이후이다. 청에 인질로 잡혀갔다 돌아와 왕위에 오른 효종은 청에 반대하는 입장을 강하게 내세웠던 송시열, 송준길, 이완 등을 등용하여 군대를 양성하고 성곽을 수리하는 등 북벌을 준비하였다.

정답 분석

① 조선 후기 효종 즉위 직후 1649년 서인(노론)의 영수인 송시열은 기축봉사를 올려 멸망한 명에 대한 의리를 내세우며 북벌 운동을 주도하였다.

오답 피하기

② 고려 후기 몽골이 침략하자 최씨 정권의 최우는 강화도로 천도하여 항전하였다.
③ 고려 후기 박위는 왜구를 근본적으로 박멸하고자 왜구의 근거지인 대마도를 정벌하였다.
④ 고려 후기 몽골과의 전쟁이 장기화되자 강화를 지지하는 무신들이 집권자 최의를 제거한 후 몽골과 강화를 맺고 개경으로 환도하였다.

02 밑줄 그은 '제도'로 옳은 것은?

① 균역법   ② 대동법
③ 영정법   ④ 직전법

03 (가)에 들어갈 제도로 옳은 것은?

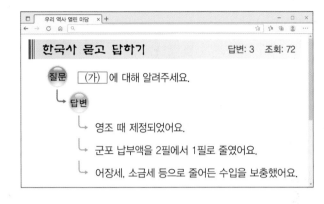

① 과전법   ② 균역법
③ 대동법   ④ 영정법

대동법	정답 ②

밑줄 그은 '제도'는 대동법이다. 15세기 후반부터 하급 관리나 상인들이 공물을 대납하고 농민들에게 그 대가를 요구하는 방납의 폐해가 나타나자 조선 정부는 대동법을 실시하였다. 대동법은 광해군 원년(1608) 경기도에서 시험적으로 시행되고, 이어서 점차 전국으로 확대되었다. 대동법은 종래의 공물 납부 방식 대신 토지의 결수에 따라 쌀, 삼베나 무명, 동전 등으로 납부하게 하는 제도였다.

정답 분석

② 조선 후기 광해군은 공납 제도의 문제를 개선하기 위해 대동법을 실시하였다.

오답 피하기

① 조선 후기 영조는 균역법을 시행하면서 농민의 군포 부담을 1년에 2필에서 1필로 줄였다.
③ 조선 후기 인조는 풍년과 흉년에 관계없이 전세를 토지 1결당 4두 또는 6두로 고정시키는 영정법을 시행하였다.
④ 조선 초기 세조는 과전법을 운용하는 과정에서 관료에게 지급할 토지가 점점 부족해지자 현직 관료에게만 과전을 지급하는 직전법을 시행하였다.

균역법	정답 ②

(가)에 들어갈 제도는 균역법이다. 영조는 군역의 폐단을 바로잡기 위해 농민의 군역 부담액을 1년에 1필로 줄여주는 균역법을 시행하였다(1750). 균역법 시행으로 감소한 재정은 지주에게 결작으로 토지 1결당 쌀 2두를 부담시키고 일부 상류층에게 선무군관이라는 칭호를 주어 군포 1필을 내게 함으로써 보충하였다. 또한 어장세, 염세, 선박세 등 잡세 수입을 균역청에서 군사비에 충당하였다.

정답 분석

② 조선 후기 영조는 균역법을 시행하면서 농민의 군포 부담을 1년에 2필에서 1필로 줄였다.

오답 피하기

① 고려 후기에 마련된 과전법은 경기 지방의 토지에 한해 관리에게 등급에 따라 수조권을 지급하는 제도였다.
③ 조선 후기 광해군은 공납 제도의 문제를 개선하기 위해 대동법을 실시하였다.
④ 조선 후기 인조는 풍년과 흉년에 관계없이 전세를 토지 1결당 4두 또는 6두로 고정시키는 영정법을 시행하였다.

22강　조선 후기 정치의 변동

1 붕당 정치의 변화

▲ 붕당 정치의 전개와 변질

구분	내용
선조	• 사림의 집권 ➡ 사림이 동인과 서인으로 나뉘어 붕당 형성

동인	서인
이조 전랑 임명과 척신 정치 청산 문제로 동인과 서인으로 분화	
• 대표 인물 : 김효원 • 신진 사림이 중심	• 대표 인물 : 심의겸 • 기성 사림이 중심

• 동인은 다시 남인과 북인으로 분화

동인		서인
북인	남인	
정여립의 난 · 정철의 건저의 사건으로 동인은 북인과 남인으로 분화		

정여립 모반 사건	서인의 정여립이 동인으로 옮겨감 ➡ 이후 정여립이 관직에서 물러나 고향에서 대동계를 조직하다 역모의 오해를 뒤집어 씀 ➡ 서인의 정철이 기축옥사를 주도하여 정여립과 연류된 이발 등의 동인을 제거(서인에 의한 동인의 축출) ➡ 서인 집권
정철의 건저의 사건	서인의 정철이 광해군을 왕세자로 책봉할 것을 건의 ➡ 선조의 반발 ➡ 동인 집권 ➡ 서인 처벌 문제를 놓고 동인 분화 ➡ 동인이 남인(온건파)과 북인(강경파)로 분화

광해군	북인의 권력 장악, 서인과 남인은 권력에서 배제
인조	인조반정으로 북인 축출 ➡ 서인의 권력 독점(친명배금 정책)
효종	• 서인이 집권 ➡ 북벌 운동 추진 • 북벌 준비 : 송시열, 송준길, 이완 등을 등용하여 군대 양성, 성곽 수리 등을 실시
현종	• 두 차례의 예송 논쟁 발생(전례 문제) : 서인과 남인 대립 격화

효종(봉림 대군)이 인조의 차남이기 때문에 정통성 문제가 생김
효종과 효종비가 죽자 인조의 계비인 자의 대비가 상복을 몇 년 입어야 하는지를 두고 서인과 남인이 벌인 논쟁

서인	남인
• 대표 인물 : 송시열 • 『주자가례』에 따라 왕과 일반 사대부의 예법이 같다고 주장	• 대표 인물 : 허목, 윤휴 • 왕은 일반 사대부의 예법과 똑같이 적용할 수 없다고 주장

• 1차 예송논쟁(1659, 기해예송) : 효종 사후 자의 대비의 상복 입는 기간을 둘러싸고 대립 ➡ 서인은 기년복(1년), 남인은 참최복(3년) 주장 ➡ 서인의 주장이 채택(효종의 정통성 불인정, 신권 강조)
• 2차 예송논쟁(1674, 갑인예송) : 효종비 사후 자의 대비의 상복 입는 기간을 둘러싸고 대립 ➡ 서인은 대공복(9개월), 남인은 기년복(1년) 주장 ➡ 남인의 주장이 채택(효종의 정통성 인정, 왕권 강조)

▲ 허목
• 남인의 핵심 인물
• 1차 예송에서 송시열로 대표되는 서인과 논쟁을 벌임
• 1차 예송에서 서인이 승리함에 따라 좌천
• 2차 예송에서 남인의 주장이 받아들여지면서 우의정에 오름
• 경신환국으로 좌천당한 후 고향에서 후진 양성에 힘씀

② 숙종의 환국 정치

체제 정비	• 금위영 설치, 상평통보의 전국적 유통, 백두산 정계비 건립 • 숙종의 편당적 인사로 세 차례 환국 발생 ➡ 일당 전제화 추세
경신환국 (1680)	• 배경 : 남인 허적이 기름 먹인 장막(왕실의 물건)을 허락 없이 사용, 허적의 아들인 허견의 역모설이 발생(삼복의 변) • 전개 : 숙종은 남인을 견제하고자 남인을 축출하고 서인 중용 • 결과 : 남인 몰락(허적 · 윤휴 사사, 허목 낙향)하고 서인이 집권 ➡ 남인의 처분과 정국 운영 방식을 놓고, 서인이 노론과 소론으로 분화
기사환국 (1689)	• 배경 : 남인의 희빈 장씨 소생(훗날 경종)의 원자 책봉 문제 • 전개 : 숙종이 희빈 장씨 소생의 어린 아이를 원자로 책봉(원자의 명호를 정함) ➡ 서인은 세자 책봉에 반대 ➡ 서인의 영수 송시열은 관작을 삭탈당하고 유배된 후 사약을 먹고 죽음 ➡ 인현왕후(서인)가 폐위되고 희빈 장씨(남인)가 왕비로 책봉 • 결과 : 송시열 등 서인 세력이 몰락하고 남인 재집권
갑술환국 (1694)	• 배경 : 서인의 인현왕후 복위 문제 • 전개 : 숙종이 남인을 견제하자 서인은 인현왕후 복위 운동 전개 ➡ 남인은 반대하다 숙청 당함 • 결과 : 인현왕후 복위, 남인 세력 몰락 ➡ 노론과 소론이 연합한 가운데 노론이 정국 주도 ➡ 노론과 소론의 대립 격화

▲ 송시열
• 서인과 노론의 영수
• 남인에 대해 강경한 입장
• 효종의 스승으로 북벌론을 주장
• 기축봉사를 올려 명에 대한 의리를 내세움
• 예송논쟁 때 신권을 강조하는 상복설 주장
• 남인의 윤휴와 소론의 박세당을 사문난적이라고 비판
• 희빈 장씨 소생의 왕자를 세자로 책봉하는 것에 반대하다 처형 당함(기사환국)

③ 정치 구조의 변화

비변사의 기능 확대	• 중종 때 3포 왜란을 계기로 설치(1510) : 여진 · 왜 침입에 대비한 임시 회의 기구, 군사와 관련된 사항을 합의 • 명종 때 을묘왜변을 계기로 상설 기구로 변화(1555) • 변화 과정 : 임진왜란 때 구성원 및 역할이 확대됨(선조) ➡ 임진왜란 이후 국정 총괄 기구가 됨 ➡ 병자호란 때 최고의 정치 기구로 자리잡음(인조) ➡ 세도 정치기 때 세도 가문(외척 세력)의 권력 기반이 됨 • 결과 : 군사, 외교, 재정, 인사 등 모든 국가 업무 총괄 ➡ 왕권 약화, 의정부 · 6조의 유명무실화 ➡ 흥선 대원군 때 폐지됨

④ 군사 제도의 정비

중앙군 = 5군영	• 훈련도감(선조, 1593) : 유성룡의 건의에 따라 임진왜란 중에 설치(1593), 포수, 사수, 살수의 삼수병으로 구성, 대부분이 급료를 받는 상비군으로 구성 • 인조 : 후금과의 항쟁 과정에서 설치, 서인의 군사적 기반 역할 ┌ 어영청(인조, 1623) : 수도 방어, 왕실 호위, 효종 때 북벌 준비 ├ 총융청(인조, 1624) : 경기 일대 방어, 북한산성에 위치 └ 수어청(인조, 1626) : 수도 남부 방어, 남한산성에 위치 • 금위영(숙종, 1682) : 수도 방어, 왕실의 호위 강화
지방군	속오군 체제 : 양반~노비까지 편제, 평상시 생업에 종사하다 유사시에 동원

훈련도감의 설치

임금께서 훈련도감을 설치하여 군사를 훈련시키라고 명하시고 나(유성룡)를 도제조로 삼으시므로, 나는 청하기를 "당속미 1천 석을 군량으로 하되 한 사람당 하루에 2승씩 준다하여 군인을 모집하면 응하는 자가 사방에서 모여들 것입니다."라고 하였다.

－『서애집』－

훈련도감은 장시간 근무를 하고 일정한 급료를 받는 상비군의 형태로 유지되었다. 훈련도감의 군병은 기존에 활과 창으로 무장한 부대 이외에 조총으로 무장한 부대를 만들어 포수, 사수, 살수의 삼수병으로 편성하였다.

은쌤의 **합격노트**

 붕당 정치의 변화

🖉 시험에 꼭 나오는 **키 워 드**

- 붕당 정치의 변화는 큰 사건을 중심으로 시간 순으로 정리해야 함
- 비변사의 변천 과정과 훈련도감의 특징 정리하기 ➡ 단독 문제로 출제가 됨

✔ 최다 빈출 선지

ㅣ사림의 분화(선조)

① 사림이 동인과 서인으로 나뉘었다.

ㅣ동인의 분화(선조)

① 동인이 남인과 북인으로 분열되는 결과를 가져왔다(정여립 모반 사건).

ㅣ예송 논쟁(현종)

① 효종과 효종비가 죽은 뒤 각각 일어났다.
② 자의 대비가 상복을 입는 기간이 문제가 되었다.
③ 서인과 남인이 예법을 둘러싸고 대립한 것이다.

ㅣ숙종

① 청과의 경계를 정한 백두산 정계비를 세웠다.
② 안용복이 일본에 가서 우리 영토임을 확인받았다.
③ 여러 차례 환국을 통해서 정국을 주도하였다.

ㅣ경신환국

① 허적과 윤휴 등 남인이 대거 축출되었다.

ㅣ기사환국

① 희빈 장씨 소생의 원자 책봉 문제로 환국이 발생되었다.
② 남인이 권력을 장악하고 희빈 장씨가 왕비로 책봉되었다.

ㅣ갑술환국

① 남인이 축출되고 노론과 소론이 정국을 주도하였다.

ㅣ비변사

① 외침에 대비하기 위해 임시 기구로 설치되었다.
② 국방 문제를 논의하기 위해 설치되었다.
③ 양 난을 계기로 국정 전반을 총괄하는 최고 기구가 되었다.
④ 세도 정치 시기에 외척의 세력 기반이 되었다.
⑤ 흥선 대원군이 폐지하였다.

ㅣ훈련도감

① 포수, 사수, 살수의 삼수병으로 편제되었다.
② 임진왜란 중에 조직된 부대이다.
③ 급료를 받는 상비군이 주축을 이루었다.

대표 기출 문제

기본 47회 21번

01 다음 대화 이후에 전개된 사실로 옳은 것은?

이조 전랑 김효원의 후임으로 심충겸을 추천했으면 합니다.

심충겸은 외척이므로 이조 전랑에 마땅치 않습니다.

① 기묘사화가 일어났다.
② 신진 사대부가 등장하였다.
③ 수양 대군이 권력을 장악하였다.
④ 사림이 동인과 서인으로 나뉘었다.

기본 50회 22번

02 교사의 질문에 대한 학생의 답변으로 옳지 <u>않은</u> 것은?

현종 때 있었던 두 차례의 예송에 대해 발표해 볼까요?

① 서인과 남인이 예법을 둘러싸고 대립한 것이에요.

② 조광조 일파가 축출되는 결과를 가져왔어요.

③ 자의 대비가 상복을 입는 기간이 문제가 되었어요.

④ 효종과 효종비가 죽은 뒤 각각 일어났어요.

붕당 정치(동서 분당) 정답 ④

다음 대화는 조선 중기 선조 대에 1575년 사림 세력이 동인과 서인으로 분당되기 직전의 모습이다. 조선 중기 선조 대에 권력을 장악한 사림은 인사권을 지닌 이조 전랑의 임명 문제로 내부의 갈등이 격화되어 마침내 동인과 서인으로 붕당이 되었다. 서인 심의겸과 동인 김효원은 이조 전랑 자리를 두고 서로 다투었다. 이 자리는 여러 특권이 있었고, 이를 둘러싼 붕당 간의 경쟁이 더욱 치열해졌다.

정답 분석

④ 조선 중기 선조 대에 이조 전랑 자리를 두고 신진 사림을 대표하는 김효원과 외척 가문 출신의 기성 사림을 대표하는 심의겸이 대립하였다.

오답 피하기

① 조선 중기 중종 때 조광조는 과대평가된 훈구 대신들의 공훈을 삭제하고 그들의 경제 기반을 축소하려다 기묘사화(1519)가 일어나면서 제거되었다.
② 고려 후기 공민왕은 성균관을 재정비하여 이색, 정몽주, 정도전 등 신진 사대부가 성장할 수 있는 밑바탕을 마련하였다.
③ 조선 초기 나이 어린 단종이 즉위하자 수양 대군은 계유정난을 일으켜 김종서 등을 몰아내고 왕위를 차지하였다.

예송논쟁 정답 ②

교사의 질문에 대한 학생의 답변은 예송 논쟁에 대한 내용이다. 조선 후기 현종 때에 효종의 왕위 계승에 대한 정통성과 관련하여 두 차례의 예송이 발생하면서 서인과 남인 사이에 대립이 격화되었다. 예송 논쟁은 처음에 서인, 뒤에는 남인의 주장이 받아들여지며 번갈아 집권하였다.

정답 분석

② 조선 중기 중종 때 조광조는 과대평가된 훈구 대신들의 공훈을 삭제하고 그들의 경제 기반을 축소하려다 기묘사화(1519)가 일어나면서 제거되었다.

오답 피하기

① 조선 후기 현종 때 두 차례의 예송이 발생하면서 서인과 남인 사이에 대립이 격화되었다.
③ 조선 후기 현종 때 효종과 효종비의 국장과 관련해 자의 대비의 상복 문제로 두 차례 예송(1659, 1674)이 일어났다.
④ 조선 후기 현종 때 효종과 효종비가 죽자 국장과 관련해 자의 대비의 상복 문제로 예송이 일어났다.

기본 57회 30번

03 (가) 왕이 추진한 정책으로 옳은 것은?

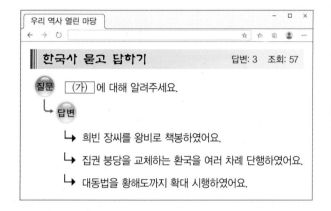

① 장용영을 설치하였다.
② 탕평비를 건립하였다.
③ 상평통보를 발행하였다.
④ 동국여지승람을 편찬하였다.

기본 60회 24번

04 (가), (나) 사이의 시기에 있었던 사실로 옳은 것은?

(가) 효종이 죽자 자의 대비의 상복 입는 기간을 두고 예송이 발생하였다.

(나) 신하들이 언제라도 탕평의 의미를 되새기라는 뜻에서 왕이 성균관 앞에서 탕평비를 세웠다.

① 비변사가 폐지되었다.
② 훈련도감이 설치되었다.
③ 경신환국으로 서인이 집권하였다.
④ 무오사화로 김일손 등이 처형되었다.

조선 숙종의 업적 　　　　　　　　　**정답** ③

(가) 왕은 조선 후기 숙종이다. 조선 숙종 때에 이르러 정국을 주도하는 붕당과 견제하는 붕당이 서로 교체됨으로써 정국이 급격하게 전환하는 환국이 나타나기 시작하였다. 이 과정에서 희빈 장씨가 왕비로 책봉되기도 하였다. 광해군 대에 시작된 대동법은 점차 확대되어 숙종 때 평안도와 함경도를 제외한 전국에서 시행되었다.

정답 분석

③ 조선 후기 숙종 대에 상평통보가 유일한 법화로 주조되어 널리 통용되었다.

오답 피하기

① 조선 후기 정조는 왕의 친위대 성격을 지닌 장용영을 설치하여 왕권을 군사적으로 뒷받침하였다.
② 조선 후기 영조는 탕평비를 건립하여 붕당의 폐해에 대한 경계의 뜻을 더욱 분명히 하였다.
④ 조선 초기 성종은 각 군현의 위치와 역사, 면적, 인구, 특산물 등 상세한 정보를 담은 "동국여지승람"을 편찬하였다.

붕당정치(예송논쟁 ~ 영조의 탕평 정치) 　　　**정답** ③

(가)는 조선 후기 현종 대의 예송 논쟁, (나)는 조선 후기 영조 대의 탕평비 건립이다. 조선 후기 현종 때에 효종의 왕위 계승에 대한 정통성과 관련하여 두 차례의 예송이 발생하면서 서인과 남인 사이에 대립이 격화되었다. 조선 후기 영조는 탕평책으로 왕권이 강화되고 정국이 안정되자, 탕평비를 건립하여 붕당의 폐해에 대한 경계의 뜻을 더욱 분명히 하였다.

정답 분석

③ 조선 후기 숙종 대에 서인은 남인 영수 허적이 역모를 꾸몄다고 고발하여 경신환국을 일으켜 허적과 윤휴를 정계에서 제거하였다. (가)와 (나) 사이의 일이다.

오답 피하기

① 조선 후기 흥선 대원군은 세도 정권의 핵심 권력 기구로 왕권을 제약하였던 비변사를 폐지하였다. (나) 이후의 일이다.
② 조선 중기 선조는 임진왜란 초기에 패전을 거듭하자 포수, 살수, 사수의 삼수병으로 구성된 훈련도감을 설치하였다. (가) 이전의 일이다.
④ 조선 초기 연산군 대에 훈구 세력들이 김종직의 '조의제문'을 문제 삼아 사림 세력을 축출하는 무오사화가 일어났다. (가) 이전의 일이다.

기본 58회 24번

05 (가)에 들어갈 기구로 옳은 것은?

> [(가)]은/는 본래 외적의 침입에 대비하고자 설치한 임시 군사 회의 기구였으나, 양 난을 계기로 국방뿐만 아니라 국정 전반을 총괄하는 최고 기구가 되었습니다. 이로 인해 기존의 의정부와 6조가 유명무실해졌습니다.

① 비변사
② 사헌부
③ 의금부
④ 홍문관

기본 63회 25번

06 (가)에 들어갈 부대로 옳은 것은?

월간 여행과 역사

특집

네덜란드에서 만난 조선의 무관, 박연

네덜란드 알크마르에 세워진 이 동상의 주인공은 벨테브레이로, 조선에 정착하여 박연이라는 이름으로 살았다. 네덜란드 출신이었던 그는 조선 연안에 표류한 후 서울로 압송되었고, 이후 (가) 에 소속되어 서양의 화포 기술을 전수하였다. 임진왜란 중 설치된 (가) 은/는 포수, 사수, 살수의 삼수병으로 구성되었다.

① 9서당
② 별기군
③ 삼별초
④ 훈련도감

비변사 　정답 ①

(가)에 들어갈 기구는 비변사이다. 비변사는 본래 여진족과 왜구에 대비하기 위해 임시 회의 기구로 설치되었다. 그러다 을묘왜변을 계기로 비변사가 상설화되었으며, 임진왜란을 거치면서 외교, 재정, 사회 전반은 물론 고위 관리의 인사 문제까지 관할하였다. 이에 의정부와 6조는 비변사에서 결정된 내용을 집행하는 기구로 위상이 낮아졌다.

정답 분석

① 조선 중기 중종 때 3포 왜란(1510)이나 명종 때 을묘왜변(1555) 같은 소란이 자주 일어나자 정부는 비변사를 설치하여 대책을 강구하였다.

오답 피하기

② 조선 시대 사헌부는 대간이라 하여 관리 임용에 간여하는 서경권을 행사하였다.
③ 조선 시대 의금부는 사법 기관으로 반역 등 중대 사건을 다루었다.
④ 조선 시대 홍문관은 궁중의 경서·사적의 관리, 문한의 처리 및 왕의 자문에 응하는 일을 맡아보던 관청이다.

훈련도감 　정답 ④

(가)에 들어갈 부대는 훈련도감이다. 임진왜란 초기에 패전을 경험한 조정에서는 새로운 군대의 필요성을 절감하여 임진왜란 중에 훈련도감을 설치하였다. 훈련도감은 장시간 근무를 하고 일정한 급료를 받는 상비군의 형태로 유지되었다.

정답 분석

④ 선조는 임진왜란 초기에 패전을 거듭하자 포수, 살수, 사수의 삼수병으로 구성된 훈련도감을 설치하였다.

오답 피하기

① 신라 신문왕은 9서당 10정을 설치하였다. 9서당은 중앙군으로 신라인뿐만 아니라 고구려, 백제, 말갈인 등 피정복민을 포함시켰다.
② 조선 정부는 신식 군대인 별기군을 설치하여 일본인 교관을 통해 근대식 군사 훈련을 실시하였다.
③ 고려 후기 최우는 야별초를 중심으로 이루어진 특수 부대 삼별초를 설치하였다.

23강 영·정조의 정치와 세도 정치

영조의 탕평비

영조는 『논어』 위정편 14장에 있는 구절을 활용하여 "두루 사랑하고 편당하지 않는 것은 군자의 공정한 마음이며, 편당하고 두루 사랑하지 않는 것은 소인의 사사로운 마음이다."라고 재구성한 내용을 친서하여 비에 새겼다.

영조는 강력한 왕권으로 붕당 간의 균형을 이루고자 하였고, 성균관 유생들에게 탕평책을 알리기 위해 성균관 입구에 탕평비를 건립하였다.

▲ 창덕궁 주합루

1층은 왕실의 도서를 보관하는 규장각이고, 2층은 열람실이었는데 이 열람실을 주합루라고 한다.

▲ 수원 화성

1 영조의 탕평 정치

즉위 과정	숙종 때 노론(영조 지지)과 소론(경종 지지)은 왕위 계승 문제로 대립 ➡ 소론이 지지한 경종이 아들 없이 일찍 사망 ➡ 노론의 지지를 받은 세제인 영조(연잉군) 즉위 ➡ 영조는 탕평 정치 전개(조선 역사상 최장기 집권, 52년)
이인좌의 난 (1728)	영조 때 이인좌가 중심이 되어 정권에서 배제되었던 소론과 남인의 과격파가 연합하여 일으킨 반란(무신난, 정희량의 난이라고 함) ➡ 진압 당함
탕평책	• 탕평파 육성 : 붕당을 없애자는 입장에 동의한 인사들을 중심으로 정국 운영 ➡ 노론과 소론의 균형 유지 • 성균관 입구에 탕평비 건립 : 붕당 정치의 폐해를 경계 • 궁중 음식인 탕평채를 즐겨 먹음
체제 정비	• 민생 안정 　├ 균역법 실시 : 1년에 2필씩 걷던 군포를 1필로 줄임 　├ 신문고 부활(태종 때 실시, 연산군 때 폐지) 　└ 청계천 준설 : 홍수에 대비하여 준천사 신설 • 『속대전』, 『동국문헌비고』(우리나라의 역대 문물 정리), 『속오례의』 편찬
임오화변	영조가 사도(장헌)세자를 뒤주 속에 가두어 죽인 사건(1762)
한계	노론에 의존하는 정치로 외척 세력 성장

2 정조의 탕평 정치

탕평책	• 적극적인 탕평책 추진 ➡ 각 붕당의 주장이 옳은지 그른지를 명백히 가림 • 붕당에 관계없이 능력 위주 인사 ➡ 노론, 소론, 남인을 고루 등용
왕권 강화	• 규장각 설치 : 국왕 직속의 학술 및 정책 연구 기관으로 육성 • 초계문신제 실시 : 유능한 인재 양성 및 재교육 • 장용영 설치 : 국왕의 친위 부대, 서울과 수원에 배치 • 수원 화성 건설 : 정치적 이상을 실현하는 도시로 육성 　├ 사도세자의 묘소를 수원으로 옮겨 현륭원이라 하고 화성 건설 시작 　├ 정약용의 활약 : 거중기를 만들어 화성 축조에 이용, 정조의 화성 행차를 위해 한강에 설치하는 배다리 설계 　└ 화성에 행궁과 장용영의 외영을 설치, 공사 끝난 후 『화성성역의궤』 편찬 • 서얼 출신의 학자들을 규장각 검서관에 등용(유득공, 이덕무, 박제가 등)
체제 정비	• 신해통공(1791) 단행 : 육의전을 제외한 시전 상인의 금난전권이 폐지 ➡ 시전 상인의 특권 축소 ➡ 상업 발달 • 『대전통편』(통치 체제 정비), 『무예도보통지』(훈련교범), 『동문휘고』(대외 관계 정리), 『탁지지』(호조의 모든 사례 정리), 『일성록』(정조가 세손 시절부터 쓴 일기) 편찬
한계	정치 권력이 소수 정치 집단에 집중 ➡ 정조 사후 세도 정치 전개 배경

③ 세도 정치의 전개

전개	• 정조 사후 왕의 외척 등 소수의 특정 가문이 권력 장악 • 순조 - 헌종 - 철종 3대 60여 년 간 안동 김씨와 풍양 조씨가 권력 장악

특징	• 세도 가문의 비변사(정치)와 훈련도감(군사) 장악 : 왕권 약화 초래
	• 정치 기강 해이 : 매관매직의 성행, 탐관오리의 수탈 심화
	• 삼정의 문란 심화 ➡ 농민 생활 피폐
	    ┌ 전정(토지세) : 규정된 세금액보다 훨씬 많은 액수 징수
	    ├ 군정(군포) : 군역 부과의 부당성(백골징포 · 인징 · 족징 · 황구첨정 등)
	    └ 환곡(구휼 제도) : 세금이 되어 탐관오리의 고리대 구실을 함

폐단	매관매직의 성행, 탐관오리의 수탈, 자연 재해와 기근, 질병 ➡ 삼정의 문란 심화 ➡ 수령과 향리의 수탈 ➡ 농민의 저항 증가

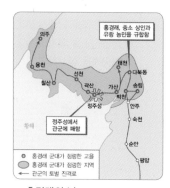

▲ 세도 정치와 세도 가문

④ 세도 정치에 대한 농민의 저항

(1) 농민 봉기

원인	세도 정치, 탐관오리의 부정과 탐학, 삼정 문란, 흉년과 전염병 등
전개	소극적 저항(벽서, 괘서 등), 적극적 저항(농민 봉기 발생)

(2) 홍경래의 난(1811, 순조)

배경	세도 정치와 삼정의 문란, 평안도 지방(서북민)에 대한 부당한 차별 대우
전개	몰락 양반인 홍경래와 서얼 출신 우군칙, 오용진 등이 무기와 군수 물자를 준비 ➡ 영세 농민 · 상인(신흥 상공업 세력) · 광부 · 품팔이꾼 등이 합세하자 평안도 가산에서 봉기 ➡ 열흘 만에 선천, 정주 등 청천강 이북 대부분 지역을 점령 ➡ 정주성 싸움에서 패하면서 5개월 만에 관군에게 진압을 당함
의의	탐관오리의 착취와 지방 차별에 반대한 농민 항쟁, 이후의 농민 봉기에 영향

▲ 홍경래의 난

(3) 임술 농민 봉기(1862, 철종)

배경	세도 정치와 삼정의 문란, 탐관오리의 부정
전개	• 진주에서 몰락 양반 유계춘을 중심으로 경상 우병사 백낙신의 부정부패에 항의하는 농민 봉기 발생(진주 민란) ➡ 관아를 습격하여 한때 진주성을 점령 ➡ 사건 수습을 위해 박규수(박지원의 손자)가 안핵사로 파견 ➡ 박규수의 건의로 삼정이정청이 설치됨 • 진주 민란 이후 삼남 지방의 70여 곳에서 농민들이 봉기 ➡ 곧이어 전국적으로 농민 봉기 확산(임술 농민 봉기)
정부의 사태 수습	• 암행어사 파견 : 관리들의 부정과 비리 조사 • 안핵사 파견 : 민란을 수습하기 위해 중앙에서 파견하던 임시 벼슬 • 삼정이정청 설치 : 삼정의 문란을 바로 잡기 위해 임시로 설치한 관청

▲ 19세기 조선 후기 농민 항쟁

은쌤의 **합격노트**

• 영조와 정조의 탕평 정치 •

✎ 시험에 꼭 나오는 키 워 드

영조와 정조의 업적 기억하기 ➜ 두 왕 모두 단독으로 출제되고, 특히 정조는 세종과 함께 조선의 왕들 중에 출제 비율이 가장 높음

✔ 최다 빈출 선지

ㅣ 영조
① 탕평비가 건립되었다.
② 균역법이 실시되었다.
③ 탕평책을 실시하였다.
④ 속대전을 편찬하였다.

ㅣ 정조
① 장용영을 설치하였다.
② 초계문신제를 시행하였다.
③ 규장각을 설치하였다.
④ 수원 화성에 외영을 두었다.
⑤ 신해통공을 단행하였다.
⑥ 금난전권을 폐지하였다.
⑦ 탕평책을 실시하였다.

• 세도 정치의 전개 •

✎ 시험에 꼭 나오는 키 워 드

• 세도 정치 시대의 정치, 사회상 정리하기
• 홍경래의 난과 진주 민란은 단독으로 출제됨

✔ 최다 빈출 선지

ㅣ 세도 정치
① 수령과 향리의 수탈로 삼정이 문란하였다.
② 홍경래가 난을 일으켰다.
③ 삼정이정청이 설치되었다.
④ 수령과 향리의 수탈로 삼정이 문란하였다.

ㅣ 홍경래의 난
① 서북 지역민에 대한 차별이 원인이 되었다.
② 홍경래, 우군칙 등이 주도하였다.
③ 홍경래가 주도하여 봉기하였다.
④ 홍경래 등이 난을 일으켜 정주성을 점령하였다.

ㅣ 진주 민란
① 백낙신의 횡포가 계기가 되었다.
② 몰락 양반 유계춘이 주도하였다.
③ 사건 수습을 위해 박규수가 안핵사로 파견되었다.
④ 삼정의 문란을 바로잡기 위해 삼정이정청이 설치되었다.

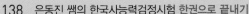

대표 기출 문제

기본 50회 24번

01 다음 비석을 세운 왕의 업적으로 옳은 것은?

> 이 건물 안에 있는 비석은 탕평비입니다. '두루 원만하고 치우치지 않음이 군자의 공정한 마음이요, 치우치고 두루 원만하지 못함이 소인의 사사로운 마음이다.'라는 글이 새겨져 있습니다.

① 비변사를 혁파하였다.
② 속대전을 편찬하였다.
③ 나선 정벌을 단행하였다.
④ 백두산정계비를 건립하였다.

기본 64회 26번

02 밑줄 그은 '이 왕'의 업적으로 옳은 것은?

> 화면에 펼쳐진 자료에 대해 설명해 주시겠습니까?

> 네, 이것은 초계문신제를 시행한 이 왕이 규장각의 관원 등을 초대하여 함께 지은 시를 모은 것입니다.

① 경복궁을 중건하였다.
② 영선사를 파견하였다.
③ 장용영을 창설하였다.
④ 훈민정음을 창제하였다.

조선 영조의 업적	정답 ②

다음 비석을 세운 왕은 조선 후기 영조이다. 조선 후기 영조는 성균관 앞에 "두루 사랑하고 편당하지 않는 것은 군자의 공정한 마음이요, 편당하고 두루 사랑하지 않는 것은 곧 소인의 사사로운 생각이다."라는 내용이 새겨진 탕평비를 세웠다.

정답 분석

② 조선 후기 영조는 "속대전"을 편찬하여 법전 체계도 정리하였다.

오답 피하기

① 조선 후기 흥선 대원군은 세도 정권의 핵심 권력 기구로 왕권을 제약하였던 비변사를 폐지하였다.
③ 조선 후기 효종은 청나라의 요청을 받아 두 차례에 걸쳐 조총 부대를 출동시켰다(나선 정벌).
④ 조선 후기 숙종 때 청의 요청에 따라 조선과 청은 국경을 답사하고 압록강과 토문강을 경계로 한다는 백두산정계비를 세웠다.

조선 정조의 업적	정답 ③

밑줄 그은 '이 왕'은 조선 후기 정조이다. 정조는 유능한 인재 양성을 위해 규장각에 초계문신제를 마련하였다. 초계문신제로 새로운 인물이나 중·하급 관리 중에서 유능한 인사를 재교육하였다.

정답 분석

③ 조선 후기 정조는 왕의 친위대 성격을 지닌 장용영을 설치하여 왕권을 군사적으로 뒷받침하였다.

오답 피하기

① 조선 후기 흥선 대원군은 왕실의 위엄을 세우기 위해 임진왜란 때 불타버리고 폐허만 남아 있었던 경복궁을 중건하였다.
② 조선 후기 고종은 청에 영선사 김윤식을 파견하여 서양의 근대식 무기 제조 기술과 군사 훈련법을 습득하게 하였다.
④ 조선 초기 세종은 훈민정음을 창제하였다.

기본 63회 28번

03 (가)에 들어갈 문화유산으로 옳은 것은?

조사 보고서

△학년 △반 이름: ○○○

■ 주제 : [(가)]의 축조와 복원

[(가)]은 정조의 명에 의해 축조된 성으로, 거중이 등을 이용하여 공사 기간과 경비를 줄일 수 있었다. 일제 강점기와 6·25 전쟁을 거치면서 일부 훼손되었지만, 의궤의 기록을 바탕으로 원형에 가깝게 복원되었다. 아래의 사진과 그림은 이 성의 일부인 남포루가 엄밀한 고증을 거쳐 복원되었음을 보여 준다.

| 훼손된 모습 | 의궤에 묘사된 포루 | 복원 후 모습 |

① 공산성　　　　　② 전주성
③ 수원 화성　　　　④ 한양 도성

기본 61회 26번

04 다음 자료에 대한 탐구 활동으로 적절한 것은?

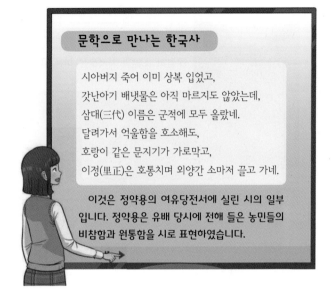

문학으로 만나는 한국사

시아버지 죽어 이미 상복 입었고,
갓난아기 배냇물은 아직 마르지도 않았는데,
삼대(三代) 이름은 군적에 모두 올랐네.
달려가서 억울함을 호소해도,
호랑이 같은 문지기가 가로막고,
이정(里正)은 호통치며 외양간 소마저 끌고 가네.

이것은 정약용의 여유당전서에 실린 시의 일부입니다. 정약용은 유배 당시에 전해 들은 농민들의 비참함과 원통함을 시로 표현하였습니다.

① 과전법 실시의 배경에 대해 살펴본다.
② 조선 형평사의 활동 내용을 조사한다.
③ 전민변정도감이 설치되는 과정을 알아본다.
④ 세도 정치 시기 삼정의 문란에 대해 찾아본다.

수원 화성　　　　　　　　　　　정답 ③

(가)에 들어갈 문화유산은 수원 화성이다. 정조는 수원에 화성을 세워 개혁 정치를 실현할 수 있는 이상적 신도시로 육성하였다. 정조는 여러 차례 수원에 행차하면서 국왕의 위상을 보이고 민생에 관한 백성의 목소리를 직접 들으려 하였다. 또한 이곳에 화성을 건설하여 정치적 기능을 부여하고, 장용영을 배치하여 군사적 기능까지 부여하였다.

정답 분석

③ 조선 후기 정조는 수원에 화성을 세워 개혁 정치를 실현할 수 있는 이상적 신도시로 육성하였다.

오답 피하기

① 공산성은 백제 시대 도읍지인 공주를 방어하기 위해 축성된 산성이다.
② 전주성은 신라 말기와 고려 초기에 축성된 것으로 추정되는 산성이다.
④ 서울 한양 도성은 서울의 주위를 에워싸고 있는 조선 시대의 도성이다.

세도 정치 시기의 사회상　　　　　정답 ④

다음 자료에 대한 탐구 활동은 조선 후기 세도 정치 시기 삼정의 문란이다. 세도 정치 시기 관리들의 부정부패가 극심해지면서 삼정이 문란해졌다. 삼정은 국가 재정의 기본을 이루고 있었던 전세, 군포, 환곡을 거두어들이는 일을 말한다.

정답 분석

④ 조선 후기 세도 정치 시기에 지방의 수령들이 농민들에게 각종 명목으로 과도하게 세금을 거두어들이면서 삼정은 극도로 문란해졌다.

오답 피하기

① 고려 후기에 마련된 과전법은 경기 지방의 토지에 한해 관리에게 등급에 따라 수조권을 지급하는 제도였다.
② 일제 강점기에 백정들은 경남 진주에서 조선 형평사를 조직하였다. 이들은 사회적 차별과 편견을 없애기 위한 형평 운동을 전개하였다.
③ 고려 후기 공민왕은 신돈을 등용하여 전민변정도감을 설치하고 권문세족이 빼앗은 토지와 노비를 본래의 주인에게 돌려주거나 양민으로 해방시켰다.

05 밑줄 그은 '사건'에 대한 설명으로 옳은 것은?

이 지도는 홍경래가 주도하여 일으킨 <u>사건</u>을 진압하기 위해 관군이 정주성을 포위한 상황을 보여주고 있습니다.

정주성공함작전도(모사본)

① 보국안민, 제폭구민을 기치로 내걸었다.
② 한성 조약이 체결되는 결과를 가져왔다.
③ 서북 지역민에 대한 차별에 반발하여 일어났다.
④ 전개 과정에서 선혜청과 일본 공사관을 공격하였다.

홍경래의 난 정답 ③

밑줄 그은 '사건'은 조선 후기 세도 정치 시기에 일어난 홍경래의 난이다. 세도 정치의 혼란과 삼정의 문란 속에서 몰락 양반인 홍경래와 서얼 출신 우군칙 등은 1,000여 명의 병력으로 평안도 가산에서 봉기하였다. 이들은 탐관오리의 수탈과 서북인에 대한 차별 반대를 주장하며 열흘 만에 선천, 정주 등 청천강 이북의 대부분 지역을 점령하였다. 그러나 송림 전투에서 관군에게 패한 후 정주성에서 저항하였으나 5개월 만에 진압되었다.

정답 분석

③ 조선 후기 순조 대에 몰락 양반 홍경래는 평안도에 대한 지역 차별 정책과 지배층의 수탈에 항거하여 난을 일으켰다.

오답 피하기

① 동학 농민군은 나랏일을 돕고 백성을 편안하게 한다는 보국안민과 포악한 것을 물리치고 백성을 구원한다는 제폭구민을 기치로 내걸고 봉기하였다.
② 갑신정변의 영향으로 조선과 일본은 배상금 지급과 공사관 신축 비용 부담 등을 내용으로 하는 한성 조약을 체결하였다.
④ 구식 군인들은 임오군란을 일으켰고, 이들은 선혜청, 별기군을 조련하던 일본인 교관을 살해하고 일본 공사관을 습격하였다.

---

06 밑줄 그은 '봉기'에 대한 설명으로 옳은 것은?

이것은 1862년에 진주에서 일어난 농민 <u>봉기</u>의 주요 지점을 조선 시대 지도에 표시한 것입니다. 유계춘을 중심으로 모인 농민들은 축곡에서 모의하고 수곡에서 읍회를 연 뒤, 덕산 장시를 출발하여 진주성으로 진격했습니다.

① 김부식이 이끄는 관군에 진압되었다.
② 삼정이정청이 설치되는 계기가 되었다.
③ 서북인에 대한 차별에 반발하여 일어났다.
④ 흥선 대원군이 재집권하는 결과를 가져왔다.

진주 민란 정답 ②

밑줄 그은 '봉기'는 조선 후기 세도 정치 시대에 일어난 진주 민란이다. 1862년 철종 대에 진주에서 몰락 양반 유계춘을 중심으로 경상 우병사 백낙신의 부정부패에 항의하는 농민 봉기가 일어나 진주성이 점령되었다. 농민들은 관아를 습격하여 조세 대장을 불태우고, 아전과 양반 지주의 집을 불살랐다. 이에 철종은 진주 민란을 수습하기 위해 박규수를 안핵사로 파견하였다. 철종은 안핵사 박규수의 건의에 따라 농민 봉기의 주요 원인이었던 삼정의 문란을 시정하고자 삼정이정청을 설치하였다.

정답 분석

② 조선 후기 철종은 진주 민란으로 파견한 안핵사 박규수의 건의를 받아들여 삼정이정청을 설치하였다.

오답 피하기

① 고려 중기 묘청의 난은 김부식이 이끈 관군의 공격으로 약 1년 만에 진압되었다.
③ 조선 후기 평안도 지역에서 지역 차별과 세도 정치에 저항하여 몰락 양반 홍경래를 중심으로 농민 봉기가 일어났다.
④ 조선 후기 임오군란으로 재집권한 흥선 대원군은 통리기무아문과 별기군을 폐지하였다.

24강 조선 후기의 경제 변화와 사회 변동

1 조선 후기 농촌 경제의 변화

(1) 농업 생산력의 증대와 농업 경영 방식의 변화

이앙법 (모내기법) 확대	• 고려 후기에 전래, 조선 후기에 수리 시설 확충 등으로 전국적 확산 • 이앙법의 장점 　┌ 벼와 보리의 이모작 가능 ➡ 농민 소득 증대 　├ 단위 면적당 생산량 증가 ➡ 밭을 논으로 바꾸는 현상 증가 　└ 잡초 제거(김매기) 노동력 절감 ➡ 1인당 경작지 확대 ➡ 광작 유행
광작 현상	• 배경 : 조선 후기 이앙법의 확대로 노동력이 절감됨 ➡ 광작 현상 확대 • 영향 : 광작의 유행 ➡ 한 농가당 경작지 규모 확대 ➡ 농민 계층 분화 ➡ 일부 농민은 부농층으로 성장, 대다수 농민은 임노동자층으로 몰락
상품 작물 재배	• 농민들이 장시에 팔기 위한 목화(면화), 채소, 인삼, 담배, 약초 등을 재배하여 농가 수입 증대 • 외국에서 전래된 고구마 · 감자(구황작물), 고추 등을 재배하기 시작
지대 납부	조선 후기에 도조법이 확산됨 ➡ 수확의 일정액을 소작료로 냄

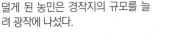

▲ 경직도 병풍의 모내기
모내기법의 확대 보급으로 노동력을 덜게 된 농민은 경작지의 규모를 늘려 광작에 나섰다.

2 상품 화폐 경제의 발달

(1) 민영 수공업의 발달

배경	제품 수요 증가, 대동법 실시, 화폐 경제 발달 ➡ 조선 후기에 민영 수공업이 발달
특징	• 선대제 수공업 유행 : 수공업자들이 공인이나 상인에게 미리 자본과 원료를 받아 제품을 생산하는 체제 ➡ 수공업자가 상업 자본에 예속 • 독립 수공업 등장 : 철기 · 유기 등을 독자적으로 생산하고 판매하는 장인 등장 • 점(店) 운영 : 민간 수공업자들이 철점, 사기점 등의 작업장 운영 ➡ 점촌(수공업 촌락) 형성

▲ 기산풍속도첩 속의 대장장이

(2) 민영 광업의 발달

배경	민영 수공업 발달로 광물 수요 급증 ➡ 조선 후기에 민영 광업이 발달
특징	• 설점수세제 등장(17세기 이후) : 정부의 허가 아래 민간인의 자유로운 광산 채굴을 허용하고 세금 징수 ➡ 70개소의 은광 개발 • 덕대제 실시(18세기 이후) 　┌ 덕대 또는 혈주가 상인 물주의 자본을 조달 받아 채굴업자와 채굴 노동자를 고용 　└ 상인 물주(자본가)-덕대(광산 경영 전문가)-임노동자(채굴업자, 채굴 · 제련 노동자 등)의 분업에 토대를 둔 협업 • 불법적인 잠채 성행 : 18세기 중엽 세금을 피하기 위해 몰래 금광과 은광 개발

▲ 가산풍속도첩 속의 시장

(3) 시전 상인과 공인

시전 상인	국가에 필요한 물품을 납부하고 금난전권을 부여받아 사상을 억압 ➡ 정조 때의 신해통공(1791)으로 육의전을 제외한 시전 상인의 금난전권 철폐
공인	• 대동법 실시 이후 정부가 필요로 하는 물품을 대주던 어용상인 • 독점적 도매 상인인 도고로 성장

(4) 사상의 등장과 활동

배경	금난전권의 폐지(신해통공)로 자유로운 상업 활동 보장
특징	칠패·송파 등 도성 주변과 개성, 평양, 의주, 동래 등 지방 도시에서 활동 ➡ 각지에 지점을 두어 상권 확장, 지방 장시를 연결하여 물품 교역 ➡ 도고로 성장

대표 사상	• 만상(의주) : 책문 후시 등을 통해 청과의 무역에 종사
	• 송상(개성)
	  ┌ 전국에 송방이라는 지점망 설치, 사개치부법이라는 독자적인 회계법 창안
	  └ 만상(청)과 내상(일본) 사이에서 중계 무역으로 부 축적
	• 경강상인(한강)
	  ┌ 한강을 근거로 선박을 이용한 운송업에 종사
	  └ 미곡·소금·어물 등의 운송 및 판매 장악, 선박의 건조 등 생산 분야 진출
	• 내상(동래) : 왜관(두모포 왜관 ➡ 초량 왜관)을 중심으로 대일 무역 주도
	• 대외 무역의 발달 : 공무역인 개시 무역과 사무역인 후시 무역 발달
	  ┌ 청 : 개시 무역(중강, 경원, 회령), 후시 무역(중강, 책문)
	  └ 일본 : 동래(부산) 왜관에서 개시와 후시 무역 전개

(5) 장시의 발달

등장	15세기 말 남부 지방에서 장시 등장 ➡ 18세기 전국에 1,000여 개의 장시 개설
특징	• 지방민의 교역 장소로 5일장이 일반적, 일부 장시의 상설 시장화 • 보부상의 활발한 활동 : 전국의 지방 장시를 돌아다니며 생산자와 소비자 연결 ➡ 지방 장시를 하나의 유통망으로 연결시킴

(6) 포구의 발달

특징	• 장시보다 큰 규모의 상거래가 이루어짐 • 선상의 활약 : 선박을 이용한 각 지방 물품 판매, 전국의 포구를 하나의 유통망으로 연결 • 객주·여각 : 선상 상품의 매매 중개, 운송·보관·금융·숙박업 등 담당

(7) 화폐 경제의 발달

배경	상공업 발달, 세금과 소작료의 동전 납부 가능
특징	• 상평통보의 전국적 유통(18세기 후반) : 숙종 때 허적, 권대운 등의 건의에 따라 상평통보 재주조(1678) ➡ 전국적으로 유통이 됨 • 전황 발생 : 화폐의 재산 축적 기능만 강조되면서 나타난 현상

허생전(도고의 성장)

허생은 안성의 한 주막에 자리 잡고서 밤, 대추, 감, 배, 귤 등의 과일을 모두 사들였다. 허생이 과일을 도거리로 사두자, 온 나라가 잔치나 제사를 치르지 못할 지경에 이르렀다. 따라서 과일 값은 크게 폭등하였다. 허생은 이에 10배의 값으로 과일을 되팔았다.

－『연암집』 박지원 －

허생처럼 물건을 매점매석하는 것을 '도고'라고 한다. 이러한 상행위는 상업 자본을 바탕으로 상품을 매점매석하여 가격을 마음대로 조종하여 폭리를 취하는 것이다. 모든 상품마다 도고가 활동하게 되면 영세민과 피지배층이 크게 오른 상품의 가격을 감당할 수 없어 빈부 격차가 더욱 심해질 수밖에 없었다.

▲ 조선 후기의 상업과 무역 활동

▲ 상평통보

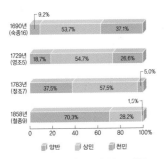

▲ 조선 후기의 직역별 인구 변동
조선 후기 호적 대장을 분석해 본 결과, 호적상 유학 등과 같은 양반의 직역을 쓰는 인구의 점유율이 17세기 이후 점차 증가하기 시작하여 18~19세기에는 40~60%에 이를 정도로 급증하였다.

▲ 공명첩
이름이 비어 있는 명예 관직 임명장이다. 기부금을 내면 이름을 적어 주었다.

▲ 신윤복의 장옷 입은 여인

③ 조선 후기 신분제의 동요

(1) 양반층의 분화

배경	붕당 정치의 변질(일당 전제화) ➡ 권력에서 밀려난 양반은 향반·잔반으로 몰락
특징	양반의 절대적 수 증가, 양반층의 분화
분화	• 권반 : 권력을 장악한 소수의 양반 가문 • 향반 : 정권에 밀려나 낙향하여 지방 세력화된 양반 • 잔반 : 양반 체통을 유지할 수 없고, 농업이나 상업에 종사하면서 생계 유지

(2) 중인층의 신분 상승 운동

특징	중인층의 신분 상승 운동 전개
서얼	• 납속책과 공명첩을 이용하여 관직 진출 • 서얼에 대한 차별 완화를 주장하는 집단 상소 운동(통청 운동) • 정조 때 서얼 출신 유득공, 이덕무, 박제가 등이 규장각 검서관으로 등용
중인	• 축적한 재산과 실무 경력을 바탕으로 신분 상승 추구 • 철종 때 관직 진출 제한을 없애 달라는 대규모 소청 운동을 일으켰으나 실패 • 시를 짓는 모임인 시사(詩社)를 조직하여 위항 문학 활동을 통해 위상을 높임 • 역관의 활약 : 외래문화 수용, 북학파에 영향(개화 사상 형성에 기여)

(3) 상민의 신분 상승 기회 확대

특징	합법(납속책, 공명첩), 불법(족보 매입·위조)을 통한 신분 상승
분화	일부 부농층은 납속책과 공명첩 등을 통해 양반으로 신분 상승
영향	상민의 신분 상승으로 양반의 수는 증가하고 상민의 수는 감소

(4) 노비의 신분 상승

특징	노비의 절대적 수 감소
노비 감소	• 군공·납속책을 통해 신분 상승 시도 및 잦은 도망 • 순조는 중앙 관청의 공노비 6만 6천여 명을 해방(1801)

④ 향촌 질서의 변화

향전의 발생	• 향전 : 부농층 신향과 기존의 전통 양반 구향의 향촌 지배권을 둘러싼 경쟁 • 배경 : 양반 권위의 하락, 부농층으로 성장 및 몰락 양반 등장 • 결과 : 향촌 사회에서 양반의 영향력이 약화, 수령과 향리의 권한 강화
가족 제도 변화	• 부계 위주의 동성 마을 형성, 부계 위주의 족보 편찬 • 아들이 없는 경우 양자 입양이 일반화, 장남이 제사 전담, 남녀 차등 상속 • 친영 제도 정착(남자 집에서 생활), 여성의 재가를 엄격히 금지

조선 후기의 경제 변화

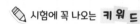 시험에 꼭 나오는 키워드

- 조선 후기 경제 모습 정리하기 ➡ 단독으로 자주 출제가 됨. 어렵게 출제가 되면 조선 후기 사회, 문화와 묶어서 함께 출제되기도 함
- 간혹 모내기법(이앙법)은 단독으로 출제되기도 함

✔ 최다 빈출 선지

| 조선 후기 농업
① 모내기법이 전국적으로 확산되었다.
② 고추, 담배 등이 상품 작물로 재배되었다.
③ 감자, 고구마 등의 구황 작물이 널리 재배되었다.

| 조선 후기 상업

민영 광업
① 덕대가 광산을 전문적으로 경영하였다.
② 광산을 전문적으로 경영하는 덕대가 나타났다.
③ 민간의 광산 개발을 허용하는 설점수세제가 시행되었다.

공인
① 관청에 물품을 조달하는 공인이 활동하였다.
② 공인이 상평통보를 사용하여 물품을 조달하였다.
③ 독점적 도매상인인 도고가 활동하였다.

장시
① 보부상이 장시를 돌아다니며 활동하였다.
② 여러 장시가 하나의 유통망으로 연계되었다.

만상
① 책문 후시를 통해 청과의 무역을 주도하였다.

송상
① 전국 각지에 송방이라는 지점을 설치하였다.
② 송상, 만상이 대청 무역으로 부를 축적하였다.

경강상인
① 한강을 무대로 정부의 세곡 운송을 주도하였다.

내상
① 초량 왜관을 통해 일본과 무역하였다.

화폐 경제
① 상평통보가 시장에서 유통되었다.
② 전황의 발생 원인을 분석한다.

대외 무역
① 개시와 후시를 통한 국경 무역이 활발하였다.
② 왜관에서 개시 무역과 후시 무역이 이루어졌다.

조선 후기의 사회 변동

 시험에 꼭 나오는 키워드

조선 후기 사회상 숙지하기 ➡ 간혹 신분제 동요를 주제로 출제되기도 함

✔ 최다 빈출 선지

| 양반
① 공명첩, 족보 위조 등으로 양반의 수가 증가하였다.

| 중인 – 서얼
① 서얼 출신의 학자들이 규장각 검서관에 기용되었다.

| 중인
① 중인들은 시사(詩社)를 조직하여 활동하였다.
② 서얼이 통청 운동을 전개하였다.
③ 서얼 출신의 학자들이 규장각 검서관에 기용되었다.

| 상민
① 상민층이 납속책과 공명첩을 이용하여 신분 상승을 꾀하였다.

| 노비
① 각 궁방과 중앙 관서의 공노비를 해방하였다(순조).
② 일부 노비는 도망, 군공 등의 방법으로 노비 신분에서 벗어났다.

기본 64회 25번

01 선생님의 질문에 대한 학생의 대답으로 옳지 않은 것은?

> 이 화폐가 전국에 유통된 시기의 경제 상황에 대해서 말해볼까요?

① 정기 시장인 장시가 전국 각지에서 열렸어요.

② 관청에 물품을 조달하는 공인이 활동했어요.

③ 송상이 각지에 송방이라는 지점을 설치했어요.

④ 벽란도에서 활발한 국제 무역이 이루어졌어요.

기본 61회 24번

02 다음 대화가 이루어진 시기에 볼 수 있는 모습으로 적절하지 않은 것은?

> 이보게! 자네 형님이 공명첩을 샀다는 소문이 진짜인가?

> 그렇다네. 담배 농사를 시작하더니, 그걸로 돈을 많이 모으셨다는군.

① 녹읍을 지급받는 귀족
② 고구마를 재배하는 농민
③ 관청에 물품을 조달하는 공인
④ 청과의 무역으로 부를 축적한 만상

조선 후기 경제 상황 정답 ④

선생님의 질문에 대한 학생의 대답은 조선 후기 경제 상황이다. 조선 후기 숙종은 영의정 허적의 제의를 받아들여 호조나 상평청 등을 통하여 상평통보를 주조하였다. 조선 후기 돈에 대한 인식이 달라지자 돈을 집안에 쌓아 두는 사람이 늘어나 유통 화폐가 모자라게 되었다. 전황은 상업 활동에 큰 걸림돌이었을 뿐 아니라 농민을 더욱 살기 어렵게 만들었다.

정답 분석

④ 고려 시대에는 개경을 연결하는 예성강 입구의 벽란도가 조세와 공물이 통과하는 중요한 통로 역할을 하며 무역과 상업의 중심지로 성장하였다.

오답 피하기

① 조선 후기 상업이 발달하면서 장시가 전국에 1,000여 곳에 이르렀다.
② 조선 후기 광해군이 대동법을 시행하면서 공인이라는 어용상인이 나타났다.
③ 조선 후기 송상은 송방이라는 지점을 설치하고 인삼을 재배·판매하였으며, 대외 무역에도 종사하여 부를 축적하였다.

조선 후기 경제 상황 정답 ①

다음 대화가 이루어진 시기는 조선 후기이다. 조선 후기에 들어와 부유한 농민과 상인 등은 축적한 재산을 이용하여 양반 행세를 하였으며, 공명첩 구입, 납속, 족보 매매.위조 등의 방법을 통해 양반으로 신분을 상승시켰다. 조선 후기 도시 인구가 증가하고 상품 유통이 활발해지면서 인삼, 면화, 담배, 채소 등의 상품 작물 재배가 확대되었다.

정답 분석

① 신라는 관직 복무의 대가로 녹읍을 지급하였다.

오답 피하기

② 조선 후기 기근에 대비한 구황 작물의 필요성이 높아지자 고구마, 감자 등 새로운 작물이 널리 재배되었다.
③ 조선 후기 광해군이 대동법을 시행하면서 공인이라는 어용상인이 나타났다.
④ 조선 후기 만상은 의주에서 대청 무역을 통해 큰 부를 축적하였다.

03 (가)에 들어갈 내용으로 옳지 <u>않은</u> 것은?

조선 후기
상업에 대해
이야기해 보자.

경강상인이
한강을 무대로 운송업에
종사했어.

(가)

① 내상이 일본과의 무역을 주도했어.
② 벽란도에서 송과의 무역이 이루어졌어.
③ 관청에 물품을 조달하는 공인이 활동했어.
④ 정기 시장인 장시가 전국 각지에서 열렸어.

04 다음 퀴즈의 정답으로 옳은 것은?

조선 시대에 정부가 부족한 국가 재정을 보충
하기 위해 곡물, 돈 등을 받고 그 대가로 신분을
상승시켜 주거나 벼슬을 내린 정책을 무엇이라
할까요?

① 납속책

② 사창제

③ 영정법

④ 호포제

조선 후기의 경제 상황   정답 ②

(가)에 들어갈 내용은 조선 후기 상업이다. 조선 후기 일부 사상들은 한성을 비
롯하여 전국 각지의 장시를 중심으로 도고 상업을 전개하는 상업 자본가로 성
장하기도 하였다. 한성의 경강상인, 개성의 송상, 의주의 만상, 동래의 내상 등
이 대표적인 사상이다.

정답 분석

② 고려 시대 개경을 연결하는 예성강 입구의 벽란도는 조세와 공물이 통과하
는 중요한 통로 역할을 하며 무역과 상업의 중심지로 성장하였다.

오답 피하기

① 조선 후기 내상은 부산 동래를 중심으로 일본과의 무역을 통해 부를 축적
하면서 성장하였다.
③ 조선 후기 광해군이 대동법을 시행하면서 공인이라는 어용상인이 나타났다.
④ 조선 후기 전국적으로 확대되었던 장시는 꾸준히 증가하여 18세기 중엽에
는 1,000여 개소를 넘어섰다.

납속책   정답 ①

다음 퀴즈의 정답은 납속책이다. 조선 후기 임진왜란과 호란을 거치면서 재정
적 타격을 받은 정부가 공명첩을 발급하고 납속책을 시행하자 서얼과 상민들
이 이를 이용하여 신분을 상승하는 경우가 많았다. 납속책은 나라의 재정난 극
복과 구호 사업 등을 위해 곡물을 나라에 바치게 하고 그 대가로 벼슬을 주던
정책이다.

정답 분석

① 납속책은 조선 시대 정부가 부족한 국가 재정을 보충하기 위해 시행한 정
책이다.

오답 피하기

② 흥선 대원군은 일부 지역에 양전을 실시하고 환곡 대신 향촌 주민들이 자
치적으로 운영하는 사창제를 도입하였다.
③ 조선 후기 인조는 연분9등법을 따르지 않고 풍년과 흉년에 상관없이 토지
1결당 쌀 4~6두를 거두는 영정법을 실시하였다(1635).
④ 조선 후기 흥선 대원군은 군정의 폐단을 시정하기 위해 호포제를 실시하여
상민에게만 거두던 군포를 양반에게도 징수하였다.

조선 후기 사회 개혁론의 대두

① 성리학의 재해석

성리학 상대화	유교 경전에 대한 재해석 ➡ 노론에 의해 사문난적으로 몰림 ➡ 박세당의 『사변록』(유학 경전을 주자와 달리 해석)
양명학 수용	• 전래 : 18세기 초정제두가 본격적으로 연구(양명학을 체계화) • 특징 : 성리학의 교조화와 형식화를 비판, 지행합일설(실천 강조)

② 실학의 발달

(1) 중농학파(경세 치용 학파, 남인 출신)

성격	토지 제도의 개혁을 통한 자영농 육성 주장
유형원	• 저서 : 『반계수록』 • 균전론 : 자영농 육성을 위해 신분(사 · 농 · 공 · 상)에 따른 토지의 차등 분배 주장
이익	• 저서 : 『성호사설』, 『곽우록』 • 한전론 : 생계유지에 필요한 토지를 영업전으로 정하여 매매를 금하고 나머지 토지만 매매를 허용(토지의 하한선 설정) • 6가지 사회 폐단 지적 : 양반 문벌 · 노비 · 과거 제도, 사치와 미신 숭배, 승려, 게으름
정약용	• 실학을 집대성 : 『목민심서』, 『경세유표』 • 신유박해에 연류되어 18년간 전남 강진에서 유배 생활(다산 초당) • 과학 기술에 관심 : 한강 배다리(수원 화성 행차) 및 거중기(수원 화성 건축) 설계 • 여전론 : 토지를 공동 소유 · 경작하여, 노동량에 따라 그 수확량 분배 • 정전론 주장 : 전국의 토지를 국유화하여 정전(井田)을 편성한 후, 1/9은 조세로 충당하고 나머지 토지는 농민들에게 분배

(2) 중상학파(이용 후생 학파, 북학파, 경기 노론 출신)

성격	청의 선진 문물 수용(북학파), 상공업의 진흥과 기술의 혁신 중시
유수원	• 저서 : 『우서』 • 사농공상의 직업적 평등화와 전문화 주장, 상공업 진흥과 기술 혁신 강조
홍대용	• 저서 : 『담헌서』 내집으로 「의산문답」, 「임하경륜」 등이 포함됨 ➡ 「의산문답」 : 지전설 · 무한 우주론을 주장, 중국 중심의 세계관 비판 • 혼천의 제작 : 천체의 운행과 위치를 측정 • 성리학 극복이 부국강병 근본, 기술 혁신과 문벌 철폐 주장
박지원	• 저서 : 『열하일기』(기행문), 『양반전』, 『허생전』, 『호질』(양반의 위선과 무능 비판) • 수레의 이용, 화폐 유통의 필요성 강조, 서양 문물 도입을 주장

이익의 한전론

국가는 마땅히 한 집의 생활에 맞추어 재산을 계산해서 토지 몇 부를 한 집의 영업전으로 하여 당나라의 제도처럼 한다. ……오직 영업전 몇 부 안에서 사고파는 것만을 철저히 살핀다.　-『곽우록』-

이익은 한 가정이 생활을 유지하는 데 필요한 최소한의 토지를 매매하지 못하게 하여 자영농을 육성해야 한다는 한전론을 주장하였다.

박제가의 소비관(재물론)

재물은 대체로 샘과 같다. 퍼내면 차고, 버려두면 말라 버린다. 그러므로 비단옷을 입지 않아서 나라에 비단 짜는 사람이 없게 되면 여공이 쇠퇴하고, …… 사농공상의 사민이 모두 곤궁하여 서로 구제할 수 없게 된다.　-『북학의』-

박제가는 적절한 소비를 통해 생산 활동을 자극해 생산력을 증대시킬 수 있다고 보았기 때문에 소비를 강조하였다.

박제가	• 저서 : 『북학의』 • 정조 때 서얼 출신으로 규장각 검서관으로 등용 • 청과의 통상 확대 주장, 수레와 선박 이용 강조, 상공업 육성 강조 • 생산력을 높이고자 절약보다 소비를 권장(소비론, 소비를 우물에 비유)

3 국학 운동

학자	저서	내용
안정복	『동사강목』	우리 역사의 독자적 정통론을 체계화 : 중국 중심의 역사관 탈피
유득공	『발해고』	발해사를 우리 역사로 체계화할 것 강조, 남북국 용어 처음 사용
김정희	『금석과안록』	북한산비가 진흥왕 순수비임을 밝힘
정상기	동국지도	최초로 100리 척 사용, 축척 사용
김정호	대동여지도	• 산맥, 하천, 포구, 도로망 표시가 정밀하게 표시(10리마다 눈금을 표시) • 대량 인쇄가 가능한 전체 22첩의 목판본으로 제작

▲ 동국지도　　▲ 대동여지도

4 새로운 사상의 등장

(1) 천주교

전래	16세기 말~17세기 초에 청을 통해 서학(서양의 학문)으로 유입되어 발전
성격	하나님 앞에서 인간 평등과 내세의 영생 주장, 조상에 대한 제사 의식 거부
신해박해 (1791)	정조 때 윤지충이 유교식으로 제사를 지내지 않고 조상의 신주를 불태우고, 어머니가 상을 당하자 장례를 천주교식으로 치름 ➡ 윤지충은 처형당함
신유박해 (1801)	순조 즉위 이후 권력 잡은 노론 강경파가 교세가 확대된 천주교의 많은 신자에게 대대적인 박해와 처형을 가함(정약용, 정약전 등이 유배)
황사영 백서 사건(1801)	신유박해 당시 황사영이 청의 베이징 주교를 통해 신앙의 자유를 얻기 위해 프랑스 군대의 출병 등을 요청하는 편지 작성 ➡ 발각되어 탄압이 더 심해짐

(2) 동학

창시	몰락 양반 최제우가 창시(1860, 철종) ➡ 유·불·선 3교 교리를 절충하여 창시
성격	• 시천주 사상 : 마음속의 한울님을 모심(동학의 근본 사상) • 인내천 사상 : '사람이 곧 하늘이다.'(인간 존중과 평등 사상)
탄압	동학이 급속히 확산되자 백성을 속인다는 죄명(혹세무민)으로 최제우 처형

(3) 예언 사상의 대두

전개	예언 사상(왕조의 교체, 정감록 유행), 미륵 신앙(미륵의 출현을 기대)

▲ 동학의 창시자 최제우

19세기 중엽에 경주 출신의 가난한 양반인 최제우는 서학(천주교)에 대항한다는 의미에서 동학을 창도하였다.

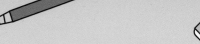

은쌤의 **합격노트**

• 실학의 발달 •

✏️ 시험에 꼭 나오는 키 워 드

- 중농학파의 주요 인물의 저서와 주장을 기억하기 ➡ 정약용>
  유형원>이익 순으로 출제율이 높음
- 중상학파의 주요 인물의 저서와 주장을 기억하기 ➡ 박제가>
  홍대용>박지원 순으로 출제율이 높음

✔️ 최다 빈출 선지

| 유형원
① 자영농 육성을 위해 신분에 따른 토지의 차등 분배를 주장하
  였다.

| 이익
① 토지 매매를 제한하는 한전론을 주장하였다.

| 정약용
① 여전론을 주장하였다.
② 기기도설을 참고하여 거중기를 설계하였다.

| 홍대용
① 의산문답에서 중국 중심의 세계관을 비판하였다.
② 혼천의를 제작하였다.
③ 의산문답에서 무한 우주론을 주장하였다.
④ 지전설과 무한 우주론을 주장하였다.

| 박지원
① 열하일기에서 수레와 선박의 필요성을 강조하였다.
② 연행사의 일원으로 열하에 다녀왔다.

| 박제가
① 북학의를 저술하여 절약보다 소비를 권장하였다.
② 서얼 출신으로 정조 때 규장각 검서관으로 활동하였다.

• 새로운 사상의 등장 •

✏️ 시험에 꼭 나오는 키 워 드

천주교와 동학의 특징 정리하기 ➡ 동학은 단독으로 출제가 됨

✔️ 최다 빈출 선지

| 동학
① 최제우가 동학을 창시하였다.
② 인내천 사상을 강조하였다.

| 천주교
① 초기에는 서학으로 소개되었다.
② 제사와 신주를 모시는 문제로 정부의 탄압을 받았다.
③ 신유박해로 수많은 천주교인들을 처형하였다.

대표 기출 문제

01 밑줄 그은 '개혁안'의 내용으로 옳은 것은?

> 이곳은 유형원이 학문 연구와 저술에 힘썼던 전라북도 부안군 우반동의 반계 서당입니다. 그는 이곳에 머물면서 다양한 <u>개혁안</u>을 담은 반계수록을 저술하였습니다.

① 균전제 실시
② 정혜결사 제창
③ 훈련도감 창설
④ 전민변정도감 설치

02 (가) 인물에 대한 설명으로 옳은 것은?

> 이것은 화성성역의궤에 수록된 거중기 설계도입니다. (가) 이/가 기기도설을 참고하여 제작한 거중기는 수원 화성 축조에 이용되었습니다.

① 여전론을 주장하였다.
② 추사체를 창안하였다.
③ 북학의를 저술하였다.
④ 몽유도원도를 그렸다.

조선 실학자 유형원   정답 ①

밑줄 그은 '개혁안'의 내용은 조선 후기 실학자 유형원의 개혁안이다. 유형원은 농촌에 묻혀 살면서 학문 연구에 몰두하고 "반계수록"을 저술하였다. 이 책에서 그는 신분에 따라 차등 있게 토지를 분배하자는 균전론을 내세웠고, 자영농 육성을 위한 토지 제도의 개혁을 주장하였다.

정답 분석

① 유형원은 균전제를 내세워 사농공상 직업에 따라 토지를 분배하여 자영농을 육성할 것을 주장하였다.

오답 피하기

② 고려 후기 지눌은 세속화되고 정치와 연관되어 타락한 불교를 지양하며 산림에서 선(禪) 수행에 전념하자는 운동인 정혜결사를 하였다.
③ 임진왜란 초기 조선이 패전을 거듭하게 되자 조선 정부는 포수, 살수, 사수의 삼수병으로 구성된 훈련도감을 설치하였다.
④ 고려 후기 공민왕은 승려 신돈을 기용하고 전민변정도감을 설치하여 내정 개혁을 추진하였다.

조선 실학자 정약용   정답 ①

(가) 인물은 조선 후기 실학자 정약용이다. 정약용은 서양의 기술 서적인 "기기도설"을 참고해 거중기를 만들어 수원 화성을 축조하는 데 이용했고, 정조의 화성 행차를 위해 한강에 설치하는 배다리를 설계하였다.

정답 분석

① 정약용은 여전론을 주장하였다. 여전론은 한 마을을 단위로 토지를 공동 소유하고 공동으로 경작하여, 노동량에 따라 그 수확량을 분배하는 일종의 공동 농장 제도였다.

오답 피하기

② 김정희는 여러 필법을 연구하여 독창적인 추사체를 창안하였다.
③ 박제가는 청에 다녀온 후 "북학의"를 저술하여 생산을 자극하기 위해서는 소비를 촉진해야 한다고 강조하였다.
④ 조선 초기 화원 출신인 안견은 안평대군의 꿈을 소재로 '몽유도원도'를 그렸다.

기본 63회 27번

03 밑줄 그은 '이 인물'에 대한 설명으로 옳은 것은?

> 이 인물은 유학, 서양 과학 등 여러 학문을 융합하여 독창적 사상을 정립하였습니다. 그가 저술한 의산문답에는 무한 우주론에 대한 설명과 함께, 중국 중심 세계관에 대한 비판적 인식이 잘 드러나 있습니다.

> 조선 후기 북학파 실학자인 이 인물에 대해 알려 주세요.

① 추사체를 창안하였다.
② 지전설을 주장하였다.
③ 사상 의학을 정립하였다.
④ 대동여지도를 제작하였다.

조선 실학자 홍대용   정답 ②

밑줄 그은 '이 인물'은 조선 후기 실학자 홍대용이다. 홍대용은 "의산문답"에서 실옹과 허자의 대담 형식을 빌려 관념적 화이관과 중국 중심 세계관의 허구성을 비판하고 북학의 이론적 틀을 제시하였다.

정답 분석

② 홍대용은 지전설을 주장하여 중국 중심의 세계관을 비판하는 근거를 제공하였다.

오답 피하기

① 김정희는 여러 필법을 연구하여 독창적인 추사체를 창안하였다.
③ 이제마는 "동의수세보원"를 편찬하여 사상 의학 체계를 수립하였다.
④ 김정호는 산맥, 하천, 포구, 도로망 등을 자세히 표시한 '대동여지도'를 완성하였다.

기본 61회 25번

04 (가)에 들어갈 인물로 옳은 것은?

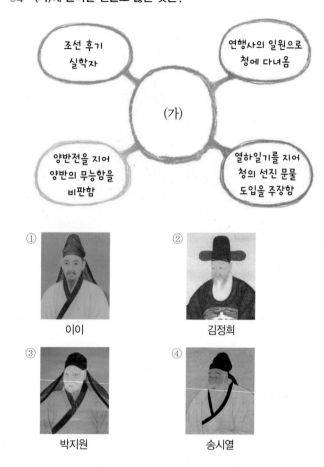

- 조선 후기 실학자
- 연행사의 일원으로 청에 다녀옴
- (가)
- 양반전을 지어 양반의 무능함을 비판함
- 열하일기를 지어 청의 선진 문물 도입을 주장함

① 이이
② 김정희
③ 박지원
④ 송시열

조선 실학자 박지원   정답 ③

(가)에 들어갈 인물은 조선 후기 실학자 박지원이다. 박지원은 연행사의 일원으로 청에 다녀온 후 "열하일기"를 저술하였다. 박지원은 생산과 유통이 중요하다고 보고, 수레와 선박의 이용, 화폐 유통의 필요성을 강조하였다. 또한, "양반전"과 "호질" 등의 한문 소설에서 놀고 먹는 양반을 호되게 비판하였다.

정답 분석

③ 조선 후기 북학파의 구심점인 박지원은 "호질", "양반전" 등을 저술하여 양반의 위선과 무능을 비판하였다.

오답 피하기

① 이이는 "성학집요"를 저술하여 현명한 신하가 왕의 수양을 도와주어야 한다고 주장하였다.
② 김정희는 여러 필법을 연구하여 독창적인 추사체를 창안하였다.
④ 서인(노론)의 영수인 송시열은 효종 즉위 직후 기축봉사(1649)를 올려 멸망한 명에 대한 의리를 내세우며 북벌 운동을 주도하였다.

05 (가)에 들어갈 인물로 옳은 것은?

이 작품은 (가) 이/가 북경에 갔을 때 우정을 나눈 청의 화가 나빙이 선물한 것입니다. (가) 은/는 4차례나 연행길에 올라 청의 지식인들과 교유하였고, 청의 제도와 문물을 소개한 북학의를 저술하였습니다.

① 이익   ② 김정희
③ 박제가   ④ 유성룡

06 (가)에 들어갈 종교로 옳은 것은?

① 동학   ② 대종교
③ 원불교   ④ 천주교

조선 실학자 박제가   정답 ③

(가)에 들어갈 인물은 조선 후기 실학자 박제가이다. 박제가는 청에 다녀온 후 "북학의"를 저술하여 청의 문물을 적극 수용하자고 주장하였다. 또한, 수레와 선박의 이용 확대 및 소비 촉진을 통한 생산력의 증대를 역설하였다.

정답 분석

③ 박제가는 청에 다녀온 후 저술한 "북학의"에서 절약보다 적절한 소비를 권장하였다.

오답 피하기

① 이익은 "성호사설"에서 한전론을 주장하였다.
② 김정희는 여러 필법을 연구하여 독창적인 추사체를 창안하였다.
④ 유성룡은 7년 동안에 걸친 임진왜란에 대해 적은 "징비록"을 저술하였다.

동학   정답 ①

(가)에 들어갈 종교는 동학이다. 조선 후기 경주의 몰락 양반인 최제우는 동학을 창시하였다(1860). 동학은 마음속에 한울님을 모시는 시천주(侍天主)와 '사람이 곧 하늘'이라는 인내천(人乃天) 사상을 바탕으로 인간의 존엄성과 평등을 강조하였다. 동학의 2대 교주 최시형은 정부의 탄압을 피해 경상도와 강원도 등지에서 오랫동안 숨어 지내면서 동학의 기본 경전인 "동경대전"과 "용담유사" 등을 간행하였다.

정답 분석

① 동학은 경주 출신의 가난한 양반인 최제우가 서학(천주교)에 대항한다는 의미에서 창시하였다.

오답 피하기

② 대종교는 나철, 오기호 등 지식인들이 전통적인 단군 신앙을 되살릴 것을 주장하면서 창시하였다.
③ 박중빈이 창시한 원불교는 허례 폐지, 근검절약, 협동 단결 등 새생활 운동을 전개하였다.
④ 천주교는 조선에 처음 전래될 때 서양 학문의 일부로 인식하여 서학이라 칭하였다.

26강 조선 후기의 문화

1 서민 문화의 발달

▲ 유숙의 수계도권(일부)
선비들이 둥그렇게 둘러앉아 시를 짓거나 감상하는 모습이 표현된 그림이다. 조선 후기에 이르러 중인들은 시사를 조직하여 활동하였다. 주로 중인층이 지은 한시를 위항시라고 불렀다.

▲ 판소리

▲ 양주별산대놀이

▲ 봉산 탈춤

배경	• 조선 후기 농업 생산력 증대, 상품화폐 경제의 발달 서민의 경제력 확대 • 서당 교육 보급 서민 의식과 지위 향상	
특징	• 중인층(역관, 서리)과 서민층이 주도 • 인간 감정의 솔직한 표현, 양반의 비리·위선 고발, 사회 모순 풍자	
문학	한글 소설	사회 현실 비판, 평등 의식 향상에 기여, 소설을 읽어주는 전기수가 등장함 예 홍길동전, 춘향전, 사씨남정기, 구운몽, 토끼전 등
	사설 시조	• 일정한 형식 구애받지 않음 • 서민의 감정을 꾸밈없이 표현(남녀 간의 사랑, 현실 비판 등)
	시사 조직	양반뿐만 아니라 중인·서민층을 중심으로 창작 문학 활동 활발
공연 예술	판소리	• 하층민과 양반 모두에게 호응 • 신재효가 판소리를 정리(19세기) 예 춘향가, 심청가, 흥부가, 적벽가, 수궁가 등
	탈놀이	양반 사회의 허구와 위선 풍자 예 봉산 탈춤, 안동 화회 탈춤, 양주 산대놀이 등
그림	풍속화	• 김홍도 : 서민의 일상생활을 익살스럽게 표현('씨름', '서당' 등) • 신윤복 : 양반·부녀자들의 생활 묘사('미인도', '단오풍정' 등) • 김득신 : 김홍도와 비슷한 경향의 풍속화를 남김('파적도' 등)
	민화	• 가장 일상적이고 넓은 저변, 생활 문화를 가진 그림(나무나 동물 등을 소재) • 부유한 중인·상민들이 집안 장식, 민중의 소원 기원

▲ 김홍도의 서당도

▲ 김홍도의 무동도

▲ 김득신의 수전묘식도

▲ 민화 호랑이

▲ 신윤복의 주유청강

▲ 신윤복의 연당의 여인

▲ 민화 문자도

2 예술의 새 경향

문학	한문학 : 이전과 달리 과감한 문체 혁신으로 부조리한 현실을 비판하는 작품 등장 ⓐ 양반전, 허생전, 호질, 민옹전 등
회화	• 진경산수화 : 우리 자연의 사실적 반영 ⓐ 정선의 '인왕제색도'와 '금강전도' • 김정희의 세한도 : 제주도 유배 중일 때 사제의 의리를 변함없이 지킨 제자 이상적에게 그려준 그림
서예	김정희의 추사체 : 굳센 기운과 다양한 조형감
자기	청화 백자 : 조선 후기에 널리 보급되어 유행, 순도 높은 백자에 청색의 코발트 안료(회회청, 토청)로 무늬를 넣고, 투명 유약을 입힘
건축	보은 법주사 팔상전(5층 목탑) : 현존하는 유일한 조선 시대 목탑, 석가모니의 생애를 여덟 장면으로 표현한 팔상도가 그려져 있음

▲ 정선의 인왕제색도

▲ 정선의 금강전도

▲ 청화백자

3 과학 기술과 각종 저서

천문학	홍대용의 지전설 · 무한 우주론 주장 ➡ 중국 중심의 세계관 탈피, 성리학적 세계관을 비판
역법	김육 등의 노력으로 청으로부터 서양의 역법인 시헌력 도입
지도	곤여만국전도 전래 ➡ 중국 중심의 세계관 탈피
농서	• 신속의 『농가집성』 : 이앙법 보급에 공헌 • 박세당의 『색경』 : 채소, 과수, 화초의 재배법 등 소개
의서	• 허준의 『동의보감』 : 조선 최대의 의학서 　┌ 선조의 명으로 편찬이 시작되어 광해군 때 완성 　└ 병증에 대한 고금의 처방을 일목요연하게 정리 • 허임의 『침구경험방』 : 침구술 집대성, 침구에 관한 전문 의서 • 정약용의 『마과회통』 : 마진(홍역)에 대한 연구 진전 • 이제마의 『동의수세보원』 : 사람의 체질을 연구하여 사상 의학을 확립
기술	정약용의 거중기 : 『기기도설』에 실린 도르래의 원리를 활용, 화성 축조에 활용
외국인 표류	• 벨테브레이 : 인조 때 제주도에 표류 귀화, 박연이라는 이름을 가짐 • 하멜 : 제주도에 표류, 『하멜 표류기』 저술하여 조선의 사정을 서양에 전함

▲ 강세황의 영통골 입구도(서양화 기법 도입)

▲ 김정희 세한도
김정희가 이상적에게 그려 준 그림으로, 청에서 구한 책을 제주도에 유배 중인 자신에게 보내 준 것에 대한 보답이었다.

▲ 보은 법주사 팔상전(충북 보은)
우리나라에 남아 있는 유일한 5층 목탑이다. 정유재란 때 불탄 것을 사명당 유정 스님이 복원하였다.

▲ 곤여만국전도

▲ 홍대용이 만든 혼천의
홍대용은 지구가 둥글다는 것을 인정하고, 중국이 세계의 중심이라는 생각을 비판하였다.

대표 기출 문제

01 밑줄 그은 '이 그림'이 그려진 시기에 볼 수 있는 모습으로 적절하지 <u>않은</u> 것은?

> 이 그림은 서당의 모습을 그린 김홍도의 풍속화입니다. 훈장 앞에서 훌쩍이는 학생과 이를 바라보는 다른 학생들의 모습이 생생하게 표현되어 있습니다.

① 한글 소설을 읽는 여인
② 청화 백자를 만드는 도공
③ 판소리 공연을 하는 소리꾼
④ 초조대장경을 제작하는 장인

● 서민 문화의 발달과 예술의 새 경향 ●

✎ 시험에 꼭 나오는 **키워드**

- 조선 후기 서민 문화의 특징 정리하기 ➡ 단독으로도 자주 출제가 됨
- 김홍도, 신윤복, 김득신, 정선, 김정희 그림 눈에 익히기 ➡ 단독으로 출제가 됨
- 청화백자, 법주사 팔상전은 간혹 단독으로 출제가 됨

✔ 최다 빈출 선지

| 서민 문화
① 장시에서 한글 소설을 읽어주는 전기수가 있었다.
② 홍길동전, 박씨전 등의 한글 소설이 널리 읽혔다.
③ 중인층의 시사 활동이 활발하였다.
④ 기존 형식에서 벗어난 사설시조가 유행하였다.
⑤ 양반의 위선을 풍자한 탈춤이 공연되었다.
⑥ 춘향가 등의 판소리가 성행하였다.
⑦ 민화가 유행하였다.

| 정선
① 우리나라의 산천을 사실적으로 표현하였다.
② 진경산수화의 대표적인 화가이다.
③ 인왕제색도, 금강전도를 남겼다.

| 김정희
① 추사체를 창안하였다.
② 제자 이상적에게 세한도를 그려주었다.

| 청화백자
① 회회청 안료를 사용한 청화 백자가 만들어졌다.

| 법주사 팔상전
① 현존하는 유일한 조선 시대 목탑이다.

| 각종 저서
① 동의보감을 완성하였다(허준).
② 사상 의학을 정립하였다(이제마).
③ 거중기를 설계하였다(정약용).
④ 시헌력을 도입하였다(김육).

조선 후기의 문화 정답 ④

밑줄 그은 ' 이 그림'이 그려진 시기는 조선 후기이다. 조선 후기에는 생활 모습을 사실적으로 표현한 풍속화가 유행하였다. 풍속화는 김홍도와 신윤복에 이르러 새 경지를 이룩하였다. 김홍도는 당시의 서민 문화를 적나라게 표현하였고, 신윤복은 양반의 위선적인 행각과 남녀 사이의 애정 등을 감각적이고 해학적으로 묘사하였다.

정답 분석

④ 고려 중기 현종 때 거란의 침입을 받았던 고려는 부처의 힘으로 국난을 극복하고자 "초조대장경"을 간행하였다.

오답 피하기

① 조선 후기에 문학의 저변이 서민층까지 확대되면서 "홍길동전", "박씨전", "춘향전" 등이 유행하여 널리 읽혔다.
② 조선 후기에는 백자가 계속 유행하는 가운데 푸른색으로 그림을 그려 넣은 청화 백자가 크게 유행하였다.
③ 조선 후기에 판소리는 감정 표현이 직접적이고 솔직하여 서민을 포함한 넓은 계층으로부터 호응을 받았다.

02 (가)에 들어갈 그림으로 옳은 것은?

①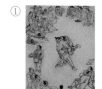
씨름도

②
노상알현도

③
고사관수도

④
월하정인

조선 후기 화가 신윤복
정답 ④

(가)에 들어갈 그림은 조선 후기 풍속화가 신윤복의 그림이다. 조선 후기 문화 향유층의 확대는 미술품에도 나타나 풍속화와 민화가 크게 유행하였다. 신윤복은 도시 양반들의 풍류와 부녀자들의 생활, 애정 표현 등을 거리낌 없이 화폭에 담았다.

정답 분석

④ 신윤복의 "월하정인"이다.

오답 피하기

① 김홍도의 "씨름도"이다.
② 김득신의 "노상알현도"이다.
③ 강희안의 "고사관수도"이다.

03 다음 특별전에서 볼 수 있는 작품으로 옳은 것은?

①
영통동구도

②
인왕제색도

③
세한도

④
몽유도원도

조선 후기 화가 정선
정답 ②

다음 특별전에서 볼 수 있는 작품은 조선 후기 화가 겸재 정선의 작품이다. 조선 후기 그림에서는 우리나라의 산천을 사실적으로 표현한 진경 산수화가 등장하였다. 정선은 서울 근교와 강원도의 명승지를 두루 답사하고 우리나라 산천을 사실적으로 묘사하였다. 정선은 중국의 것을 모방하던 기존의 산수화에서 벗어나 새로운 묘사 기법을 활용하여 "금강전도"와 "인왕제색도" 등의 진경 산수화를 그렸다.

정답 분석

② 정선의 "인왕제색도"이다.

오답 피하기

① 강세황의 "영통동구도"이다.
③ 김정희의 "세한도"이다.
④ 강희안의 "고사관수도"이다.

IV

국제 질서의 변동과
근대 국가 수립 운동

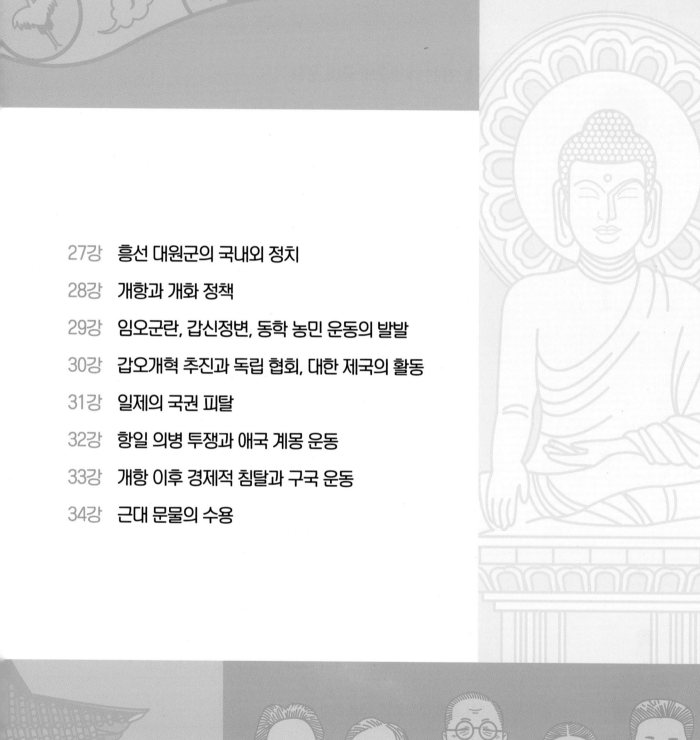

27강 흥선 대원군의 국내외 정치

28강 개항과 개화 정책

29강 임오군란, 갑신정변, 동학 농민 운동의 발발

30강 갑오개혁 추진과 독립 협회, 대한 제국의 활동

31강 일제의 국권 피탈

32강 항일 의병 투쟁과 애국 계몽 운동

33강 개항 이후 경제적 침탈과 구국 운동

34강 근대 문물의 수용

27강   흥선 대원군의 국내외 정치

▲ 당백전

흥선 대원군은 경복궁 중건을 위해 당백전을 발행하고, 이외에도 성문세, 원납전, 결두전 등을 징수하여 백성들의 많은 원성을 초래했다.

서원 철폐

"진실로 백성에게 해가 되는 것이 있으면 비록 공자가 다시 살아난다 해도 용서하지 않겠다. 지금 서원은 도둑의 소굴이 되어버렸으니 말할 것도 없다."

흥선 대원군의 서원 철폐령이 내려지자 각지의 유생들이 격렬하게 반대 운동을 전개하였고 위와 같이 호통을 치며 유생들을 해산시켰다.

---

1 흥선 대원군의 국내 정치

(1) 흥선 대원군의 집권 무렵 국내외 정세

국내	세도 정치의 폐단(왕권 약화, 삼정의 문란으로 인한 민란 발생) 동학과 천주교 확산
국외	서양에 대한 위기의식 : 러시아의 남하와 연해주 차지, 이양선 출몰, 일본과 중국의 개항

(2) 흥선 대원군의 내정 개혁

배경	• 세도 정치의 폐단, 왕권 약화 • 고종 즉위 ➡ 흥선 대원군의 섭정

왕권 강화 정책	• 안동 김씨 세력 축출, 문벌을 가리지 않고 인재 등용
	• 정치 기구 개편 : 비변사 폐지 ➡ 의정부와 삼군부 기능 강화(정치 · 군사 업무 분리)
	• 법전 정비 : 『대전회통』, 『육전조례』 등 편찬
	• 경복궁 중건 : 왕실의 권위 회복
	  ┌ 경비 마련 : 원납전 징수, 당백전 발행(물가 급등)
	  ├ 양반 묘지림 벌목, 통행세 징수, 백성 부역 동원
	  └ 결과 : 양반과 농민 모두 반감 고조

서원 철폐	• 배경 : 붕당의 근거지, 국가 재정 부담, 민생 피폐 • 전개 : 전국에 47개소의 서원을 제외한 만동묘(임진왜란 때 도와준 명의 황제인 신종 · 의종을 위해 세운 사당) 포함 600여 개 철폐 ➡ 서원이 가진 토지와 노비 몰수 • 결과 : 왕권 강화, 민생 안정, 국가 재정 확보

(3) 흥선 대원군의 수취 체제의 개혁 : 삼정의 문란 시정

배경	삼정의 문란, 민생 피폐
목적	국가 재정 확보, 민생 안정
민생안정	• 전정 : 양전 사업 실시, 토지 겸병 금지 • 군포 : 호포제 실시 ➡ 양반에게도 군포 부과 ➡ 국가 재정 확충 • 환곡 : 사창제 시행 ➡ 지방관과 토호의 중간 수탈 방지

(4) 흥선 대원군의 국내 정치 평가

의의	국가 기강 정립, 민생 안정에 이바지
한계	조선 왕조 체제 내에서 전제 왕권 강화 목표 ┌ 양반의 불만 : 서원 철폐, 호포제 실시, 원납전 징수 └ 백성의 불만 : 당백전 발행, 통행세 징수, 백성들의 부역

▲ 흥선 대원군의 영정

② 흥선 대원군의 통상 수교 거부 정책과 양요(국외 정치)

(1) 병인박해(1866.1.)

배경	러시아가 연해주를 획득하자 서양 세력에 대한 위기감 고조
전개	흥선 대원군이 러시아 견제를 위해 프랑스 선교사와 교섭을 하지만 실패 ➡ 국내에서 천주교 금지 주장 고조 ➡ 천주교도 탄압(프랑스 선교사 9명 처형)
결과	병인양요의 구실이 됨

(2) 제너럴 셔먼호 사건(1866.7.)

배경	미국 상선 제너럴 셔먼호가 대동강에서 통상을 요구하다가 평양 주민과 충돌
전개	평양도 관찰사 박규수 지휘 아래 평양 관민이 제너럴 셔먼호를 불태워 침몰
결과	5년 후 신미양요의 구실이 됨

(3) 병인양요(1866.9.)

배경	병인박해 때 프랑스 선교사 처형을 구실로 문호 개방을 요구
전개	조선은 프랑스의 요구를 거부 ➡ 프랑스 로즈 제독이 이끄는 극동 함대가 강화도와 양화진 침입 ➡ 문수산성(한성근), 정족산성(양헌수)의 항전 ➡ 40여일 만에 프랑스군 퇴각 및 철수
결과	프랑스군 철수 ➡ 외규장각 의궤를 비롯한 각종 문화재와 보물을 약탈 당함

(4) 오페르트 도굴 사건(1868.5.)

배경	독일인 상인 오페르트의 2차례 통상 요구 ➡ 조선 정부의 거절
전개	오페르트는 충남 예산의 남연군(흥선 대원군의 아버지) 묘의 유골을 빌미로 통상을 요구하고자 함 ➡ 도굴하려다 미수에 그침
결과	서양에 대한 배척과 흥선 대원군의 통상 수교 거부 정책 강화

(5) 신미양요(1871.4.)

배경	미국의 제너럴 셔먼호 사건에 대한 배상금 지불과 개항 요구
전개	조선은 미국의 요구를 거부 ➡ 미국의 아시아 함대 사령관 로저스 제독이 강화도의 초지진, 덕진진 점령 ➡ 어재연의 항전(광성보 전투) ➡ 미군 퇴각
결과	• 미군 철수 ➡ 어재연 부대의 '수(帥)'자기를 가져감 • 척화비 건립 : 통상 수교 거부 의지를 담음

(6) 전국 각지에 척화비 건립(1871)

척화비 건립	두 차례 양요 이후 흥선 대원군은 척화비를 전국 각지에 설립

연표

- **1866** 병인박해 1월 시작
  제너럴 셔먼호 사건 7월
  병인양요 9월
- **1868** 오페르트 남연군 묘 도굴 미수 사건
- **1871** 신미양요

▲ 흥선 대원군과 양요

▲ 병인양요와 신미양요의 전개

▲ 어재연의 장군 깃발

▲ 척화비
흥선 대원군은 신미양요 이후 척화비를 세워 서양과의 통상 수교를 거부하는 뜻을 더욱 강하게 밝혔다.

은쌤의 합격노트

● 흥선 대원군의 국내외 정치 ●

✎ 시험에 꼭 나오는 **키워드**

- 흥선 대원군이 펼친 국내 정치 및 개혁 정리하기 ➡ 흥선 대원군 인물 문제의 정답으로 활용됨
- 병인양요의 배경 – 전개 – 결과 정리하기 ➡ 단독으로 출제됨
- 신미양요의 배경 – 전개 – 결과 정리하기 ➡ 단독으로 출제됨
- 주요 사건 순서 기억하기(병인박해 ➡ 제너럴 셔먼호 사건 ➡ 병인양요 ➡ 오페르트 도굴 사건 ➡ 신미양요 ➡ 척화비 건립)

✔ 최다 빈출 선지

|흥선 대원군의 국내 정치
① 비변사를 폐지하였다.
② 호포제가 시행되었다.
③ 대전회통을 편찬하였다.
④ 경복궁을 중건하였다.
⑤ 당백전을 발행하였다.

|병인양요
① 조선 정부의 프랑스 선교사 처형이 구실이 되어 일어났다 (병인박해).
② 양헌수 부대가 정족산성에서 활약하였다.
③ 외규장각 도서가 약탈당하는 결과를 가져왔다.

|오페르트 도굴 사건
① 오페르트가 남연군 묘 도굴을 시도하였다.

|신미양요
① 평양 관민이 제너럴 셔먼호를 불태웠다.
② 제너럴 셔먼호 사건을 구실로 미군이 강화도를 침략하였다.
③ 어재연 부대가 광성보에서 항전하였다.
④ 전국 각지에 척화비가 건립되는 결과를 초래하였다.

|척화비
① 종로를 비롯한 전국 각지에 척화비를 세웠다.

대표 기출 문제

기본 47회 27번

01 다음 다큐멘터리에서 볼 수 있는 장면으로 가장 적절한 것은?

〈다큐멘터리 기획안〉

> **흥선 대원군, 통치 체제를 정비하다**
>
> ■ 기획 의도
>   1863년 고종의 즉위로 실권을 장악한 흥선 대원군이 추진하였던 정책을 조명한다.
>
> ■ 내용
>   1. 왕권 강화를 위한 통치 체제의 재정비
>   2. 민생 안정과 국가 재정 확충을 위한 노력

① 서원 철폐에 반대하는 양반
② 배재 학당에서 공부하는 학생
③ 탕평비 건립을 바라보는 유생
④ 만민 공동회에서 연설하는 백정

흥선 대원군의 업적   정답 ①

다음 다큐멘터리에서 볼 수 있는 장면은 조선 후기 흥선 대원군이 아들 고종을 대신해 섭정을 하던 시기이다. 흥선 대원군은 정치 기강을 바로잡는 일에 심혈을 기울였다. 이를 위해 세도 정치를 펴던 안동 김씨 일족을 쫓아냈다. 또한, 왕권을 제약하던 비변사를 사실상 폐지하고, 의정부와 삼군부의 기능을 부활시켜 정치와 군사 업무를 나누어 맡게 하였다. "대전회통", "육전조례" 등 새로운 법전도 편찬하여 통치 체제를 재정비하였다.

정답 분석

① 흥선 대원군은 유생들의 강력한 반발을 물리치고 서원을 대폭 정리하여 47개만 남기고 모두 철폐하였다.

오답 피하기

② 배재 학당은 1885년 선교사 아펜젤러에 의해 설립된 근대식 중등 교육기관이다.
③ 조선 후기 영조는 탕평책으로 왕권이 강화되고 정국이 안정되자, 탕평비를 건립하여 붕당의 폐해에 대한 경계의 뜻을 더욱 분명히 하였다.
④ 독립 협회는 만민 공동회를 개최하여 러시아의 절영도 조차 요구를 반대하고 군사 교관, 재정 고문, 한러 은행의 철수를 요구하였다.

02 밑줄 그은 '이 사건'의 배경으로 옳은 것은?

지금 보고 있는 것은 양헌수 장군이 이 사건 당시 정족산성에서 프랑스군과 벌인 전투를 기록한 문헌입니다.

정족산성 접전 사실

① 병인박해가 일어났다.
② 영국이 거문도를 점령하였다.
③ 오페르트가 남연군 묘를 도굴하려 하였다.
④ 서인 정권이 친명 배금 정책을 추진하였다.

병인양요   정답 ①

밑줄 그은 '이 사건'은 병인양요이다. 프랑스는 병인박해를 구실로 조선의 문호를 개방할 것을 요구하며 병인양요를 일으켰다. 프랑스 극동 함대의 로즈 제독이 군함을 이끌고 강화도를 공격하였다. 조선의 완강한 항전에 부딪힌 프랑스군은 철수하면서 외규장각 도서를 비롯한 각종 문화재와 보물을 약탈해 갔다.

정답 분석

① 프랑스는 병인박해를 구실로 군함을 보내 조선을 침략하였다(병인양요). 프랑스군은 강화도에 30일 동안 주둔하면서 약탈과 살인을 자행하였다.

오답 피하기

② 조선이 러시아 세력을 끌어들이자 영국은 러시아의 남하를 견제하기 위해 거문도를 불법 점령하였다.
③ 독일인 오페르트가 통상을 요구하며 흥선 대원군의 아버지 남연군 묘를 도굴하려 한 사건이 일어나자 서양 세력에 대한 반감을 고조시켰다.
④ 인조반정으로 집권한 서인은 대외적으로 친명 배금 정책을 내세워 후금과의 관계를 단절하였다.

---

03 밑줄 그은 '이 사건'에 대한 설명으로 옳은 것은?

이곳은 어재연 장군의 생가입니다. 미군이 통상을 강요하며 강화도를 침략한 이 사건 당시 그는 광성보에서 맞서 싸우다 전사하였습니다.

① 삼국 간섭이 일어나는 배경이 되었다.
② 제너럴 셔먼호 사건이 빌미가 되었다.
③ 운요호의 초지진 공격으로 시작되었다.
④ 제물포 조약이 체결되는 계기가 되었다.

신미양요   정답 ②

밑줄 그은 '이 사건'은 신미양요이다. 1871년 미국은 제너럴 셔먼호 사건을 구실로 로저스 제독이 5척의 군함을 이끌고 강화도를 침략하였다(신미양요). 미군은 항전하는 조선 수비대를 뚫고 강화도 초지진에 상륙하였고, 이어서 덕진진을 점령하였다. 광성보에서는 어재연 장군이 이끄는 조선군이 수와 무기에서 우세한 미군에 맞서 치열하게 싸웠으나 점령당하고 말았다. 조선군의 결사 항전과 정부의 통상 거부로 더는 오래 머물 수 없었던 미군은 결국 20여 일 만에 물러갔다.

정답 분석

② 1866년 미국 상선 제너럴 셔먼호가 행패를 부리자 평양 군민들이 배를 불태워 버렸다.

오답 피하기

① 청·일 전쟁의 승리로 일본이 랴오둥 반도를 할양받자, 러시아는 프랑스와 독일을 끌어들여 이를 저지시켰다(삼국 간섭, 1895).
③ 1875년 일본 군함 운요호는 강화도 초지진에서 조선군과 충돌한 후, 영종도에 상륙하여 살육과 방화를 저질렀다.
④ 일본은 임오군란으로 공사관이 습격당하고 인명 피해를 입자 피해 보상과 거류민 보호를 내세우면서 제물포 조약을 체결하였다.

28강 개항과 개화 정책

1 개항과 불평등 체제의 성립

(1) 강화도 조약(조·일 수호 조규, 1876)

배경	• 최익현의 흥선 대원군 하야 상소(계유 상소) ➡ 흥선 대원군 하야(1873) ➡ 고종의 친정 체제 수립, 민씨 일가 집권 • 일본은 운요호 사건(1875)을 구실로 조선에 문호 개방 요구

▲ 일본의 운요호

〈조약의 내용〉

〈제1관〉 조선국은 자주국이며, 일본국과 평등한 권리를 가진다.
* 청의 종주권 부인 ➡ 청의 간섭 배제
〈제4관〉 조선국은 부산 이외 제5관에서 제시하는 두 곳의 항구를 개항하고 일본인이 왕래 통상함을 허가한다.
* 부산(1876), 원산(1880), 인천(1883)의 순서로 개항 ➡ 부산은 경제적 목적, 인천은 정치적 목적, 원산은 군사적 목적으로 개항시키고 침략을 강화
〈제7관〉 조선국 연해의 섬과 암초는 극히 위험하므로 일본국의 항해자가 자유롭게 해안을 측량하도록 허가한다.
* 해안 측량권 허가 ➡ 주권 침해
〈제9관〉 인민은 각자 임의에 따라 무역을 하고 양국의 관리는 조금도 이에 관여하지 못하며, 제한, 금지하지 못한다.
* 일본 상인들의 자유로운 상업 활동 보장
〈제10관〉 일본국 인민이 조선국이 지정한 각 항구에서 죄를 범할 경우 일본국 관원이 재판한다.
* 치외법권(영사 재판권) 허용 ➡ 주권 침해

▲ 강화도 조약 체결 모습

성격	최초의 근대적 조약, 불평등 조약(치외법권, 연안 측량권 등)
영향	조약 체결 직후 일본의 근대화된 모습을 파악하기 위해 제1차 수신사 김기수를 파견

⬇

강화도 조약을 보완하기 위해 6개월 뒤 부속 조약과 통상 장정 체결 ➡ 일본의 경제적 침략 발판 마련

▲ 연무당 옛터(인천 강화)
강화부 군사들을 훈련시키던 연무당에서 일본과 강화도 조약을 체결하였다.

조 · 일 수호 조규 부록 (1876.8.)	조 · 일 무역 규칙 조 · 일 통상 장정(1876.8.)
• 개항장에서 일본인 거류지(조계) 설정 ➡ 간행이정 10리 이내에서 무역 허가(거류지 무역) ➡ 조선인 중개 상인 활동이 활발 • 개항장 내 일본 화폐 유통 허용	• 개항장에서 조선 양곡의 무제한 일본 유출 허용 • 일본 정부 소속 선박은 항세 면제 • 일본 수출입 상품에 대한 무관세 허용

 +

⬇

조 · 일 통상 장정(1883) ➡ 강화도 조약 때보다 개정된 조약 체결

• 일본 상품에 대해 무관세에서 유관세로 전환(관세 부과)
• 무제한 곡물 유출을 막기 위한 방곡령 시행 규정 추가
• 일본에 대한 최혜국 대우 인정 ➡ 일본의 내지 무역이 허용되는 계기가 됨

▲ 조 · 일 통상 장정 체결 기념 연회도

(2) 조·미 수호 통상 조약(1882)

배경	• 청의 알선 ➡ 조선에 대한 종주권 확인 • 2차 수신사 김홍집이 황준헌의 『조선책략』을 갖고 와 유포(1880) ➡ 국내에서 연미론이 대두됨 ➡ 이만손을 중심으로 영남 유생들이 영남 만인소를 올려 『조선책략』 비판

〈조약의 내용〉

〈제1조〉 제3국이 한쪽 정부에 부당하게 또는 억압적으로 행동할 때에는 다른 한쪽 정부는 원만한 타결을 위해 주선을 한다.

* 거중 조정권 ➡ 다른 나라에 핍박 받을 경우, 돕고 분쟁 해결 주선

〈제4조〉 조선 백성이 미합중국 국민에게 범행을 하면 조선 당국이 조선 법률에 따라 처벌한다. 미합중국 국민이 조선 인민을 때리거나 재산을 훼손하면 미합중국 영사나 그 권한을 가진 관리만이 미합중국 법률에 따라 체포하고 처벌한다.

* 치외법권 인정

〈제5조〉 무역을 목적으로 조선국에 오는 미국 상인 및 상선은 모든 수출입 상품에 대하여 관세를 지불해야 한다.

* 저율의 관세권을 인정받음

〈제14조〉 본 조약에 의하여 부여되지 않은 어떤 권리나 특혜를 다른 나라에 허가할 경우 이와 같은 권리나 특혜는 미국 관민과 상민에게도 무조건 균점된다.

* 최혜국 대우 조항 ➡ 열강들에게 이권 침탈 빌미 제공

성격	서양과 맺은 최초의 조약, 불평등 조약(치외법권, 최혜국 대우 등)
영향	미국에 사절단으로 보빙사 파견(1883)

② 초기 개화 정책의 추진 : 1880년대 초반

수신사 파견	• 1차 수신사(1876) : 김기수, 일본 근대 시설 시찰 • 2차 수신사(1880) : 김홍집, 『조선책략』 전래, 일본 근대 문물 시찰

	고종의 개화파 등용 ➡ 본격적인 개화 정책의 추진	
제도 개편	관제 개편	• 통리기무아문 설치(1880) : 개화 정책 총괄 기구 • 12사 설치 : 외교 군사, 통상, 재정 등 개화 행정 담당 부속 기구
	군제 개편	• 기존의 구식 군대 5군영을 통합하여 2영(무위영, 장어영)으로 개편 • 신식 군대 별기군 창설(1881) : 일본인 교관 초빙, 근대식 훈련
해외 사절단 파견		• 조사 시찰단(신사 유람단, 1881) : 박정양, 어윤중, 홍영식 등으로 구성된 수행원 ┌ 고종은 개화 반대 여론을 의식하여 암행어사 형태로 비밀리에 파견 └ 3개월간 일본의 근대 시설과 제도 등을 보고 돌아옴 • 영선사(1881) : 청의 톈진에 김윤식 등 유학생, 기술자 38명 파견 ┌ 청의 근대식 무기 제조술과 근대 군사 훈련법 습득 ├ 기술 습득의 한계, 경비 부족, 임오군란 발생 등으로 1년 만에 조기 귀국 └ 귀국 후 근대식 무기 제조 공장인 기기창 설치(1883)에 기여 • 보빙사(1883) : 최초로 서양에 파견된 사절단 ┌ 조·미 수호 통상 조약 체결 직후 미국 공사 포트의 내한에 대한 답방 ├ 유길준, 민영익, 홍영식 등 파견 ➡ 미국 근대 시설 시찰 및 대통령 아서 예방 └ 유길준은 미국에 남아 유학(귀국 후 『서유견문』, 『노동야학독본』 등을 집필)

▲ 조선 책략

일본에 2차 수신사로 파견된 김홍집이 가져온 『조선책략』은 러시아를 견제하기 위해 미국과의 수교가 필요함을 강조하여 미국과 수교를 맺게 되는 것에 큰 영향을 끼쳤다.

영국 (1883)	최혜국 대우
독일 (1883)	최혜국 대우
러시아 (1884)	독자적으로 수교
프랑스 (1886)	천주교 포교 묵인
공통점	불평등 조약(치외법권과 최혜국 대우 조항 포함)

▲ 서양과의 조약 체결

▲ 관제와 군제의 개편

▲ 별기군

▲ 보빙사 일행

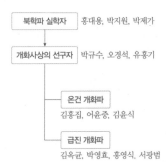

```
북학파 실학자 → 홍대용, 박지원, 박제가
    ↓
개화사상의 선구자 → 박규수, 오경석, 유홍기
    ↓
    ├─ 온건 개화파
    │   김홍집, 어윤중, 김윤식
    └─ 급진 개화파
        김옥균, 박영효, 홍영식, 서광범
```

▲ 개화파의 형성과 분화

▲ 김옥균(급진 개화파)

최익현의 강화도 조약 반대 상소

저들이 비록 왜인이라고 하지만 본질적으로는 서양 오랑캐와 다를 것이 없습니다. 강화가 이루어지면 사악한 서적과 천주교가 다시 들어와 사악한 기운이 온 나라를 덮게 될 것입니다.
– 최익현, 『면암집』–

1876년 강화도에서 개항 협상이 진행될 때 최익현은 왜양일체론을 내세우며 일본의 침략에 의한 문호 개방이 경제 파탄과 자주권 손상을 가져올 것이라고 지적하였다.

근대 시설 설치	• 전환국(1883~1904) : 근대식 화폐 주조 • 기기창(1883~1894) : 무기 제작, 영선사의 건의 • 박문국(1883~1884, 1885~1888) : 한성순보 간행 • 우정국(1884) : 근대 우편 제도 도입 및 관장

❸ 개화파 형성과 성장

개화파	김옥균, 박영효 등 양반 지식인 중심, 정계에 진출한 후 개화 정책 추진	
개화파의 분화 = 임오군란 이후 개화의 방법과 속도, 외교 정책 등을 놓고 대립		
구분	온건 개화파(사대당, 수구당)	급진 개화파(개화당, 독립당)
주요 인물	김홍집, 김윤식, 어윤중 등	김옥균, 박영효, 홍영식, 서광범 등
개혁 모델	청의 양무운동	일본의 메이지 유신
개화 방법	동도서기론 ➡ 점진적 개혁 전통 유교 사상 유지	문명개화론 ➡ 급진적 개혁 입헌군주제 지향
활동	집권 세력, 민씨 정권과 결탁 청과의 관계 중시(친청 사대)	민씨 정권의 친청 사대 정책 반대
영향	갑오개혁 주도	갑신정변 주도

❹ 위정척사 운동의 전개

(1) 위정척사 운동 : 보수적 유생의 주도

의미		• 위정(衛正, 정학과 정도를 지킴), 척사(斥邪, 사악과 이단을 배격) • 옳은 것(성리학)을 지키고 그른 것(성리학 외의 모든 종교와 사상)을 배척하는 운동
1860년대	배경	서양 열강의 통상 요구, 병인양요, 신미양요 등의 침략 행위가 발생
	전개	• 통상 반대 운동 : 이항로, 기정진 등이 주도 • 척화 주전론 주장, 흥선 대원군의 통상 수교 거부 정책 뒷받침
1870년대	배경	서양과 일본의 문호 개방 압력으로 인해 강화도 조약이 체결
	전개	• 개항 반대 운동 : 최익현, 유인석 등이 주도 • 왜양일체론 주장 : 일본과 서양은 같기 때문에 개항은 절대 불가
1880년대	배경	정부의 개화 정책 추진, 김홍집이 가져 온 『조선책략』 유포
	전개	• 개화 반대 운동 전개 : 이만손, 홍재학 등이 주도 • 『조선책략』의 주장에 반발하며 이만손 등의 영남 만인소(1881)를 올림
1890년대	배경	일본의 침략 행위 심화 ➡ 을미사변, 을미개혁(단발령) 등이 발생
	전개	• 항일 의병 운동 전개 : 유인석, 이소응 등이 주도 • 상소가 아닌 직접적인 항일 의병 운동을 전개함
의의		서양 열강과 일본의 침략에 저항한 반침략·반외세 운동

은쌤의 합격노트

· 각국과 조약 체결 및 개항 ·

✏️ 시험에 꼭 나오는 **키워드**

- 강화도 조약의 내용과 의미 기억하기 ➡ 단독으로 출제가 됨
- 조·미 수호 통상 조약의 내용과 의미 기억하기 ➡ 단독으로 출제가 됨
- 조선책략의 내용과 영향 기억하기 ➡ 간혹 단독으로 출제가 됨

✔ 최다 빈출 선지

| 강화도 조약
① 군함 운요호가 강화도에 접근하여 위협하였다.
② 운요호 사건을 빌미로 일본이 요구하였다.
③ 부산, 원산, 인천을 개항하는 배경이 되었다.

| 조선책략
① 조·미 수호 통상 조약이 체결되는 계기가 되었다.
② 조선책략 유포에 반발하여 이만손 등이 영남 만인소를 올렸다.

| 조·미 수호 통상 조약
① 조선책략의 영향으로 체결되었다.
② 외국과 맺은 최초의 근대적 조약이었다.
③ 최혜국 대우를 처음으로 규정하였다.

· 초기 개화 정책의 추진 ·

✏️ 시험에 꼭 나오는 **키워드**

- 초기 개화 정책들 정리하기 ➡ 수신사 파견, 통리기무아문 설치, 별기군 창설, 사절단 파견, 근대 시설 설치
- 사절단(수신사, 조사 시찰단, 영선사, 보빙사)의 특징 기억하기

✔ 최다 빈출 선지

| 초기 개화 정책
① 개화 정책을 총괄하는 통리기무아문이 설치되었다.
② 신식 군대인 별기군이 창설되었다.
③ 조사 시찰단이 파견되었다.
④ 보빙사가 파견되었다.

| 영선사
① 김윤식을 청에 영선사로 파견하였다.
② 기기국에서 무기 제조 기술을 배우고 돌아왔다.

| 보빙사
① 서양에 파견된 최초의 사절단이었다.
② 개항기에 민영익이 보빙사의 대표로 파견되었다.
③ 전권대신 민영익과 부대신 홍영식 등으로 구성되었다.

기본 58회 29번

01 밑줄 그은 '조약'으로 옳은 것은?

이곳은 운요호 사건을 빌미로 일본이 개항을 강요하여 조선과 <u>조약</u>을 체결한 장소입니다.

① 한성 조약
② 정미 7조약
③ 강화도 조약
④ 제물포 조약

기본 63회 31번

02 밑줄 그은 '조약'에 대한 설명으로 옳은 것은?

이것은 민영익을 대표로 한 보빙사의 모습이 담긴 사진입니다. 조선책략 유포로 미국과의 수교론이 제기된 상황에서, 청의 주선으로 <u>조약</u>이 체결된 이후 조선은 보빙사를 미국에 파견하였습니다.

① 최혜국 대우가 규정되어 있다.
② 통감부가 설치되는 결과를 가져왔다.
③ 부산, 원산, 인천을 개항하는 배경이 되었다.
④ 일본 공사관에 경비병이 주둔하는 계기가 되었다.

강화도 조약   정답 ③

밑줄 그은 '조약'은 강화도 조약이다. 일본은 운요호 사건을 일으킨 이듬해 강화도 조약 체결을 강요하였다(1875). 1876년 강화도 조약은 조선이 외국과 맺은 최초의 근대적 조약이었다. 그러나 일본에 전적으로 유리한 불평등 조약이었다. 조약에는 조선이 자주국이라고 되어 있지만, 이는 일본이 청의 간섭을 배제하고 침략을 쉽게 하려는 의도가 있었다.

정답 분석

③ 강화도 조약 체결로 조선은 부산 등 3개 항구의 개항, 해안 측량권, 영사 재판권(치외 법권) 등을 인정하였다.

오답 피하기

① 갑신정변이 끝나고 난 뒤 조선과 일본은 배상금 지급과 공사관 신축 비용 부담 등을 내용으로 하는 한성 조약을 체결하였다.
② 일제는 고종을 강제 퇴위시키고, 뒤이어 정미 7조약(한·일 신협약)을 체결하고 대한 제국 군대를 해산시켰다.
④ 일본은 임오군란으로 공사관이 습격당하고 인명 피해를 입자 피해 보상과 거류민 보호를 내세우면서 제물포 조약을 체결하였다.

조·미 수호 통상 조약   정답 ①

밑줄 그은 '조약'은 조미 수호 통상 조약이다. 조선 정부는 1882년 서양 국가들 가운데 미국과 최초로 조·미 수호 통상 조약을 체결하였다. 이는 청이 권유하고 알선한 것이었다. 청은 러시아의 남하를 견제하기 위해 미국을 끌어들이려고 하였다. 조선은 1882년 조·미 수호 통상 조약 이후 미국 공사의 파견에 대한 답례로 1883년 전권 대사 민영익 등을 보빙사로 미국에 파견하였다.

정답 분석

① 조·미 수호 통상 조약에서 최초로 최혜국 대우를 인정하였다.

오답 피하기

② 일본은 을사조약을 강제로 체결하고 외교 사항을 관리한다는 명분으로 한국 통감부를 설치하였다.
③ 강화도 조약 체결로 조선은 부산, 원산, 인천 항구를 개항하였다.
④ 갑신정변이 끝나고 난 뒤 조선과 일본은 배상금 지급과 공사관 신축 비용 부담 등을 내용으로 하는 한성 조약을 체결하였다.

기본 50회 29번

03 (가)에 들어갈 내용으로 옳은 것은?

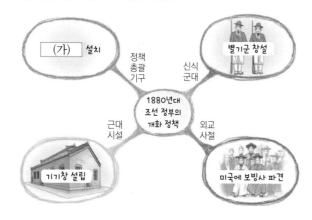

① 교정청
② 군국기무처
③ 도평의사사
④ 통리기무아문

기본 57회 32번

04 다음 책이 국내에 유포된 영향으로 적절한 것은?

이 책은 청의 외교관 황준헌이 쓴 것으로, 제2차 수신사로 일본에 갔던 김홍집이 들여온 것입니다. 러시아의 남하를 막기 위해 조선이 중국을 가까이하고, 일본과 관계를 공고히 하며, 미국과 연계해야 한다는 내용을 담고 있습니다.

① 병인박해가 일어났다.
② 제너럴 셔먼호 사건이 발생하였다.
③ 이만손 등이 영남 만인소를 올렸다.
④ 어재연 부대가 광성보에서 항전하였다.

통리기무아문
정답 ④

(가)에 들어갈 내용은 통리기무아문이다. 조선 정부는 1880년 개화 정책을 총괄하는 통리기무아문을 설치하여 5군영을 무위영, 장어영 등 2영으로 개편하고, 1881년 신식 군대 별기군을 창설하였다. 1883년 조선 정부는 영선사 파견을 계기로 서울에 근대식 무기 제조 공장인 기기창을 세웠다. 1883년 조선 정부는 미국과 수교한 후 공사 파견에 대한 답례로 미국에 보빙사를 파견하였다.

정답 분석

④ 1880년 개항 이후 정부는 개화 정책을 총괄하는 통리기무아문을 설치하여 외교, 군사, 산업, 외국어 교육 등의 업무를 담당하였다.

오답 피하기

① 조선 정부는 1894년 농민군과 전주 화약을 맺은 후 교정청을 설치하여 자주적으로 개혁을 추진하려 하였다.
② 조선 정부는 1894년 일본의 강요로 교정청을 없앤 이후 군국기무처가 만들어져 1차 갑오개혁을 추진하였다.
③ 고려 후기 원 간섭기에 도병마사는 도평의사사(도당)로 개편되면서 최고 정무 기구로 발전하였다.

조선책략
정답 ③

다음 책은 "조선책략"이다. 1880년 김홍집이 일본에 수신사로 다녀오면서 가져온 황준헌의 "조선책략"으로 인해 조선에서는 미국에 우호적인 여론이 형성되면서 서양 국가 가운데 최초로 조·미 수호 통상 조약이 체결되었다(1882).

정답 분석

③ "조선책략"이 유포되자, 영남 유생들은 격렬하게 반발하였다. 이만손을 중심으로 집단 상소인 만인소를 올려 정부의 개화 정책과 서양과의 수교에 반대했지만 정부의 탄압을 받았다.

오답 피하기

① 프랑스는 병인박해를 구실로 군함을 보내 조선을 침략하였다(병인양요). 프랑스군은 강화도에 30일 동안 주둔하면서 약탈과 살인을 자행하였다.
② 병인양요 직전인 1866년 미국의 상선 제너럴 셔먼호가 대동강을 거슬러 평양까지 올라와 통상을 요구하며 횡포를 부렸다.
④ 신미양요가 일어나자 어재연 등이 이끄는 조선의 수비대는 광성보와 갑곶에서 결사적으로 항전하였지만 결국 광성보가 함락되었다.

29강 임오군란, 갑신정변, 동학 농민 운동의 발발

1 임오군란(1882)

배경	• 구식 군대의 군인에 대한 차별 대우, 13개월 치 녹봉 미지급 • 도시 빈민층 반발 : 쌀 값 폭등, 개화 정책에 대한 불만
전개 과정	① 구식 군대 봉기 : 선혜청과 정부 고관(민겸호)의 집 습격 ➡ 정부 고관 살해, 일본인 교관 살해 및 일본 공사관 습격 ② 도시 빈민층 합세 : 궁궐 습격 ➡ 명성 왕후가 충주의 장호원으로 피신 ➡ 고종은 사태 수습을 위해 흥선 대원군에게 도움을 요청 ③ 흥선 대원군 재집권 : 군란 수습을 빌미로 개화 정책을 중단시킴 ➡ 통리기무아문과 별기군을 폐지하고 5군영 부활 ④ 청의 개입 : 민씨 정권의 요청으로 청의 출병 ➡ 청의 군대 파견으로 군란 진압 ➡ 청은 일본이 조선의 내정에 개입하는 것을 예방하기 위해 흥선 대원군 납치(1885년 귀국) ➡ 충주로 피신하였던 왕비는 다시 궁궐로 돌아옴 ➡ 민씨 정권의 재집권
영향	**청** • 청의 내정 간섭 심화 : 청의 위안스카이가 지휘하는 3,000명의 군대 주둔, 마건상을 내정 고문, 독일인 묄렌도르프를 외교 고문으로 파견 • 조·청 상민 수륙 무역 장정 체결(1882) : 청의 치외법권 인정, 청 상인의 특권 보장(내지 통상권 인정) **일본** 제물포 조약 체결(1882) : 조선은 일본에 배상금 지불, 일본 공사관의 경비병 주둔 허용 **조선** 개화파가 온건 개화파와 급진 개화파로 분화 : 청에 대한 입장과 개화 정책의 추진 방법 등을 둘러싸고 분화

▲ 임오군란의 전개

▲ 청으로 끌려간 흥선 대원군이 톈진의 사진관에서 찍은 사진

2 갑신정변(1884)

배경	국내	• 청의 내정 간섭 심화 : 친청 정책, 개화 정책 후퇴 • 급진 개화파의 입지 약화 : 김옥균의 일본 차관 도입 실패
	국외	• 청·프 전쟁의 발발로 청의 군대가 조선에서 일부 철수 • 일본 공사의 재정적, 군사적 지원을 약속받음
전개 과정		김옥균, 박영효, 홍영식 등의 급진 개화파가 우정국 개국 축하연을 계기로 정변을 일으킴 ➡ 온건 개화파 인사들 살해 ➡ 고종은 경우궁으로 피신 ➡ 급진 개화파는 개화당 정부 수립 후 입헌 군주제 수립을 추진(14개조 정강 마련) ➡ 청 군의 무력 개입으로 3일 천하로 실패(개혁 추진 세력의 기반 미약, 청군의 개입
결과		• 청의 내정 간섭 심화 : 개화 세력 위축, 개화 운동 약화 • 한성 조약 체결(1884, 조선-일본) : 조선이 일본에 배상금 지불, 일본 공사관 신축비 부담 등 • 톈진 조약 체결(1885, 청-일본) : 양국 군대 동시 철수, 조선에 파병 시 상호 통보(동학 농민 운동과 청·일 전쟁에 영향)

▲ 우정총국

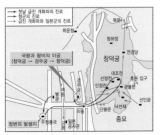

▲ 갑신정변의 전개

〈갑신정변 14개조 정강〉

1. 흥선 대원군을 빨리 귀국시키고 종래 청에 대해 행하던 조공의 허례를 폐지한다.
   * 정치 분야 : 청과 종속적 관계 청산 ➡ 자주 독립 국가 확립
2. 문벌을 폐지하고 인민 평등권을 제정하여 능력에 따라 관리를 임명한다.
   * 정치 분야 : 양반 중심의 정치·사회 체제 개혁, 인민 평등권 확립
3. 지조법(地租法)을 개혁하여 관리의 부정을 막고 백성을 보호하며 재정을 넉넉히 한다.
   * 경제 분야 : 지조법(토지 세제) 개혁 ➡ 국가 재정 확충, 토지 개혁에 미온적
9. 혜상공국을 혁파한다.
   * 경제 분야 : 특권 상업 체제를 부정하고 상업의 자유로운 발전 도모(민씨 세력의 재정 기반 해체)
12. 모든 재정은 호조에서 관할한다.
   * 경제 분야 : 재정의 일원화
13. 대신과 참찬은 의정부에 모여 정령을 의결하고 반포한다.
   * 정치 분야 : 내각 제도(내각 중심의 정치) 실시 ➡ 군주권 제한 ➡ 입헌 군주제 지향

▲ 한반도를 둘러싼 열강의 각축

③ 갑신정변 이후 한반도를 둘러싼 국제 정세(1880년대 중반)

국제 정세	• 조선에 대한 청의 내정 간섭 심화, 청과 일본 간의 대립 구도 심화 • 영국의 거문도 불법 점령(1885~1887) : 조·러 비밀 협약 체결 시도 ➡ 영국은 러시아의 남진을 막는다는 구실로 조선의 허락 없이 거문도를 불법 점령(1885) ➡ 청의 중재로 2년 만에 영국이 거문도에서 철수(1887) • 조선 중립화론의 대두 　─ 부들러(조선 주재 독일 부영사) : 조선의 독자적인 영세 중립국 선언 제안 　└ 유길준 : 서구 열강 모두가 보장하는 중립화 주장

유길준의 중립화론

우리나라가 아시아의 중립국이 되는 것은 러시아를 막는 중요한 계기가 될 것이며, 또 아시아의 여러 대국이 서로 균형을 이루는 정략도 될 것이다. ─『중립화론』, 유길준 ─

유길준은 미국 유학에서 돌아온 후 중국을 중심으로 열강이 조선의 중립을 보장하여 독립을 보존해야 한다는 "중립화론"을 집필하였지만 공표되지 못하였다.

④ 동학의 성장과 교조 신원 운동

동학의 교세 확장	최시형의 활동 : 『동경대전』, 『용담유사』 편찬, 포접제 정비
삼례 집회(1892)	교조 최제우 신원 운동, 동학 공인 요구, 포교의 자유 주장
복합 상소(1893)	서울 경복궁 앞에서 교조 신원과 동학 공인 요구
보은 집회(1893)	교조 신원 운동, 반봉건·반외세(척왜양창의) 주장, 정치적 요구 제기

⑤ 동학 농민 운동의 전개

(1) 고부 농민 봉기(1894)

배경	고부 군수 조병갑의 횡포 : 만석보라는 저수지 쌓고 수세 강제 징수 등
전개 과정	전봉준 등이 조병갑의 횡포에 사발통문을 돌려 농민을 모음 ➡ 전봉준 등이 고부 관아 습격 ➡ 군수 축출, 아전 징벌 ➡ 정부는 사태 수습을 위해 고부 군수를 박원명으로 교체, 안핵사 이용태 파견(민란 진상 조사) ➡ 농민군 자진 해산

▲ 사발통문
고부 봉기의 준비 과정을 기록한 문서이다. 주동자를 알 수 없게 둥글게 서명하였다.

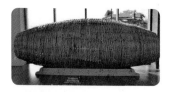

▲ 장태
장태 안에는 볏짚이나 솜을 넣어 총알을 막을 수 있도록 만들었다.

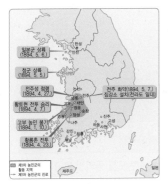
▲ 제1차 농민 봉기

(2) 제1차 농민 봉기(1894.1.) = 반봉건

배경	고부 민란 수습 과정에서 안핵사 이용태의 실정 ➡ 이용태는 농민 봉기 관련자를 역적으로 몰아 탄압
전개 과정	전봉준, 김개남, 손화중 등이 농민군을 조직한 후 무장(전북 고창)에서 재봉기 ➡ 곧바로 고부를 점령하고 백산으로 이동 후 4대 강령과 '제폭구민(폭정을 없애고 백성을 구한다.)', '보국안민(나라를 돕고 백성을 편안하게 한다.)'의 내용을 담은 격문을 발표하고 이를 전국에 발송 ➡ 황토현 전투 승리(태인 점령 이후 황토현에서 전라도 감영군 격파) ➡ 이후 전라도 서남쪽으로 방향을 돌려 전라도 주요 지역(정읍, 흥덕, 고창, 무장, 함평 등)을 차례로 점령 ➡ 황룡촌 전투 승리(황룡촌에서 홍계훈의 경군 격파) ➡ 빠른 속도로 북상하여 전라 감영이 있는 전주성 점령

(3) 전주 화약(1894.5.)과 집강소 시기

전주 화약	동학 농민군의 전주성 점령 ➡ 정부는 동학 농민군 진압을 위해 청에 파병 요청 ➡ 청군 출병(아산만 도착) ➡ 일본은 텐진 조약을 구실로 출병(인천 도착) ➡ 청과 일본의 파병으로 인해 정부와 농민군 간에 전주 화약 체결(정부와 농민군 화해) ➡ 전주 화약에서 폐정 개혁 합의 ➡ 정부는 교정청 설치(동학 농민군 요구 일부 반영, 일본 개혁 요구 대응) ➡ 동학 농민군의 집강소 설치
집강소 시기	• 전라도 각 고을에 53개의 집강소(자치 기구) 설치 ➡ 폐정 개혁안 실천 • 농민들의 의사를 모아 집행하였고 치안을 담당 • 농민군은 지방 수령과 손을 잡고, 수탈에 앞장섰던 지주와 부호 처벌

〈폐정개혁안 12개조〉

2. 탐관오리는 그 죄상을 조사하여 엄징한다.　　5. 노비문서를 소각한다.
7. 청상과부의 개과를 허용한다.　　　9. 관리 채용에는 지벌을 타파하고 인재를 등용한다.
10. 일본인과 몰래 통하는 자는 엄징한다.　　12. 토지를 농민에게 균등하게 분배하라.
* 부패한 봉건 지배 세력 타도(2 · 3 · 4조), 봉건적 신분 제도와 악습 철폐(5 · 6 · 7 · 9조), 경제 분야 봉건적 폐단 개선(8 · 11조), 반외세(10조), 토지 소유의 불균형 해소(12조)를 담고 있음

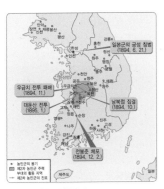
▲ 제2차 농민 봉기

(4) 제2차 농민 봉기(1894.9.) = 반외세

배경	조선의 청 · 일 군대 철수 요구 ➡ 일본의 경복궁 무단 무력 점령 ➡ 교정청 폐지, 군국기무처 설치(1차 갑오개혁) ➡ 청 · 일 전쟁 발발
과정	일본 내정 간섭에 반발 ➡ 삼례에서 동학 농민군 2차 봉기(남접) ➡ 논산에서 동학의 남접(전봉준)과 북접(손병희)이 합세(남 · 북접 연합 부대 형성) ➡ 공주 우금치 전투에서 일본군에 대패(1주일 간 50여 회의 혈투) ➡ 전봉준, 김개남, 손화중 등 동학 농민군 지도자 체포 및 사형 ➡ 동학 농민 운동 좌절

(5) 동학 농민 운동의 의의와 한계

영향	갑오개혁에 영향을 끼침(신분제 폐지, 과부 재가 허용 등)
의의	• 반봉건 근대화 운동 : 반봉건 성격(신분제 철폐, 조세 제도 개혁 등) • 반외세 민족 운동 : 일본의 침략을 물리치기 위한 구국 운동

▲ 재판정으로 이송 중인 전봉준

은쌤의 합격노트

임오군란, 갑신정변

✎ 시험에 꼭 나오는 키워드

- 임오군란의 배경 – 전개 – 영향 정리하기 ➡ 단독으로 자주 출제가 됨
- 갑신정변의 배경 – 전개 – 영향 정리하기 ➡ 단독으로 자주 출제가 됨
- 갑신정변(1884) 이후부터 동학 동민 운동(1894)까지 한반도를 둘러싼 주요 사건 정리하기 ➡ 영국의 거문도 불법 점령, 조선 중립화론 대두, 유길준

✔ 최다 빈출 선지

|임오군란
① 구식 군인들이 임오군란을 일으켰다.
② 전개 과정에서 선혜청과 일본 공사관을 공격하였다.
③ 흥선 대원군이 재집권하는 결과를 가져왔다.
④ 청군의 개입으로 진압되었다.
⑤ 청군에 의해 흥선 대원군이 텐진으로 납치되었다.
⑥ 청의 내정 간섭이 심화되었다.
⑦ 제물포 조약이 체결되는 결과를 가져왔다.
⑧ 일본 공사관에 경비병이 주둔하는 계기가 되었다.

|갑신정변
① 김옥균, 박영효 등이 주도하였다.
② 김옥균 등이 갑신정변을 일으켰다.
③ 우정총국 개국 축하연을 이용하여 일어났다.
④ 청의 내정 간섭이 심화되었다.
⑤ 성 조약이 체결되는 결과를 가져왔다.

|거문도 불법 점령
① 영국이 거문도를 불법 점령하였다.

|유길준
① 조선 중립화론을 주장하였다.
② 서유견문을 집필하였다.

동학 농민 운동

✎ 시험에 꼭 나오는 키워드

고부 민란~우금치 전투까지의 주요 사건을 시간 순으로 정리하기 ➡ 단독으로 자주 출제가 됨

✔ 최다 빈출 선지

|고부 민란
① 조병갑의 탐학에 맞서 고부 농민 봉기가 일어났다.
② 전봉준이 농민들을 이끌고 고부 관아를 습격하였다.

|1차 동학 농민 운동
① 백산에 집결하여 4대 강령을 발표하였다.
② 보국안민, 제폭구민을 가치로 내걸었다.
③ 농민군이 황토현 전투에서 전라 감영군을 격파하였다.
④ 정부와 농민군 사이에 전주 화약이 체결되었다.
⑤ 전개 과정에서 집강소가 설치되었다.
⑥ 개혁 추진 기구로 교정청을 설치하였다.
⑦ 집강소를 통해 폐정 개혁을 추진하였다.

|2차 동학 농민 운동
① 남접과 북접이 논산에서 연합하였다.
② 동학 농민군이 우금치 전투에서 패하였다.

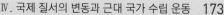

대표 기출 문제

기본 64회 29번

01 밑줄 그은 '변란'으로 옳은 것은?

메타버스로 만나보는 한국사 인물

구식 군인들이 변란을 일으키자, 나는 사태 수습을 위해 입궐하여 통리기무아문과 별기군을 폐지하였소. 그런데 청군이 나를 변란의 책임자로 지목하여 이곳으로 납치하였소.

중국 텐진에 억류당하시게 된 경위를 들을 수 있을까요?

흥선 대원군

① 갑신정변   ② 신미양요
③ 임오군란   ④ 임술 농민 봉기

기본 60회 31번

02 (가)에 들어갈 사건으로 옳은 것은?

역사 뮤지컬

3일 천하

우정총국 개국 축하연을 기회로 삼아 (가) 을/를 일으킨 조선 청년들의 새로운 도전이 춤과 노래로 펼쳐집니다.

• 일시: 2022년 ○○월 ○○일 19시
• 장소: △△아트센터 대극장

① 갑오개혁   ② 갑신정변
③ 브나로드 운동   ④ 민립 대학 설립 운동

임오군란   정답 ③

밑줄 그은 '변란'은 임오군란이다. 신식 군대인 별기군에 비해 구식 군인에 대한 대우는 매우 열악하였다. 이에 분노한 구식 군인은 마침내 임오군란을 일으켰다(1882). 임오군란이 일어나자 고종이 흥선 대원군을 불러들여 사태 수습을 맡겼다. 흥선 대원군은 더는 반란이 확대되지 않도록 정부의 개화 정책을 중단시켰다.

정답 분석

③ 임오군란은 별기군에 비해 차별 대우를 받던 구식 군인들이 반란을 일으킨 것이다.

오답 피하기

① 김옥균을 중심으로 한 급진 개화파는 우정총국 완공을 축하하는 연회를 이용하여 갑신정변을 일으켰다(1884).
② 제너럴 셔먼호 사건을 구실 삼아 미국은 1871년 강화도를 침략하여 신미양요를 일으켰다.
④ 조선 후기 진주 민란을 계기로 봉기가 전국으로 확산되었다(1862).

갑신정변   정답 ②

(가)에 들어갈 사건은 갑신정변이다. 급진 개화파는 1884년 10월 우정총국 낙성 기념 축하연을 이용하여 정변을 개시하였다. 혼란을 틈타 새로운 정권을 수립하였다. 급진 개화파는 국가 전반의 개혁 정책을 담고 있는 14개조 정강을 공포하였다. 그러나 청 군대의 개입으로 개화파 정권은 불과 3일 만에 붕괴하고 말았다.

정답 분석

② 1884년 급진 개화파는 갑신정변을 일으킨 후 국가 전반의 개혁 정책을 담고 있는 14개조 정강을 공포하였다.

오답 피하기

① 1894년 일본의 강요로 조선 정부는 김홍집을 총리대신으로 하는 내각을 수립하고, 군국기무처를 설치해 1차 갑오개혁을 추진하였다.
③ 1931년 동아일보는 학생 계몽대 등을 조직하여 한글을 보급하고 농촌을 계몽하는 브나로드 운동을 전개하였다.
④ 1923년 이상재와 이승훈 등은 조선 민립 대학 기성회를 만들고, 대학 설립을 위해 민립 대학 설립 운동을 시작하였다.

03 (가) 운동에 대한 탐구 활동으로 가장 적절한 것은?

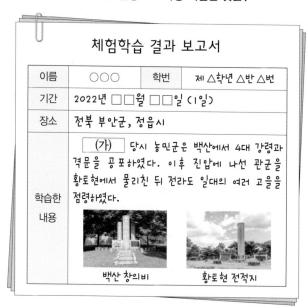

체험학습 결과 보고서

이름	○○○	학번	제 △학년 △반 △번
기간	2022년 □□월 □□일 (1일)		
장소	전북 부안군, 정읍시		
학습한 내용	(가) 당시 농민군은 백산에서 4대 강령과 격문을 공포하였다. 이후 진압에 나선 관군을 황토현에서 물리친 뒤 전라도 일대의 여러 고을을 점령하였다.		

백산 창의비   황토현 전적지

① 삼전도비의 건립 배경을 조사한다.
② 산미 증식 계획의 실상을 파악한다.
③ 나선 정벌군의 이동 경로를 알아본다.
④ 전주 화약이 체결되는 과정을 살펴본다.

1차 동학 농민 운동 　　　　　정답 ④

(가) 운동은 1차 동학 농민 운동이다. 고부 군수 조병갑은 비리와 학정이 매우 심하자 고부 민란이 일어났다. 조선 정부는 이용태를 안핵사로 보내 사태를 수습하게 하였는데 그는 사건의 모든 책임을 동학교도의 탓으로 돌렸다. 전봉준 등은 농민군을 재편성하고 고부를 점령한 후 백산으로 이동하였다. 농민군은 전주 감영에서 온 관군을 황토현에서 격파하였다. 또한 중앙에서 파견된 정부군을 장성 황룡촌에서 크게 물리쳤으며, 전주성까지 점령하였다. 정부가 청에 원병을 요청하자 농민군은 전주에서 정부군과 휴전하고 전주 화약을 체결한 뒤 해산하였다.

정답 분석

④ 1차 동학 농민 운동 때 외국 군대의 파병 소식을 접한 농민군은 전주에서 정부군과 휴전하고 전주 화약을 체결한 뒤 해산하였다.

오답 피하기

① 병자호란 때 청나라 태종이 조선 인조의 항복을 받고 자기의 공덕을 자랑하기 위해 삼전도비를 세웠다.
② 1920년대 일제는 산미 증식 계획으로 쌀 생산량을 늘렸지만 목표치에는 도달하지 못하였다.
③ 조선 후기 효종은 청이 러시아 사이에 국경 분쟁이 일어나 조선에 지원군을 요청하자 두 차례에 걸쳐 군사를 보내 나선 정벌을 감행하였다.

04 다음 시나리오의 상황 이후에 전개된 사실로 옳은 것은?

S#17. 전주성 안 선화당

농민군 대장 전봉준과 전라 감사 김학진이 대화를 나누고 있다.

김학진 : 일본군이 궁궐을 점령하여 국가에 큰 위기가 닥쳤소.

전봉준 : 청군과 일본군이 들어와 있는 상황에서 이런 일이 생기다니 참으로 큰일입니다.

① 동학을 창시한 최제우가 처형되었다.
② 동학 농민군이 우금치 전투에서 패하였다.
③ 교조 신원을 요구하는 삼례 집회가 열렸다.
④ 조병갑의 탐학에 맞서 고부 농민 봉기가 일어났다.

2차 동학 농민 운동 　　　　　정답 ②

다음 시나리오 상황 이후는 2차 동학 농민 운동이 들어가야 한다. 1차 동학 농민 운동 때 정부가 청에 원병을 요청하자 동학 농민군은 전주에서 정부군과 휴전하고 전주 화약을 체결한 뒤 해산하였다. 일본이 경복궁을 기습 점령하자 위기의식을 느낀 농민군은 일본군의 침략을 물리치고자 삼례에서 다시 봉기하였다(2차 동학 농민 운동). 남접과 북접이 연합한 농민군은 공주 우금치에서 관군 및 일본군과 치열한 전투를 벌였으나 화력에서 밀려 결국 패배하였다. 이후 전봉준을 비롯한 지도자들이 체포되면서 동학 농민 운동은 실패로 끝났다.

정답 분석

② 2차 동학 농민 운동 때 남접과 북접이 연합한 농민군은 공주 우금치에서 관군 및 일본군과 치열한 전투를 벌였으나 화력에서 밀려 결국 패배하였다.

오답 피하기

① 최제우는 1864년 고종 대에 사형을 당하였다.
③ 1880년대에 들어 동학교도들은 교주 최제우의 억울한 죽음의 원한을 풀고 탄압을 중지해 달라는 삼례 집회를 개최하였다.
④ 고부 군수 조병갑은 비리와 학정이 매우 심하자 농민들은 동학교도와 함께 1894년 고부에서 민란을 일으켜 관아를 점령하였다.

30강 갑오개혁 추진과 독립 협회, 대한 제국의 활동

▲ 군국기무처의 회의 모습
군국기무처는 입법권을 가진 초정부적 회의 기구로서 약 3개월 동안 국정 전 분야에 걸쳐 200건이 넘는 의안을 의결하였다.

▲ 1·2차 갑오개혁 때의 정부 기구

▲ 김홍집(온건 개화파)
• 2차 수신사로 일본에 파견
• 국내에 "조선책략"을 가져옴
• 한성 조약 체결 당시 전권대신을 맡음
• 총리대신으로 1~3차 갑오개혁을 주도함
• 아관파천 후 성난 군중에 의해 살해됨

1 제1차 갑오개혁(1894.7.)

배경	일본의 내정 개혁 강요 ➡ 일본군의 경복궁 점령 ➡ 교정청 폐지, 군국기무처 설치 (초정부적 회의 기구) ➡ 제1차 김홍집 내각 성립(표면적으로는 흥선 대원군 섭정)
주도	김홍집 내각, 흥선대원군 섭정
특징	• 일본의 간섭을 받지 않고 자주적으로 추진 ➡ 온건 개화파의 주도 • 추진 기구 : 군국기무처

제1차 갑오개혁의 내용	
정치	• 중국 연호 사용을 폐지하고 독자적인 '개국' 연호 사용 : 청과의 사대 관계 청산 • 궁내부 설치 : 왕실 사무와 정부 사무 분리 • 6조를 8아문으로 개편 : 기존 6조를 확대 개편 • 과거제 폐지 : 근대적 관리 임명 마련
경제	• 모든 재정 사무를 탁지아문에서 관리 : 국가 재정의 일원화 • 조세의 금납제, 은본위 화폐 제도 실시, 도량형 통일, 조세 항목 축소
사회	• 신분제 폐지, 공·사노비 제도 폐지 • 과부의 재가 허용, 조혼 금지, 고문과 연좌제 폐지

2 제2차 갑오개혁(1894.12.)

배경	청·일 전쟁에서 승세를 잡은 일본의 본격적인 조선 내정 간섭 ➡ 흥선 대원군 퇴진, 군국기무처 폐지 ➡ 제2차 김홍집 내각 성립(김홍집과 박영효의 연립 내각)
주도	김홍집·박영효의 연립 내각 ➡ 박영효가 주도
특징	• 독립 서고문 발표 : 고종이 나라의 자주 독립을 선포한 일종의 독립 선언문 • 홍범 14조 반포 : 최초의 근대적 헌법의 성격, 정치 혁신의 기본 강령이 담긴 개혁안 ➡ 고종이 종묘에 나가 독립 서고문을 바치고 반포함

제2차 갑오개혁의 내용	
정치	• 중앙 정치 제도 : 의정부를 내각으로 바꿈(내각제 도입), 8아문을 7부로 개편 • 지방 제도 　┌ 지방 행정 구역을 8도에서 23부로 개편 　└ 부·목·군·현 등의 행정구역 명칭을 '군'으로 통일 • 지방관의 사법권·군사권 배제 : 지방권의 권한 축소 • 재판소 설치 : 사법권을 행정권에서 분리 • 교육입국 조서 반포 : 한성 사범 학교, 소학교, 외국어 학교 관제 제정 ➡ 근대 교육 제도 마련
군사	훈련대와 시위대 각각 2개 대대 설치
경제	탁지부 산하에 관세사, 징세서 설치, 육의전·상리국(보부상 단체) 폐지

❸ 을미개혁(1895.8.)

삼국 간섭 (1895.4.)		일본의 청·일 전쟁 승리 ➡ 시모노세키 조약 체결 ➡ 일본은 청으로부터 막대한 배상금과 랴오둥(요동) 반도 획득 ➡ 러시아가 프랑스, 독일을 끌어들여 일본 견제 및 압박 ➡ 일본이 랴오둥 반도를 청에게 돌려줌(삼국 간섭) ➡ 일본 세력 약화, 러시아 영향력 강화 ➡ 친러 내각 수립
을미사변 (1895.8.)		조선 정부의 친러 정책 추진 ➡ 제3차 김홍집 내각(친미·친러 내각)구성 ➡ 일본을 배척하는 정책 추진 ➡ 일본은 이를 만회하고자 일본 낭인들을 동원해 명성황후(민비)를 시해함(1895.8.)
을미개혁	배경	친일 관료 중심의 제4차 김홍집 내각(친일 내각) 구성
	개혁 내용	• 정치 : '건양' 연호 사용 • 사회 ┌ 행정 업무에서 태양력 사용, 단발령 실시 └ 종두법 시행, 우체사 설치(우편 사무 시작), 소학교 설치 • 군사 : 중앙에 친위대, 지방에 진위대 설치
	중단	을미의병 발생 ➡ 아관파천으로 친일 내각 붕괴 ➡ 개혁 중단
을미의병	배경	을미사변(명성 황후 시해), 단발령(을미개혁)에 반발하여 봉기
	주도	유인석, 이소응, 허위 등(위정척사 사상을 가진 보수 유생들)
	활동	• 지방 관청과 일본군 공격, 친일 관리와 일본인 처단 • 유인석 부대의 충주성 점령, 이소응 부대는 춘천을 중심으로 활동
	결과	고종의 아관파천 이후 단발령 철회 ➡ 고종의 의병 해산 권고 조칙으로 의병장들 자진 해산
아관파천 (1896)		조선 정부 내 친러 세력 성장 ➡ 고종은 을미사변 등으로 신변의 위협을 느낌 ➡ 고종이 러시아 공사관으로 처소를 옮김 ➡ 김홍집 내각 붕괴, 을미개혁 중단(단발령도 시행 중지) ➡ 러시아의 내정 간섭 및 열강의 이권 침탈 심화

▲ 명성황후 국장
1897년 3월 '명성'이라는 시호가 내려지고, 11월 21일 국장이 치뤄졌다.

▲ 단발을 한 고종

❹ 독립 협회(1896.7.~1898.12.)

배경	아관파천 이후 국가 위신 추락, 러시아 등 열강의 이권 침탈 심화
창립 과정	서재필이 귀국하여 독립신문 발간(1896.4.) ➡ 서재필의 주도로 독립 협회 창립 ➡ 전국에 지회 설립 ➡ 독립문 및 독립관 건립, 강연회와 토론회 개최 ➡ 관료, 도시 시민층, 학생, 노동자, 여성, 천민 등 다양한 계층이 참여함
국민 계몽 운동	• 독립신문 발간 : 근대적 지식과 국권·민권 사상 소개 • 강연회·토론회 개최 : 당면 현안 문제, 계몽적 주제
자주 국권 운동	• 독립문 건립 : 건립을 위해 기금을 내면 누구나 독립 협회 회원이 되었음 • 독립관 건립 : 중국 사신을 영접하던 모화관을 개수 • 고종에게 러시아 공사관으로부터의 환궁 요구 ➡ 1년 만에 경운궁으로 환궁 • 만민 공동회 개최(1898.3.) : 러시아의 이권 침탈 반대 운동 전개 ➡ 러시아의 군사 교관과 재정 고문 철수, 러시아의 부산 절영도 조차 요구 철회, 한·러 은행 폐쇄

▲ 독립신문

▲ 독립문(좌)과 영은문 자리에 남겨진 돌기둥(우)

▲ 시가전으로 번진 만민 공동회

▲ 황궁우(좌)와 환구단(우)
환구단은 황제가 하늘에 제사를 지내는 곳으로, 고종은 이곳에서 1897년 황제 즉위식을 거행하였다.

대한국 국제(일부)

제1조 대한국은 세계 만국이 공인한 자주독립 제국이다.

제2조 대한국의 정치는 만세 불변의 전제 정치이다.

제3조 대한국의 대황제는 무한한 군권을 누린다.

제5조 대한국 대황제는 육·해군을 통솔한다.

대한국 국제를 통해 '대한국은 세계 만국이 공인한 자주 독립국'이며 황제가 전제 정치를 실시한다는 점을 천명하였다.

▲ 지계
지계는 토지 소유권을 증명하는 문서이다.

자유 민권 운동	법률에 의한 신체의 자유, 재산권 보호 운동, 언론·출판·집회·결사의 자유 요구
자강 개혁 운동	관민 공동회 개최(1898.10.) : 최초의 의회 설립 운동 시도 ┌ 헌의 6조 결의 ➡ 고종 황제의 재가를 받음 └ 의회 설립 운동 : 중추원 관제 반포(의장, 부의장, 관선 25명, 민선 25명)
해산	보수 세력이 독립 협회가 왕정 폐지와 공화정을 추진한다고 퍼트림 ➡ 고종은 독립 협회 해산 명령 및 주요 간부 구속 ➡ 독립 협회 반발(만민 공동회 개최, 철야 농성 등) ➡ 황국 협회(보부상)와 군대를 동원하여 독립 협회 공격 ➡ 독립 협회 강제 해산(1898.12.)
의의	우리나라 최초의 민주주의 정치 운동, 민중에 의한 자주적 근대화 운동

5 대한 제국과 광무개혁 (1897~1904)

(1) 대한 제국의 수립(1897)

배경	아관 파천으로 고종이 러시아 공사관에 머무르면서 국가의 위상이 크게 손상 ➡ 독립 협회를 중심으로 고종의 환궁 요구 여론 증가
수립	고종의 경운궁(덕수궁) 환궁(1897.2.) ➡ 연호를 '광무'로 고침(1897.8.) ➡ 환구단에서 황제 즉위식(칭제 건원) ➡ 국호를 '대한 제국'으로 변경 ➡ 대한 제국 수립 및 선포(1897.10.)

(2) 광무개혁

성격	• 구본신참(옛 것을 근본으로 하고, 새것을 참조한다)의 원칙 아래 개혁 추진 • 황제 직속의 특별 입법 기구인 법규 교정소를 만들어 대한국 국제 제정(1899) • 대한국 국제 : 황제 중심의 전제 군주 국가임을 천명 ➡ 입법, 행정, 사법에 걸친 절대적 권한을 황제에게 부여(황제권의 무한함을 강조)
황제권 강화	• 원수부 설치 : 황제가 직접 육해군 통솔 ➡ 황제의 군권 장악 • 궁내부의 조직과 권한 보강, 내장원의 기능 확대
군사	군사력 증강 : 서울에 기존의 친위대 군사 증원 및 시위대 추가 설치, 지방의 진위대 군사 증원, 무관 학교 설립으로 장교 양성 등
경제	양전 사업과 지계 발급 : 근대적 토지 소유권 제도의 확립 ➡ 국가 재정 확충 ┌ 양지아문 설치(1898) : 양전 사업 실시 ├ 지계아문 설치(1901) : 근대적 토지 소유 증명서인 지계 발급 └ 양지아문을 지계아문에 통합하여 운영(1902) : 토지 측량(미국인 기사 고용)과 지계 발급을 병행 ➡ 재정 부족으로 러·일 전쟁 발발과 함께 중단됨
사회	• 상공업 진흥책 : 근대적 공장과 회사 설립(섬유·철도·운수·광업 등) • 근대 시설 도입 : 교통, 통신, 전기, 의료 분야에 각종 근대 시설 도입 • 상공 학교, 농림 학교 등 실업·기술 교육 기관 설립, 외국에 유학생 파견
외교	• 대한 제국 칙령 제41호 반포(1900) : 독도를 관할 영토로 명시 • 이범윤을 간도 관리사로 파견(1903) : 간도의 토지·호구 조사 및 조선인 보호

은쌤의 합격노트

• 갑오개혁 •

✏️ 시험에 꼭 나오는 **키 워 드**

- 제1차 갑오개혁의 특징과 주요 개혁 내용 숙지하기 ➡ 단독으로 출제가 됨
- 을미개혁의 특징과 주요 개혁 내용 숙지하기 ➡ 간혹 출제됨
- 제1차 갑오개혁~아관파천까지의 주요 사건을 시간 순으로 정리하기

✔️ 최다 빈출 선지

ㅣ 제1차 갑오개혁

① 군국기무처가 설치되었다.
② 공사 노비법을 혁파하였다.
③ 과거제를 폐지하였다.
④ 연좌제를 금지하였다.

ㅣ 제2차 갑오개혁

① 홍범 14조가 반포되었다.
② 교육 입국 조서를 반포하였다.
③ 지방 행정 구역을 8도에서 23부로 개편하였다.

ㅣ 을미개혁

① 태양력이 채택되었다.
② 단발령을 시행하였다.
③ 건양이라는 독자적인 연호를 사용하였다.

ㅣ 을미의병

① 을미사변에 반발하여 일어났다.
② 단발령 시행에 반발하여 일어났다.

ㅣ 아관파천

① 고종이 러시아 공사관으로 피신하였다.

• 독립 협회, 대한 제국 •

✏️ 시험에 꼭 나오는 **키 워 드**

- 독립 협회의 활동 정리하기
- 광무개혁의 주요 개혁들 정리하기

✔️ 최다 빈출 선지

ㅣ 독립 협회

① 독립신문을 발행하였다.
② 독립문을 건립하였다.
③ 만민 공동회를 개최하였다.
④ 러시아의 내정 간섭과 이권 침탈을 규탄하였다.
⑤ 정부에 헌의 6조를 건의하였다.
⑥ 서재필 등의 주도로 창립되었다.
⑦ 관민 공동회가 개최되어 헌의 6조를 결의하였다.
⑧ 중추원 개편을 통해 의회 설립을 추진하였다.

ㅣ 광무개혁

① 대한 제국 수립이 선포하였다.
② 대한국 국제를 반포하였다.
③ 광무개혁의 일환으로 단행되었다.
④ 구본신참을 개혁 원칙으로 내세웠다.
⑤ 원수부를 설치하였다.
⑥ 토지 소유자에게 지계를 발급하였다.
⑦ 이범윤을 간도 관리사로 임명하였다.

대표 기출 문제

01 (가)에 들어갈 기구로 옳은 것은?

노비 제도가 폐지되었다는 소식 들었는가?

들었네. ___(가)___ 에서 과거 제도를 없애고 연좌제를 폐지하는 개혁 안건도 통과시켰다더군.

① 비변사   ② 원수부
③ 홍문관   ④ 군국기무처

02 다음 가상 뉴스가 보도된 이후에 전개된 사실로 옳은 것은?

속보입니다. 오늘 새벽 한성에 주둔 중인 일본군 수비대 등이 궁궐에 침입하여 왕비를 시해하는 만행을 저질렀습니다. 최근 부임한 일본 공사가 사건을 지휘한 것으로 지목되고 있어 충격을 더하고 있습니다.

속보   일본군 수비대 등이 왕비 시해

① 외규장각 도서가 약탈되었다.
② 김윤식이 영선사로 파견되었다.
③ 제너럴 셔먼호 사건이 발생하였다.
④ 고종이 러시아 공사관으로 피신하였다.

1차 갑오개혁   정답 ④

(가)에 들어갈 기구는 군국기무처이다. 일본군의 경복궁 점령으로 민씨 정권이 무너지고 흥선 대원군을 섭정으로 하는 제1차 김홍집 내각이 들어섰다. 친일 정권인 김홍집 내각은 농민의 불만과 개혁 요구를 반영하기 위해 입법권을 가진 초정부적 개혁 기구인 군국기무처를 신설하고 제1차 갑오개혁을 추진하였다. 군국기무처는 7월 28일부터 약 3개월 동안 210건의 개혁 입법을 처리하였다. 이 가운데는 농민군의 요구도 상당수 포함되어 있었다.

정답 분석

④ 조선 정부는 교정청을 폐지하고 최고 정책 의결 기구인 군국기무처를 설치하고 1차 갑오개혁을 시행하였다.

오답 피하기

① 조선의 비변사는 임진왜란을 계기로 국방뿐 아니라 내정, 인사, 재정, 외교 등 국정 전반을 총괄하게 되었다.
② 대한 제국 고종 황제는 경운궁 안에 원수부를 설치하고 대원수에 취임하여 군의 통수권을 직접 장악하였다.
③ 조선 시대 홍문관은 궁중의 경서 · 사적의 관리, 문한의 처리 및 왕의 자문에 응하는 일을 하였다.

을미사변 이후의 상황   정답 ④

다음 가상 뉴스가 보도한 사건은 을미사변이다. 1896년 일본은 고종과 왕비가 러시아에 접근하여 정국의 주도권을 잡으려고 하자 이를 만회하기 위해 경복궁을 다시 침범하여 왕비를 시해하는 만행을 저질렀다(을미사변). 이러한 상황 속에서 고종은 신변의 안전을 꾀하고 일본의 영향력을 약화시키기 위해 러시아 공사관으로 처소를 옮기는 아관 파천을 단행하였다(1896.2.).

정답 분석

④ 고종은 일본의 영향력을 약화시키기 위해 러시아 공사관으로 처소를 옮기는 아관파천을 단행하였고, 1년 만에 경운궁으로 환궁하였다.

오답 피하기

① 병인양요 당시 프랑스군이 강화도를 점령하면서 외규장각에 보관하고 있던 도서들까지 약탈해 갔다.
② 1881년 조선 정부는 청에 영선사 김윤식을 파견하여 서양의 근대식 무기 제조 기술과 군사 훈련법을 습득하게 하였다.
③ 1866년 미국의 상선 제너럴 셔먼호가 대동강을 거슬러 평양까지 올라와 통상을 요구하며 횡포를 부렸다(제너럴 셔먼호 사건).

기본 58회 32번

03 밑줄 그은 '단체'로 옳은 것은?

학술 발표회

우리 학회에서는 제국주의 열강의 침략으로부터 주권을 수호하고자 서재필의 주도로 창립된 단체의 의의와 한계를 조명하고자 합니다. 많은 관심과 참여를 바랍니다.

◈ 발표 주제 ◈
- 민중 계몽을 위한 강연회와 토론회 개최 이유
- 만민 공동회를 통한 자주 국권 운동 전개 과정
- 관민 공동회 개최와 헌의 6조 결의의 역사적 의미

■ 일시 : 2022년 4월 ○○일 13:00~18:00
■ 장소 : △△문화원 소강당

① 보안회　　　② 신민회
③ 독립 협회　　④ 대한 자강회

독립 협회　　　　　　　　　　정답 ③

밑줄 그은 '단체'는 독립 협회이다. 독립 협회는 1898년 3월부터 최초의 근대적 민중 집회인 만민 공동회를 열어 러시아의 내정 간섭과 이권 요구를 규탄하는 자주 국권 운동을 전개하였다. 독립 협회는 전국 곳곳에 설치된 지회를 중심으로 국권, 민권 운동이 확대되는 가운데, 개혁 지향적인 정부 대신들과 학생, 시민이 함께 참석한 관민 공동회(1898.10.)를 개최하였다. 여기서 관민이 협력하여 국정을 운영하자는 헌의 6조가 결의되어 황제의 재가를 받기에 이르렀다.

정답 분석

③ 1898년 독립 협회는 만민 공동회와 관민 공동회를 개최하여 민권 신장을 추구하였다.

오답 피하기

① 1904년 보안회는 일제의 황무지 개간권 요구를 저지하였다.
② 1907년에 이승훈, 양기탁, 이회영, 안창호 등이 주도하여 비밀 결사 형태로 신민회를 조직하였다.
④ 1907년 대한 자강회는 고종 퇴위에 반대하는 시위에 일부 회원들이 가담하면서 해산되었다.

기본 64회 38번

04 (가) 시기에 있었던 사실로 옳은 것은?

고종이 러시아 공사관에서 경운궁으로 돌아와 황제로 즉위하고 국호를 (가) (으)로 선포한 이후에 사용한 어새입니다.

(가) 고종 황제어새와 내함

① 지계가 발급되었다.
② 척화비가 건립되었다.
③ 육영 공원이 설립되었다.
④ 군국기무처가 설치되었다.

광무개혁　　　　　　　　　　정답 ①

(가) 시기에 있었던 사실은 대한 제국 시기 때의 일이다. 1897년 10월 고종은 국호를 대한 제국, 연호를 광무(光武)라 정하고 황제 즉위식을 거행하였다. 대한 제국은 구본신참을 기본 방향으로 개혁을 추진하였다. 1899년 발표한 대한국 국제는 대한 제국이 전제 정치 국가이며, 황제가 입법권, 행정권, 사법권, 외교권, 군사권 등을 가진다고 규정하였다. 구본신참을 기본 방향으로 개혁을 추진하였는데 원수부를 설치하여 황제가 군사권을 직접 장악하도록 하고, 서울의 시위대와 지방의 진위대 군사 수를 크게 늘렸다.

정답 분석

① 대한 제국 고종 황제는 1901년 지계아문을 설치하여 토지 소유자에게 국가에서 공인하는 토지 소유권 증서인 지계를 발급하였다.

오답 피하기

② 신미양요 이후 흥선 대원군은 각지에 척화비를 세워 서양과의 수교를 거부한다는 의지를 널리 알렸다.
③ 조선 정부는 1886년에 우리나라 최초의 근대식 공립 교육 기관인 육영 공원을 설립하였다.
④ 조선 정부는 1894년 일본의 강요로 교정청을 없앤 이후 군국기무처가 만들어져 1차 갑오개혁을 추진하였다.

31강

일제의 국권 피탈

▲ 한국 지배를 묵인한 국제 조약

▲ 을사조약 문서

을사늑약(1905.11.)

제2조

일본국 정부는 한국과 타국 간에 현존하는 조약의 실행을 완수하는 임무를 담당하고 한국 정부는 지금부터 일본국 정부의 중개를 거치지 않고서는 국제적 성질을 가진 어떤 조약이나 약속을 맺지 않을 것을 서로 약속한다.
－「고종실록」, 1905. 11.－

을사조약은 일본이 대한 제국의 외교권 박탈을 위해 강제로 체결한 조약으로 원명은 한·일 협상조약이며, 을사늑약, 제2차 한·일 협약, 을사 보호 조약, 을사5조약이라고도 한다.

❶ 국권 피탈 과정

(1) 러·일 전쟁(1904.2.)

배경	삼국 간섭 이후 한반도를 둘러싼 러시아와 일본의 대립 ➡ 영국과 일본이 러시아를 견제하기 위해 제1차 영·일 동맹 체결(1902) ➡ 러시아는 압록강 지역의 삼림 채벌권을 보호한다는 구실로 용암포 점령 후 강제로 조차(1903) ➡ 러시아와 일본의 대립이 더욱 심화 ➡ 고종은 대한 제국의 국외 중립을 선언(1904)
발발	일본은 인천 연안과 요동 반도의 여순항에 정박해 있던 러시아 함대를 기습 공격한 후 러·일 전쟁 선포(1904)
결과	일본은 러시아 발틱 함대를 격파한 후 전쟁의 주도권을 잡자 종료됨(1905)

(2) 한·일 의정서 체결(1904.2.)

배경	일본은 러·일 전쟁 도발 직후 군대를 동원하여 서울 점령 후 강제로 체결
내용	• 전쟁 수행에 필요한 경우 일본이 대한 제국의 영토를 마음대로 사용 가능 • 내정 간섭, 외교권 행사 관여(일본의 동의 없이 제3국과 조약 체결 금지)

(3) 제1차 한·일 협약(1904.8.)

배경	일본이 러·일 전쟁에서 승리가 확실시되자 재차 정부에 조약 체결을 강요
내용	고문 정치 : 일본이 추천한 고문의 사전 동의 없이는 일체의 재정 및 외교상의 일을 처리할 수 없음 ┌ 일본인 메가타를 재정 고문, 미국인 스티븐스를 외교 고문으로 초빙 ├ 협약에 없는 군부·내부 등 각 부에도 일본인 고문 파견 └ 외국과의 조약 체결이나 그 외 중요 안건은 일본과 협의하여 시행

(4) 열강이 일본의 한국 지배 승인(1905)

가쓰라·태프트 밀약(1905.7.)	미국의 필리핀 지배와 일본의 한반도 지배권 상호 인정
제2차 영일 동맹(1905.8.)	영국의 인도 지배, 일본의 한반도 지배 상호 인정
포츠머스 조약(1905.9.)	러시아 군대의 만주 철수, 일본의 한반도 지배 인정

(5) 제2차 한·일 협약(을사늑약, 1905.11.)

배경	일본은 러·일 전쟁 승리 이후 고종과 대신들을 위협하고 을사 5적의 동의만으로 조약 체결
내용	• 외교권 박탈 : 일본의 보호국화 ➡ 사실상 주권 상실 • 통감 정치 : 통감부 설치 ➡ 초대 통감 이토 히로부미의 내정 장악

(6) 을사조약 반대 투쟁

고종의 노력	• 고종의 조약 무효화 노력(실패) : 헤이그 특사 파견(1907), 미국에 헐버트를 특사로 파견(1907) • 헤이그 특사 파견(1907) : 고종 강제 퇴위의 계기가 됨 ⎾ 네덜란드 헤이그에서 열린 만국 평화 회의에 이상설 · 이준 · 이위종 파견 ⎿ 을사조약 무효와 일본의 만행을 알리고자 함 ➡ 일본의 방해로 실패
을사 의병 (1905)	• 을사조약 폐기 및 국권 회복을 위해 의병이 일어남 • 민종식(유생 의병장), 최익현(유생 의병장), 신돌석(평민 의병장)
각종 투쟁	• 상소 운동(이상설, 조병세, 이근명 등), 순국 자결(민영환, 조병세, 이한응 등) • 언론 : 황성신문에 장지연의 '시일야방성대곡' 논설 게재 • 의거 : 나철, 오기호의 5적 암살단(자신회) 조직(1907) ➡ 실패

▲ 헤이그 특사
왼쪽부터 이준, 이상설, 이위종 열사

(7) 한·일 신협약(정미 7조약, 1907.7.)

배경	일제는 헤이그 특사 파견을 문제 삼아 고종을 강제 퇴위시킴 ➡ 순종을 즉위 시킨 후 조약 체결 강요
내용	• 통감의 권한이 더욱 강화 • 차관 정치 : 통감이 추천하는 일본인이 대한 제국의 주요 관직 차지 • 군대 해산 : 부속 각서를 체결하여 군대 해산 ➡ 해산된 군인들이 지방 각지의 의병에 가담

한·일 신협약(정미 7조약, 1907. 7.)

제1조 한국 정부는 시정 개선에 관하여 통감의 지도를 받을 것
제5조 한국 정부는 통감이 추천한 일본인을 한국 관리로 임명할 것
– 「순종 실록」, 1907. 7. –

일본은 한·일 신협약에 따라 통감이 대한 제국의 내정을 장악하고 일본인들이 각 부의 차관에 임명되었다. 그리고 국권 강탈에 가장 큰 걸림돌이 될 수 있는 군대를 해산하였다.

(8) 항일 의병 운동과 열사들의 투쟁

정미의병 (1907)	• 고종의 강제 퇴위와 군대 해산에 맞서 의병이 일어남 • 해산 군인 참여로 전투력 강화 ➡ 의병 전쟁으로 발전, 전국적 확산 • 13도 창의군 결성(총대장 이인영, 군사장 허위) ➡ 서울 진공 작전 전개(1907.12.) ➡ 일제에 의해 실패
남한 대토벌 작전 (1909.9.)	서울 진공 작전 실패 후에도 호남 지역을 중심으로 의병 활동 활발 ➡ 일제의 무자비한 탄압 ➡ 의병 활동 위축 ➡ 만주 · 연해주로 의병 이동
의사와 열사의 항일 투쟁	• 미국 샌프란시스코에서 전명운, 장인환의 스티븐스 사살(1908) • 안중근 ⎾ 연해주 의병의 우영장으로 국내 진공 작전 전개 ⎾ 만주 하얼빈에서 초대 통감 이토 히로부미 사살(1909) ⎿ 「동양평화론」 집필 : 의거 이후 중국의 뤼순 감옥에서 집필, 동양 평화를 위해 일제의 침략상 비판, 한 · 중 · 일의 상호 협력 주장 • 서울 명동 성당에서 이재명의 매국노 이완용 처단 시도 실패(1909)

▲ 안중근 의사
이토 히로부미가 러시아 대신과의 회담을 위해 하얼빈을 방문하자 기차에서 내리는 그를 사살하였다.

(9) 국권 피탈(1910)

한 · 일 병합	• 기유각서(1909.7.) : 사법권과 감옥에 대한 사무권 강탈 • 각종 악법 제정 : 신문지법(1907.7.) · 보안법(1907.7.) · 출판법(1909.2.) • 경찰권 박탈(1910.6.) : 경찰권 위탁 협정 후 경찰권 강탈 • 한 · 일 병합 조약(1910.8.) : 대한 제국 주권 상실, 일본 식민지화

은쌤의 합격노트

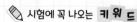

국권 피탈 과정

✏️ 시험에 꼭 나오는 키 워 드

- 국권 피탈 과정 중에 일어난 주요 사건을 시간 순으로 정리하기 ➡ 러 · 일 전쟁 – 한 · 일 의정서 – 제1차 한 · 일 협약 – 각종 한국 지배 승인 조약 – 을사늑약 – 을사늑약 반대 투쟁 – 정미 7조약 – 한 · 일 병합 조약
- 을사늑약은 단독으로 출제됨. 을사늑약에 대한 우리 민족의 각종 저항을 물어보는 문제에 활용됨
- 정미 7조약은 단독으로 출제됨. 정미의병과 연계하여 출제가 되기도 함
- 안중근, 최익현, 신돌석은 인물 문제로 단독 출제가 됨

✔️ 최다 빈출 선지

ㅣ 러·일 전쟁 직전 상황
① 제1차 영일 동맹이 체결되었다.
② 고종이 국외 중립을 선언하였다.
③ 러 · 일 전쟁이 발발하였다.

ㅣ 1차 한·일 협약
① 메가타가 재정 고문으로 부임하는 근거가 되었다.
② 스티븐스가 외교 고문으로 부임하는 계기가 되었다.
③ 일본인 재정 고문을 두도록 하는 조항을 담고 있다.

ㅣ 을사늑약
① 통감부가 설치되는 결과를 가져왔다.
② 외교권이 강탈되고 통감부가 설치되었다.
③ 통감부가 설치되고 초대 통감이 부임하였다.

ㅣ 을사늑약의 저항
① 헤이그에서 열린 만국 평화 회의에 특사로 파견되었다.
② 명동 성당 앞에서 이완용을 습격하여 중상을 입혔다.
③ 시일야방성대곡을 발표하였다.
④ 샌프란시스코에서 친일 인사인 스티븐스를 사살하였다.
⑤ 하얼빈에서 이토 히로부미를 처단하였다.
⑥ 을사오적 처단을 위해 자신회를 결성하였다.
⑦ 을사늑약에 반발하여 봉기하였다(을사의병).

ㅣ 헤이그 특사
① 을사늑약의 부당함을 전 세계에 알리고자 하였다.
② 고종이 강제로 퇴위당하는 계기가 되었다.

ㅣ 안중근
① 동양 평화론을 저술하였다.
② 하얼빈역에서 이토 히로부미를 사살하였다.

ㅣ 한·일 신협약
① 한 · 일 신협약이 체결되었다.
② 대한 제국의 군대 해산을 규정하였다.

ㅣ 한·일 신협약 이후
① 13도 창의군이 서울 진공 작전을 전개하였다(정미의병).
② 의병 진압을 위한 남한 대토벌 작전이 전개되었다.
③ 기유각서를 통해 일제에 사법권을 박탈당하였다.
④ 초대 총독으로 데라우치가 부임하였다.

대표 기출 문제

01 밑줄 그은 '새 조약'에 대한 설명으로 옳은 것은?

> 나인영은 진술하기를 "광무 9년 11월에 우리 대한 제국의 외교권을 일본에 넘겨준 <u>새 조약</u>은 일본의 강제에 따른 것으로 황제 폐하가 윤허하지 않았고, 참정대신이 동의하지도 않았습니다. 슬프게도 5정 이지용, 이근택, 박제순 등이 제멋대로 가(可)하다고 쓰고 속여 2천만 민족을 노예로 내몰았습니다."라고 하였다.

① 운요호 사건을 계기로 체결되었다.
② 최혜국 대우를 처음으로 규정하였다.
③ 통감부가 설치되는 결과를 가져왔다.
④ 외국과 맺은 최초의 근대적 조약이었다.

02 (가)에 들어갈 인물로 옳은 것은?

역사 탐방 계획서

1. 주제 : [(가)]의 유배지를 찾아서
2. 기간 : 2020.○○.○○.~○○.○○.
3. 코스 : 제주도 ➡ 흑산도 ➡ 쓰시마 섬

제주도
흥선 대원군을 비판하는 상소를 올렸다가 유배된 곳

흑산도
일본과의 조약 체결에 반대하는 상소를 올렸다가 유배된 곳

쓰시마 섬
항일 의병 운동을 전개하다가 일본에 의해 유배된 곳

① 허위
② 신돌석
③ 유인석
④ 최익현

을사조약   정답 ③

밑줄 그은 '새 조약'은 을사조약이다. 러·일 전쟁에서 승리한 일본은 대한 제국을 보호국으로 만들기 위해 이토 히로부미를 파견하였다. 이토 히로부미는 군대를 동원하여 황제와 대신들을 위협하는 가운데 1905년 11월 대한 제국의 외교권을 박탈하는 을사조약(제2차 한·일 협약)을 체결하였다. 당시 고종 황제는 끝까지 서명을 거부하였다. 대한 제국의 황제가 외국과의 조약 체결권을 가지고 있었으므로 황제의 서명이 없는 을사조약은 사실상 무효라고 할 수 있다. 1906년 2월 일제는 정치 전반을 간섭하기 위해 통감부를 설치하였고, 초대 통감으로 이토 히로부미가 부임하였다.

정답 분석

③ 일본은 을사조약을 강제로 체결하고 외교 사항을 관리한다는 명분으로 한국 통감부를 설치하였다.

오답 피하기

① 일본은 운요호 사건을 일으킨 이듬해 강화도 조약 체결을 강요하였다.
② 조·미 수호 통상 조약에서 최초로 최혜국 대우를 인정하였다.
④ 조·미 수호 통상 조약은 서양 국가와 최초로 체결한 조약이다.

위정척사파 최익현   정답 ④

(가)에 들어갈 인물은 최익현이다. 1868년 최익현은 흥선대원군의 실정을 상소하여 관직을 삭탈당했다. 1876년 1월 최익현은 도끼를 앞에 놓고 꿇어앉아 일본과의 조약 체결에 적극 반대하는 상소를 올렸다. 1905년 을사늑약으로 외교권을 박탈당하자 최익현은 임병찬 등과 함께 전북 태인에서 봉기하여 일대를 장악해 나갔다. 둘은 일본군과 지방 관군에 맞서 싸우다 순창에서 체포되어 쓰시마 섬에 끌려갔다. 최익현은 쓰시마 섬에서 순국하였다.

정답 분석

④ 최익현은 일본과 서양이 같은 세력이라는 왜양일체론을 내세우며 강화도 조약 체결에 반대하였다.

오답 피하기

① 허위는 13도 창의군을 이끌고 서울 진공 작전을 전개하였다.
② 을사의병이 일어나자 평민 의병장 신돌석은 의병 부대를 이끌었고 일본군을 공격하였다.
③ 을미의병이 일어나자 유인석 부대는 제천 지방을 중심으로 활동하여 한때 충주성을 점령하였다.

기본 49회 31번

03 (가)~(다)를 일어난 순서대로 옳게 나열한 것은?

(가)	(나)	(다)

역사 신문	역사 신문	역사 신문
박승환 대대장, 군대 해산에 항의하며 순국하다	헤이그 특사, 을사늑약의 부당성을 폭로하다	고종, 일본에 의해 강제 퇴위되다

① (가)-(나)-(다) ② (가)-(다)-(나)
③ (나)-(다)-(가) ④ (다)-(가)-(나)

기본 66회 36번

04 (가), (나) 사이의 시기에 체결된 조약으로 옳은 것은?

(가) 역사 신문 — 국외 중립 선언 무효화되다 — 한일 의정서
(나) 역사 신문 — 일제가 국권을 강탈하다 — 한일 병합 조약

① 텐진 조약 ② 정미 7조약
③ 제물포 조약 ④ 시모노세키 조약

국권 침탈 과정 · 정답 ③

(가)~(다)는 국권 피탈기에 있었던 사건들이다. (가)는 1907년 정미 7조약에 따른 군대 해산에 대한 반발, (나)는 1907년 을사조약의 부당함을 알리기 위한 헤이그 특사, (다)는 1907년 헤이그 특사를 빌미로 일본이 강제로 고종 황제를 퇴위시킨 일이다.

정답 분석

③ (나) 고종은 1905년 을사조약이 체결되자, 조약의 무효를 선언하고 일제의 불법적인 국권 강탈을 폭로하여 국제 사회의 지원을 받고자 하였다. 이에 1907년 네덜란드 헤이그에서 열리는 제2회 만국 평화 회의에 이상설, 이준, 이위종을 특사로 파견하였다.

(다) 일본은 외교권이 없는 상태에서 헤이그 특사를 보냈다는 이유 등으로 고종을 강제 퇴위시키고 순종을 즉위시켰다.

(가) 1907년 고종이 강제로 퇴위당한 후 곧바로 한·일 신협약(정미 7조약)이 체결되었다. 이 조약에 따른 비밀 각서에는 대한 제국의 군대를 해산시킨다는 내용이 담겨 있었다. 그 과정에서 시위대의 대대장 박승환이 자결하였다.

정미 7조약 · 정답 ②

(가), (나) 사이의 시기에 체결된 조약은 정미 7조약이다.

(가) 1904년 러·일 전쟁을 일으킨 일제는 이를 무시하고 서울을 점령한 후, 일본이 한국 내에서 군사 기지를 마음대로 사용할 수 있도록 하는 한·일 의정서를 강제로 체결하였다.

(나) 1910년 일본 군대가 서울 곳곳에 배치된 살벌한 분위기 속에서 총리대신 이완용과 통감 데라우치 사이에 이른바 '병합' 조약이 체결되었다.

정답 분석

② 한·일 신협약(정미 7조약)을 강요하여 통감의 내정 간섭 권한을 강화하고, 일본인 차관을 임명하여 차관 정치를 시행하였다.

오답 피하기

① 갑신정변 이후 청과 일본은 텐진 조약을 체결해 조선에서 양국의 군대를 철수하고, 앞으로 조선에 군대를 파견할 때 상대국에 미리 알리도록 규정하였다. (가) 이전의 일이다.

③ 일본은 임오군란으로 공사관이 습격당하고 인명 피해를 입자 피해 보상과 거류민 보호를 내세우면서 제물포 조약을 체결하였다. (가) 이전의 일이다.

④ 일본은 청·일 전쟁에서 승리한 대가로 시모노세키 조약을 통해 랴오둥 반도를 차지하였다. (가) 이전의 일이다.

기본 55회 36번

05 밑줄 그은 '특사'에 대한 설명으로 옳은 것은?

① 서양에 파견된 최초의 사절단이었다.
② 조선책략을 국내에 처음 소개하였다.
③ 기기국에서 무기 제조 기술을 배우고 돌아왔다.
④ 을사늑약의 부당함을 전 세계에 알리고자 하였다.

기본 64회 30번

06 밑줄 그은 '나'에 대한 설명으로 옳은 것은?

① 중광단을 결성하였다.
② 독립 의군부를 조직하였다.
③ 동양 평화론을 집필하였다.
④ 시일야방성대곡을 발표하였다.

헤이그 특사 　　　　　　　　　　　 정답 ④

밑줄 그은 '특사'는 헤이그 특사이다. 고종은 을사조약이 체결되자, 조약의 무효를 선언하고 일제의 불법적인 국권 강탈을 폭로하여 국제 사회의 지원을 받고자 하였다. 이에 1907년 네덜란드 헤이그에서 열리는 제2회 만국 평화 회의에 이상설, 이준, 이위종을 특사로 파견하였다. 그러나 이들은 일본 등의 방해로 성과를 거두지 못하였고, 일본은 외교권이 없는 상태에서 특사를 보냈다는 이유 등으로 고종을 강제 퇴위시키고 순종을 즉위시켰다.

정답 분석

④ 고종은 을사조약의 무효를 선언하고 열강의 지원을 얻기 위해 헤이그 특사를 파견하였다.

오답 피하기

① 조선은 조·미 수호 통상 조약 체결을 계기로 미국에 서양 최초로 사절단 보빙사를 파견하였다.
② 수신사로 일본에 갔던 김홍집이 "조선책략"을 국내에 들여왔다.
③ 조선 정부는 청의 기기국에 영선사 김윤식을 파견하여 서양의 근대식 무기 제조 기술과 군사 훈련법을 습득하게 하였다.

독립 운동가 안중근 　　　　　　　　 정답 ③

밑줄 그은 '나'는 안중근 의사이다. 안중근은 1907년 연해주로 가서 의병 운동에 참가하였다. 1909년 동지 11명과 죽음으로써 구국투쟁을 벌일 것을 손가락을 끊어 맹세하고 동의단지회를 결성하였다. 그해 10월 26일 중국의 하얼빈에서 을사조약 체결의 핵심적인 역할을 담당하고 조선의 식민지화를 주도한 이토 히로부미를 사살하고 그 즉시 체포되었다.

정답 분석

③ 1910년 안중근이 감옥에서 저술한 "동양평화론"에 따르면 랴오둥 반도의 항구인 뤼순을 한, 중, 일 3국이 공동으로 관리하는 군항으로 만들고, 세 나라에서 대표를 파견하여 평화 회의를 조직하자고 하였다.

오답 피하기

① 북간도로 거점을 옮긴 대종교는 1911년 중광단이라는 무장 독립 단체를 만들었다.
② 1912년 의병장 출신의 임병찬은 고종의 밀지를 받고 전국 곳곳의 의병장과 유생을 모아 독립 의군부를 조직하였다.
④ 을사늑약에 분노를 토한 장지연은 항일 논설 '시일야방성대곡'을 저술하였다.

32강 항일 의병 투쟁과 애국 계몽 운동

1 항일 의병 투쟁

(1) 을미의병(1895)

배경	을미사변(명성 황후 시해)과 단발령(을미개혁)에 대한 반발
주도 세력	• 위정척사 사상을 가진 유생들이 주도 : 유인석, 이소응, 허위 등 • 농민과 동학 농민군의 잔여 세력이 가담하여 전국으로 확대
주요 활동	• 지방의 주요 도시 공격, 친일 관리와 일본인 처단 • 유인석 부대 : 제천 지방을 중심으로 활동하여 한때 충주성 점령 • 이소응 부대 : 춘천을 중심으로 활동
결과	• 아관 파천 이후 고종이 단발령을 철회하고, 의병 해산 권고 조직 해산 • 해산된 일부 농민들은 활빈당을 조직하여 반봉건 · 반침략 운동 지속

(2) 을사의병(1905)

배경	을사늑약 체결로 인한 외교권 박탈 등 일제의 침략 행위 본격화
주도 세력	• 양반 유생, 전직 관료 등 유생 의병장이 주도 • 신돌석 등 평민 출신 의병장이 등장하기 시작 • 일반 민중들까지 가세하면서 참여 계층이 확대
주요 활동	• 민종식 부대 : 충남 홍주성 점령 • 최익현 부대 : 전북 태인에서 의병 일으켜 순창으로 진격 ➡ 대한 제국 정부가 보낸 군대와 대치하자 스스로 포로가 됨 ➡ 대마도로 압송되어 순국 • 신돌석 부대 : 태백산 호랑이로 불림, 경상도 평해와 울진 등지에서 크게 활약

(3) 정미의병(1907)

배경	고종의 강제 퇴위와 한 · 일 신협약에 따른 대한 제국 군대의 강제 해산
주도 세력	• 해산 군인들의 의병 부대 합류(전투력 강화) ➡ 의병 전쟁으로 발전 • 농민 · 소상인 · 노동자 · 승려 · 화적 등 다양한 계층이 참여 ➡ 전국적 확산 • 양반 유생 출신 의병장 비율이 떨어지고, 평민 출신 의병장이 다수를 차지
주요 활동	• 각국 영사관에 의병을 국제법상 합법적 교전 단체로 승인해 달라고 요청하는 서한을 발송 ➡ 거절당함 • 13도 창의군(13도 연합 부대) 결성(1907) 　┌ 1만여 명의 의병이 양주에 집결 　└ 이인영을 총대장, 허위를 군사장으로 하여 서울 진공 작전을 계획 • 서울 진공 작전(1908) 　┌ 총대장 이인영이 부친상으로 이탈하여 허위가 의병을 이끎 　└ 허위가 이끄는 선발대가 동대문 밖 30리 지점까지 진격 ➡ 일본군의 선제 공격으로 패배

▲ 의병 부대의 활동

▲ 쓰시마 섬으로 압송되는 최익현

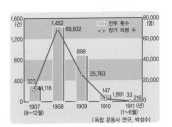

▲ 정미의병의 모습

▲ 의병의 전투 횟수

❷ 애국 계몽 운동

(1) 애국 계몽 운동의 등장

시기	을사조약(1905) 전후로 활발히 전개
성격	• 사상적으로 사회 진화론의 영향을 받음 • 실력을 양성하여 국권을 되찾고자 함(실력 양성 운동) • 학교 건립(인재 육성), 신문, 잡지 등 창간(국민 계몽), 식산흥업(경제적 실력 양성) 등을 통해 국권 회복 방안 모색
의의	• 국민 계몽과 교육을 통해 장기적인 독립 운동의 인재 양성 • 근대적 민족 산업을 진흥시켜 독립 운동의 경제적 토대 마련에 노력
한계	• 일제에 정치적·군사적으로 예속되어 성과가 미약 • 사회 진화론에 따른 일제의 한반도 통치 인정

┌ 한눈에 흐름 파악하기 ┐

1904. ● 보안회 결성
1905. ● 헌정 연구회 결성
1906. ● 대한 자강회 결성
1907. 2. ● 국채 보상 운동 시작
4. ● 신민회 결성
7. ● 신문지법 시행
보안법 시행
1908. 8. ● 사립 학교령 시행
1909. 2. ● 출판법 시행

(2) 애국 계몽 단체의 활동

보안회 (1904)	• 관료와 유생이 주도 • 일본의 황무지 개간권 요구 반대 운동 ➡ 일본의 요구를 철회시킴
헌정 연구회 (1905)	• 독립 협회 계승 • 의회 설립을 통한 입헌 군주제 실시 주장 • 일진회의 친일 행위 규탄 ➡ 일제의 탄압으로 해산
대한 자강회 (1906)	• 헌정 연구회 계승 • 전국 각지에 지회 설치, 『대한 자강회 월보』 간행, 강연회 개최 • 고종 강제 퇴위 반대 운동 전개 ➡ 통감부의 탄압으로 해산(1907)
대한 협회 (1907)	• 대한 자강회 계승 • 민권 신장을 위해 노력 ➡ 친일적 성격으로 변화

▲ 대한 자강회 월보

(3) 신민회(1907)

결성	• 을사늑약 체결 이후 통감부의 탄압으로 합법적인 계몽 운동에 한계를 느낀 안창호, 이승훈, 이회영, 양기탁 등이 조직 • 언론인, 종교인, 교사, 학생 등 각계각층이 참여 ➡ 800여 명의 회원을 확보
특징	• 목표 : 국권 회복과 공화 정체를 바탕으로 실력을 키워 근대 국민 국가 건설 • 방안 : 실력 양성 운동(교육 진흥, 국민 계몽, 산업 진흥)과 무장 투쟁을 함께 추진 ➡ 독립 전쟁 준비론
국내 활동	• 교육 : 평양에 대성 학교(안창호), 정주에 오산 학교(이승훈) 등 교육 기관 설립 • 산업 : 자기 회사, 태극 서관, 방직 공장 등 설립 • 문화 : 대한매일신보 발행(신민회의 기관지 역할), 학회와 강연 활동(국민 계몽)
국외 활동	• 남만주(서간도)의 삼원보에 한인 집단 거주 지역 건설 • 국외 독립 운동 기지 건설 : 신흥 강습소 설립(신흥 무관 학교의 전신) ➡ 장기적인 독립 운동 기반 마련
해체	일제가 날조한 105인 사건으로 조직이 와해됨(1911)

▲ 신민회가 세운 평양의 대성학교

▲ 신민회가 세운 정주의 오산학교

항일 의병 투쟁과 애국 계몽 운동

✎ 시험에 꼭 나오는 키워드

- 을미의병, 을사의병, 정미의병의 특징과 주요 의병장 기억하기
- 보안회의 활동 기억하기 ➡ 간혹 단독으로 출제됨
- 신민회의 활동 기억하기 ➡ 단독으로 출제됨

✔ 최다 빈출 선지

| 을미의병

① 을미사변에 반발하여 일어났다.
② 단발령에 대한 반발로 일어났다.

| 을사의병

① 을사늑약에 반대하여 의병을 일으켰다.
② 최익현, 신돌석 등이 의병을 일으켰다.

| 최익현

① 왜양일체론을 주장하였다.
② 단발령 시행에 반발하여 의병을 일으켰다.
③ 관군에게 체포되어 쓰시마섬에서 순국하였다.

| 정미의병

① 13도 창의군을 결성하였였다.
② 서울 진공 작전을 전개하였다.

| 보안회

① 일제의 황무지 개간권 요구를 철회시켰다.

| 대한 자강회

① 고종 강제 퇴위를 반대하였다.

| 신민회

① 신흥 강습소를 설립하였다.
② 대성 학교를 설립하였다.
③ 태극 서관을 운영하였다.
④ 태극 서관, 자기 회사를 운영하였다.
⑤ 국채 보상 운동을 지원하였다.
⑥ 105인 사건으로 해체되었다.

대표 기출 문제

기본 60회 32번

01 밑줄 그은 '의병'이 일어난 시기를 연표에서 옳게 고른 것은?

> 역적들이 국모를 시해하고 억지로 머리카락을 깎게 하니 백성들이 의병을 일으켰다. 하지만 이제는 단발을 편한 대로 하게 하였으니 백성들은 흩어져 돌아가 생업에 종사하라.

1862	1875	1882	1894	1910
(가)	(나)	(다)	(라)	
임술 농민 봉기	운요호 사건	임오 군란	청일 전쟁 발발	국권 피탈

① (가)　　② (나)　　③ (다)　　④ (라)

을미의병	**정답 ④**

밑줄 그은 '의병'은 을미의병이다. 1895년 을미사변으로 분개하고 있던 유생과 농민들은 친일 내각이 을미개혁을 시행하면서 단발령을 공포하자 마침내 전국 곳곳에서 의병을 일으켰다. 을미의병은 유인석, 이소응 등 척사 사상을 가진 보수 유생들이 주도하고, 농민이나 포수, 지방 관리 등이 가담하였다.

정답 분석

④ (라) 명성황후 시해 사건이 일어난 데 이어 단발령까지 실시되자 전국 각지에서 의병이 일어났다(을미의병, 1895).

기본 61회 36번

02 밑줄 그은 '이 부대'에 대한 설명으로 옳은 것은?

> ○○에게
>
> 이보게, 나는 마침내 의병에 합류하였네.
>
> 황제 폐하께서 강제로 그 자리에서 내려오셔야 했던 사건은 여전히 울분을 참을 수 없게 만드네. 일제가 끝내 우리 군대를 강제로 해산시키는 과정에서 동료들의 죽음을 보며 가만히 있을 수 없었네. 나는 13도의 의병이 모여 조직되고 이인영 총대장이 지휘하는 이 부대에 가담하여 끝까지 나라를 지키려고 하네.
>
> 자네도 우리와 뜻을 같이하면 좋겠네.
>
> 옛 동료가

① 서울 진공 작전을 전개하였다.
② 일제의 탄압을 피해 자유시로 이동하였다.
③ 어재연의 지휘 아래 광성보에서 활약하였다.
④ 황푸 군관 학교에서 군사 훈련을 실시하였다.

정미의병   **정답 ①**

밑줄 그은 '이 부대'는 정미의병이다. 1907년 8월 일본은 헤이그 특사 사건을 구실로 고종 황제를 강제 퇴위시키고 대한 제국 군대를 해산시켰다. 해산 군인이 정미의병에 합류하자 의병의 조직과 화력이 한층 강화되었다. 12월에는 이인영을 총대장으로 하는 13도 연합 의병을 결성하였다. 이들은 이듬해 1월 경기도 양주에 모여 서울로 쳐들어갔으나 실패하고 말았다(서울 진공 작전).

정답 분석

① 정미의병 유생 지도자들은 1만여 명의 13도 연합 부대(13도 창의군)를 편성하고 이인영을 총대장, 허위를 군사장으로 하여 서울 진공 작전을 전개하였다.

오답 피하기

② 청산리 대첩 뒤 독립군 부대들은 소련령 자유시로 이동하였다.
③ 신미양요가 일어나자 어재연 등이 이끄는 조선의 수비대는 광성보와 갑곶에서 결사적으로 항전하였지만 결국 광성보가 함락되었다.
④ 황푸 군관 학교에 김원봉을 비롯한 의열단 단원들이 입교하여 군사 교육과 간부 훈련을 받았다.

기본 50회 31번

03 (가) 단체의 활동으로 옳은 것은?

> ### (가) , 애국 계몽 운동을 펼치다
>
>
> 안창호
>
> 안창호, 양기탁 등이 중심이 되어 조직한 비밀 결사로, 국권 회복과 공화 전체의 근대 국가 건설을 목표로 하였다.
>
> 이를 위해 국내에서는 교육, 진흥, 국민 계몽, 산업 진흥을 강조하였다. 국외에서는 독립 운동기지 건설을 통한 군사적 실력 양성을 꾀하였다.
>
> 일제가 날조한 105인 사건으로 국내 조직이 해산되었다.

① 독립신문을 창간하였다.
② 한성 사범 학교를 설립하였다.
③ 태극 서관, 자기 회사를 운영하였다.
④ 일본의 황무지 개간권 요구를 저지하였다.

신민회   **정답 ③**

(가) 단체는 신민회이다. 1907년 일본의 탄압이 심해지자 애국 계몽 운동가들은 국권 회복을 위한 비밀 단체로 신민회를 조직하였다. 회원들은 각종 계몽 강연에서 일반 국민에게 민족의식을 높이고 국권을 되찾아야 한다고 역설하였다. 국권을 상실할 위기에 처하자 신민회의 일부 회원들은 실력 양성 운동의 한계를 깨닫고, 장기적인 무장 독립 투쟁을 위해 독립운동 기지 건설에 나섰다. 이를 위해 만주에 신흥 무관 학교 등을 설립하였다. 하지만 1911년 일제가 조작한 105인 사건으로 사실상 해체되었다.

정답 분석

③ 신민회는 계몽 서적을 출판하기 위한 태극 서관을 운영하고, 평양에 자기 회사를 설립하여 민족 산업 육성을 위해 노력하였다.

오답 피하기

① 독립신문은 서재필이 창간한 우리나라 최초의 민간 신문이다.
② 1895년 조선 정부는 초등 교육 기관인 소학교를 널리 보급시킬 계획시키고자 한성 사범 학교를 설립하였다.
④ 보안회는 1904년 일제의 황무지 개간권 요구에 반대하여 유생, 전직 관리 등의 주도로 설립되었다.

33강 개항 이후 경제적 침탈과 구국 운동

1 열강의 경제 침탈

(1) 개항 초기의 무역(1876~1882)

배경	강화도 조약 체결로 부산 · 원산 · 인천 개항 ➡ 일본 상인 진출
특징	일본 상인의 무역 독점 및 특권 보장(강화도 조약과 속약에 규정)
무역 형태	• 약탈 무역 : 치외법권, 일본 화폐 사용, 상품 무관세 등의 특권 활용 • 중계 무역 : 일본(영국산 면직물 수입) ↔ 조선(쇠가죽 · 쌀 · 콩 · 약재 · 금 반출) • 거류지 무역 : 개항장 10리 이내로 활동 범위 제한(조계지 내에서만 무역) ➡ 조선인 객주와 여각, 거간, 보부상 등을 매개로 활동
영향	곡물 가격 폭등으로 농민 생활 궁핍화, 국내 면직물 산업과 가내 수공업자 타격

(2) 청과 일본의 무역 경쟁 심화(1882~1895)

배경	• 임오군란 이후 조 · 청 상민 수륙 무역 장정 체결(1882) : 청 상인의 서울에서의 점포 개설, 내지 통상 허용 ➡ 최혜국 대우를 근거로 다른 외국 상인들도 내륙 진출 • 조 · 일 통상 장정(1883) ➡ 관세 자주권 일부 회복, 최혜국 대우, 방곡령 선포 등
전개	청의 무역량이 증가하면서 일본과 무역 비중 대등 ➡ 청과 일본의 상권 침탈 경쟁 심화(청 · 일 전쟁 원인) ➡ 청 · 일 전쟁(1894) 이후 일본 상인의 조선 무역 독점
무역 형태	미면 교환 체제 : 청 · 일(영국산 면제품) ↔ 조선(쌀, 콩 등)
영향	조선의 중개 상인 몰락, 시전 상인들 타격, 지주의 수탈 심화

(3) 제국주의 열강의 이권 침탈(아관파천 이후 1896~)

배경	아관파천 이후 최혜국 대우 내세워 이권 침탈
주요 침탈	• 러시아 : 광산 채굴권, 삼림 채벌권, 용암포 불법 점령 등 침탈 • 미국 : 광산 채굴권, 철도 · 전기 · 전차 부설권 등의 개발권 획득 • 일본 : 경부선 철도 부설권 획득, 철도 부설권 매입(미국의 경인선, 프랑스의 경의선) • 영국 : 거문도 불법 점령(1885~1887)
결과	열강의 원료 공급지 및 자본 투자 대상으로 전락

▲ 한성의 청 · 일 상인 거주지

1882년 조 · 청 상민 수륙 무역 장정이 체결된 이후 한성에 청과 일본 상인의 거주지가 형성되어 시전 상인의 상권을 위협하였다.

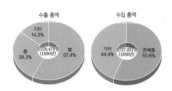

▲ 대일 수출입 상품의 품목별 비율 (1890)

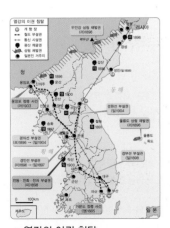

▲ 열강의 이권 침탈

② 일제의 금융 장악과 토지 약탈

(1) 일본의 금융 장악

전개 과정	• 개항 이후 : 전국 주요 도시에 일본 국립 제일 은행 지점 설치 • 러 · 일 전쟁 이후 : 대한 제국의 화폐 정리와 시설 개선의 명목으로 차관 강요 　➡ 대한 제국의 재정이 일본에 예속

▲ 제정 고문 메가타

(2) 화폐 정리 사업(1905)

주도	1차 한 · 일 협약(1904)으로 부임한 재정 고문 메가타 주도로 실행
주요 내용	• 일본 제일 은행을 조선의 중앙은행으로 전환 ➡ 대한 제국의 화폐 발행권 박탈 • 기존의 조선 화폐(엽전, 상평통보, 백동화 등)를 일본 화폐로 교환 강요 • 교환 기간이 짧고, 소액권은 교환이 되지 않음 • 백동화는 질에 따라 갑, 을, 병으로 나뉘었는데 질 나쁜 병종은 교환에서 제외
결과	대한 제국의 재정이 일본에 예속됨 : 국내 상공업자들은 큰 타격을 입음, 유통 화폐 부족 현상 발생, 국내 은행이 파산하여 일본계 은행으로 흡수

▲ 화폐 정리 사업으로 새롭게 발행된 제일은행 1원권

(3) 일본의 토지 약탈

전개 과정	• 일본 정부 : 철도 부지와 군용지 확보를 명분으로 토지 약탈 ➡ 탈취한 토지를 동양 척식 주식회사(1908) 등에 넘겨 관리 • 일본 상인 : 고리대를 통한 약탈 ➡ 청 · 일 전쟁 이후 대규모 농장 경영

③ 경제적 구국 운동

(1) 방곡령

배경	• 조 · 일 통상 장정에 방곡령 규정 마련(1883) • 일본 상인의 곡물 유출 증가로 곡물 가격 폭등, 흉년으로 국내 곡물 부족
경과	함경도 감사 조병식의 방곡령(1889), 함경도 관찰사 한장석의 방곡령(1890), 충청도 등지의 관찰사가 선포 ➡ 1894년까지 곡물 수출을 막는 방곡령을 70여 차례 발동
결과	일본은 방곡령을 내리기 1개월 이전에 통보하도록 한 규정을 구실로 방곡령 취소와 배상금 요구 ➡ 조선 정부는 방곡령을 철회하고, 일본에 막대한 배상금 지불

▲ 동양 척식 주식회사
1908년에 일본이 우리나라의 경제를 독점 착취하기 위해 설립한 회사이다. 주로 토지를 약탈하였다.

(2) 상권 수호 운동

배경	1880년대 외국 상인의 내륙 진출 ➡ 객주 · 여각 · 보부상 타격
목표	외국 상인 철수 요구, 상권 수호를 위한 조약 개정 요구
주요 활동	• 시전 상인 : 상권 수호 운동 등의 전개, 황국중앙총상회 조직(1898) • 객주 : 평양의 대동 상회와 한성의 장통 상회 등의 상회사 설립 • 은행 설립 : 조선 은행(최초의 민간 은행)과 한성 은행, 천일 은행, 한일 은행 등

▲ 방곡령 선포
방곡령은 곡물 가격을 안정시키고자 어느 지역의 곡물을 다른 곳으로 옮기지 못하도록 하는 조치이다. 조 · 일 통상 장정의 규정에 따라 흉년이 들면 지방관은 직권으로 방곡령을 실시할 수 있었다.

국채 보상 취지문

국채 1,300만 원은 바로 우리 대한의 존망에 직결된 것이라. 갚으면 나라가 존재하고 갚지 못하면 나라가 망하는 것은 대세가 반드시 그렇게 이르는 것이다. …… 2천만 인이 3개월 동안 담배를 끊고 그 대금으로 1인마다 20전씩 징수하면 1,300만 원이 될 수 있다. ……
– 「대한매일신보」, 1907. 2. 22. –

국채 보상 운동은 국민 스스로의 힘으로 일본의 빚진 국채를 갚자는 것으로 당시 2천만 국민이 금연하여 매달 20전 씩, 3달 동안 모은다면 한 사람당 6원이 되어 국채를 갚을 수 있다고 주장하였다.

▲ 백두산정계비 위치
백두산정계비에 '서쪽은 압록강, 동쪽은 토문강으로 국경을 삼는다.'라고 되어 있다. 이후 토문강에 대한 해석상의 차이로 간도 귀속 문제가 발생하였다.

▲ 독도

(3) 이권 수호 운동

주요 활동	• 독립협회 : 러시아의 절영도 조차, 프랑스 · 독일의 광산 채굴권 요구 저지 • 보안회 : 일본의 황무지 개간권 요구 반대 운동을 전개 ➡ 일본 요구 철회 • 농광 회사 : 일부 민간인과 관리들이 황무지를 우리 손으로 개간할 것을 주장

(4) 국채 보상 운동(1907)

배경	• 일제의 차관 제공에 의한 경제 예속화 심화 • 일본에 진 빚인 1,300만 원을 갚고자 함
전개 과정	• 대구에서 김광제, 서상돈 등이 중심이 되어 시작 ➡ 국채 보상 기성회 조직(1907) • 모금 운동 전개(술 · 담배 끊기, 패물 헌납 등) ➡ 많은 애국 계몽 운동 단체와 언론 기관(대한매일신보, 황성신문, 제국신문, 만세보 등) 참여 ➡ 전국적인 모금 운동 전개
결과	• 일본 통감부가 친일 단체인 일진회 등을 이용하여 방해 • 양기탁을 보상금 횡령 누명으로 구속 ┐ 큰 성과 없이 중단됨

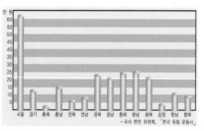

▲ 국채 보상 의연금 집계표

(단위 : 원)

도명	2~5월 모집금	도명	2~5월 모집금
경성	62,735.080	황해	24,286.175
경기	13,916.087	평남	25,083.185
충북	3,778.625	평북	21,277.762
충남	15,669.355	강원	4,258.515
전북	6,341.004	함남	10,505.500
전남	8,408.880	함북	977.400
경북	23,853.031		
경남	20,008.314	합계	241,098.913

(최기영*, 한국독립운동의역사*)

▲ 국채 보상 운동 모금 상황(1907년 2~5월 모집금)

④ 간도와 독도

간도 귀속 문제	• 배경 : 백두산정계비 건립(1712, 숙종) ➡ 19세기 후반 토문강의 해석 문제를 두고 청과 간도 귀속 문제 발생 • 대한 제국의 정책 : 간도 이주민이 증가 ➡ 간도 관리사 이범윤 파견(간도의 토지와 호구를 조사하고 조선인을 보호하는 영사의 역할을 수행), 간도를 함경도의 행정 구역에 편입(1902) • 간도 협약 체결(1909) : 을사조약 이후 일본이 만주의 철도 부설권을 얻는 대가로 간도를 청의 영토로 인정 ➡ 일제가 대한 제국 외교권을 대신 행사한 것으로 법적으로 무효임
독도 영유권 문제	• '대한 제국 칙령 제41호' 공포(1900), 일본 어민의 조업이 활발해지자 칙령 공포 ┌ 울릉도를 울도로 개칭하고 울도 군수가 관할하는 지역에 석도(독도) 포함 └ 중앙 관보에 게재하여 독도가 대한 제국의 영토라는 사실을 세상에 공표 • 일제의 강탈 : 일제는 러 · 일 전쟁 중 '시마네 현 고시 제40호'(1905)를 발표하여 일방적으로 독도를 시마네현에 편입함 • 우리의 땅이라는 증거 : 신라 지증왕 때 우산국 정벌, 「세종실록지리지」의 기록, 안용복의 활동, 「죽도기사」(1726)와 일본 태정관 문서 등

은쌤의 *합격노트*

· 일본의 경제 침탈 ·

✎ 시험에 꼭 나오는 키 워 드

- 화폐 정리 사업과 방곡령 정리하기 ➡ 간혹 출제가 됨
- 국채 보상 운동의 배경, 전개, 결과 기억하기

✔ 최다 빈출 선지

Ⅰ **강화도 조약**
① 양곡의 무제한 유출 조항을 포함하고 있다.

Ⅰ **조·청 상민 수륙 무역 장정**
① 외국 상인의 내지 통상권을 최초로 규정하였다.
② 임오군란의 결과로 체결된 협정의 내용을 조사한다.

Ⅰ **화폐 정리 사업**
① 메가타의 주도로 화폐 정리 사업이 실시되었다.
② 구 백동화가 제일 은행권으로 교환된 시기를 검색한다.

Ⅰ **조·일 통상 장정과 방곡령**
① 함경도에서 방곡령이 선포되었다.

Ⅰ **이권 수호 운동**
① 러시아의 절영도 조차 요구에 반대하였다(독립협회).
② 일본의 황무지 개간권 요구를 저지하였다(보안회).
③ 일본의 토지 침탈을 막고자 농광 회사가 설립되었다.

Ⅰ **국채 보상 운동**
① 일본에 진 빚을 갚기 위해 일어났다.
② 대구에서 시작하여 전국으로 확산되었다.
③ 김광제 등의 발의로 시작되었다.
④ 대한매일신보 등 언론의 지원을 받았다.
⑤ 통감부의 탄압으로 실패하였다.
⑥ 국민의 성금을 모아 국채를 갚고자 하였다.
⑦ 국채 보상 기성회를 중심으로 전개되었다.

· 간도와 독도 ·

✎ 시험에 꼭 나오는 키 워 드

- 숙종 때 백두산정계비와 고종 때 간도 관리사 파견, 간도 협약 체결 등이 간도 지역과 관련된 내용이라는 것을 숙지하기
- 이사부의 우산국 정벌, 안용복의 활동, 대한 제국 칙령 제41호, 러·일 전쟁 중 시마네 현 고시 제40호에 따른 강제 편입 등이 독도와 관련된 내용이라는 것을 숙지하기

✔ 최다 빈출 선지

Ⅰ **간도**
① 청과의 국경을 정한 백두산정계비를 세웠다(숙종).
② 이범윤을 간도 관리사로 임명하였다(고종).
③ 간도 협약이 체결되었다(고종).

Ⅰ **독도**
① 이사부가 우산국을 복속시켰다(지증왕).
② 대한 제국 칙령 제41호에서 관할 영토로 명시하였다(고종).
③ 일본이 러·일 전쟁 중에 불법 편입하였다(고종).

Ⅳ. 국제 질서의 변동과 근대 국가 수립 운동   195

대표 기출 문제

01 다음 검색창에 들어갈 용어로 옳은 것은?

① 단발령   ② 방곡령
③ 삼림령   ④ 회사령

방곡령   정답 ②

다음 검색창에 들어갈 용어는 방곡령이다. 조선은 1883년 일본과 조·일 통상 장정을 개정하여 곡물 수출을 금지할 수 있는 조항인 방곡령을 추가하였다. 이후 1894년까지 지방관들은 곡물 수출을 막는 방곡령을 70여 차례 발동하였으나 일본 측의 항의로 번번이 해제되었다.

정답 분석

② 조선은 1883년 일본과 조일 통상 장정을 개정하여 곡물 수출을 금지할 수 있는 조항인 방곡령을 추가하였다.

오답 피하기

① 제3차 개혁(을미개혁)이 추진되면서 태양력이 채택되고 단발령을 실시하였다.
③ 일제 강점기에 삼림 정책을 수행하기 위하여 삼림령이 시행되었다.
④ 일제 강점기에 회사령이 제정되면서 회사를 세울 때는 조선 총독부의 허가를 받아야 했다.

02 다음 주장을 펼친 단체로 옳은 것은?

① 권업회   ② 근우회
③ 보안회   ④ 토월회

보안회   정답 ③

다음 주장을 펼친 단체는 보안회이다. 일본의 경제 침탈에 저항하여 경제적 구국 운동이 다각도로 전개되었는데, 최초의 움직임은 1904년 관료·유생 등이 결성한 보안회의 활동이었다. 러·일 전쟁 중 일본이 황무지 개척권을 이양받기 위해 조선 정부에 압력을 넣자 일본 군경과 무력 충돌까지 벌이는 등 맹렬한 반대 운동을 전개하여 정부가 일본의 요구를 거절하게 하였다.

정답 분석

③ 1904년 일본이 러·일 전쟁을 빌미로 황무지 개간권을 요구하자 보안회는 반대 운동을 벌여 이를 저지하였다.

오답 피하기

① 연해주에 1911년 한인들의 자치 단체인 권업회가 조직되었다.
② 1927년 신간회가 결성되자, 여성들은 이념을 초월한 전국적인 여성 조직으로 근우회를 결성하였다.
④ 1923년 일본에서 결성된 연극 공연 단체가 토월회이다.

기본 66회 38번

03 다음 장면에 나타난 운동으로 옳은 것은?

① 국채 보상 운동 　　② 문자 보급 운동

③ 물산 장려 운동 　　④ 민립 대학 설립 운동

기본 64회 46번

04 밑줄 그은 '이 섬'에 대한 설명으로 옳은 것은?

① 정약전이 자산어보를 저술한 섬이다.

② 하멜 일행이 표류하다 도착한 섬이다.

③ 이종무가 왜구를 소탕하기 위해 정벌한 섬이다.

④ 안용복이 일본에 가서 우리 영토임을 확인받은 섬이다.

국채 보상 운동	정답 ①

다음 장면에 나타난 운동은 국채 보상 운동이다. 일제는 통감부가 설치된 뒤에 적극적으로 차관을 제공하였다. 그 결과 일본에 진 빚이 크게 늘어나, 1907년에는 대한 제국의 1년 예산과 맞먹는 1,300만 원에 달하였다. 이렇게 일제의 경제적 예속이 더욱 심해지자, 국민의 성금으로 국채를 갚고 국권을 지키자는 국채 보상 운동이 전개되었다.

정답 분석

① 김광제 서상돈 등은 일본에서 빌려 온 차관 1,300만 원을 갚아 국권을 회복하자는 국채 보상 운동을 제창하였다.

오답 피하기

② 조선일보는 전국 순회 강연을 개최하면서 문자 보급 운동을 전개하였다 (1929).

③ 1920년대 초 평양에서 조만식을 중심으로 평안도의 경제 · 교육계 인사들이 모여 물산 장려 운동을 전개하였다.

④ 1920년대 초 이상재와 이승훈 등이 중심이 된 조선 민립 대학 기성회는 고등 교육 기관인 대학을 설립하기 위해 민립 대학 설립 운동을 시작하였다.

독도의 역사	정답 ④

밑줄 그은 '이 섬'은 독도이다. 동해 가운데 있는 작은 섬인 독도와 울릉도는 우리 민족이 오랜 옛날부터 삶을 꾸려 온 터전이다. 조선 정부도 고유 영토인 울릉도와 주변 섬을 꾸준히 관리하였다. 1900년 10월 25일 대한 제국 칙령 제41호를 발표하여 울도 군수가 울릉도와 죽도 및 석도를 관할한다고 규정하였다.

정답 분석

④ 조선 후기 숙종 때 안용복은 울릉도에 출몰하는 일본 어민들을 쫓아내고, 일본에 건너가 울릉도와 독도가 조선의 영토임을 확인받고 돌아왔다.

오답 피하기

① 조선 후기 문신 정약전은 귀양 가 있던 흑산도 연해의 수족을 취급하여 1814년에 "자산어보"를 저술하였다.

② 조선 후기 제주도에 표류했던 하멜 일행은 네덜란드로 돌아간 뒤 "하멜 표류기"를 발표하여 조선을 유럽에 소개하였다.

③ 조선 초기 세종 때 이종무가 왜구의 소굴인 대마도를 토벌하였다.

34강 근대 문물의 수용

1 근대 문물의 수용

통신	• 전신 : 나가사키~부산(1884, 일본), 서울~인천과 서울~의주(1885, 청), 전보 총국 (1885, 전신 업무 관리) • 전화 : 경운궁에 최초로 설치(1898, 미국인) ➡ 서울 시내에 설치(1902) • 우편 : 우정국 설치(1884) ➡ 갑신정변으로 폐지 ➡ 을미개혁 때 다시 운영(우체사 설치) ➡ 만국우편연합에 가입(1900)
교통	• 전차 : 한성 전기 회사(1898, 황실과 미국인 합작) ➡ 서대문~청량리에 전차 개통 (1899) • 철도 　┌ 경인선(1899) : 최초의 철도(노량진~제물포), 일본은 미국인 모스에게서 경인선 부설권을 사들인 후(1898) 철도를 개통(1899) 　└ 경부선(1905), 경의선(1906) : 일본은 경부선 부설권을 확보하고(1898) 프랑스 가 반납한 경의선 부설권을 강압적으로 차지한 후(1904) 철도를 개통
의료	• 광혜원(1885, 문을 연지 13일 만에 제중원으로 개칭) 　┌ 갑신정변 당시 민영익을 치료한 미국인 선교사 알렌의 제안에 따라 설립 　├ 홍영식의 옛 집에 세워진 우리나라 최초의 서양식 근대 병원 　└ 미국 선교부는 제중원을 확대하여 세브란스 병원 설립(1904) • 광제원(1900), 적십자 병원(1905), 대한 의원(1907, 의료 요원 양성) 등 설립 • 지석영의 종두법 연구 : 최초의 서양 의학서인 『우두신설』 저술
근대 시설	• 기기창(1883) : 근대식 무기 제조 관청, 청에 파견한 영선사 복귀 후 설치 • 전환국(1883) : 근대 화폐를 주조하는 상설 조폐 기관 • 박문국(1883) : 인쇄 · 출판 사무를 담당 ➡ 한성순보 발행 • 전등 : 경복궁 내 건청궁에 설치(1887)
근대 건축	• 서양식 건물 : 정동 교회(1897, 중세 고딕 양식), 손탁 호텔(1902) 등 • 명동성당(1898) 　┌ 중세 고딕 양식으로 지어진 대표적 근대 건축물 　├ 프랑스 신부인 코스트가 설계 및 공사 감독 맡음 　└ 순교자 김범우의 집터에 건립, 1970~1980년대 민주화의 성지 • 덕수궁 석조전(1910) 　┌ 르네상스 양식의 석조 건물, 고종의 편전이나 침전으로 사용 　├ 미 · 소 공동 위원회의 회의장으로 사용(1946) 　└ 6 · 25전쟁 이후 국립 중앙 박물관, 궁중 유물 전시관으로 사용

▲ 전차

▲ 광혜원

▲ 명동성당

▲ 덕수궁 석조전

2 신문의 발간

한성순보 (1883~1884)	• 박문국에서 발행한 최초의 근대적 신문 ➡ 열흘(10일)에 한 번씩 발행(순 보) ➡ 갑신정변 당시 박문국 파괴로 발행 중단 • 순 한문체, 관보적 성격, 개화 정책 · 국내외 정세 소개

한성주보 (1886~1888)	• 한성순보 계승, 국한문 혼용, 박문국에서 발행 → 일주일에 한번 간행 • 최초로 상업 광고 게재
독립신문 (1896~1899)	• 서재필이 정부의 지원을 받아 창간한 최초의 근대적 민간 신문 • 순한글판, 영문판 발행(창간 당시 한글판 3면과 영어판 1면으로 발행) • 띄어쓰기 시행(한글 발전에 기여), 국민 계몽과 외국에 독립 의지를 알림
황성신문 (1898~1910)	• 남궁억 발행, 국·한문 혼용, 양반 유생층이 주된 독자 • 보안회 활동 지원, 장지연의 '시일야방성대곡' 게재, 국채 보상 운동 지원 • 일제의 침략 정책과 매국노 규탄에 앞장섬
제국신문 (1898~1910)	• 이종일 발행, 순 한글 발행 • 서민과 부녀자들에게 큰 호응 얻음 → 한글과 신교육 중요성 강조
대한매일신보 (1904~1910)	• 영국인 베델과 양기탁이 한·영 합작으로 창간 • 초기에 순한글로 발행, 1907년부터 국문, 국한문, 영문 등 세 종류로 발행 • 을사늑약의 부당성을 알리고, 항일 언론 주도 → 최다 독자층 보유 • 일본의 황무지 개간권 요구 반대 운동 및 국채 보상 운동 지원 • 항일 의병 운동에 호의적인 기사를 게재 • 신채호, 박은식 등은 항일 의식 고취를 위해 애국 논설 게재
기타	• 만세보(1906, 천도교 기관지), 경향신문(1906, 천주교 기관지), 해조신문 (연해주), 신한민보(미국) 등
시련	일본이 신문지법(1907)을 제정하여 탄압

▲ 1886년 2월 22일 한성주보
제4호에 실린 우리나라 최초의 광고
'세장양행'이다.

▲ 대한매일신보
양기탁과 베델이 이끄는 대한매일신
보는 국채 보상 운동의 중심 역할을
하였다.

❸ 근대 교육

1880년대	• 동문학(1883~1886) : 정부가 통역관 양성을 위해 설립, 영어 교육 실시
	• 원산학사(1883~1945) : 함경도 덕원 주민들이 설립한 최초의 근대적
	사립학교, 근대 학문과 무술 교육
	• 육영공원(1886~1894)
	  ┌ 민영익의 건의에 따라 정부가 서울에 세운 최초의 근대식 관립 학교
	  ├ 헐버트(『사민필지』 저술), 길모어, 벙커 등의 미국인 교사를 초빙
	  └ 고위 관리 자제, 젊은 현직 관리 대상으로 외국어, 국제법 등 교육
	• 개신교 선교사들이 세운 사립학교
	  ┌ 배재학당(1885, 아펜젤러), 경신 학교(1886, 언더우드)
	  └ 이화학당(1886, 스크랜튼 여사), 정신 여학교(1887, 엘레스 여사)

갑오개혁 이후 (1894~)	교육입국 조서 반포(1895) : 근대 교육 제도 마련 → 학부아문 설립(소학교 관제, 사범 학교 관제 등 수립) → 소학교·외국어 학교 등 관립 학교 설립
광무개혁기 (1897~)	• 한성 중학교 설립(1899), 각종 실업학교, 기술 교육 기관 설립 • 민족 사립 학교(민족 운동가) : 오산학교, 대성학교, 보성학교, 서전서숙 등 → 국권 회복, 민족의식 고취
기타	• 여권통문 발표(1898) : 서울 북촌의 두 여성인 김소사·이소사의 이름으 로 발표된 우리나라 최초의 여성 인권 선언문 → 찬양회 설립 계기 • 찬양회(1898) : 우리나라 최초의 여성 단체, 고종에게 여학교 설립 요구
시련	일본이 사립 학교령(1908)으로 학교 설립과 운영 통제

교육입국 조서

아, 백성을 가르치지 않으면
나라를 굳건히 하기가 매우
어렵다. 세상 형편을 돌아보
건대 부유하고 강하여 우뚝
이 독립한 나라들은 모두 그
나라 백성들이 개명한 지식을
가지고 있다. -「고종실록」-

1895년 고종은 교육입국 조
서를 발표하여 근대 교육의
중요성을 강조하였다. 이어
소학교, 사범학교, 외국어 학
교 관제 등이 마련되었고, 주
요 도시에 각종 관립 학교가
설립되었다.

▲ 주시경과 그가 펴낸 『말의 소리』
주시경은 1907년 대한 제국에서 국문 연구소를 설립하자 지석영 등과 함께 우리말과 한글을 연구하면서 『국어 문법』을 저술하여 국문 연구의 새로운 장을 열었다.

▲ 금수회의록

▲ 원각사
대한 제국 말기에 신극 운동이 일어나 우리나라 최초의 서양식 극장인 원각사가 세워지고, 은세계와 치악산 등의 신소설 작품이 무대에 올랐다.

▲ 나철의 구월산 여행에 동행한 대종교 간부들. 앞줄 왼쪽 두 번째가 나철

④ 국학

국어 연구	• 국문 연구소 설립(1907) : 주시경, 지석영 등을 중심으로 활동 ┌ 한글 연구를 목적으로 학부 아래에 설립된 최초의 국가 기관 └ 국어 문법의 정리와 국어의 이해 체계 확립 • 헐버트는 최초로 한글에 띄어쓰기를 도입 • 국문체 보급 : 갑오개혁 이후 공사 문서에 국·한문 사용 제도화, 언론 기관(독립신문, 제국신문, 대한매일신보)에서 한글 신문 발행
국사 연구	• 신채호 : 『독사신론』을 저술하여 민족주의 역사학의 방향 제시, 『이순신전』, 『을지문덕전』 등의 위인전을 저술하여 애국심 고취 • 박은식 : 『동명왕실기』, 『천개소문전』 등의 위인전 저술하여 애국심 고취 • 외국의 건국·망국 역사 소개 : 『미국 독립사』, 『이태리 건국 삼걸전』, 『월남 망국사』 등 ➡ 국가 위기 상황에 대한 경각심 고취 • 조선 광문회(1910) : 박은식과 최남선이 함께 조직, 민족 고전 정리 및 간행

⑤ 문예

근대 문학	• 신소설 등장 : 이인직의 『혈의 누』, 이해조의 『자유종』, 안국선의 『금수회의록』 등 • 신체시 발표 : 최남선 「해에게서 소년에게」(근대시의 형식을 새롭게 개척) • 외국 번역 문학 : 『빌헬름 텔』, 『이솝 이야기』, 『걸리버 여행기』 등
예술	• 음악 : 찬송가 보급, 창가 유행(애국가, 독립가 등), 서민층은 여전히 판소리가 유행 • 미술 : 서양식 화풍 소개, 유화 도입, 서민층에서는 민화가 유행 • 연극 : 신극 운동(신소설 등을 각색 연극으로 공연), 활동 사진 상연 • 극장 : 최초의 서양식 극장인 원각사 설립(1908)

⑥ 근대 종교

민족 종교	• 천도교 : 일제가 친일 신도를 이용하여 동학 조직 흡수 ➡ 손병희가 천도교로 개칭(1906), 동학 전통 계승 ➡ '만세보' 등을 간행, 3·1 운동의 중심 역할 • 대종교 : 나철, 오기호 등이 단군 신앙을 발전시켜 창시(1909) ➡ 국권 피탈 이후 교단을 만주 지역으로 옮겨 중광단(이후 북로 군정서로 개편)을 만들고 항일 무장 투쟁 전개
외래 종교	• 개신교 : 선교사의 서양 의술 보급, 학교 설립 등 근대 문물 소개 • 천주교 : 사회 사업(고아원, 양로원 등 설립)과 애국 계몽 운동 전개, 경향신문 간행
전통 종교	• 불교 : 한용운의 '조선 불교 유신론' 제창 ➡ 불교의 자주성 회복과 근대화 운동 추진 • 유교 : 박은식의 '유교 구신론' 제창 ➡ 유교 개혁 주장, 실천적 유교 강조, 양명학에 주목

은쌤의 합격노트

• 근대 문물의 수용 •

✎ 시험에 꼭 나오는 키워드

- 주요 근대 문물 숙지하고 정리하기 ➡ 우정국(1884), 광혜원 (1885), 명동성당(1898), 전차(1899), 경인선(1899), 덕수궁 석조전(1910)은 단독으로도 출제되고 연도도 숙지해야 함
- 각 신문의 주요 특징 정리하기 ➡ 독립신문, 황성신문, 대한매일신보는 단독으로 출제가 됨

✔ 최다 빈출 선지

| 근대 문물
① 기기창이 설립되었다(1883).
② 순 한문 신문인 한성순보가 발간되었다(1883).
③ 동문학에서 영어를 공부하고 있는 학생(1883)
④ 광혜원이 설립되었다(1885).
⑤ 제중원에서 환자를 돌보는 의사(1885)
⑥ 육영 공원이 설립되었다(1885).
⑦ 경인선이 개통되었다(1899).
⑧ 경부선 철도가 부설되었다(1905).

| 한성순보
① 박문국에서 발간하였다.

| 독립신문
① 서재필이 창간하였다.
② 우리나라 최초의 민간 신문이다.

| 황성신문
① 을사늑약의 부당성을 주장하였다.
② 국채 보상 운동의 확산에 기여하였다.
③ 시일야방성대곡이라는 논설을 실었다.

| 대한 매일 신보
① 영국인 베델과 양기탁이 함께 창간하였다.
② 을사늑약의 부당성을 주장하였다.
③ 국채 보상 운동을 적극 후원하였다.

| 만세보
① 천도교의 기관지로 발행되었다.

| 육영 공원
① 서양식 근대 교육 기관인 육영 공원을 설립하였다.
② 헐버트를 교사로 초빙해 근대 학문을 가르쳤다.

| 개신교 선교사가 세운 사립학교
① 배재 학당을 설립하였다(아펜젤러).
② 이화 학당을 설립하였다(스크랜튼 여사).
③ 교육입국 조서를 반포하고 한성 사범 학교 관제를 마련하였다.

| 국문 연구소
① 주시경이 국문 연구소를 세워 한글을 체계적으로 연구하였다.

대표 기출 문제

기본 64회 34번

01 다음 상황 이후에 볼 수 있는 모습으로 가장 적절한 것은?

> 저것이 며칠 전 동대문에서 서대문까지 운행을 시작한 전차라는 것인가?

> 그렇다네. 한성 전기 회사에서 전기를 공급하여 운행한다더군.

① 한성순보를 발간하는 직원
② 만민 공동회에서 연설하는 백정
③ 경부선 철도 개통식에 참석하는 관리
④ 동문학에서 영어를 공부하고 있는 학생

기본 63회 34번

02 밑줄 그은 '이 신문'에 대한 설명으로 옳은 것은?

> **오늘의 역사**
> 10분 전
>
> #신문의_날 #1896년_4월_7일
>
> 1896년 4월 7일은 서재필이 우리나라 최초의 민간 신문인 이 신문을 창간한 날입니다. 언론계에서는 이를 기념해 4월 7일을 '신문의 날'로 지정하였습니다.
>
> 👍 좋아요 58   💬 댓글 3   ➤ 공유하기

① 천도교의 기관지였다.
② 박문국에서 발간하였다.
③ 한글판과 영문판으로 발행되었다.
④ 시일야방성대곡이라는 논설을 실었다.

근대 문물의 수용   정답 ③

다음 상황 이후의 사실은 1898년 한성 전기 회사 설립 이후에 들어온 새로운 문물을 말한다. 1898년에는 고종이 전액 자금을 내놓아 한성 전기 회사를 설립하였다. 이 회사는 1899년부터 서대문과 청량리 간 전차 노선을 개통하였으며, 영업용 전등 사업도 벌였다.

정답 분석

③ 1905년 일본은 군사적 목적으로 서울과 부산을 연결하는 경부선을 개통하였다.

오답 피하기

① 1883년 조선 정부는 개화 정책을 추진하면서 박문국을 세우고 최초의 신문인 한성순보를 창간하였다.
② 독립 협회는 1898년 3월부터 만민 공동회를 개최하였다.
④ 1883년 조선 정부는 외국어 교육 기관인 동문학을 세워 영어, 일본어 등을 교육하였다.

독립신문   정답 ③

밑줄 그은 '이 신문'은 독립신문이다. 아관 파천 이후 1896년에 서재필의 주도로 독립신문이 창간되었다. 독립신문은 정부 관리의 부정부패를 비판하고 국민의 권리와 의무, 국제 사회에서 한국의 위치, 열강의 이권 침탈 상황 등을 알렸다.

정답 분석

③ 서재필은 1896년 한글과 영문판으로 독립신문을 창간하였다.

오답 피하기

① 천도교는 기관지 "만세보"를 발행하여 애국 계몽 운동에 적극적으로 나섰다.
② 박문국에서 우리나라 최초의 신문인 한성순보를 창간하였다.
④ 황성신문은 을사조약 이후에는 '시일야방성대곡'을 게재하였다.

03 (가)에 해당하는 신문으로 옳은 것은?

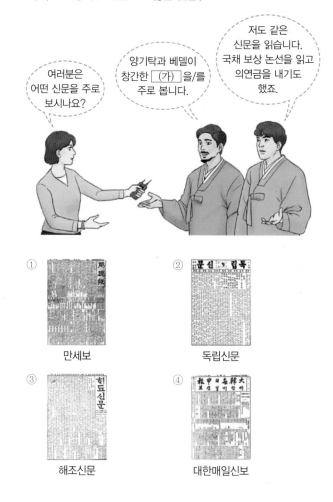

여러분은 어떤 신문을 주로 보시나요?

양기탁과 베델이 창간한 (가) 을/를 주로 봅니다.

저도 같은 신문을 읽습니다. 국채 보상 논선을 읽고 의연금을 내기도 했죠.

① 만세보
② 독립신문
③ 해조신문
④ 대한매일신보

대한매일신보 　정답 ④

(가)에 대한 신문은 대한매일신보이다. 1904년에는 양기탁이 영국인 베델을 발행인으로 초청하여 대한매일신보를 발행하였다. 대한매일신보는 항일 의병 운동에 대해 호의적인 기사를 싣기도 하였고, 황무지 개간권 요구 반대 운동과 국채 보상 운동에도 앞장섰다.

정답 분석

④ 1904년에는 양기탁이 영국인 베델을 발행인으로 초청하여 대한매일신보를 발행하였다.

오답 피하기

① 천도교는 기관지 "만세보"를 발행하여 애국 계몽 운동에 적극적으로 나섰다.
② 1896년 미국에서 귀국한 서재필이 정부로부터 자금을 지원받아 독립신문을 발간하였다.
③ 해조신문은 1908년 러시아 연해주에서 발행된 최초의 한글 신문이다.

04 (가)에 들어갈 근대 교육 기관으로 옳은 것은?

1886년 신입생 모집

영재들이여
신학문을 가르치는 공립 학교
(가) 으로 오라!

1. 선발 인원 : 35명
2. 지원 자격
　- 좌원 : 7품 이하 젊은 현직 관리
　- 우원 : 15~20세의 양반 자제
3. 교과목 : 영어, 수학, 자연 과학 등
4. 교사 : 헐버트, 길모어, 벙커 등

① 서전서숙
② 배재 학당
③ 육영 공원
④ 이화 학당

육영 공원 　정답 ③

(가)에 들어갈 근대 교육 기관은 육영 공원이다. 조선 정부는 1886년에 우리나라 최초의 근대식 공립 교육 기관인 육영 공원이 설립되었다. 헐버트, 길모어, 벙커 세 사람의 외국인을 초빙하여 강의하게 하였는데, 학생은 젊은 문무 관리와 20세 이하의 양반 자제 중 총명한 자를 뽑아 가르쳤다.

정답 분석

③ 1886년에 우리나라 최초의 근대식 공립 교육 기관인 육영 공원이 설립되었다.

오답 피하기

① 1906년 이상설 등이 북간도 연길에 세운 서전서숙은 일제의 탄압으로 1년 만에 문을 닫았으나, 이후 민족 운동에 큰 영향을 미쳤다.
② 배재 학당은 1885년 선교사 아펜젤러에 의해 설립된 근대식 중등 교육기관이다.
④ 스크랜턴은 1886년에 우리 역사상 최초로 여성 교육 기관인 이화 학당을 세웠다.

V

일제의 강점기와
민족 운동의 전개

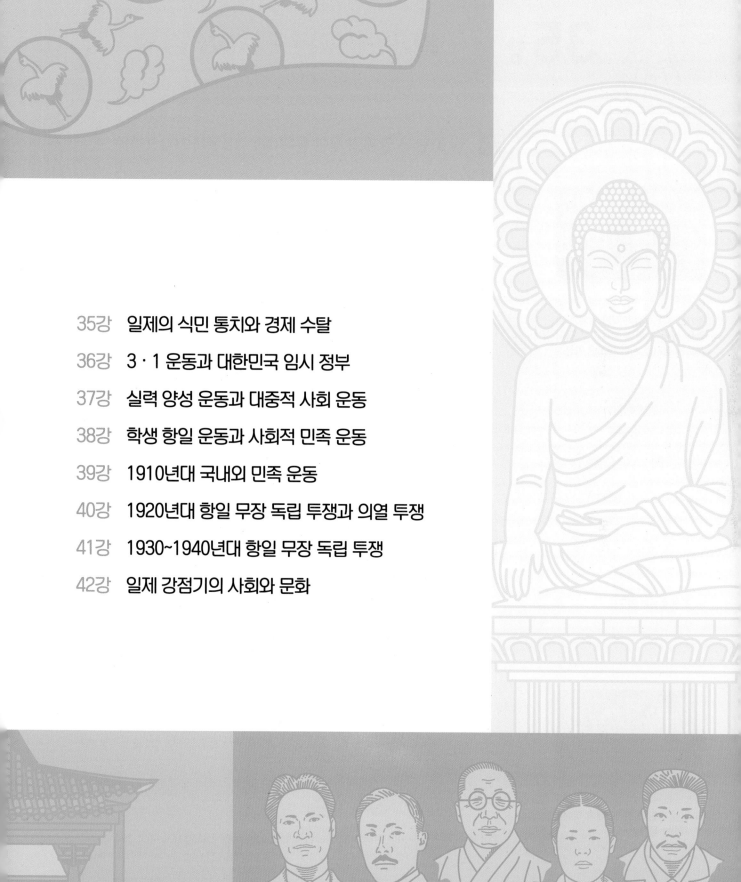

35강   일제의 식민 통치와 경제 수탈

36강   3 · 1 운동과 대한민국 임시 정부

37강   실력 양성 운동과 대중적 사회 운동

38강   학생 항일 운동과 사회적 민족 운동

39강   1910년대 국내외 민족 운동

40강   1920년대 항일 무장 독립 투쟁과 의열 투쟁

41강   1930~1940년대 항일 무장 독립 투쟁

42강   일제 강점기의 사회와 문화

35강 일제의 식민 통치와 경제 수탈

1 1910년대 일제의 무단 통치(헌병 경찰 통치, 1910~1919)

(1) 조선 총독부 체제

구성	• 조선 총독부 설치(1910) : 일제 식민 통치의 중추 기관 • 총독 ┌ 무관 출신만 임명, 일본 국왕에 직속(일본 내각의 통제를 받지 않음) └ 입법 · 사법 · 행정 · 군 통수권을 장악
중추원	조선 총독의 자문 기구(한국인 회유책, 친일파 우대, 한국인의 실권은 없음)

(2) 헌병 경찰 제도 시행

의미	헌병과 경찰을 동원하여 우리 민족을 무력적으로 탄압하는 공포 정치
구성	• 경무총감(헌병 사령관) ➡ 각 도의 경무부장(헌병 대장) • 전국에 헌병대, 경찰서 설치 및 일본군 주둔
역할	• 경찰 업무 대행, 독립 운동가 색출(105인 사건), 모든 일상생활에 관여 • 범죄 즉결례(1910) : 판결 없이도 경찰의 임의로 처벌 가능 ┐ 조선인만 해당 • 조선 태형령(1912) : 지시 불이행 및 잘못할 경우 매로 때림 ┘

▲ 조선 총독부

일제는 남산에 있던 통감부 건물을 청사로 사용하다가 식민 통치의 위엄을 높이기 위해 경복궁 자리에 새로운 청사를 지어 1926년 이전하였다.

조선 총독
├ 정무총감
├ 경무총감
│ └ 경무총감부
└ 사법부 · 농상공부 · 탁지부 · 내무부 · 총무부 · 총독관방

▲ 조선 총독부 기구표

▲ 함경북도 경무부와 경성 헌병대 본부

▲ 경무부와 헌병대

▲ 태형 기구

▲ 일본 경찰이 조선인에게 태형을 가하는 장면

일제는 태형과 같은 법령을 만들어 한국인을 위협 · 탄압하면서 억압적인 사회 분위기를 만들었다.

경찰범 처벌 규칙(1912)

제1조 다음의 각호에 해당하는 자는 구류 또는 과료에 처한다.

2. 일정한 주소나 생업 없이 이곳저곳 배회하는 자

20. 불온한 연설을 하거나 또는 불온 문서, 도서, 시가를 게시, 반포, 낭독하거나 큰 소리로 읊는 자

조선 태형령(1912)

제11조 태형은 감옥 또는 즉결 관서에서 비밀리에 행한다.

제13조 본령은 조선인에 한하여 적용한다.   - 「관보」, 조선총독부, 1912.3.13. -

헌병은 군사 업무 외에도 정치 사찰, 사법권 행사, 납세 독촉, 학교 감시 및 예방 접종 업무까지도 담당하였다. 또한, 범죄 즉결례와 경찰범 처벌 규칙을 이용하여 정식 법 절차나 재판을 거치지 않았다.

(3) 위압적 분위기

기본권 박탈	• 언론 · 출판 · 집회 · 결사의 자유 제한 ➡ 보안법, 출판법, 신문지법 적용 • 황성신문, 대한매일신보 등 폐간, 애국 운동 단체 신민회 등 해산
위협 통치	학교 교원 및 일반 관리까지도 제복과 대검 착용
교육	• 제1차 조선 교육령(1911) ┌ 목표 : 식민 통치에 순응하고 일본 천황에 충성하는 인간 육성 └ 우민화 교육 : 보통학교 수업 연한 4년, 고등 교육 기회 거의 없음 • 사립 학교(사립 학교 규칙, 1911), 서당(서당 규칙, 1918) 등의 교육기관 탄압

▲ 제복을 입고 칼을 찬 일본인 교사

② 1910년대 일제의 경제 수탈

(1) 토지 조사 사업 시행(1912~1918)

목적	• 명분 : 근대적 토지 소유제도 확립, 공정한 지세 부과 • 실제 : 토지의 약탈 및 안정적인 토지세 확보 ➡ 식민 통치에 필요한 기초 자료와 재정 확보
절차	임시 토지 조사국 설치(1910), 토지 조사령 공포(1912) ➡ 소유권 조사, 토지 가격 조사, 지형 · 지목 조사 등 ➡ 임시 토지 조사국에 토지 신고서 제출 ➡ 기한부 신고제와 복잡한 절차를 통해 토지 소유권 인정 ➡ 미신고 토지, 국유지, 공동 소유 토지 등 토지 약탈
결과	• 농민 몰락 : 농민의 관습적 경작권 부정 ➡ 기한부 계약제로 전환(지주 권한 강화, 소작농 권리 약화) ➡ 소작농, 도시 빈민, 화전민으로 전락 ➡ 만주, 연해주 등의 국외 이주 증가 • 조선 총독부 ┌ 수입 증가 : 과세 면적 증가 ➡ 조선 총독부의 토지세 수입 증가 ├ 토지 약탈 : 미신고지 · 공유지 · 소유주가 불분명한 토지 약탈 └ 토지 매각 : 약탈한 토지는 동양 척식 주식회사나 일본 기업과 일본인에게 싼 값에 불하 ➡ 일본에서 이주민 급증

▲ 토지 조사 사업의 토지 측량

(2) 산업 침탈

회사령 제정 (1910)	• 목적 : 한국인의 기업 설립 규제와 민족 자본 성장 저지 • 내용 : 회사 설립 시 총독부의 허가를 받도록 규정(총독의 회사 해산 명령도 가능) ➡ 한국인 회사 설립과 민족 자본의 성장을 억제
자원 약탈	• 특징 : 허가제로 운영하여 천연 자원, 지하 자원 등 각종 자원 약탈 • 삼림령(1911), 임야 조사령(1918) : 산림과 임야 약탈, 전체 삼림의 60% 이상을 국유림화 • 어업령(1911) : 한국의 어업권 부정 및 일본인의 어장 독점 • 광업령(1915) : 전체 광산의 75% 이상을 일본인이 점유
기타	• 전매 사업 실시 : 소금, 담배, 아편, 인삼 등을 독점 • 기간 시설 정비 : 철도(경원선, 호남선) · 통신 · 항만 시설 설치 ➡ 자원의 효율적 수탈과 대륙 침략의 발판

토지조사령(1912)

제1조 토지의 조사 및 측량은 본령에 따른다.

제4조 토지 소유자는 조선 총독이 정하는 기간 내에 주소, 씨명, 명칭 및 소유지의 소재, 지목, 자 번호, 사표, 등급, 지적, 결수를 임시 토지 조사국장에게 신고해야 한다. 단, 국유지는 보관 관청이 임시 토지 조사국장에게 통지해야 한다.

－「관보」조선 총독부, 1912 －

일제는 식민 통치에 필요한 재정을 마련하고자 토지 조사 사업을 실시하였다. 이에 1920년에는 지세 수입이 1910년에 비해 약 2배로 늘어났다.

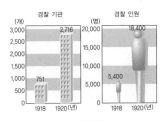

▲ 문화 통치 시기의 경찰력의 강화

▲ 기사가 삭제된 동아일보

일제는 문화 통치를 내세우며 조선일보, 동아일보 등의 신문과 잡지 창간을 허용하였다. 그러나 실제로는 엄격한 사전 검열을 통해 신문과 잡지의 기사를 통제하였다.

▲ 경성부 협의회 의원 선거

한국에 거주하는 일본인들은 대부분 선거권을 가졌지만, 대다수의 한국인에게는 선거권이 없었다.

3 1920년대 일제의 문화 통치 (보통 경찰·민족 분열 통치, 1919~1931)

(1) 문화 통치

배경	3·1 운동을 통해 무단 통치의 한계 인식, 일본 내의 민주주의 발전, 국제 여론 악화
의도	• 조선을 문화 민족으로 대우한다는 기만적 회유 정책 • 소수의 친일파를 키워 우리 민족의 분열 꾀함

(2) 문화 통치의 실상

	표면적 모습	실제 모습
총독 임명	문관 출신도 임명 가능	실제로 문관 총독 임명은 1명도 없었음
경찰 제도	• 헌병 경찰 제도 폐지 • 보통 경찰 제도 시행	• 경찰의 인원·장비·비용 등의 증가 • 1군 1경찰서, 1면 1주재소 체제 • 고등 경찰제 실시
기본권 보장	• 언론·출판·집회·결사의 자유 부분 허용 • 신문 발행 허가 : 조선일보·동아일보 창간(1920)	• 식민 통치에 위배되는 사항은 신문 기사 삭제 및 정간·폐간 • 치안 유지법 제정(1925) : 일본 천황제와 사유재산 제도를 부정하는 이들을 탄압 ➡ 독립 운동가, 사회주의자 탄압에 적극 활용
교육 정책	제2차 조선 교육령(1922) ┌ 한국인의 교육 기회 확대 ├ 고등 보통학교 증설 └ 수업 연한을 4년에서 6년으로 늘림	• 유상 교육 ➡ 한국인 취학률 저하 • 초등 교육·기술 교육만 허용 • 경성 제국 대학 설립(1924)을 계기로 민립 대학 설립 운동 탄압
참정권 부여	• 도 평의회, 부·면 협의회 설치 • 자문 기구에 일부 조선인 참여 허용	• 독립 운동을 자치 운동으로 유도 • 의결권 없음, 친일 인사만 의원으로 임명

문화 통치의 실시(1919)

총독은 문무관 어느 쪽이라도 임용될 수 있는 길을 열고, 나아가 헌병에 의한 경찰 제도를 바꿔 보통 경찰에 의한 경찰 제도를 채택할 것이다. 그리고 복제를 개정하여 일반 관리·교원이 제복을 입고 칼을 차던 것을 폐지하고, 조선인의 임용·대우에 더 많이 고려하고자 한다.

– 사이토 마코토, '시정방침'(1919. 9.) –

3·1 운동으로 무단 통치의 한계를 느낀 일제는 통치 방식을 전환하였다. 새로 조선 총독에 취임한 사이토 마코토는 "조선의 문화와 관습을 존중하고 조선인의 행복과 이익을 증진한다."라며 이른바 문화 통치를 표방하였다. 그러나 이는 우리 민족의 불만을 달래려는 일제의 기만적인 술책이었다. 또한, 친일 세력을 적극 양성하여 우리 민족을 이간·분열시키는 데 목적이 있었다.

▲ 치안 유지법으로 연행되어 가는 한국의 독립운동가들

치안 유지법(1925)

제1조 ① 국체(천황제)를 변혁하거나 사유 재산 제도를 부인하는 것을 목적으로 결사를 조직하거나 또는 사정을 알고 이에 가입한 자는 10년 이하의 징역 또는 금고에 처한다.

제7조 이 법은 시행 구역 외에서 죄를 범한 자에게도 적용한다.

일제는 치안 유지법으로 한국인의 사상과 표현의 자유를 억압하고 민족 운동과 사회주의 운동을 탄압하였다. 이 법으로 많은 독립 운동가가 처벌받았다.

④ 1920년대 일제의 경제 수탈

(1) 산미 증식 계획(1920~1934)

배경	일본의 공업화 진전에 따른 식량 부족 사태(쌀 수요 증가, 쌀값 폭등)
목표	일본의 부족한 식량을 한국에서 확보
과정	• 쌀 생산량 증대 추진 : 종자 개량, 비료 및 수리 시설 개선 시도 ➡ 농민들에게 수리 조합비, 토지 개량비, 비료 대금 등을 전가시킴 ➡ 수리 조합 반대 운동 발생 • 증산량이 계획량보다 부진 : 증산량보다 많은 수탈로 국내 식량 사정 악화
결과	• 국내 식량 사정 악화(한국인의 1인당 쌀 소비량이 감소) : 국내 쌀 부족, 곡물 가격 폭등 ➡ 만주에서 조·수수·콩 등의 잡곡 수입 • 농업 구조의 변화 : 쌀 중심의 단작형 농업 구조로 정착 • 농민의 고통 심화 : 일본의 비호를 받은 지주의 수탈 심화 ➡ 농민층 몰락 ➡ 도시 빈민, 화전민, 국외 이주민 증가 ➡ 소작 쟁의 격화

▲ 쌀이 산더미처럼 쌓인 1920년대 중반 군산 내항

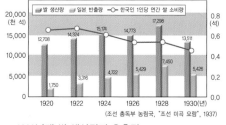

▲ 1920년대 쌀 생산량과 유출량

▲ 농가의 경작 형태 비율 변화

산미 증식 계획으로 한국인의 1인당 쌀 소비량은 점차 줄었으며(왼쪽 표), 소작농이 점차 늘어나(오른쪽 표) 농민들의 생활이 어려웠음을 알 수 있다.

(2) 일본 자본의 침투

회사령 철폐 (1920)	• 배경 : 1차 대전 이후 일본의 자본 축적 ➡ 일본 기업의 한국 진출 • 내용 : 회사 설립을 허가제에서 신고제로 전환 ➡ 한국 기업 증가(대부분 영세한 제조업에 한정) ➡ 일본의 대규모 독점 자본의 한반도 침투 가속화
기타	• 관세 폐지(1923) : 조선과 일본 간의 상품 수출에 관세 철폐 ➡ 일본 기업의 상품 유입 가속화 • 신은행령(1928) : 한국인 소유 은행을 강제 합병 ➡ 조선 은행에 예속시킴

회사령 폐지에 관한 건(1920)

회사령은 폐지한다.

– 부칙

1. 이 영은 공포일로부터 시행한다.
2. 구령에 의하여 설립한 회사로 이 영 시행 당시 존재하는 것은 조선 민사령에 의하여 설립한 것으로 본다.

조선 총독부는 회사령을 폐지하여 회사 설립을 허가제에서 신고제로 바꾸었다. 이로써 회사 설립이 한층 쉬워져 자본을 축적한 일본의 대기업들은 값싼 자원과 노동력을 찾아 한국에 본격적으로 진출하였다.

▲ 내선일체 관련 포스터(위)와 내선일체 비석(아래)
일본과 조선이 한 몸과 같다는 뜻으로 일제 강점기 때 일본이 조선인의 정신을 말살하고 조선을 착취하기 위해 만들어 낸 구호이다.

황국 신민 서사(아동용)

• 우리들은 대일본 제국의 신민(臣民)입니다.
• 우리들은 마음을 합하여 천황 폐하에게 충의를 다합니다.
• 우리들은 인고단련(忍苦鍛鍊)하여 훌륭하고 강한 국민이 되겠습니다.

일제는 침략 전쟁을 원활하게 수행하기 위해 황국 신민화 정책을 추진하였다. 이에 황국 신민 서사를 제정하여 학교와 관공서는 물론 모든 직장의 회합에서 암송을 강요하였다.

▲ 흥남 질소 비료 공장의 전경
일본 노구치 재벌에서 세운 것이다.

---

5 1930~1940년대 일제의 민족 말살 통치(황국 신민화 정책, 1931~1945)

(1) 민족 말살 통치

배경	경제 대공황 이후 일본의 침략 전쟁 확대 ➡ 만주 사변(1931) ➡ 중·일 전쟁(1937) ➡ 태평양 전쟁(1941)
의도	일본의 침략 전쟁에 한국인을 원활하게 동원하기 위한 통치 정책 필요

(2) 민족 말살 통치의 전개

황국 신민화 정책	• 황국 신민 서사 암송(1937) : 천황에 충성을 맹세하는 내용을 강제로 외우게 함 • 궁성 요배 : 아침마다 일왕이 있는 도쿄를 향해 감사의 절을 강요 • 신사 참배 : 전국의 읍, 면에 신사를 세우고 참배를 강요
민족 말살 통치	• 내선일체, 일선 동조론 주장 • 창씨 개명 : 일본식 성과 이름의 사용 강요 • 제3차 조선 교육령(1938) : 한국어·한국사 과목 사실상 폐지, 우리말 사용 금지, 소학교 명칭을 국민 학교로 변경, 수신 교과 강화 • 제4차 조선 교육령(1943) : 수업 연한 단축, 조선어 과목 완전 삭제
각종 탄압 강화	• 조선일보·동아일보 폐간(1940), 진단 학회 해산(1940) • 조선 사상범 보호 관찰령(1936) : 치안 유지법 위반자 출소 시 보호 관찰 • 조선 사상범 예방 구금령(1941) : 체포 없이 독립 운동가들 구금 가능 • 조선어 학회 사건(1942) : 독립 운동 단체로 간주하여 강제 해산

▲ 황국 신민 서사를 외우는 학생들

▲ 조선 신궁에 강제로 참배하는 한국 학생들

▲ 일본식 성명을 신고하기 위해 나온 사람들

6 1930~1940년대 일제의 경제 수탈

(1) 병참 기지화 정책 : 전쟁 수행에 필요한 물자 조달을 위한 공업화 정책 시행

만주 사변 이후(1931) : 대륙 침략 전쟁 시작	
배경	경제 대공황 확산(1929), 일본 군국주의 가속화 ➡ 대륙 침략 강행
병참 기지화 정책	• 배경 : 값싼 노동력과 자원 활용 및 전쟁 수행에 필요한 물자 조달 • 내용 : 한반도 북부 지역에 중화학 공업 집중 육성 ➡ 중·일 전쟁 이후 군수 물자 생산 기지화 • 결과 : 산업 불균형 초래(경공업보다 중화학 공업 비중이 큼), 한국인 노동자 착취(노동 쟁의 유발)

남면북양 정책	• 배경 : 대공황 이후 공업 원료 부족에 대비 • 목적 : 한반도를 원료 공급지로 삼아 저렴하게 공업 원료를 생산 • 내용 : 한반도 남부 지방에는 면화 재배, 북부 지방에는 양 사육 강요

농촌 진흥 운동
(1932~1940)
	• 배경 : 농촌 사회의 궁핍으로 소작 쟁의가 확산됨
	• 목적 : 농촌 경제의 안정화
	• 내용
	  ┌ 조선 농지령 제정(1934) : 소작지의 임대차 기간을 3년 이하로 할 수
	  └ 없도록 함
	  ┌ 춘궁 퇴치, 부채 박멸, 소비 절약을 통한 농가 자력갱생 주장
	• 실상 : 소작 쟁의를 무마시켜 식민 체제를 안정시키기 위한 정책에 불과

▲ 농촌 진흥 운동 선전 화보

(2) 국가 총동원령(1938) : 침략 전쟁의 확대로 인적·물적 자원 수탈 강화

중 · 일 전쟁 이후(1937)	
배경	침략 전쟁의 확대 및 심화 : 중 · 일 전쟁(1937) ➡ 태평양 전쟁(1941)
생활 통제	국민정신 총동원 연맹을 조직하고, 마을마다 애국반을 편성 ➡ 한국인을 소속시켜 일상생활까지 감시하고 통제

인적 수탈	• 남성
	  ┌ 지원병제 실시(1938) : 중 · 일 전쟁 이후 청년들을 조직적으로 동원
	  ├ 학도 지원병제(1943), 징병제(1943) 실시 : 태평양 전쟁 이후 학생 및
	  │ 청년들을 전쟁터에 동원
	  └ 국민 징용령(1939), 국민 징용제(1944) 실시 : 전시에 필요한 노동력
	    강제 동원 ➡ 탄광이나 군수 공장, 군용 활주로 공사 등에 투입
	• 여성
	  ┌ 여자 정신 근로령 발표(1944) : 12세 이상 40세 미만의 여성을 군수
	  │ 공장에 강제 노동시킴
	  └ 일본군 '위안부' 동원 : 여성들을 성노예로 강제 동원

물적 수탈	• 식량 배급제, 미곡 공출 제도, 산미 증식 계획 재개(1938) • 전쟁 물자 공출(금, 군수 광물, 금속류 등)

▲ 애국반 수칙을 적은 홍보 전단
태평양 전쟁이 전개되던 시기에 만들어진 포스터로, 애국반에 호적 미등재자가 없도록 하자는 수칙이 쓰여 있다.

국가 총동원법(1938)

제1조 국가 총동원이란 전시에 국방 목적을 달성하기 위해 국가의 전력을 가장 유효하게 발휘하도록 인적 및 물적 자원을 운용하는 것을 말한다.

제4조 정부는 전시에 국가 총동원상 필요할 때는 칙령이 정하는 바에 따라 제국 신민을 징용하여 총동원 업무에 종사하게 할 수 있다.

– 「조선법령집람」 제13집, 조선총독부(1938) –

일제는 중·일 전쟁이 장기화되자, 의회의 승인 없이 물자와 노동력을 동원할 수 있는 국가 총동원법을 제정하였다.

▲ 강제 동원된 소년병들

▲ 강제 징용된 노동자

▲ 정신대로 끌려가는 소녀들

▲ 일본군 '위안부'로 동원된 여성

▲ 강제 징발된 생활용품들

▲ 쌀 공출을 강요하는 포스터

은쌤의 합격노트

일제의 식민 통치와 경제 수탈

📝 시험에 꼭 나오는 키워드

- 1910년대 일제의 식민 정책 정리 및 관련 사진 기억하기
  ➜ 1920년대, 1930~1940년대 식민 정책이 오답 선지로 활용됨
- 1920년대 일제의 식민 정책 정리 및 관련 사진 기억하기
  ➜ 1910년대, 1930~1940년대 식민 정책이 오답 선지로 활용됨
- 1930~1940년대 일제의 식민 정책 정리 및 관련 사진 기억하기 ➜ 1910년대, 1920년대 식민 정책이 오답 선지로 활용됨

✔ 최다 빈출 선지

│ 1910년대 일제의 식민 통치
① 헌병 경찰 제도를 실시하였다.
② 조선 태형령을 시행하였다.
③ 제복을 입고 칼을 찬 교사
④ 회사령을 공포하였다.
⑤ 토지 조사 사업이 시작되었다.

│ 1920년대 일제의 식민 통치
① 경성 제국 대학이 설립되었다.
② 산미 증식 계획을 실시하였다.
③ 치안 유지법이 제정되었다.

│ 1930~1940년대 일제의 식민 통치
① 황국 신민 서사를 암송하는 학생
② 국민 징용령에 의해 끌려가는 청년
③ 강제 징용으로 끌려가는 청년
④ 공출을 독려하는 애국반 반장
⑤ 미곡 공출제를 시행하였다.
⑥ 남면북양 정책 추진하였다.
⑦ 농촌 진흥 운동을 전개하였다.
⑧ 국민학교에서 공부하는 학생

대표 기출 문제

기본 67회 34번

01 밑줄 그은 '이 시기'에 볼 수 있는 모습으로 적절한 것은?

> 이 사진을 보면 경무부와 헌병대 간판이 나란히 걸려 있네요.

> 그렇습니다. 이 시기 일제는 군사 경찰인 헌병이 일반 경찰 업무까지 맡는 헌병 경찰 제도를 실시하였습니다.

① 제복을 입고 칼을 찬 교사
② 한성순보를 발간하는 관리
③ 단발령 시행에 반발하는 유생
④ 경인선 철도 개통식을 구경하는 청년

일제 식민 통치 1기(1910년대)   정답 ①

밑줄 그은 '시기'는 1910년대 일제 식민 통치 시기이다. 일제는 1910년대 헌병 경찰 제도를 바탕으로 강압적인 무단 통치를 실시하고, 전국 곳곳에 헌병대와 경찰서를 설치하여 한국인의 일상생활을 속속들이 감시하였다. 또한, 1912년 총독부가 조선 태형령을 공포하자 헌병 경찰은 합법적으로 우리나라의 독립 운동가는 물론이고 일반 형사범까지도 가혹한 태형으로 다스렸다.

정답 분석

① 1910년대에 관리와 교사들까지도 제복을 입고 칼을 차고 다녔다. 이는 폭력적이고 위압적인 무단 통치의 모습을 보여 준다.

오답 피하기

② 1883년 조선 정부는 박문국에서 최초의 신문인 한성순보를 발행하였다.
③ 1885년 제3차 갑오개혁(을미개혁)은 태양력 사용, 단발령 실시 등을 주요 내용으로 하였다.
④ 1899년 일본은 미국에게 경인선 부설권을 인수하여 철도를 완공하였다.

02 밑줄 그은 '이 정책'으로 옳은 것은?

① 방곡령 　　　　② 신해통공
③ 산미 증식 계획 　④ 토지 조사 사업

03 밑줄 그은 '이 시기'에 볼 수 있는 모습으로 적절하지 않은 것은?

① 공출을 독려하는 애국반 반장
② 황국 신민 서사를 암송하는 학생
③ 국민 징용령에 의해 끌려가는 청년
④ 회사령을 공포하는 조선 총독부 관리

산미 증식 계획	정답 ③

밑줄 그은 '이 정책'은 일제의 산미 증식 계획이다. 일제는 식량을 확보하고자 1920년부터 한국에서 산미 증식 계획을 추진하였다. 이는 품종 개량과 비료 사용 확대, 수리 시설 확충과 개간, 밭을 논으로 만드는 등의 방법으로 쌀 생산을 늘려 일본으로 가져가려는 정책이었다. 산미 증식 계획으로 쌀 생산은 늘었으나 일제가 계획한 양에는 미치지 못하였다. 하지만 일제는 증산된 쌀보다 더 많은 쌀을 가져갔다. 한국인은 식량이 부족해져 만주에서 수입한 잡곡을 먹어야 했다.

정답 분석

③ 일제는 1920년부터 부족한 쌀을 한국에서 확보하기 위해 산미 증식 계획을 추진하였다.

오답 피하기

① 조선은 1883년 일본과 조일 통상 장정을 개정하여 곡물 수출을 금지할 수 있는 조항인 방곡령을 추가하였다.
② 조선 후기 정조는 시전 상인의 금난전권을 폐지하고 상업이 자유롭게 발전할 수 있는 길을 열기도 하였다(1791).
④ 일제는 1910년부터 근대적 토지 소유권을 확립한다는 명분으로 토지 조사 사업을 실시하였다.

일제 식민 통치 3기(1930~1940년대)	정답 ④

밑줄 그은 '이 시기'는 일제가 1930년대 민족 말살 정책을 시행하던 때이다. 일제는 중·일 전쟁 이후 1938년 국가 총동원법을 제정하여 전쟁에 필요한 인적·물적 자원을 수탈하였다. 1930년대 초부터 젊은 여성들을 '일본군 위안부'로 끌어가 성 노예로 삼았으며, 지원병이라는 이름으로 한국 청년들을 군대에 끌고 갔다. 한편, 성과 이름도 일본식으로 바꾸도록 강요했는데, 이를 거부할 경우에는 자녀를 학교에 보낼 수 없었고 식량 배급도 받지 못하였다.

정답 분석

④ 1910년 조선 총독부는 회사령을 제정하여 회사를 설립할 때 조선 총독의 허가를 받도록 하였다.

오답 피하기

① 1937년 중·일 전쟁 이후 일제는 공출 제도를 시행하여 무기를 만들기 위해 절이나 교회의 종, 가정에서 쓰는 놋그릇과 숟가락까지 빼앗아 갔다.
② 1937년 일제는 황국 신민 서사를 제정하여 학교와 관공서는 물론 일반인에게도 암송하도록 하였다.
③ 1939년 일제는 국민 징용령을 통해 징용된 조선인 청장년들을 탄광이나 군수 공장, 군용 활주로 공사 등에 투입하였다.

36강 3·1 운동과 대한민국 임시 정부

❶ 3·1운동

(1) 배경

국외	• 윌슨의 민족 자결주의 제창(1918) : "모든 민족은 스스로 자신의 국가를 세울 수 있다."라는 주장 • 레닌의 식민지 민족 해방 운동 지원 선언 : 약소민족에 대한 지원 약속
국내	• 무단 통치에 대한 분노 : 극소수 친일파를 제외한 모든 계층이 피해를 입음 • 고종 황제의 죽음 : 고종의 독살설이 퍼지면서 민족의 반일 감정이 고조됨 • 천도교, 기독교, 불교계 지도자들과 학생 대표들이 대규모 만세 운동 준비
국외 독립 선언	• 대동 단결 선언(1917, 중국 상하이) : 신규식, 박은식, 신채호, 조소앙 등 14명이 발기하여 작성한 선언문 • 대한 독립 선언(1918, 만주 길림) : 39명의 민족 지도자가 '무오 독립 선언서' 발표 • 신한청년당(상하이) : 파리 강화 회의에 김규식 파견, 독립 청원서 제출 • 2·8 독립 선언(1919, 일본 도쿄) : 도쿄에서 유학생들이 조선 청년 독립단의 이름으로 발표

▲ 고종 황제의 장례식 행렬

▲ 2·8 독립 선언을 한 도쿄의 한국인 유학생들

(2) 전개 과정 및 영향

준비	종교계를 중심으로 민족 대표 33인(천도교-손병희, 기독교-이승훈, 불교-한용운)이 대중화·일원화·비폭력의 3대 원칙에 따라 시위 운동의 진행을 결정 ➡ 종교계의 연합, 학생들이 동참
1단계 점화	민족대표 33인이 서울 태화관에 모여 독립 선언서(기미 독립 선언서) 낭독, 자진 체포되어 만세 시위를 주도 못함 ➡ 학생들이 탑골 공원에서 독립 선언서 낭독 후 서울에서 비폭력 만세 시위가 시작됨
2단계 도시 확산	• 청년·학생을 중심으로 만세 시위 전개 ➡ 전국 도시로 확산 ➡ 평양, 원산 등 지방 주요 도시에서도 만세 시위 전개 • 학생(휴교), 상인(철시)·노동자(파업)들이 만세 시위 전개
3단계 농촌 확산	• 만세 시위가 농촌·산간으로 확대, 장날에 장터 중심으로 전개 • 토지 조사 사업으로 피해를 입은 농민들이 주도 ➡ 무력적 저항으로 변모 ➡ 식민 통치 기관 파괴, 친일 지주 습격
국외로 확산	만주, 연해주, 미주, 일본(도쿄, 오사카) 등지의 이주 동포들이 만세 시위 전개
일제의 탄압	헌병 경찰, 군대, 소방대 등을 동원하여 총과 칼로 무력 진압 ⑩ 유관순의 순국, 화성 제암리 학살 사건 등
의의 및 영향	• 대한민국 임시 정부 수립 계기 : 민주 공화제 정부의 수립 • 일제 통치 방식 변화 계기 : 무단 통치에서 문화 통치(민족 분열 통치)로 전환 • 독립 운동의 분기점 : 국외 무장 투쟁 활성화, 국내에 실력 양성 운동 전개 • 사회주의 사상 유입 : 서구 열강에 대한 실망 ➡ 민족적·계급적 각성 • 약소민족 해방운동에 영향 : 중국의 5·4 운동, 인도 비폭력·불복종 투쟁 등

▲ 3·1 운동 봉기 지역

▲ 불에 타 폐허가 된 제암리 학살 현장

② 대한민국 임시 정부 수립과 활동 (1919~1930)

(1) 상하이 임시 정부의 수립과 통합

배경	3 · 1 운동 이후 조직적 · 체계적인 독립 운동의 필요성 대두	
연해주	대한 국민 의회	**상하이에 대한민국 임시 정부 수립(1919.9.)**
국내	한성 정부	• 배경 : 항일 투쟁의 역량 결집을 위해 통합
상하이	대한민국 임시 정부	• 통합 : 한성 정부의 법통 계승, 대한 국민 의회의 조직 흡수

▲ 국내외 임시 정부의 통합

(2) 상하이 임시 정부의 활동

체제	• 최초의 민주 공화제 정부, 대통령 중심제(대통령 이승만, 부통령 이동휘) • 3권 분립에 입각 : 국무원(행정), 임시 의정원(입법), 법원(사법)
연락 조직	• 연통제 설치(비밀 행정 조직) : 임시 정부에 자금 조달, 정부 명령 전달 • 교통국 설치(통신 기관) : 독립 운동 자금 모금, 정보 수집 · 분석
자금 조달	• 의연금 모금, 독립공채(애국공채) 발행 • 독립 운동 자금 유입 과정 : 독립 운동 자금 ➡ 연통제 · 교통국 ➡ 교통국의 거점인 만주의 이륭양행, 부산의 백산상회 경유 ➡ 상하이 대한민국 임시 정부
군사	• 만주를 중심으로 무장 투쟁 지원 • 군무부 직할 군단 편성 : 광복군 사령부, 광복군 총영, 육군 주만 참의부
외교	• 파리 위원부 설치(김규식) : 파리 강화 회의, 독립 청원서 제출 • 구미 위원부 설치(이승만) : 워싱턴 회의, 미국을 상대로 외교 활동 • 이승만이 미국 윌슨 대통령에게 국제 연맹에 의한 위임 통치를 청원함
문화	독립 신문 발행, 임시 사료 편찬회 설치(한 · 일 관계 사료집 간행)

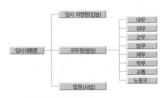

▲ 임시 정부의 조직

▲ 독립공채(애국공채)

▲ 상하이 임시 정부 청사

(3) 상하이 임시 정부의 분열과 위기 : 국민 대표 회의(1923)의 소집과 결렬

배경	• 일제의 탄압 : 연통제 · 교통국의 조직 와해, 외교 활동의 성과 미흡 등 • 임시 정부 내부의 갈등 : 사상적 대립(민족주의 계열 vs 사회주의 계열), 독립 운동 노선 차이(무장투쟁론 vs 외교독립론 vs 실력 양성론)
국민 대표 회의 (1923)	• 목적 : 독립 운동의 새로운 활로 모색 | 구분	인물	주장 | |---|---|---| | 개조파 | 안창호, 이동휘 | 임시 정부의 개혁과 존속 주장 | | 창조파 | 신채호, 박용만 | 임시 정부 해체 후 새 정부 구성 주장 | | 현상 유지파 | 김구, 이동녕 | 임시 정부를 그대로 유지하자고 주장 | • 과정 : 창조파와 개조파 등으로 분열 • 결과 : 창조파와 개조파의 대립으로 성과 없이 결렬 ➡ 일부 세력 임시 정부 이탈, 임시 정부 내부 대립 심화 ➡ 독립 운동 세력 분열

▲ 임시 의정원 기념사진

회의 결렬 이후	• 이승만 대통령 탄핵 ➡ 2대 대통령 박은식 취임(1925) ➡ 국무령 중심의 내각 책임제(1925) ➡ 국무위원 중심의 집단 지도 체제(1927) • 임시 정부 활동 침체 ➡ 김구 등에 의해 명맥만 유지

❸ 대한민국 임시 정부의 이동과 재정비(1931~1940)

(1) 한인 애국단의 활동(1931)

배경	국민 대표 회의 결렬 이후 침체된 임시 정부의 활로 모색 강구
조직	김구가 항일 의열 투쟁을 목적으로 조직함(1931)
이봉창 (1932.1.)	• 도쿄에서 일본 히로히토 천황의 마차에 폭탄 투척 ➡ 불발로 실패 • 영향 : 중국 신문사들은 이봉창 의거 실패를 아쉬워하는 논조로 보도 ➡ 일본은 중국의 반일적인 태도를 구실로 상하이 침략(상하이 사변)
윤봉길 (1932.4.)	• 일본의 상하이 사변 전승 기념 및 일왕 생일 축하 행사장인 상하이 훙커우 공원에서 폭탄 투척 ➡ 일본군 장성과 고관들이 죽거나 중상을 입음 • 의의 : 중국 국민당 정부가 임시 정부를 적극 지원하는 계기가 됨, 중국 영토 내 무장 독립 투쟁 전개를 승인받음

(2) 임시 정부의 이동 : 윤봉길 의거 이후 상하이를 떠나게 됨

• 윤봉길 의거 이후 일제의 검거 시도 ➡ 일제의 탄압과 중국 대륙의 침략 ➡ 중 · 일 전쟁의 전선에 따라 임시 정부의 이동(1932~1940) ➡ 충칭 도착(1940, 재정비)
• 이동 : 상하이 ➡ 항저우(1932) ➡ 전장(1935) ➡ 창사(1937) ➡ 광저우, 류저우(1938) ➡ 구이양, 치장(1939) ➡ 충칭(1940)

❹ 충칭 시기의 대한민국 임시 정부(1940~1945)

배경	중국 정부의 주선 ➡ 중국 충칭에서 임시 정부가 자리 잡음
재정비 과정	• 주석제 개헌(1940) : 김구를 주석으로 하는 단일 지도 체제로 개편 • 한국 독립당 결성(1940) : 김구를 중심으로 하는 새로운 정당 결성 • 대한민국 건국 강령 발표(1941) ┌ 조소앙의 삼균주의 바탕 ➡ 독립운동의 기본 방략 및 미래 조국 건설의 지침 └ 삼균주의 : 정치 · 경제 · 교육의 균등을 통해 보통 선거, 국유 재산제, 국비 의무 교육의 실행 강조
한국 광복군의 활동	• 충칭에서 창설(1940) : 임시 정부 정규군, 총사령관 지청천 • 대일 선전포고(1941) : 태평양 전쟁 직후 선포, 연합군의 일원으로 전쟁 참여 • 김원봉의 조선 의용대 일부 세력 합류(1942) : 한국광복군의 전투력 증강 • 영국군과 미얀마 · 인도 전선에서 연합군 일원으로 활동(1943) : 직접 전투 외에 정보 수집, 포로 심문, 선전 활동 등에 종사 • 국내 진공 작전 계획(1945) : 미국 전략 정보처(OSS)의 지원 아래 특수 훈련 및 국내 정진군 편성 ➡ 일본 패망으로 무산됨

▲ 이봉창 의사

▲ 윤봉길 의사

▲ 훙커우 공원의 상하이 사변 승전 기념식장

▲ 임시 정부의 이동

▲ 한국광복군과 영국군

▲ 한국광복군과 미국 OSS 대원

은쌤의 합격노트

• 3·1운동 •

✎ 시험에 꼭 나오는 **키워드**

3·1 운동의 배경 – 전개과정 – 영향 기억하기 ➡ 3·1 운동의 배경과 영향을 물어보는 경우가 많음

✔ 최다 빈출 선지

Ⅰ 3·1운동의 배경
① 유학생들이 중심이 되어 2·8 독립 선언서를 작성하였다.
② 민족 대표 33인 명의의 독립 선언서가 발표되었다.

Ⅰ 3·1운동의 전개 과정
① 전개 과정에서 일제가 제암리 학살 등을 자행하였다.
② 만주, 연해주, 미주 등지로 시위가 확산되었다.

Ⅰ 3·1운동의 영향
① 대한민국 임시 정부 수립의 계기가 되었다.
② 일제가 문화 통치를 실시하는 결과를 가져왔다.

• 대한민국 임시 정부 •

✎ 시험에 꼭 나오는 **키워드**

• 상하이 임시 정부의 활동을 정리하기
• 한인 애국단의 활동 정리하기 ➡ 한인 애국단이 출제되거나 이봉창, 윤봉길 인물 문제로 출제됨
• 충칭 임시 정부의 활동을 정리하기 ➡ 충칭 임시 정부뿐만 아니라 한국광복군이 단독으로 출제되기도 함

✔ 최다 빈출 선지

Ⅰ 상하이 임시 정부
① 독립 공채를 발행하였다.
② 연통제를 실시하였다.
③ 연통제와 교통국을 운영하였다.
④ 미국에 구미 위원부를 두었다.
⑤ 파리 강화 회의에 대표를 파견하였다.
⑥ 한·일 관계 사료집을 편찬하였다.

Ⅰ 국민 대표 회의
① 국민 대표 회의 개최의 배경이 되었다.
② 이승만이 임시 의정원에서 탄핵되었다.

Ⅰ 한인애국단
① 김구에 의해 상하이에서 결성되었다.
② 이봉창이 의거를 일으켰다.
③ 도쿄에서 일왕을 향해 폭탄을 투척하였다(이봉창).
④ 윤봉길, 이봉창 등이 단원으로 활동하였다.
⑤ 상하이 훙커우 공원에서 의거를 일으켰다(윤봉길).
⑥ 훙커우 공원에서 일본군 장성을 등을 살상하였다(윤봉길).

Ⅰ 충칭 임시 정부
① 충칭에서 한국광복군을 창설하였다.
② 지청천을 총사령관으로 하여 창설되었다(한국광복군).
③ 대한민국 건국 강령을 발표하였다.
④ 영국군의 요청으로 인도·미안마 전선에서 활동하였다(한국광복군).
⑤ 미국과 연계하여 국내 진공 작전을 계획하였다(한국광복군).

01 밑줄 그은 '만세 시위'에 대한 설명으로 옳은 것은?

> 한국을 사랑한 외국인들
>
> **특집**
>
> ### 스코필드, 제암리 학살 사건을 폭로하다
>
> "논둑길을 돌아서자 지금도 잊혀지지 않는 광경이 눈앞에 펼쳐졌다. 마을은 불타버렸고 아직도 여기저기서 연기가 나고 있었다."
>
>
>
> 프랭크 스코필드
> (Frank W. Schofield)
>
> 1919년 학생과 시민들의 <u>만세 시위</u>가 전국으로 확산하자 일제는 경찰과 군인을 동원하여 탄압하였다. 화성 제암리에서는 주민을 교회에 몰아넣은 후 총을 쏘고 불을 질렀다. 소식을 듣고 달려간 스코필드는 제암리에서 벌어진 학살을 세계에 폭로하였다.

① 순종의 인산일에 전개되었다.
② 대한매일신보의 후원을 받았다.
③ 대한민국 임시 정부 수립의 계기가 되었다.
④ 신간회에서 진상 조사단을 파견하여 지원하였다.

02 (가)의 활동으로 옳지 <u>않은</u> 것은?

> 이것은 1919년 [(가)] 직원들이 청사 앞에서 찍은 사진입니다. [(가)]은/는 3·1 운동을 계기로 상하이에서 수립되어 독립을 위한 다양한 활동을 전개하였습니다.

① 연통제를 실시하였다.
② 독립 공채를 발행하였다.
③ 신흥 강습소를 설립하였다.
④ 한일 관계 사료집을 발간하였다.

3·1운동
정답 ③

밑줄 그은 '만세 시위'는 3·1 운동이다. 3·1 운동이 일어나자 조선 총독은 시위자들을 엄중하게 처단하겠다고 발표하고, 군대와 헌병 경찰에게 발포 명령을 내렸다. 1919년 4월 15일 일본군은 경기도 화성 제암리에서 15세 이상의 남자들을 교회에 모이게 하여, 밖에서 문을 잠그고 무차별 사격을 가한 후 교회에 불을 지르는 등의 만행으로 23명을 학살했고 이웃 마을에 가서 6명을 살해하였다. 그리고 인근의 교회와 민가 수십 호에도 불을 질렀다.

정답 분석

③ 3·1 운동의 영향으로 1919년 공화제에 입각한 상하이 대한민국 임시 정부가 수립되었다.

오답 피하기

① 1926년 순종이 승하하자 사회주의자들은 인산일에 6·10 만세 운동 시위를 계획하였다.
② 대구에서 시작된 국채 보상 운동은 대한매일신보, 황성신문, 제국신문, 만세보 등 언론 기관의 적극적인 홍보에 힘입어 전국으로 확산되었다.
④ 신간회는 1929년 광주 학생 항일 운동이 일어나자 현지에 진상 조사단을 파견하고 진상 보고를 위한 민중 대회를 개최하려고 하였다.

대한민국 임시 정부
정답 ③

(가)의 활동은 대한민국 임시 정부의 활동이다. 3·1 운동의 영향으로 1919년 공화제에 입각한 상하이 대한민국 임시 정부가 수립되었고 초대 대통령과 국무총리에는 이승만과 이동휘가 각각 추대되었다. 임시 정부는 삼권 분립의 원칙에 따라 임시 의정원, 국무원, 법원으로 구성되었다.

정답 분석

③ 1911년 만주 유하현 삼원보에서는 이회영 등 신민회 회원들이 중심이 되어 신흥 강습소를 설립하였다.

오답 피하기

① 상하이 대한민국 임시 정부는 독립운동 자금을 안정적으로 확보하고, 원활한 연락망을 구축하기 위해 연통제와 교통국을 설치하였다.
② 상하이 대한민국 임시 정부는 독립운동 자금을 마련하기 위해 독립 공채를 발행하거나 의연금을 거두었다.
④ 상하이 대한민국 임시 정부는 한·일 관계 사료집을 간행하여 일제 침략의 부당성과 우리 민족의 자주독립 요구가 정당함을 밝혔다.

03 (가)에 들어갈 단체로 옳은 것은?

① 중광단
② 흥사단
③ 한인 애국단
④ 대조선 국민 군단

04 (가)의 활동으로 옳은 것은?

이 장면은 새로운 기법으로 구현한 (가) 의 충칭 청사와 그 요인들입니다. (가) 은/는 3·1 운동을 계기로 수립되어 독립운동을 활발하게 전개하였습니다.

① 독립문을 건설하였다.
② 서전서숙을 설립하였다.
③ 대한국 국제를 반포하였다.
④ 한국 광복군을 창설하였다.

한인 애국단   정답 ③

(가)에 들어갈 단체는 한인 애국단이다. 1920년대 중반 이후 대한민국 임시 정부는 일제의 감시와 탄압, 내부 분열 그리고 자금과 인력 부족으로 활동이 크게 위축되었다. 이에 임시 정부 국무령이었던 김구는 한인 애국단을 조직하였다. 한인 애국단원인 이봉창은 1932년 1월 일본 도쿄에서 히로히토 일왕에게 폭탄을 투척하였다. 그리고 1932년 4월 29일에는 윤봉길이 중국 상하이의 훙커우 공원에서 열린 일왕의 생일과 상하이 사변 승전 기념식에서 일본인들을 향해 폭탄을 던졌다.

정답 분석

③ 1931년 김구는 침체된 대한민국 임시 정부에 활기를 불어넣고 의열 투쟁을 통해 일제와 투쟁할 목적으로 비밀 결사인 한인 애국단을 조직하였다.

오답 피하기

① 일제의 탄압으로 북간도로 거점을 옮긴 대종교는 무장 독립 단체인 중광단을 만들고 북로 군정서로 개편하였다.
② 안창호는 재미 한인을 중심으로 흥사단을 조직하여 민족의 실력을 배양하고자 노력하였다.
④ 박용만은 하와이에서 독립군 사관을 양성할 목적으로 대조선 국민 군단을 주도하여 만들었다(1914).

대한민국 임시 정부   정답 ④

(가)의 활동은 대한민국 임시 정부의 활동이다. 1940년에 충칭으로 이동한 대한민국 임시 정부는 김구를 주석으로 선출하였다. 그리고 1940년 9월에 지청천을 사령관으로 하여 한국광복군을 창설하였다. 1943년 한국광복군은 영국군의 요청에 따라 미얀마·인도 전선에 공작대를 파견하여 포로 심문, 정보 수집, 선전 활동 등을 담당하였다. 이후 1945년 8월 미국의 전략 정보국(OSS)과 함께 국내 진공 작전을 추진하였다.

정답 분석

④ 충칭 시기 대한민국 임시 정부는 김구를 주석으로 선출하고, 오랜 숙원 사업이던 한국 광복군을 창설하였다(1940).

오답 피하기

① 1897년 독립협회는 청의 사신을 맞이하던 영은문이 헐린 자리 앞에 독립문을 세웠다.
② 1906년 이상설 등이 북간도 연길에 세운 서전서숙은 일제의 탄압으로 1년 만에 문을 닫았다.
③ 1899년 대한 제국 고종 황제는 황제 직속으로 지금의 헌법에 해당하는 대한국 국제를 제정하였다.

1 실력 양성 운동의 전개 (3·1 운동 이후)

(1) 물산 장려 운동 : 민족주의 계열이 주도, 실력 양성 운동의 일환

배경	• 회사령 철폐(1920) : 일본 대기업이 조선에 진출 ➡ 조선인 민족 자본의 위기 • 관세 철폐 움직임 : 일본 상품의 무분별한 침투 우려 ➡ 1923년에 관세 철폐
목표	국산품 애용과 근검·절약을 통한 민족 산업 육성
전개	• 조만식 등이 평양에서 조선 물산 장려회 발기(1920, 시작) ➡ 서울에 조선 물산 장려회 조직(1923) ➡ 전국으로 확대 ➡ 토산물(국산품) 애용 주장, 일본 상품 배척, 소비 절약, 근검·저축 풍토 조성, 금주·금연 실천 • 자작회(학생 중심), 토산 애용 부인회(여성 중심) 등 여러 단체의 설립 및 동참
구호	'내 살림 내 것으로', '조선 사람 조선 것으로', '우리는 우리 것으로 살자' 등
한계	• 사회주의 계열의 비판, 일제의 방해 등으로 큰 성과를 거두지 못함 • 상품 가격 상승 : 일부 자본가와 일부 상인들이 폭리를 취함, 늘어난 수요를 충족하지 못함

▲ 물산 장려 운동 포스터

▲ 물산 장려 운동 포스터

(2) 민립 대학 설립 운동 : 민족주의 계열이 주도, 실력 양성 운동의 일환

배경	• 3·1운동 이후 교육열 고조 ➡ 고등 교육(대학)의 필요성이 확산됨 • 제2차 조선 교육령 제정(1922) : 대학 교육 및 설립에 대한 규정 신설
목표	• 일제의 우민화 교육 등 차별 교육에 저항 • 대학 설립을 통해 민족 인재 양성 ➡ 민족 역량 강화
전개	이상재, 한용운 등이 조직한 조선 교육회(1920)의 주도 ➡ 이상재, 이승훈 등이 조선 민립 대학 기성회 결성(1922) ➡ 국내와 만주, 미국, 하와이 등지에서 모금 운동 전개
구호	'한민족 1천만이 한 사람이 1원씩'
한계	• 가뭄과 수해로 모금 운동 중단 • 일제는 경성 제국 대학을 설립(1924)하고, 민립 대학 설립 운동을 방해함

(3) 문맹 퇴치 운동 : 민족주의 계열이 주도, 실력 양성 운동의 일환

배경	식민지 교육 차별 정책, 일제의 우민화 교육 정책으로 인한 문맹자 증가	
	문자 보급 운동(1929~1934)	**브나로드 운동(1931~1934)**
	• 1920년대 후반 조선일보 주도로 전개 • 전국 규모의 문맹 퇴치 운동 전개 • 『한글원본』 등 한글 교재를 배포 • '아는 것이 힘, 배워야 산다.' 표어 제시	• 1931년부터 동아일보 주도로 전개 • 문맹 퇴치, 미신·구습 제거 등 농촌 계몽 운동 전개 • '민중 속으로' 구호를 걸고 학생 모집 • '배우자 가르치자 다 함께 브나로드' 표어 제시

▲ 브나로드 운동 포스터
브나로드는 러시아어로 '민중 속으로'라는 뜻이다. 19세기 후반 러시아의 청년 지식인들이 농촌으로 민중 계몽을 위해 들어가면서 제시하였던 슬로건이다.

영향	이광수의 『흙』, 심훈의 『상록수』 등의 계몽 소설이 등장함
결과	일제는 민족 운동이라는 이유를 들어 강제로 중단시킴(1935)

▲ 문자 보급 운동   ▲ 문자 보급 운동
　선전 기사   교재

(4) 실력 양성 운동의 한계

한계	• 일제의 허용 범위 안에서 전개 ➜ 타협적 민족주의자들 등장 • 물산 장려 운동과 민립 대학 설립 운동 실패 ➜ 자치 운동 주장(1920년대 중반) 　➜ 친일화(1930년대) • 민족주의 계열의 분열 : 비타협적 민족주의(일제와의 타협 일체 거부)와 타협적 　민족주의(일제의 식민 지배를 인정)

② 농민 운동과 노동 운동

(1) 농민 운동(소작 쟁의) : 사회주의 계열이 주도

배경	• 사회주의 사상의 영향으로 농민들의 의식 성장 • 토지 조사 사업과 산미 증식 계획으로 농민들의 고통 심화
단체	조선 노농 총동맹 결성(1924) ➜ 조선 농민 총동맹과 조선 노동 총동맹으로 분화(1927) ➜ 사회주의 계열의 지원을 받아 조직적인 소작 쟁의 전개
1920년대	• 생존권 투쟁 : 지주의 횡포에 저항 ➜ 고율의 소작료 인하, 소작권의 잦은 　이동 반대 • 암태도 소작 쟁의(1923) : 소작료를 70~80%에서 낮추는 성과를 거둠 　┌ 전남 신안군 암태도의 소작인들이 친일 지주 문재철의 횡포에 반발 　└ 소작료 인하, 소작권 이전 반대 등 요구(약 1년 동안 지속) ➜ 성과 얻음
1930년대	반제국주의적 항일 투쟁 : 식민지 지주제 철폐, 일제 타도 주장

▲ 암태도 소작 쟁의에 참가한 농민들

(2) 노동 운동(노동 쟁의) : 사회주의 계열이 주도

배경	• 사회주의 사상의 영향으로 노동자들의 의식 성장 • 열악한 노동 조건(저임금·민족 차별)에 따른 노동자 불만 가중
단체	조선 노농 총동맹 결성(1924) ➜ 조선 농민 총동맹과 조선 노동 총동맹으로 분화(1927) ➜ 사회주의 계열의 지원을 받아 조직적인 노동 쟁의 전개
1920년대	• 생존권 투쟁 : 임금 인상, 노동 조건 개선 요구 • 원산 총파업(1929) 　┌ 라이징 선 석유 회사에서 일본인 감독의 조선인 구타 사건을 계기로 　│ 시작 　├ 저임금 반대, 노동 조건 개선 등 요구하며 파업 ➜ 신간회의 지원을 받음 　└ 중국·영국·프랑스 등의 국외 노동 단체에서 격려 전문 및 동정금 받음
1930년대	• 반제국주의적 항일 투쟁 : 식민지 노동력 수탈 반대, 일제 타도 주장 • 평양 을밀대 지붕 위에서 강주룡의 고공 농성(1931) : 평양 고무 공장 노 　동자 강주룡이 회사 측의 임금 삭감 등에 반대하며 노동 쟁의 주도 ➜ 회 　사 측은 임금 삭감을 철회함

▲ 원산 노동자 총파업

▲ 강주룡의 고공 농성
1931년의 평양 고무 공장 파업에서 여성 노동자 강주룡은 임금 삭감에 항의하며, 12m 높이의 평양 을밀대에 올라가 9시간 30분 동안 항의 농성하였다.

은쌤의 합격노트

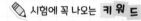

• 실력 양성 운동의 전개 •

✏️ 시험에 꼭 나오는 키워드

• 물산 장려 운동의 배경-전개 과정-결과 정리하기 ➡ 자주 출제가 됨
• 민립 대학 설립 운동과 문맹 퇴치 운동의 내용 정리하기 ➡ 간혹 출제가 됨

✔ 최다 빈출 선지

| 물산 장려 운동

① 평양에서 시작하여 전국으로 확산하였다.
② 조만식 등의 주도로 평양에서 시작되었다.
③ 조선 물산 장려회를 중심으로 전개되었다.
④ 조선 사람 조선 것이라는 구호를 내세웠다.
⑤ 조선 총독부의 탄압과 방해로 실패하였다.

| 민립 설립 대학 운동

① 이상재 등의 주도로 민립 대학 설립 운동을 전개하였다.
② 조선 민립 대학 기성회가 창립되었다.

| 브나로드 운동

① 동아일보의 적극적인 지원을 받아 진행되었다.
② 배우자 가르치자 다 함께 브나로드 등의 구호를 내세웠다.

• 농민 운동과 노동 운동 •

✏️ 시험에 꼭 나오는 키워드

• 원산 총파업에 대한 내용 기억하기
• 강주룡의 고공 농성에 대한 내용 기억하기

✔ 최다 빈출 선지

| 암태도 소작 쟁의(1923)

① 암태도 소작 쟁의에 참여하는 농민

| 원산 총파업(1929)

① 노동 조건 개선을 요구하는 원산 총파업이 전개되었다.
② 일본인 감독의 한국인 구타 사건을 계기로 일어났다.

| 강주룡의 고공 농성(1931)

① 평양 을밀대 지붕위에서 고공 농성을 전개하였다.
② 임금 삭감에 저항하여 농성을 벌이다.

대표 기출 문제

기본 58회 37번

01 학생들의 공통으로 이야기하는 민족 운동으로 옳은 것은?

① 브나로드 운동
② 문자 보급 운동
③ 물산 장려 운동
④ 민립 대학 설립 운동

물산 장려 운동   정답 ③

학생들이 공통으로 이야기하는 민족 운동은 물산 장려 운동이다. 1920년을 전후해서 평양 메리야스 공장 등 민족 기업들이 설립되었다. 그러나 일본의 자본과 상품이 밀려들자 위기에 빠지게 되고, 이에 실력 양성 운동의 하나로 민족 산업을 육성하여 민족 경제의 자립을 이루자는 물산 장려 운동이 전개되었다. 물산 장려 운동이 시작되자, 서울 등 다른 지역에서도 자작회, 금주·단연회 등의 많은 단체가 만들어졌다.

정답 분석

③ 1920년대 초 평양에서 조만식을 중심으로 평안도의 경제·교육계 인사들이 모여 물산 장려 운동을 전개하였다.

오답 피하기

① 1931년 동아일보는 학생 계몽대 등을 조직하여 한글을 보급하고 농촌을 계몽하는 브나로드 운동을 전개하였다.
② 1929년 조선일보는 전국 순회 강연을 개최하면서 문자 보급 운동을 전개하였다.
④ 1923년 이상재와 이승훈 등은 조선 민립 대학 기성회를 만들고, 대학 설립을 위해 민립 대학 설립 운동을 시작하였다.

02 (가)에 들어갈 민족 운동으로 옳은 것은?

(가) 에 대해 검색해 줘.

검색 결과입니다.

1920년대 초반 실력 양성 운동의 일환으로 이상재, 이승훈 등이 고등 교육 기관을 설립하기 위해 전개한 운동입니다.

1년 내 1천만 원 조성을 목표로 모금 활동을 추진하였으나, 조선 총독부의 방해와 자연재해 등으로 성과를 거두지 못하였습니다.

① 6·10 만세 운동
② 물산 장려 운동
③ 광주 학생 항일 운동
④ 민립 대학 설립 운동

03 다음 자료에 나타난 사건으로 옳은 것은?

라이징 선 석유 회사는 조선인을 구타한 일본인 감독을 파면하라!

영상으로 만나는 1920년대

8시간 노동제를 실시하라!

최저 임금제를 확립하라!

① 6·3 시위　　　② 새마을 운동
③ 원산 총파업　　④ 제주 4·3 사건

민립 대학 설립 운동　　　　정답 ④

(가)에 들어갈 민족 운동은 민립 대학 설립 운동이다. 기사에 보도된 민족 운동은 민립 대학 설립 운동이다. 1922년 이상재 등이 중심이 된 조선 교육회의 제안으로 서울에서 조선 민립 대학 기성 준비회가 조직되었다. 이후 조선 민립 대학 기성회는 대학 설립을 위해 '한민족 1천만이 한 사람이 1원씩'이라는 구호를 내걸고 모금 운동을 전개하였다.

정답 분석

④ 1923년 이상재와 이승훈 등은 조선 민립 대학 기성회를 만들고, 대학 설립을 위해 민립 대학 설립 운동을 시작하였다.

오답 피하기

① 1926년 6·10 만세 운동은 사회주의 세력과 민족주의 세력이 함께 운동을 준비하였고, 민족 유일당을 결성할 수 있는 공감대를 형성하였다.
② 1920년대 초 평양에서 조만식을 중심으로 평안도의 경제·교육계 인사들이 모여 물산 장려 운동을 전개하였다.
③ 1929년 10월, 전남 광주로 통학하는 열차에서 일본 남학생이 한국 여학생을 희롱한 사건은 광주 학생 항일 운동으로 이어졌다.

원산 노동자 총파업　　　　정답 ③

다음 자료에 나타난 사건은 원산 노동자 총파업이다. 원산 노동자 총파업은 1928년 9월 원산 인근의 라이징 선 석유 회사에서 일본인 현장 감독이 한국인 노동자를 자주 구타하는 사건으로 시작되었다. 노동자들은 열악한 노동 조건 개선과 감독 파면을 요구하면서 파업을 벌였다. 이후 원산 지역 노동자 전체가 참여하는 대규모 총파업으로 발전하였다.

정답 분석

③ 1929년 원산 인근의 라이징 선 석유 회사에서 일본인 현장 감독이 한국인 노동자를 자주 구타한 사건을 계기로 원산 노동자 총파업이 일어났다.

오답 피하기

① 박정희 정부가 1964년 일본 정부의 사과와 배상 없이 국교를 정상화한다는 사실이 알려지자 대학생과 시민들은 6·3 시위를 전개하였다.
② 박정희 정부는 1970년부터 도시와 농촌의 균형 있는 발전을 목표로 '근면, 자조, 협동'을 구호로 내건 새마을 운동을 추진하였다.
④ 1948년 4월 3일 제주도의 좌익 세력은 5·10 총선거를 앞두고 단독 선거 저지와 통일 정부 수립을 내세우며 무장 봉기하였다.

38강 학생 항일 운동과 사회적 민족 운동

① 학생 항일 운동과 민족 유일당 운동

(1) 6·10 만세 운동(1926)

배경	• 순종의 죽음으로 인한 민족 감정의 고조 ➡ 순종의 인산일을 계기로 3·1 운동 때와 같은 시위 운동을 준비 • 일제의 식민지 수탈과 차별 교육에 대한 저항 의식 고조
전개	사회주의 계열(조선 공산당)의 기획과 민족주의 계열(천도교)의 지원 및 학생 단체들의 만세 시위 계획 ➡ 일제의 사전 발각으로 인해 사회주의 계열 인사가 대거 검거되어 시위에 일부 차질이 생김 ➡ 학생들이 시위 주도 ➡ 순종 인산일에 학생들의 격문 살포 및 만세 시위 전개 ➡ 시민들의 합세 ➡ 일제의 탄압으로 대거 검거
영향	민족 유일당 운동(민족 협동 전선 운동)의 계기 : 사회주의 세력과 민족주의 세력이 협력 토대를 마련하여 신간회 결성의 기초를 마련함

▲ 순종의 장례식 행렬

▲ 만세를 외치는 민중들
순종의 인산일을 기회로 삼아, 3·1 운동 이후 쌓였던 민족적 울분을 터뜨린 사건이었다.

(2) 민족 유일당 운동의 전개

국내	• 6·10 만세 운동 : 민족주의 계열과 사회주의 계열이 협동에 대한 공감대를 형성함 • 조선 민흥회 결성(1926) : 조선 물산 장려회를 주도한 민족주의 계열 인사와 일부 사회주의 계열 인사들로 구성 ➡ 신간회 창립의 선구적 역할 • 정우회 선언(1926) : 사회주의 계열 단체인 정우회가 사회주의 운동의 새로운 방향을 밝힌 선언 ➡ 민족주의 세력과의 제휴 강조 ➡ 신간회 창립의 중요한 계기가 됨

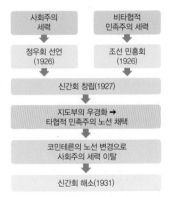

▲ 신간회의 탄생과 해소 과정

(3) 신간회(1927~1931)

배경	6·10 만세 운동, 조선 민흥회 결성, 정우회 선언 등
결성	• 비타협적 민족주의자와 사회주의자의 협력으로 설립된 합법적 단체 • 국내 최초의 좌우 합작 단체(민족 협동 단체) : 회장 이상재, 부회장 홍명희 • 일제 강점기 국내 최대 규모의 합법적 정치·사회 단체(항일 단체) ➡ 전국에 140여 개 지회 설치, 4만여 명의 회원
활동	• 강연회 및 연설회 개최 : 민중 계몽 및 민족의식 고취 • 각종 민족 운동 지원 : 청년 운동, 여성 운동, 형평 운동, 소작·노동 쟁의, 동맹 휴학 등 지원 • 광주 학생 항일 운동에 진상 조사단 파견(1929) ➡ 민중 대회 계획 ➡ 일제 탄압으로 실패
한계	• 일제의 탄압 : 민중 대회 추진 과정에서 신간회 간부가 대거 구속됨 • 신간회 해소(1931) : 코민테른(국제 공산당 조직)의 노선 변경 ➡ 식민지에서 진행되던 민족 협동 전선의 해체를 지시 ➡ 신간회의 사회주의자들 이탈

신간회 3대 강령
1. 우리는 정치적, 경제적 각성을 촉진한다.
2. 우리는 단결을 공고히 한다.
3. 우리는 기회주의를 일체 부인한다.

(4) 근우회(1927~1931)

배경	신간회가 결성되자 여성 운동계에서도 통합론 일어남
결성	• 민족주의 계열과 사회주의 계열 여성 단체의 협력으로 설립된 합법적 단체 • 여성계의 민족 협동 전선 단체, 신간회와 연계하여 신간회의 자매단체로 창립
활동	• '조선 여자의 공고한 단결과 지위 향상'을 도모함 • 지방 순회 강연 및 토론회와 야학 개최 : 여성 의식 및 해방에 대한 인식 확산 • 광주 학생 항일 운동(1929) 등의 각종 민족 운동 지원, 기관지 『근우』 발간
한계	내부의 이념 대립과 신간회 해소를 전후하여 해소(1931)

▲ 근우회의 기관지 『근우』

(5) 광주 학생 항일 운동(1929)

배경	• 일제의 민족 차별과 식민지 차별 교육 • 학생 운동의 조직화 : 학생 운동을 지도하는 비밀 결사 형태의 조직들이 결성
전개	광주에서 나주로 가는 통학 열차 안에서 일본인 남학생이 조선인 여학생을 희롱한 사건을 계기로 한일 학생들 간에 충돌 발생 ➡ 일본 경찰의 편파적인 조치로 광주 일대 학생들이 시위를 일으킴 ➡ 각지에서 동맹 휴학 및 가두시위 전개 ➡ 신간회의 진상 조사단 파견, 민중 대회 계획(실패) ➡ 전국 규모의 항일 투쟁으로 확대
의의	3·1 운동 이후 최대 규모의 항일 민족 운동

▲ 광주 학생 항일 운동의 계기가 된 여학생 희롱 사건의 피해자 박기옥 (오른쪽)

② 다양한 사회 운동의 전개

(1) 소년 운동

배경	어린이의 열악한 사회적 지위 ➡ 어린이를 인격체로서 대우하자는 의식 형성
활동	• 천도교 소년회(1921) : 소년 운동을 적극적으로 전개 ┌ 방정환, 김기전 등이 주도 및 활약 └ 어린이날 제정(1922), 잡지 『어린이』 간행(1923), '어린이' 단어 사용 • 방정환의 주도로 어린이 연구 단체 색동회(1923), 조선 소년 연합회(1927) 결성
한계	일제는 소년 운동을 애국 운동으로 간주하여 탄압 ➡ 중·일 전쟁 이후에는 금지

▲ 어린이날 표어

(2) 형평 운동

배경	1차 갑오개혁으로 신분제가 폐지된 이후에도 백정의 사회적 차별과 불평등 심화
활동	조선 형평사 조직(경남 진주, 1923) : 형평 운동 주도 ┌ 백정에 대한 차별 철폐와 교육 문제 해결 촉구 └ 계급 타파, 모욕적 칭호 폐지, 교육 권장, 상호 친목을 중요 목표로 삼음
전개	백정에 대한 사회적 차별 대우 철폐 주장(백정 인권 운동) ➡ 언론과 사회주의계의 적극적인 지지 ➡ 전국적인 조직으로 성장 ➡ 다른 사회 운동 단체와 연대(파업, 소작 쟁의 등에 참가) ➡ 신분 해방 운동을 넘어 항일 민족 운동으로 발전
한계	일제의 탄압, 내부의 이념적 갈등 심화

▲ 형평사 제6회 전국 대회 포스터

대표 기출 문제

· 학생 항일 운동과 다양한 사회 운동 ·

✎ 시험에 꼭 나오는 **키워드**

- 6 · 10 만세 운동의 배경 – 전개 과정 – 영향 정리하기 ➡ 신 간회와 연계되어 출제됨
- 신간회의 활동 정리하기 ➡ 6 · 10 만세 운동과 광주 학생 항일 운동과 연계되어 출제됨
- 근우회의 활동 정리하기 ➡ 신간회와 광주 학생 항일 운동 과 연계되어 출제됨
- 광주 학생 항일 운동의 배경 – 전개 과정 – 의의 정리하기 ➡ 신간회와 연계되어 출제됨

✔ 최다 빈출 선지

l 6 · 10 만세 운동
① 순종의 인산일에 전개되었다.
② 민족주의 계열과 사회주의 계열이 함께 준비하였다.
③ 신간회 창립의 계기가 되었다.

l 신간회
① 광주 학생 항일 운동에 조사단을 파견하였다.
② 광주 학생 항일 운동에 진상 조사단을 파견하여 지원하 였다.
③ 민족 유일당 운동의 일환으로 결성되었다.

l 근우회
① 광주 학생 항일 운동에 조사단을 파견하였다.
② 신간회의 자매 단체였다.

l 광주 학생 항일 운동
① 한국인 학생과 일본인 학생 간의 충돌에서 비롯되었다.
② 신간회의 지원을 받아 민중 대회가 추진되었다.
③ 신간회 등이 지원하여 전국으로 확산되었다.

l 소년 운동
① 천도교 세력이 중심이 되어 추진하였다.
② 어린이날을 제정하고 잡지 어린이를 발간하였다.

l 형평 운동
① 조선 형평사의 주도로 전개되었다.
② 백정에 대한 사회적 차별 철폐를 주장하였다.

기본 50회 34번

01 (가)에 들어갈 민족 운동에 대한 설명으로 옳은 것은?

1926년, 그날의 길을 따라

우리 동아리에서는 (가) 당시 만세의 함성이 울려 퍼졌던 길을 함께 걸으며, 그날의 의미를 되새겨 보고자 합니다. 많은 참여 바랍니다.

- 일시 : 2020년 ○○월 ○○일 09:00~15:00
- 주요 경로

① 신간회 창립의 계기가 되었다.
② 을미사변에 반발하여 일어났다.
③ 대한민국 임시 정부 수립에 영향을 끼쳤다.
④ 동아일보의 적극적인 지원을 받아 진행되었다.

---

6 · 10 만세 운동   **정답 ①**

(가)에 들어갈 민족 운동은 6 · 10 만세 운동이다. 1926년 순종 이왕이 사망하 자 학생들은 좌우익 지도자들과 함께 6월 10일 순종의 인산일에 대규모 군중 시위를 계획하였다. 그러나 이 계획은 사전에 경찰에게 발각되어 지도부가 모 두 체포되었다.

정답 분석

① 6 · 10 만세 운동은 사회주의 세력과 민족주의 세력이 함께 운동을 준비하 였고, 이는 신간회 결성으로 이어졌다.

오답 피하기

② 을미의병은 명성 황후 시해 사건(을미사변)과 단발령 실시를 계기로 전국 각지로 확산되었다.
③ 3 · 1 운동은 조직적이고 체계적인 독립운동을 위한 임시 정부 수립에 영향 을 미쳤다.
④ 1931년 동아일보는 학생 계몽대 등을 조직하여 한글을 보급하고 농촌을 계몽하는 브나로드 운동을 전개하였다.

02 (가)에 들어갈 단체로 옳은 것은?

민족 유일당을 만들기 위한 노력의 결과 드디어 우리가 [(가)]를 만들었습니다.

맞습니다. 기회주의자를 배제하고 일제에 맞서 함께 싸웁시다.

사회주의 계열

비타협적 민족주의 계열

① 신간회　　② 토월회
③ 대한 광복회　　④ 조선어 학회

03 밑줄 그은 '이 운동'에 대한 설명으로 옳은 것은?

1929년, 나주와 광주를 열차로 통학하는 한·일 학생 간에 충돌이 발생하였습니다.

일제 경찰의 민족 차별에 대항하여 광주의 학생들은 시위를 벌였고, 점차 전국으로 확산되었습니다.

이 운동을 기억하기 위해 시위가 시작된 11월 3일을 학생 독립운동 기념일로 지정하였습니다.

① 순종의 인산일에 일어났다.
② 통감부의 탄압으로 실패하였다.
③ 국민 대표 회의 개최의 배경이 되었다.
④ 신간회에서 진상 조사단을 파견하였다.

신간회　　정답 ①

(가)에 들어갈 단체는 신간회이다. 1927년 비타협적 민족주의자들과 사회주의자들은 신간회를 창립하였다. 신간회는 회장에 이상재, 부회장에 홍명희를 선출하고 3대 강령을 발표하였다. 신간회는 전국을 돌며 순회 강연회 실시, 노동 야학 참여 등 민중 계몽 활동을 벌였으며, 노동·농민·청년·여성·형평 운동 등 여러 사회 운동도 적극적으로 지원하였다. 1929년에 광주 학생 항일 운동이 일어나자 신간회는 현지에 조사단을 파견하고, 진상 보고를 위한 민중 대회를 계획하였다. 그러나 일제가 간부들을 모두 구속하면서 큰 타격을 입었다.

정답 분석

① 1927년 비타협적 민족주의자들과 사회주의자들은 신간회를 창립하였다.

오답 피하기

② 1923년 일본에서 결성된 연극 공연 단체가 토월회이다.
③ 1915년에 박상진을 총사령으로 하여 결성된 대한 광복회는 군대식 조직을 갖추고, 공화 정부 수립을 목표로 활동하였다.
④ 조선어 연구회는 1931년 이윤재, 최현배 등을 중심으로 조선어 학회로 확대 개편되었다.

광주 학생 항일 운동　　정답 ④

밑줄 그은 '이 운동'은 광주 학생 항일 운동이다. 1929년 10월 광주에서 나주로 가는 통학 열차 안에서 일본 남학생이 조선 여학생을 희롱하는 사건이 일어났고, 이를 계기로 조선인과 일본인 학생 사이에 충돌이 발생하였다. 그러나 일본 경찰이 조선 학생들만 구속하자 광주 전역의 모든 학생들이 궐기하였다. 이 소식을 들은 전국 각지 학생들은 독서회 등을 통해 조직적으로 연락하면서 항일 시위에 동참하였다. 전국의 사회 운동 단체들도 적극 가담하면서 전국적인 항일 민족 운동으로 발전하였다.

정답 분석

④ 신간회는 1929년 광주 학생 항일 운동이 발발하자 이를 전국적인 대중 투쟁으로 전환시키기 위해 진상 조사단을 파견하였다.

오답 피하기

① 1926년 순종이 사망하자 학생들은 좌우익 지도자들과 함께 순종의 인산일에 대규모 군중 시위를 계획하였다.
② 통감부는 1906년에 설치되어 1910년 주권 상실과 더불어 조선 총독부가 설치되기 전까지 존속한 일제의 식민 통치 준비 기구이다.
③ 1923년 상하이 임시 정부는 내분이 깊어지자 상하이에서 국민 대표 회의를 개최하였다.

39강 1910년대 국내외 민족 운동

1 1910년대 국내의 항일 비밀 결사 조직 (3·1운동 이전)

(1) 독립 의군부(1912~1914)

조직	전라도 지역에서 임병찬(유생 의병장 출신)이 고종의 밀명을 받아 결성
활동	• 목표 : 복벽주의 추구(황제 국가 부활, 고종 복위) • 전국적인 대규모 의병 전쟁 계획 • 일본 정부, 조선 총독부, 일본 총리 대신에게 '국권 반환 요구서' 제출 시도
한계	일제의 의한 지도부의 체포 및 조직 발각으로 해체

▲ 독립 의군부의 임병찬

(2) 대한 광복회(1915~1918)

조직	대구에서 박상진(총사령), 김좌진(부사령) 등의 주도로 결성
활동	• 목표 : 국권 회복과 공화주의 이념 추구 • 친일 부호와 친일파 처단 활동 전개, 군자금 모금, 독립군 기지 설립 추진
한계	일제의 의한 조직 발각으로 해체

▲ 대한 광복회 총 사령관 박상진

2 1910년대 국외 독립 운동 기지 건설

▲ 최재형
- 대한의군 참모중장으로 국내 진공 작전을 하는 안중근 지원(1908)
- 안중근의 하얼빈 의거를 지원 (1909)
- 대동공보 사장으로 취임(1909)
- 권업회 조직 및 권업신문 발간 (1911)
- 제2회 전로 한족 대표자 회의에서 명예 회장에 취임(1918)

(1) 연해주(블라디보스토크) 지역

위치	활동
신한촌	• 신한촌(한인 집단 거주지) 건설 : 신한촌을 중심으로 독립 운동 기지 건설 전개 • 성명회(1910) : 유인석, 이상설 등이 조직하여 한·일 병합의 부당함을 규탄 • 권업회(1911) : 독립 운동의 기반 조성에 노력, 권업 신문 발간 • 대한 광복군 정부(1914) : 권업회가 국외의 무장 독립 단체들을 모아 조직

신한촌	러시아 혁명(1917)이 일어난 후 ➡ 연해주 지역의 독립 운동이 활발해짐
	• 전로 한족회 중앙 총회(1917) : 3·1 운동 직후 대한 국민 의회로 발전 • 대한 국민 의회(1918) : 3·1 운동을 계기로 조직된 임시 정부

(2) 중국 본토

위치	활동
상하이	• 동제사(1912) : 신규식 등이 국권 회복 운동을 위해 조직 ➡ 대동 단결 선언 발표(1917, 3·1 운동의 배경 중 하나), 신한청년당 조직에 기여(1918) • 신한청년당(1918) : 제1차 세계 대전이 끝난 후 열린 파리 강화 회의에 독립 청원서를 작성하여 김규식을 대표로 파견(1919)
베이징	신한 혁명당(1915) : 베이징과 상하이 거주 독립 운동가들이 연합하여 결성

▲ 파리 강화 회의에 참석한 김규식 (앞줄 오른쪽 끝)

(3) 만주 지역

위치		활동
북간도	명동촌 용정촌	• 서전서숙(1906~1907) : 이상설의 주도로 설립, 만주 지역에서 민족 교육을 통해 항일 독립 운동의 기본 방향 제시 • 명동학교(1908~1925) : 서전서숙의 민족 교육 정신 계승 • 간민회(1913) : 김약연 등이 조직한 한국인 자치 단체 • 중광단(1911) : 서일 등의 대종교 간부들이 조직 ➡ 3·1 운동 이후 북로 군정서로 발전하면서 사관 양성소를 세워 독립군 양성
서간도	삼원보	신민회가 서간도의 독립 운동 기지 건설에 앞장섬 ┌ 이회영 형제, 이상룡, 김동삼 등이 남만주 유하현에 삼원보 개척 ├ 경학사 조직 ➡ 부민단, 한족회로 발전하면서 서로 군정서 조직 └ 신흥 강습소(이후 신흥 무관 학교로 발전) 설립 ➡ 독립군 양성
북만주	밀산부	러시아·만주의 접경도시 밀산부에 독립 운동 기지 한흥동(한인촌) 건설

▲ 서전서숙

1906년 이상설 등이 북간도 용정에 세운 서전서숙은 일제의 탄압으로 1년 만에 문을 닫았으나, 이후 민족 운동에 큰 영향을 미쳤다.

▲ 독립군 양성소 신흥 무관 학교

(4) 미주 지역

위치	활동
미주 지역	• 대한인 국민회(1910) : 동포 사회의 결속과 민족의식 고취 ┌ 장인환과 전명운의 의거(1908) 이후 민족 운동 단체의 통합으로 결성 ├ 안창호, 박용만, 이승만 등의 주도로 결성. 민주 공화국 수립을 주장 ├ 샌프란시스코에 본부로 북미·하와이·멕시코·만주·시베리아에 지회 설치 └ 기관지 신한민보 발행 ➡ 항일 의식을 고취하고 교민 권익을 보호 • 흥사단(1913) : 안창호가 샌프란시스코에서 창립한 실력 양성 운동 단체 • 윌로우스 비행사 양성소 : 캘리포니아에서 독립군 비행사를 육성
하와이	대조선 국민 군단(1914) : 대한인 국민회 하와이 지방 총회는 연무부를 두어 군사 훈련 실시 ➡ 연무부에서 박용만이 대조선 국민 군단 결성(독립군 양성이 목적)
멕시코	숭무 학교(1910) : 이근영, 양귀선, 조병하 등이 멕시코 메리다 중심지에 건립한 한인 무관 양성 학교 ➡ 멕시코에서 동포 독립군 양성

▲ 안창호

▲ 대조선 국민 군단

• 1910년대 국내 민족 운동 •

✏️ 시험에 꼭 나오는 **키워드**

- 독립 의군부와 대한 광복회의 활동 숙지하기 ➡ 두 단체의 공통점과 차이점 정리하기
- 만주(북간도, 서간도), 연해주, 중국, 미주 지역에서 있었던 독립 운동 단체 정리하기 ➡ 각 단체들의 구체적인 활동이 아닌 각 단체들이 위치한 지역을 물어봄
- 이상설, 안창호는 간혹 단독 출제가 됨

✔️ **최다 빈출 선지**

| 독립 의군부
① 고종의 밀지를 받아 조직되었다.
② 임병찬이 주도하여 독립 의군부를 조직하였다.
③ 조선 총독부에 국권 반환 요구서를 제출하고자 하였다.

| 대한 광복회
① 박상진 등이 대한 광복회를 결성하였다.
② 공화 정체의 국가 건설을 지향하였다.

| 북간도
① 서전서숙을 설립하였다.
② 북로 군정서가 조직되었다.
③ 중광단을 결성하였다.

| 서간도
① 신흥 강습소를 세웠다.
② 신흥 무관 학교를 세웠다.

| 연해주
① 권업회가 조직되었다.
② 권업회의 기관지로 권업신문을 발간되었다.

| 상하이
① 김규식이 파리 강화 회의에 대표로 파견되었다(신한청년당).

| 미국
① 대한인 국민회가 결성되었다.
② 샌프란시스코에서 흥사단을 창립하였다.

| 하와이
① 대조선 국민 군단을 창설하였다.

대표 기출 문제

기본 60회 37번

01 (가)에 해당하는 단체로 옳은 것은?

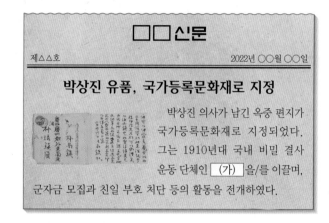

① 권업회　　　　② 보안회
③ 참의부　　　　④ 대한 광복회

대한 광복회　　　　정답 ④

(가)에 해당하는 단체는 대한 광복회이다. 1915년에 박상진을 총사령으로 하여 결성된 대한 광복회는 군대식 조직을 갖추고, 공화 정부 수립을 목표로 활동하였다. 이들은 만주에 사관 학교를 설립하여 독립군을 양성하고 전쟁을 통해 독립을 달성하려 하였다. 여기에 필요한 군자금을 마련하고자 광산과 우편차 등을 습격하여 일제의 재물을 빼앗고 부호들에게서 의연금을 걷었다. 또 협조하지 않는 친일 부호를 처단하기도 하였다.

정답 분석

④ 1915년 대한 광복회는 공화정체의 국민 국가 수립을 목표로 삼았다.

오답 피하기

① 1911년 연해주에 한인들의 자치 단체인 권업회가 조직되었다.
② 1904년 보안회는 일제의 황무지 개간권 요구를 저지하였다.
③ 1923년 자유시 참변 이후 만주로 돌아온 독립군은 참의부를 조직하였다.

02 (가)에 해당하는 지역을 지도에서 옳게 찾은 것은?

이 책에 대해 소개해 주시겠습니까?

이 책은 (가) 시종기입니다. 우당 이회영의 부인이자 독립운동가인 이은숙이 국권 피탈 후 (가) 에서의 망명 생활과 신흥 강습소 설립 과정 등을 기록한 책입니다.

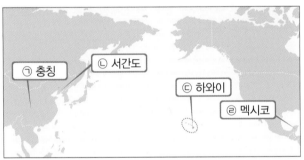

① ㉠   ② ㉡   ③ ㉢   ④ ㉣

서간도
정답 ②

(가)에 해당하는 지역은 서간도이다. 1909년 남한 대토벌 작전이 전개되면서 의병과 애국지사들이 근거지를 만주와 연해주로 옮겼다. 서간도 유하현 삼원보에서는 신민회의 이회영, 이시영, 이상룡 등이 삼원보를 개척하여 독립 운동 기지로 삼았고, 여기에 자치 기관인 경학사를 조직하였다.

정답 분석

② 서간도에서는 경학사, 부민단 등이 활동하였다.

오답 피하기

① 충칭에서는 대한민국 임시 정부가 활동하였다.
③ 하와이에는 대조선 국민 군단을 조직되어 군사 훈련을 실시하였다.
④ 멕시코에는 이주민들이 숭무 학교를 세워 무장 투쟁을 준비하였다.

---

03 (가) 지역에서 있었던 독립운동에 대한 설명으로 옳은 것은?

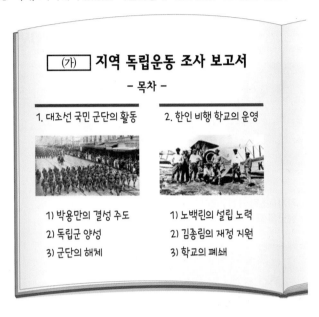

① 서전서숙이 세워졌다.
② 권업회가 조직되었다.
③ 신흥 강습소가 설립되었다.
④ 대한인 국민회가 결성되었다.

미주 지역의 독립 운동
정답 ④

(가) 지역은 미주 지역이다. 미주 지역에서는 장인환, 전명운의 스티븐스 사살을 계기로 여러 독립운동 단체를 통합하려는 움직임이 일어났다. 그 결과 안창호, 박용만 등이 대한인 국민회를 결성하였고(1910), 박용만은 하와이에서 대조선 국민 군단을 조직하여(1914) 독립군을 양성하였다. 한편, 1920년 미국 캘리포니아주에서는 노백린의 노력으로 윌로스에 한인 비행장과 비행 학교가 설립되었다.

정답 분석

④ 1910년 미국 샌프란시스코에서는 여러 한인 단체들이 통합하여 대한인 국민회를 결성되었다.

오답 피하기

① 1906년 이상설 등이 북간도 연길에 세운 서전서숙을 세웠다.
② 1911년 연해주에 한인들은 자치 단체인 권업회가 조직되었다.
③ 1911년 서간도 삼원보에서는 이회영 등 신민회 회원들이 중심이 되어 신흥 강습소를 설립하였다.

40강 1920년대 항일 무장 독립 투쟁과 의열 투쟁

▲ 카자흐스탄 크질오르다의 홍범도 장군의 묘

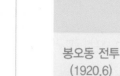

▲ 북로군정서의 청산리 대첩 기념 사진(앞에 앉아 있는 사람이 김좌진)

❶ 1920년대 항일 무장 독립 투쟁

	독립군 부대들의 국내 진공 작전 전개 국경 일대 식민 통치 마비 ➡ 일본군의 독립군 섬멸 작전 추진
봉오동 전투 (1920.6)	• 참가 부대 : 대한 독립군(홍범도), 국민회군(안무), 군무도독부(최진동) 등 • 일본군의 독립군 추격 ➡ 독립군은 연합 부대를 결성하여 일본군 추격에 대비 ➡ 매복 작전을 통해 봉오동에서 일본군 수백 명 살상
훈춘 사건 (1920.10)	일제가 만주 출병 구실 만들기 위해 마적단 매수 ➡ 매수된 마적단이 일본 영사관과 일본인 습격 ➡ 일제는 독립군이 저지른 행위로 조작 ➡ 일본군 만주에 투입
청산리 전투 (1920.10)	• 참가 부대 : 북로 군정서군(김좌진), 대한 독립군(홍범도), 국민회군(안무) 등 • 일본은 봉오동 전투 패배 이후 독립군 토벌 작전 수립 ➡ 훈춘 사건을 명분으로 만주에 일본군 투입 ➡ 독립군 부대는 청산리 일대에서 일본군과 6일간 10차례 전투 ➡ 일본군 1,200여 명을 사살하는 대승을 거둠 • 전투 과정 : 백운평 전투 ➡ 완루구 전투 ➡ 천수평 전투 ➡ 어랑촌 전투 ➡ 천보산 전투 ➡ 고동하 전투

▲ 봉오동 전투와 청산리 대첩

▲ 1920년대 초반의 독립군 활동

▲ 봉오동 전투와 청산리 대첩

	독립군의 봉오동 전투와 청산리 대첩 승리 이후
간도 참변 (1920~1921)	• 독립군 근거지 소탕의 명분 아래 봉오동·청산리 전투 보복을 위해 군 투입 • 일본군의 간도 지방 한인촌 무차별 습격 및 보복 살해 ➡ 한인촌이 폐허가 됨
재정비	일제의 만주 독립군 토벌 작전과 간도 참변 이후 독립군 활동이 어려워짐 ➡ 중국과 러시아의 국경 지대에 있는 밀산부에 독립군 주력 부대 집결 ➡ 서일을 총재로 대한 독립 군단 조직(1920) ➡ 소련의 독립 운동 지원 약속에 소련 영내로 이동(1921)
자유시 참변 (1921)	대한 독립 군단은 민족의 독립 운동을 지원하겠다는 러시아 적색군의 약속을 믿고 자유시로 이동 ➡ 자유시에 집결한 독립군 부대 내에서 군 통수권 장악과 관련한 권력 투쟁 발생 ➡ 러시아 적색군(레닌의 군대)이 독립군의 무장 해제를 요구 ➡ 이에 불응한 독립군이 공격을 당하면서 많은 사상자 발생

▲ 자유시 참변이 일어났던 스보보드니 역급수탑

자유시 참변 이후 독립군의 만주 귀환 및 조직 재건 → 독립 운동 단체 간 통합 노력	
3부의 성립 (1923~1925)	• 3부 : 참의부(1924, 압록강 일대), 정의부(1924, 남만주 일대), 신민부(1925, 북만주 일대) • 성격 : 공화주의, 삼권 분립(행정·입법·사법부 구성), 자치 정부적 성격 • 특징 : 민정 기관(동포 사회 자치), 군정 기관(독립군 훈련)을 갖춤
미쓰야 협정 (1925)	일제의 총독부 경무국장 미쓰야와 중국 만주 군벌 장쭤린 사이에 미쓰야 협정 체결 → 이 협정으로 독립 운동가를 체포하면 반드시 일본 영사관에 넘기고, 일제는 그 대가로 상금을 지급하기로 함 → 독립군 활동이 크게 위축됨
미쓰야 협정 체결 등으로 인해 만주의 독립 운동 단체의 통합 필요성 제기 → 3부 통합 운동 전개	
3부 통합 운동 (1920년대 말)	국민부(1929, 남만주 지역에 위치) / 혁신 의회(1928, 북만주 지역에 위치) 조선 혁명당 창설, 조선 혁명군 편성 / 한국 독립당, 한국 독립군 결성

▲ 참의부 대원

▲ 3부의 통합

❷ 1920년대 의열 투쟁

(1) 의열단

배경	3·1 운동 이후 무력 투쟁의 필요성 인식 대두
결성	• 1919년 만주 길림에서 김원봉, 윤세주 등이 중심이 되어 결성 • 신채호의 조선 혁명 선언(1923)을 활동 지침으로 삼음
활동	• 주로 일제의 식민 통치 기관 파괴 및 친일파, 일본 고위 관리 처단 활동 • 박재혁(1920) : 부산 경찰서 폭탄 투척 • 최수봉(1920) : 밀양 경찰서 폭탄 투척 • 김익상(1921) : 조선 총독부 폭탄 투척 • 김상옥(1923) : 종로 경찰서 폭탄 투척 • 김지섭(1924) : 일본 왕궁 폭탄 투척 • 나석주(1926) : 동양 척식 주식회사, 조선 식산 은행 폭탄 투척
한계	1920년 후반부터 개인에 의한 의열 투쟁의 한계를 느끼고 새로운 방향 모색
의열단의 노선 전환 : 조직적인 무장 투쟁 준비	

• 황푸군관학교 입교(1926) : 의열단의 김원봉과 단원들 입교해 군사 교육 및 간부 훈련받음
• 조선 혁명 간부 학교 설립(1932, 난징) : 조직적 무장 투쟁 준비
  ┌ 중국 국민당의 지원을 받아 의열단 단장 김원봉이 설립
  └ 군사 간부 양성을 위해 3년 동안 운영 → 윤세주, 이육사 등 수많은 졸업생 배출
• 민족 혁명당 결성(1935) : 김원봉의 의열단이 주도하여 중국 관내, 미주의 5개 민족 운동 단체 통합

▲ 김원봉

▲ 신채호의 '조선 혁명 선언'

(2) 단독 의열 투쟁

강우규	• 대한인 노인 동맹단 소속(46세 이상 70세까지의 노인 50여 명이 회원) • 서울역에서 사이토 마코토 총독을 저격했지만 미수에 그침(1919)

▲ 일제 주요 감시대상 인물 카드 강우규(전면)

은쌤의 합격노트

1920년대 항일 무장 독립 투쟁과 의열 투쟁

🏷 시험에 꼭 나오는 키워드

- 1920년대 항일 무장 독립 투쟁의 주요 사건 시간 순으로 정리하기 ➡ 봉오동 전투, 청산리 전투는 단독으로 출제되고, 홍범도와 김좌진은 인물 문제로 출제되기도 함
- 의열단의 활동과 주요 인물 기억하기 ➡ 의열단 문제가 출제되면 민족 혁명당 결성까지의 활동이 정답이 됨
- 김원봉, 강우규는 인물 문제로 출제가 됨, 간혹 김상옥, 나석주 등의 의열단 단원이 문제로 출제가 됨

✔ 최다 빈출 선지

| 봉오동 전투
① 홍범도가 총사령관으로 활약하였다(대한독립군).
② 봉오동 전투에서 일본군을 격파하였다.
③ 대한 독립군 등이 봉오동으로 일본군을 유인하여 크게 무찔렀다.

| 청산리 대첩
① 김좌진의 지휘 아래 활동하였다(북로 군정서).
② 청산리에서 일본군과 전투를 벌였다.
③ 독립군 연합 부대가 청산리에서 큰 승리를 거두었다.

| 간도 참변
① 일본군의 보복으로 간도 참변이 발생하였다.

| 자유시 참변
① 독립군이 자유시 참변으로 큰 타격을 입었다.

| 3부 성립
① 자유시 참변 이후 3부가 조직되었다.

| 의열단
① 김원봉이 의열단을 조직하였다.
② 조선 혁명 선언을 활동 지침으로 삼았다.
③ 김상옥이 종로 경찰서에 폭탄을 투척하였다.
④ 나석주가 동양 척식 주식회사에 폭탄을 투척하였다.
⑤ 박재혁이 부산 경찰서에서 폭탄을 투척하였다.
⑥ 황푸 군관 학교에서 군사 훈련을 받았다.
⑦ 조선 혁명 간부 학교를 세웠다.
⑧ 민족 혁명당을 결성하였다.

| 강우규
① 사이토 총독에게 폭탄을 투척하였다.

---

01 밑줄 그은 '전투'가 일어난 시기를 연표에서 옳게 고른 것은?

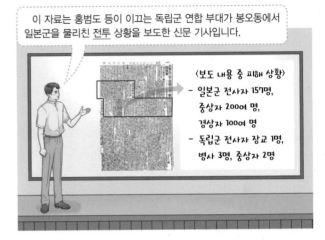

이 자료는 홍범도 등이 이끄는 독립군 연합 부대가 봉오동에서 일본군을 물리친 전투 상황을 보도한 신문 기사입니다.

〈보도 내용 중 피해 상황〉
- 일본군 전사자 157명, 중상자 200여 명, 경상자 100여 명
- 독립군 전사자 장교 1명, 병사 3명, 중상자 2명

1910		1925		1931		1937		1945
	(가)		(나)		(다)		(라)	
국권 피탈		미쓰야 협정		만주 사변		중일 전쟁		8·15 광복

① (가)　　② (나)　　③ (다)　　④ (라)

봉오동 전투　　　　　　　　　　정답 ①

밑줄 그은 '전투'는 봉오동 전투이다. 1920년 봄, 대한 독립군을 비롯한 여러 독립군 부대가 연합하여 수차례 국내 진공 작전을 펼쳤다. 이에 일본군은 추격 대대를 편성하여 독립군 근거지였던 봉오동 지역으로 진격해 왔다. 연합 부대는 추격해 오는 일본군을 봉오동 일대 야산에 매복하고 있다가 기습하여 봉오동 전투에서 크게 승리하였다.

정답 분석

① (가) 1920년 6월 홍범도의 대한 독립군과 최진동의 군무 도독부, 안무의 국민회군 등은 일본군을 봉오동 골짜기로 유인하여 무찔렀다(봉오동 전투).

02 (가)에 들어갈 전투로 옳은 것은?

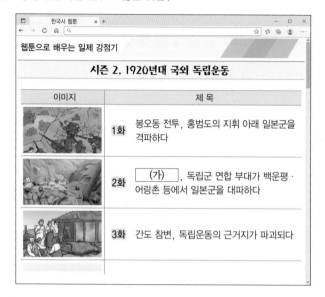

① 영릉가 전투   ② 청산리 전투
③ 흥경성 전투   ④ 대전자령 전투

청산리 대첩   **정답 ②**

(가) 에 들어갈 전투는 청산리 대첩이다. 봉오동 전투에서 참패한 일제는 훈춘 사건을 조작하여 약 2만 명의 일본군을 만주에 파견하였다. 김좌진이 이끄는 북로 군정서와 홍범도의 대한 독립군을 중심으로 한 독립군 연합 부대는 포위 망을 좁혀 오는 일본군에 맞서 백두산 서쪽의 길목인 화룡현 청산리에 집결하였다. 일본군이 포위망을 좁혀오자 1920년 10월 21일부터 26일까지 전투에 유리한 백운평, 완루구, 어랑촌, 고동하 등지에서 일본군과 맞섰다. 10여 차례의 전투에서 1,200여 명의 일본군을 사살하는 독립 전쟁사에서 가장 큰 전과를 올렸다.

정답 분석

② 청산리 대첩은 1920년 김좌진이 지휘하는 북로 군정서와 홍범도가 이끄는 대한 독립군 등의 연합 부대가 일본군을 대파한 전투이다.

오답 피하기

① 1932년 양세봉이 이끄는 조선 혁명군은 중국 의용군과 연합하여 영릉가 전투에서 일본군을 크게 격파하였다.
③ 1933년 양세봉이 지휘한 조선 혁명군은 중국 의용군과 연합하여 일본군을 몰아내고 흥경성을 점령하기도 하였다.
④ 1930년대 초반 한국 독립군 총사령관인 지청천은 중국 호로군과 연합하여 쌍성보 전투, 대전자령 전투 등에서 일본군을 상대로 대승을 거두었다.

---

03 (가) 단체에 대한 설명으로 옳은 것은?

① 105인 사건으로 해체되었다.
② 고종의 밀지를 받아 결성되었다.
③ 파리 강화 회의에 대표를 파견하였다.
④ 조선 혁명 선언을 활동 지침으로 삼았다.

의열단   **정답 ④**

(가) 단체는 의열단이다. 1919년 김원봉, 윤세주 등이 중심이 되어 중국 지린에서 조직된 의열단은 조선 총독, 매국노, 친일파 등 일곱 부류에 대한 암살과 조선 총독부, 동양 척식 주식회사, 경찰서와 같은 일제의 중추적인 식민 지배 기관의 파괴를 활동 목표로 삼았다.

정답 분석

④ 1923년 의열단은 신채호에게 의뢰하여 작성한 조선 혁명 선언을 활동 지침으로 삼아 일제 요인 암살과 식민 통치 기관 파괴에 주력하였다.

오답 피하기

① 1911년 신민회는 일제가 날조한 105인 사건으로 와해되었다.
② 1912년 독립 의군부는 의병장 출신의 임병찬이 고종의 밀지를 받고 전국 곳곳의 의병장과 유생을 모아 조직하였다.
③ 1919년 중국 상하이에서는 신한 청년당이 독립 청원서를 작성하고 김규식을 파리 강화 회의에 파견하였다.

41강 1930~1940년대 항일 무장 독립 투쟁

1 1930년대 만주와 중국 본토의 항일 무장 투쟁

(1) 1930년대 전반 만주 지역 : 한·중 연합 작전의 전개

▲ 1930년대 항일 무장 투쟁

배경	일제의 만주 사변(1931)과 만주국 수립(1932) ➡ 중국 내 반일 항일 감정 고조 ➡ 한국인과 중국인의 한·중 연합 작전 전개	
	조선 혁명당 – 조선 혁명군	**한국 독립당 – 한국 독립군**
	조선 혁명군의 활동	한국 독립군의 활동
	• 조선 혁명당의 군사 조직, 총사령관 양세봉 ➡ 남만주 일대에서 활동 • 중국 의용군과 항일 연합 작전 전개 • 영릉가 전투(1932), 흥경성 전투(1933) 등에서 승리	• 한국 독립당의 군사 조직, 총사령관 지청천 ➡ 북만주 지역에서 활동 • 중국 호로군과 항일 연합 작전 전개 • 쌍성보 전투(1932), 사도하자 전투(1933), 대전자령 전투(1933) 등에서 승리
한계	• 투쟁 방법, 전리품 배분, 주도권 등을 놓고 한·중 사이에 갈등 발생 • 1930년대 중반 일제의 대공세 ➡ 중국군의 위축과 독립군의 활동 제약	
	조선 혁명군	한국 독립군
	양세봉 사망(1934) 이후 세력 약화 ➡ 1938년까지 만주에서 항일 투쟁 지속 ➡ 일부는 중국 공산당이 조직한 동북 항일 연군에 참여	1933년까지 만주에서 항일 투쟁 지속 ➡ 이후에는 대부분 중국 관내로 이동 ➡ 대한민국 임시 정부의 한국광복군 창설에 참여

▲ 양세봉 흉상(중국 랴오닝 성)

(2) 1930년대 중반 이후 중국 관내 지역 : 중국 본토에서의 무장 독립 전쟁

▲ 1932년 9월 한국 독립군이 점령했던 쌍성보 승은문

의열단 ➡ 민족 혁명당 참여		대한민국 임시 정부 ➡ 민족 혁명당 불참	
조직적인 무장 투쟁의 필요성 자각 ➡ 황포 군관 학교 입교 ➡ 조선 혁명 간부 학교 설립		윤봉길의 의거 ➡ 중국 영토 내 무장 독립 투쟁 승인 ➡ 일제 탄압으로 임시 정부 이동	
민족 혁명당(1935)			
배경	일제의 중국 침략 본격화 ➡ 중국 본토 독립 운동 단체들의 연합 전선 추진		
결성	중국 난징에서 의열단(김원봉)을 주축으로 신한 독립당(지청천), 조선 혁명당(최동오), 대한 독립당(김규식), 한국 독립당(조소앙) 등 다섯 정당·단체 규합		
성격	중국 관내 최대 규모의 연합 전선(민족주의 세력+사회주의 세력)		
한계	• 김구와 임시 정부는 참여하지 않고 한국 국민당 창당(1935) • 민족 혁명당 내부에서 김원봉의 독주(의열단 중심의 운영) ➡ 조소앙, 지청천 등 민족주의 계열 일부 탈당		
민족 혁명당의 잔류 세력		민족 혁명당의 이탈 세력	
민족주의 계열 이탈 이후 ➡ 김원봉 중심의 조선 민족 혁명당으로 개칭(1937) ➡ 산하 무장 조직으로 조선 의용대 창설(1938)		민족 혁명당의 조소앙과 지청천 등의 이탈 ➡ 김구의 한국 국민당에 합류 ➡ 한국 독립당 창당(1940) ➡ 한국광복군 창설(1940)	

▲ 지청천 장군

조선 의용대 창설(1938)	
창립	한커우(우한)에서 김원봉의 주도로 창설된 조선 민족 혁명당 예하의 군사 조직
의의	중국 관내 최초로 결성된 한국인 무장 부대
활동	주로 일본군에 대한 심리전이나 후방 공작 작전, 정보 수집, 시설 파괴 등 전개

중국 국민당의 통제와 소극적 항일전에 대한 불만 ➡ 조선 의용대의 분산 이동	
조선 의용대 대부분 병력이 화북 지역으로 이동	조선 의용대 일부 병력의 잔류
직접 전투에 참여하기 위해 중국 공산당이 있는 화북 지방으로 병력 이동 ➡ 조선 의용대 화북 지대로 재편 (1941) 이후 호가장 전투(1941), 반소탕전(1942) 등을 전개 ➡ 조선 독립 동맹 산하 조직인 조선 의용군으로 개편 (1942)	최고 지도부와 일부 병력 잔류 ➡ 김원봉의 지휘 아래 대한민국 임시 정부의 한국 광복군에 합류(1942)

▲ 조선 의용대 성립 기념사진(1938)

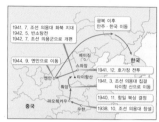

▲ 조선 의용대 이동 경로

(3) 1930년대 후반~1940년대 전반 만주 지역 : 항일 유격 투쟁

주요 활동	• 중국 공산당의 항일 유격대 조직과 조선인 사회주의자들은 동북 인민 혁명군 결성(1933) ➡ 이후 민족과 이념을 초월한 동북 항일 연군으로 확대 개편(1936) • 조국 광복회(1936) : 동북 항일 연군 내 조선인들을 기반으로 조직 ➡ 보천보 전투 등 국내 진공 작전을 단행 ➡ 일제의 탄압(1939) ➡ 소련으로 이동(1940)

▲ 동북 항일 연군

② 1940년대 광복 직전의 항일 투쟁

(1) 중국 충칭 : 대한민국 임시 정부

재정비	한국 독립당 결성, 주석제 개헌, 대한민국 건국 강령 발표, 대일 선전 포고
한국 광복군	지청천을 총사령관으로 창설(1940) ➡ 김원봉의 조선 의용대 세력 일부 합류 (1942) ➡ 영국군과 미얀마 · 인도 전선에서 연합 작전(1943) ➡ 미국과 함께 국내 진공 작전을 추진하면서 국내 정진군 편성(1945) ➡ 일제의 패망으로 무산

▲ 광복 직전 건국 준비 세력

(2) 중국 옌안 : 조선 독립 동맹

결성	한인 사회주의자와 조선 의용대 화북 지대 대원들의 주도로 결성(1942)
주요 활동	• 김두봉을 주석으로 추대, 일제 패망에 대비해 건국 강령 발표 • 김두봉을 비롯한 핵심 인물들은 광복 후 북한 정권 수립에 참여(연안파)
조선 의용군	• 조선 독립 동맹이 결성되자 조선 의용대 화북 지대는 조선 의용군으로 재편 • 중국 공산당의 팔로군과 연합 전선을 형성하여 태항산 일대에서 항일전 전개

▲ 조선 의용군

(3) 국내 : 조선 건국 동맹

결성	여운형 등이 일제의 패망과 광복에 대비하여 결성(1944, 좌 · 우 합작 단체)
주요 활동	• 일제의 징용 · 징병, 식량 공출, 군수 물자 수송 등 방해(일본군의 후방 교란) • 해방 직후 조선 건국 준비 위원회로 발전

▲ 여운형과 조선 건국 동맹 동지들

은쌤의 <u>합격노트</u>

• 1930~1940년대 항일 무장 독립 투쟁 •

✎ 시험에 꼭 나오는 키워드

- 조선 혁명군과 한국 독립군의 한·중 연합 작전 배경 및 활동 정리하기 ➡ 각각의 독립군은 단독으로 출제됨
- 조선 의용대의 활동 기억하기 ➡ 단독으로 출제되며, 임시 정부와 연계해서 출제됨
- 한국 광복군의 주요 활동 기억하기

✔ 최다 빈출 선지

| 조선 혁명군
① 양세봉이 총사령이었다.
② 영릉가 전투에서 한·중 연합 작전을 전개하였다.
③ 흥경성에서 중국 의용군과 연합 작전을 펼쳤다.

| 한국 독립군
① 총사령 지청천이 이끌었다.
② 대전자령 전투에서 일본군을 격퇴하였다.
③ 쌍성보에서 중국 호로군과 연합 작전을 전개하였다.

| 조선 의용대
① 중국 관내에서 결성된 최초의 한인 무장 부대였다.
② 주로 일본군에 대한 심리전이나 후방 공작 활동을 전개하였다.
③ 대원 일부가 한국 광복군에 합류하였다.

| 조선 독립 동맹
① 옌안에서 조선 독립 동맹을 결성하였다.
② 조선 의용군을 창설하였다.

대표 기출 문제

01 (가)에 들어갈 무장 투쟁 단체로 옳은 것은?

항일 무장 투쟁 특별전
제2관 만주 사변 이후

(가), 총사령 양세봉의 지휘 아래 중국 의용군과 연합하여 남만주 일대를 호령하다.

흥경성 전투 (1933)
영릉가 전투 (1932)

① 의열단
② 북로 군정서
③ 조선 혁명군
④ 한국 광복군

조선 혁명군   정답 ③

(가)에 들어갈 무장 투쟁 단체는 조선 혁명군이다. 1931년 일제는 만주를 침략하고 이듬해 만주국을 세웠다. 이후 조선 혁명군과 한국 독립군은 중국인 부대와 함께 연합 작전을 전개하였다. 특히 남만주의 흥경성과 영릉가 등에서는 양세봉의 조선 혁명군이 중국 의용군과 함께 일본군에 큰 승리를 거두었다.

정답 분석

③ 양세봉이 이끄는 조선 혁명군이 중국 의용군과 연합하여 일본군을 크게 물리쳤다.

오답 피하기

① 1919년 김원봉, 윤세주 등이 중심이 되어 중국 지린에서 의열단을 조직하였다.
② 1919년 중광단은 3·1 운동 이후 북로 군정서로 발전하였다.
④ 1940년에 대한민국 임시 정부는 충칭에서 한국 광복군을 창설하였다.

02 (가)에 들어갈 군사 조직으로 옳은 것은?

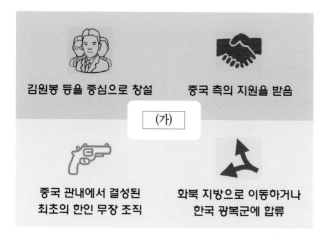

김원봉 등을 중심으로 창설

중국 측의 지원을 받음

(가)

중국 관내에서 결성된
최초의 한인 무장 조직

화북 지방으로 이동하거나
한국 광복군에 합류

① 별기군
② 북로 군정서
③ 조선 의용대
④ 동북 항일 연군

조선 의용대   정답 ③

(가)에 들어갈 군사 조직은 조선 의용대이다. 1937년 중·일 전쟁 발발 이후 민족 혁명당의 주도로 중국 관내 최초의 한인 무장 부대인 조선 의용대가 조직되었다(1938). 조선 의용대는 중국 국민당 정부의 지원을 받으며, 일본군에 대한 심리전이나 후방 공작 활동을 전개하여 많은 성과를 올렸다. 이 중 많은 조선 의용대원들은 화북으로 이동하여 조선 의용대 화북 지대로 조직을 개편하고 호가장 전투, 반소탕전 등 일본군과 크고 작은 전투를 벌였다.

정답 분석

③ 1938년에 조직된 조선 의용대는 중국 관내에서 결성된 최초의 한인 무장 부대였다.

오답 피하기

① 조선 정부는 1880년 군사력을 강화하고자 신식 군대인 별기군을 설치하였다.
② 1919년 중광단은 3·1 운동 이후 북로 군정서로 발전하였다.
④ 1936년 중국 공산당은 항일 유격대들을 결합하여 동북 인민 혁명군을 조직하였고, 이후 민족과 이념을 초월한 동북 항일 연군으로 확대 개편되었다.

---

03 (가) 군대에 대한 설명으로 옳은 것은?

뮤지컬로 역사를 만나다

작전명 독수리

"오늘 이 시간부터 아메리카 합중국과 대한민국 임시 정부의 비밀 공작이 시작되었다."

대한민국 임시 정부의   (가)   와/과 미국의 전략 정보국(OSS)이 합작한 국내 진공 작전, 일명 '독수리 작전'에 대한 이야기를 뮤지컬로 보여 드립니다.

■ 일시: 2022년 ○○월 ○○일 오후 7시
■ 장소: △△문화회관 ◇◇홀

① 고종의 밀지를 받아 조직되었다.
② 조선 혁명 선언을 활동 지침으로 삼았다.
③ 지청천을 총사령관으로 하여 창설되었다.
④ 영릉가 전투에서 한중 연합 작전을 전개하였다.

한국 광복군   정답 ③

(가) 군대는 한국 광복군이다. 1940년에 충칭으로 이동한 대한민국 임시 정부는 그 해 9월에 지청천을 사령관으로 하여 한국 광복군을 창설하였다. 1943년 한국광복군은 영국군의 요청에 따라 미얀마·인도 전선에 공작대를 파견하여 포로 심문, 정보 수집, 선전 활동 등을 담당하였다. 이후 1945년 8월 미국의 전략 정보국(OSS)과 함께 국내 진공 작전을 추진하였으나, 일제가 항복하는 바람에 계획을 실행에 옮기지 못하였다.

정답 분석

③ 1940년에 대한민국 임시 정부는 충칭에서 지청천을 총사령관으로 한국 광복군을 창설하였다.

오답 피하기

① 1912년 항일 의병을 일으켰던 임병찬은 고종의 밀지를 받고 독립 의군부를 조직하였다.
② 의열단은 1923년 신채호에게 의뢰하여 작성한 조선 혁명 선언을 활동 지침으로 삼아 일제 요인 암살과 식민 통치 기관 파괴에 주력하였다.
④ 1932년 총사령관 양세봉이 이끄는 조선 혁명군이 중국 의용군과 연합하여 영릉가 전투에서 일본군을 크게 격파하였다.

42강 일제 강점기의 사회와 문화

① 한국사 연구

(1) 일제의 한국사 왜곡(식민사관)

목적	식민 통치 합리화, 한국사의 자율성 부정, 한국인 독립 의지 약화 목적
주도 단체	• 조선사 편수회(1925) : 식민 사학의 논리에 맞게 『조선사』 37권 편찬 • 청구학회(1930) : 식민 사학의 이론 확립과 보급
식민사관	• 타율성론 : 한국사는 외세 간섭에 의해 타율적 전개 • 정체성론 : 한국 사회는 내적 발전 없이 고대 사회 단계에서 정체 • 당파성론 : 한국 사회의 오랜 당파(붕당) 싸움은 분열성이 강한 민족성에 기인

(2) 민족주의 사학 : 우리 역사의 주체적 발전과 민족 문화의 우수성 강조

신채호	• 역사를 '아(我)'와 비아(非我)의 투쟁'이라 정의, 낭가 사상 강조 • 『조선상고사』, 『조선사연구초』 등을 저술 ➡ 민족주의 사학 확립
박은식	• 민족정신을 '혼'으로 강조 • 『한국통사』, 『한국독립운동지혈사』 등을 저술 ➡ 일제의 불법적인 한국 침략에 따른 한국 독립 운동사 정리
조선학 운동	• 다산 정약용 서거 99주년 기념 사업 추진이 계기가 됨 ➡ 민족주의 사학 계승 ➡ 정약용의 실학 등을 연구, 『여유당전서』 간행 • 1930년대 정인보('조선의 얼' 강조), 문일평('조선심(心)' 강조) 등이 주도

(3) 사회 경제 사학 : 일제의 식민 사관의 정체성론 극복 노력

백남운	• 마르크스의 유물 사관을 바탕으로 우리 민족의 역사 발전이 세계사의 보편적 발전과 궤를 같이 하고 있음을 주장 • 『조선사회경제사』, 『조선봉건사회경제사』 저술 ➡ 일제의 정체성론 비판

(4) 실증 사학 : 철저한 문헌 고증을 통한 객관적 역사 연구 강조

특징	• 랑케의 역사학(실증주의)에 기초하여 한국사를 실증적으로 연구(문헌 고증 중심) • 진단 학회 창립(1934) : 이병도 등이 주도, 『진단학보』 발간, 청구학회에 대항

▲ 신채호   ▲ 박은식   ▲ 백남운   ▲ 이상백

민족주의 사학자 : 박은식

옛사람이 이르기를, 나라는 없어질 수 있으나 역사는 없어질 수 없다고 하였으니, 그것은 나라는 형체이고 역사는 정신이기 때문이다. 이제 한국의 형체는 허물어졌으나, 정신만이라도 오로지 남아 있을 수 없는 것인가.

－『한국통사』 서언, 박은식 －

박은식이 1915년에 지은 『한국통사』는 투철한 민족주의 사관에 입각하여 국혼을 강조하였다.

민족주의 사학자 : 신채호

역사란 무엇이뇨. 인류 사회의 아와 비아의 투쟁이 시간부터 발전하며 공간부터 확대하는 심적 활동의 상태의 기록이니, 세계사라 하면 세계 인류의 그리되어 온 상태의 기록이며, 조선사라 하면 조선 민족의 그리되어 온 상태의 기록이니라.

－『조선상고사』, 신채호 －

신채호는 『조선상고사』에서 역사를 '아(我)'와 비아(非我)'의 투쟁'이라고 정의하였고, 우리 고대사의 진취적인 낭가 사상을 되살림으로써 일제로부터 독립을 쟁취할 수 있다고 보았다.

2 문학 활동

1910년대	계몽주의적 성격 문학 : 이광수의 『무정』(최초의 근대 소설) 등

1920년대	• 낭만주의 경향 : 『창조』, 『폐허』, 『백조』 등의 동인지 문학
	• 1920년대 중반 신경향파 문학 등장 : 사회주의 사상의 영향
	  ┌ 내용 : 식민지 현실의 계급 모순 비판
	  └ 카프(KAPF)결성(1925) ➡ 프로 문학으로 발전
	• 저항 문학 : 한용운(님의 침묵), 이상화(빼앗긴 들에도 봄은 오는가) 등

1930년대 이후	• 일제의 탄압으로 순수 문학, 친일 문학 등장(최남선, 이광수 등) • 저항 문학 : 윤동주(별 헤는 밤, 서시), 이육사(절정, 광야), 심훈(그날이 오면) 등

▲ 한용운　　▲ 이상화

▲ 윤동주　　▲ 이육사

3 예술 활동

연극	• 토월회(1923) : 본격적인 근대 연극 시작, 신극 운동 전개 • 극예술 연구회(1931) : 유치진의 '토막' 등 공연
영화	• 나운규의 아리랑 제작 · 발표(1926, 단성사) : 민족의 아픔 표현 • 최초의 유성 영화 제작 및 등장(1935)
음악	• 가곡 : 홍난파(1920, 봉선화), 현제명(1931, 고향 생각) • 동요 : 윤극영(반달), 홍난파(고향의 봄) • 안익태의 코리아 환상곡(1936)
미술	• 서양화 : 고희동(최초 서양 화가), 김관호, 나혜석(여류 화가) • 이중섭(1940년대) : 소를 통해 불우한 개인 처지, 민족 현실 표현
체육	• 손기정 : 제11회 베를린 올림픽 마라톤 금메달 획득(1936) ➡ 일장기 말소 사건 발생(국내 언론에서 손기정 옷의 일장기를 지워서 게재) • 조선 체육회 설립(1920), 전조선 야구 대회(1920), 경평 축구 대회(1929)
기타	안창남 : 한국 최초의 비행사로 고국 방문 비행(1922)

▲ 영화 '아리랑' 출연 배우
아리랑은 나라를 잃은 민중의 울분과 설움을 생생하게 그려내어 큰 호응을 받았다.

▲ 월계관을 쓴 원본 사진(좌측), 일장기가 지워진 사진(우측)
조선중앙일보와 동아일보는 손기정 선수 사진의 일장기를 지워 무기 정간을 당하였다.

4 종교 활동

불교	사찰령 폐지 운동 전개, 한용운의 조선 불교 유신회 조직(1921)
천도교	• 동학 계승, 제2의 3 · 1 운동 계획 • 문화 운동 전개 : 『개벽』, 『신여성』, 『어린이』, 『별건곤』 등 잡지 간행 • 방정환이 만든 천도교 소년회는 소년 운동을 전개하는데 중심 역할을 함
대종교	• 단군 숭배 사상을 통한 민족 의식 고양 • 만주에서 무장 항일 투쟁 전개(중광단 ➡ 북로 군정서군)
원불교	박중빈이 창시(1916), 새 생활 운동 전개(개간 사업, 저축 운동)
개신교	신사 참배 거부 운동, 사립학교 설립 등 교육 운동, 각종 문화 사업 전개
천주교	사회 사업 실시(고아원, 양로원 등 설립), 만주에 항일 무장 단체 '의민단' 조직

▲ 천도교의 잡지 『개벽』(좌측), 『신여성』(우측)

▲ 『한글』 잡지

▲ 『우리말 큰사전』 원고

한국인의 중앙아시아 강제 이주

1937년 스탈린은 소련과 일본 간에 전쟁이 나면 한인들이 일본을 지원할 것이라는 이유로 연해주 지역의 한인들을 중앙아시아로 강제 이주시켰다. 연해주 지역에 살던 수십만 명의 한국인을 6,000km 이상 떨어진 곳으로 강제 이주를 하는 과정에서 수많은 한국인이 희생을 당하고 재산을 잃었다.

▲ 멕시코 에네켄 농장에서 일하는 한인 노동자

⑤ 국어 연구

(1) 조선어 연구회(1921)

결성	최현배, 이윤재 등을 중심으로 창립 ➡ 주시경의 국문 연구소(1907)의 전통 계승 ➡ 한글의 연구 · 보급 목적
주요 활동	• 조선어 강습회와 강연회 개최 ➡ 한글 보급 운동 및 한글 대중화에 힘씀 • 『한글』 잡지 간행, 한글날의 기원인 '가갸날' 제정(1929)

(2) 조선어 학회(1931)

결성	최현배, 이윤재 등을 중심으로 창립 ➡ 조선어 연구회를 계승 · 발전
주요 활동	• 한글 맞춤법 통일안 제정(1933) • 표준어 및 외래어 표기법 통일안 제정(1940) • 『우리말 큰사전』 편찬 시도 ➡ 일제가 조작한 조선어 학회 사건(1942)으로 중단 • 조선어 학회 사건(1942) : 일본은 조선어 학회를 독립 운동 단체로 간주 ➡ 최현배, 이윤재 등 회원을 체포 · 투옥(치안 유지법 적용) ➡ 강제 해산

⑥ 국외 이주 동포들의 생활

(1) 만주

이주 배경	근대(독립 운동 거점 마련), 일제 강점기(항일 운동, 일제 수탈을 피해 이주)
시련	간도 참변(경신참변, 1920), 미쓰야 협정(1925), 만보산 사건(1931)

(2) 연해주

이주 배경	러시아는 조선인의 연해주 이주 ➡ 이주민 급증, 한인촌(신한촌) 형성
시련	스탈린의 소련 정부에 의한 중앙아시아 강제 이주(1937) ➡ 신한촌이 해체됨

(3) 일본

이주 배경	19세기 말(유학생, 정치 망명), 1920년대(산업 노동자), 1930년대(강제 징용)
시련	관동 대학살(1923) : 일본 정부는 지진으로 인한 사회 불안을 조선인에 돌림

(4) 미주

이주 배경	20세기 초에 하와이 사탕수수 농장, 철도 공사장 노동자 중심 ➡ '사진 결혼'을 통한 여성 이민도 증가 ➡ 국권 피탈 후 정치적 망명과 유학생 증가
시련	• 하와이 : 사탕수수 농장, 철도 공사장, 개간 사업장 등에서 중노동 • 멕시코, 쿠바 : 에네켄 농장의 노동자로 생활(노동자를 애니깽이라 부름)

은쌤의 합격노트

✎ 시험에 꼭 나오는 키워드

- 민족주의 사학자 신채호, 박은식의 활동 기억하기 ➡ 두 인물은 단독으로 출제되고, 일제 강점기 이전의 활동도 묶어서 정리해야 함
- 조선어 연구회와 조선어 학회의 활동 기억하기 ➡ 간혹 출제됨
- 일제 강점기 대표 저항 문학 작가들과 작품 정리하기
- 나운규의 아리랑과 손기정 일장기 말소 사건 정리하기
- 천도교와 대종교의 활동 정리하기 ➡ 일제 강점기 이전의 활동까지 묶어서 정리해야 함

✔ 최다 빈출 선지

Ⅰ 신채호
① 독사신론을 저술하였다.
② 조선 혁명 선언을 작성하였다.
③ 조선상고사를 저술하였다.

Ⅰ 박은식
① 유교 구신론을 저술하였다.
② 일제의 침략 과정을 다룬 한국통사를 저술하였다.
③ 독립 투쟁 과정을 정리한 한국독립운동지혈사를 저술하였다.
④ 대한민국 임시 정부 제2대 대통령에 취임하였다.

Ⅰ 조선어 학회
① 조선말 큰사전 편찬을 주도하였다.
② 한글 맞춤법 통일안을 제정하였다.
③ 외래어 표기법 통일안을 마련하였다.

Ⅰ 문학 및 예술
① 토월회를 결성하여 신극 운동을 펼쳤다.
② 이육사의 광야
③ 윤동주의 서시, 별 헤는 밤, 쉽게 씌어진 시
④ 한용운의 님의 침묵

Ⅰ 손기정
① 일장기를 삭제한 손기정 사진을 게재하였다(동아일보, 조선일보).

Ⅰ 아리랑
① 나운규가 감독, 주연을 맡아 제작한 영화이다.
② 단성사에서 개봉된 영화 아리랑을 제작하였다(나운규).
③ 식민 지배를 받던 한국인의 고통스런 삶을 표현한 작품이다.

Ⅰ 천도교
① 어린이날 제정에 기여하였다.
② 기관지로 만세보를 발간하였다.
③ 동경대전을 기존 경전으로 삼았다.
④ 개벽, 신여성 등의 잡지를 발간하였다.

Ⅰ 대종교
① 중광단 결성을 주도하였다.

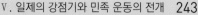

기본 51회 45번

01 (가) 인물의 활동으로 옳은 것은?

〈프로젝트 학습 – 독립운동가 심층 탐구〉
1차시 : 모둠별 탐구 주제 선정하기

우리 모둠은 (가) 의 사상 변화와 독립운동을 탐구해보는 게 어떨까?

찬성이야. 그는 독사신론, 조선상고사 등을 저술한 대표적인 민족주의 사학자였어.

무정부주의의 영향을 받아 동방 무정부주의자 연맹에서 활동하기도 하였지.

① 조선 혁명 선언을 집필하였다.
② 파리 강화 회의에 파견되었다.
③ 대조선 국민 군단을 창설하였다.
④ 조선말 큰사전 편찬을 주도하였다.

독립 운동가 신채호	정답 ①

(가) 인물은 신채호이다. 신채호는 신채호는 민족을 중심으로 역사를 서술하여 민족주의 역사학의 연구 방향을 제시한 "독사신론"을 저술하였다. 또한 그는 "조선상고사"와 "조선사연구초"에서 민족사가 주체적으로 발전해 온 과정을 정리하였다.

정답 분석

① 1923년 의열단 단장 김원봉의 요청으로 신채호가 작성한 '조선 혁명 선언' 에는 민중 직접 혁명론이라는 의열단의 노선이 잘 제시되어 있다.

오답 피하기

② 1919년 중국 상하이에서는 신한 청년당이 독립 청원서를 작성하고 김규식을 파리 강화 회의에 파견하였다.
③ 1914년 하와이에서 박용만은 대조선 국민 군단을 조직하여 군사 훈련을 실시하였다.
④ 1930년대 년부터 조선어 학회는 조선어 사전 편찬회를 통해 조선말 큰사전 편찬을 준비하였다.

기본 61회 38번

02 (가)에 해당하는 인물로 옳은 것은?

이 시는 일제 강점기 민족 저항 시인 (가) 의 대표적인 작품입니다. 그는 조선은행 대구 지점 폭파 사건에 연루되어 수감 생활을 하던 당시의 수인 번호를 따서 호를 지었습니다. 이제 그의 시를 노래로 만나 보겠습니다.

광야

지금 눈 내리고
매화 향기 홀로 아득하니
내 여기 가난한 노래의 씨를 뿌려라

다시 천고의 뒤에
백마 타고 오는 초인이 있어
이 광야에서 목놓아 부르게 하리라

① 심훈

② 윤동주

③ 이육사

④ 한용운

독립 운동가 이육사	정답 ③

(가)에 해당하는 인물은 이육사이다. 이육사의 대표작 '광야'와 '절정'은 식민지 하의 민족적 비운을 소재로 삼아 강렬한 저항 의지를 나타내고, 꺼지지 않는 민족정신을 장엄하게 노래하였다.

정답 분석

③ 이육사는 저항시 광야, 절정 등을 발표하였다.

오답 피하기

① 심훈은 브나로드 운동을 배경으로 "상록수" 같은 계몽 소설을 저술하였다.
② 윤동주는 '서시'를 붙여 "하늘과 바람과 별과 시"라는 제목의 시집을 엮었고, 별 헤는 밤, 참회록 등의 시를 남겼다.
④ 한용운은 시집 '님의 침묵'을 발표하였다.

03 (가)에 들어갈 내용으로 옳은 것은?

이 시는 만해 한용운의 작품입니다. 승려이자 독립운동가인 그는 3 · 1 운동 당시 민족 대표 33인 중 한 명으로 활동하였고, ____(가)____

① 대성 학교를 설립하였습니다.
② 잡지 어린이를 발간하였습니다.
③ 해동 천태종을 개창하였습니다.
④ 조선불교유신론을 저술하였습니다.

04 밑줄 그은 '영화'의 제목으로 옳은 것은?

아~ 눈물 없이 볼 수 없는 영화를 잘 보셨습니까? 순사에게 끌려가는 주인공 영진의 모습은 잊을 수가 없습니다. 여기 단성사에서 다시 뵙기를 바라며 안녕히 가십시오.

나운규(영진 역)

① 미몽 ② 아리랑
③ 자유 만세 ④ 시집 가는 날

독립 운동가 한용운　　　　　　　　정답 ④

(가)에 들어갈 내용은 한용운의 활동이다. 한용운은 1910년 백담사에서 "조선불교유신론"을 탈고하였다. 1920년대 들어서는 민족적이고 저항적인 작품을 발표하였고 특히 1926년에 발표한 시집 '님의 침묵'이 대표적이다.

정답 분석

④ 1909년 한용운은 불교 근대화의 방안을 담은 "조선불교유신론"을 집필하여 1913년에 간행하였다.

오답 피하기

① 1908년 신민회의 안창호는 민족 교육을 위해 평양에 대성 학교를 세웠다.
② 1922년 방정환이 활약한 천도교 소년회는 어린이날을 제정하고, 잡지 "어린이"를 간행하였다.
③ 고려 중기 의천은 해동 천태종을 창시하여 교종의 입장에서 선종을 통합하였다.

아리랑　　　　　　　　　　　　　정답 ②

밑줄 그은 '영화'의 제목은 아리랑이다. 1926년 우리나라 영화의 출발점이자 대표작이라 할 수 있는 나운규의 아리랑이 발표되었다. 아리랑은 우리 고유의 정서를 바탕으로 식민지 현실의 아픔을 표현하였다.

정답 분석

② 1926년 나운규가 직접 각본을 쓴 '아리랑'은 나라를 잃은 민중의 울분과 설움을 그려내 큰 호응을 얻었다.

오답 피하기

① 미몽은 1936년에 공개된 두 번째로 오래된 대한민국의 영화이다.
③ 자유 만세는 1946년 한국의 흑백영화이다.
④ 시집 가는 날은 1942년 작가 오영진이 쓴 '맹진사댁 경사'로 잘 알려진 이야기를 영화화한 작품이다.

대표 기출 문제

기본 55회 39번

05 (가)에 들어갈 인물로 옳은 것은?

이 유물은 (가) 이 1936년 베를린 올림픽 마라톤 경기에서 우승하여 받은 투구입니다. 당시 조선중앙일보, 동아일보 등이 그의 우승 소식을 보도하면서 유니폼에 그려진 일장기를 삭제하여 일제의 탄압을 받았습니다.

고대 그리스 청동 투구

① 남승룡
② 손기정
③ 안창남
④ 이중섭

기본 58회 35번

06 (가)에 들어갈 종교로 옳은 것은?

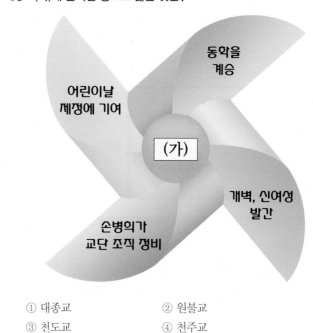

동학을 계승
어린이날 제정에 기여
(가)
개벽, 신여성 발간
손병희가 교단 조직 정비

① 대종교
② 원불교
③ 천도교
④ 천주교

마라톤 선수 손기정   정답 ②

(가)에 들어갈 인물은 손기정이다. 1936년 제11회 베를린 올림픽에서 마라톤에 출전한 손기정과 남승룡은 1위와 3위를 차지하여 일제 강점 아래 고통 받던 조선인들에게 희망을 선사하였다. 한편, 조선중앙일보와 동아일보의 기자들은 월계관을 쓰고 시상대에 오른 손기정 선수의 사진에서 일장기를 지워 손기정이 일본인이 아닌 한국인이라는 점을 부각시키려 하였다. 조선 총독부는 해당 기자들을 구속하고, 두 신문을 무기 정간시켰다.

정답 분석

② 1936년 베를린 올림픽 대회에서 손기정 선수가 마라톤에서 금메달을 획득하는 성과를 거두었다.

오답 피하기

① 1936년 베를린 올림픽 대회에서 남승룡 선수가 마라톤에서 동메달을 획득하는 성과를 거두었다.
③ 1922년 안창남은 한국 최초의 비행사로 고국 방문 비행을 하였다.
④ 1940년대부터 활동한 이중섭은 민족의 아픔을 '소'를 소재로 하여 표현하였다.

천도교   정답 ③

(가)에 들어갈 종교는 천도교이다. 손병희는 1906년 동학을 천도교로 개편하였다. 이때 민중 계몽을 위해 만세보를 발행하였다. 천도교는 "개벽", "신여성", "어린이", "농민" 등의 잡지를 발간하며 청년·여성·소년·농민 운동을 전개하였다. 방정환이 만든 천도교 소년회는 소년 운동을 전개하는데 중심 역할을 하였고, 어린이날을 제정하였다.

정답 분석

③ 동학을 계승한 천도교는 제2의 독립 선언 운동을 계획하기도 하였다.

오답 피하기

① 1909년 나철과 오기호 등은 단군 신앙을 발전시켜 대종교를 창시하였다.
② 1916년 박중빈이 창시한 원불교는 개간 사업과 저축 운동, 남녀평등, 미신 타파, 금주 단연 등 새 생활 운동을 전개하였다.
④ 천주교는 고아원과 양로원을 세우는 등 사회사업을 전개하였다.

07 (가)에 들어갈 단체로 옳은 것은?

특별 기획전

한글, 민족을 지키다

　이윤재, 최현배 등을 중심으로 우리말과 글을 지키기 위하여 노력한 　(가)　의 자료를 특별 전시합니다. 일제의 탄압 속에서도 지켜낸 한글의 소중함을 느끼고 한글 수호에 앞장선 사람들을 기억하는 자리가 되기를 바랍니다.

- 기간 : 2022년 ○○월 ○○일~○○월 ○○일
- 장소 : △△ 박물관 특별 전시실
- 주요 전시 자료

조선말 큰사전 원고

한글 맞춤법 통일안

① 토월회　　　　　　② 독립 협회
③ 대한 자강회　　　　④ 조선어 학회

---

08 (가)에 해당하는 지역을 지도에서 옳게 찾은 것은?

결 의 안

　　(가)　에 일본 정보원들이 침투하는 것을 차단하기 위해 다음 방안을 실시한다.

1. 　(가)　에서 모든 고려인을 내보낸 후 카자흐 남부 지역, 우즈베크 소비에트 사회주의 공화국 등으로 이주시킴.
2. 조속히 작업에 착수하여 1938년 1월 1일까지 완료함.
　　　　　　　⋮

1937년 8월 21일
소련 인민위원회 의장 몰로토프
소련 공산당 중앙위원회 서기장 스탈린

ⓐ 충청　　ⓑ 연해주　　ⓒ 하와이　　ⓓ 멕시코

① ⓐ　　　　② ⓑ　　　　③ ⓒ　　　　④ ⓓ

조선어 학회　　　　　　　　　　　　　　　정답 ④

(가)에 들어갈 단체는 조선어 학회이다. 1931년 조선어 연구회는 조선어 학회로 발전하였다. 이들은 조선어 강습회를 개최하는 한편 문자 보급 교재를 만들어 문맹 퇴치 운동에도 적극적으로 참여하였다. 또한 조선어 학회는 조선어 사전 편찬회를 통해 우리말 큰 사전의 편찬을 준비하였다. 일제는 1942년 조선어 학회를 민족 운동 단체로 규정하고 회원들을 탄압하는 한편, 조선어 학회를 강제로 해산시켰다.

정답 분석

④ 조선어 학회는 한글 맞춤법 통일안과 표준어 및 외래어 표기법 통일안을 제정하여 한글 표준화에 이바지하였다.

오답 피하기

① 1923년 일본에서 결성된 연극 공연 단체가 토월회이다.
② 1896년 서재필의 주도로 독립 협회가 조직되었다.
③ 1907년 대한 자강회는 고종의 강제 퇴위에 반대하는 시위를 주도하다가 통감부에 의해 해산되었다.

스탈린의 강제 이주 정책　　　　　　　　정답 ②

(가)에 해당하는 지역은 연해주이다. 러시아 연해주 지역의 한인들은 20세기 들어오면서 신한촌 등 한인 집단 거주 지역을 만들고, 자치 단체와 학교를 세웠다. 그러나 1937년 스탈린 집권 이후 일본과 관계 악화를 우려한 소련은 연해주 지역의 한인들을 중앙아시아 지역으로 강제 이주시켰다.

정답 분석

② 일제 강점기에 연해주 지역에는 신한촌 등의 한인 집단 거주 지역이 있었다.

오답 피하기

① 1940년 충칭에 자리 잡은 대한민국 임시 정부는 일본에 맞서 독립 운동을 전개하였다.
③ 1914년 하와이에서 박용만은 대조선 국민 군단을 조직하여 군사 훈련을 실시하였다.
④ 멕시코 이주민들은 독립군을 양성하기 위해 숭무 학교를 세워 무장 투쟁을 준비하였다.

VI

대한민국의 발전과
현대 세계의 변화

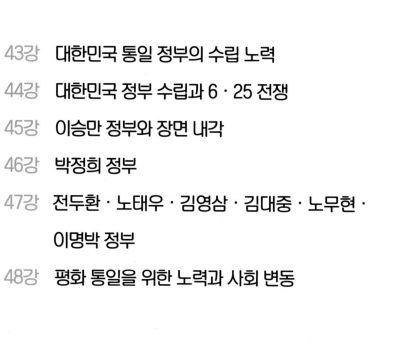

43강   대한민국 통일 정부의 수립 노력

44강   대한민국 정부 수립과 6 · 25 전쟁

45강   이승만 정부와 장면 내각

46강   박정희 정부

47강   전두환 · 노태우 · 김영삼 · 김대중 · 노무현 ·

이명박 정부

48강   평화 통일을 위한 노력과 사회 변동

43강 대한민국 통일 정부의 수립 노력

1 8·15 광복과 국내 정세

(1) 8·15 광복(1945)과 38도선 확정

배경	연합국의 승리, 우리 민족의 독립 투쟁
과정	일본에 원자 폭탄 투하 ➡ 소련 참전 ➡ 일본의 무조건 항복(1945.8.15.)
국토 분단	38도선 설정 : 미국은 소련의 한반도 단독 점령을 막고자 38도선을 경계로 분할 점령 제안 ➡ 미국의 제안을 소련이 수용 ➡ 38도선을 경계로 이북은 소련군이 이남은 미군이 들어와 관리

▲ 광복 소식에 기뻐하는 사람들

(2) 조선 건국 준비 위원회

성립	조선 건국 동맹 계승 ➡ 광복 직후 여운형(중도 좌파)과, 안재홍(중도 우파)을 중심으로 조직
활동	• 조선 총독부로부터 행정권과 치안권을 받고 일본인의 귀국을 약속함 • 전국에 145개의 지부 조직 및 치안대 설치 : 치안 및 행정 담당, 사회 질서 유지 • 조선 인민 공화국 수립을 선포(1945.9.) : 미국과 교섭력을 높이기 위해 정부 형태로 전환, 전국의 지부는 인민 위원회로 전환
해체	• 점차 좌익 세력이 실권을 장악하자 일부 우익 세력 이탈(안재홍 등) • 미군정이 인정하지 않자 급속히 와해

▲ 조선 건국 준비 위원회에서 연설하는 여운형

(3) 미군과 소련군의 점령

한반도 이북 : 소련군의 사령부 설치	한반도 이남 : 미국의 군정청 설치
• 간접 통치 • 인민 위원회에 행정권을 넘겨줌 • 김일성 등 공산주의 세력 지지, 조만식 등 민족주의 계열 숙청	• 직접 통치 : 조선 총독부로부터 통치권 넘겨 받음 • 모든 행정기구와 활동을 인정하지 않음 : 조선 건국 준비 위원회, 조선 인민 공화국·대한민국 임시 정부를 부정함 • 친일 관리와 경찰을 그대로 고용

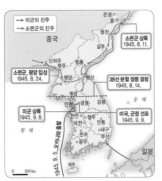

▲ 미군과 소련군의 진주

(4) 다양한 정치 세력의 형성

우익 세력	• 한국 민주당 : 송진우, 김성수 등 주도, 일제 강점기 지주와 자본가 중심 • 독립 촉성 중앙 협의회 : 이승만이 중심, 한국 민주당과 긴밀한 관계 유지 • 한국 독립당 : 김구 등 임시 정부의 핵심 정당, 미군정이 인정하지 않음
중도 세력	• 국민당 : 안재홍 등 중도 우익이 신민족주의 등 표방 • 조선 인민당 : 여운형이 조선 인민 공화국 와해 후 결성
좌익 세력	남조선 노동당 : 박헌영 등이 주도, 미군정 탄압으로 조선 공산당에서 개편

▲ 대한민국 임시 정부 귀국 환영 대회

② 통일 정부 수립 운동과 좌절

(1) 모스크바 3상 회의(1945.12.)

목적	소련의 모스크바에서 미국·영국·소련의 외무 장관이 한반도 문제 등을 논의
결정 내용	• 한국에 임시 민주 정부 수립 • 미·소 공동 위원회 설치 • 최대 5년간 신탁 통치 결의 ➡ 미·영·중·소 4개국 공동 관리

신탁 통치에 대한 국내의 반응 = 좌·우익의 대립 심화	
좌익 세력 = 찬탁	우익 세력 = 반탁
• 처음에는 반대 입장 ➡ 찬성으로 입장 선회 • 신탁 통치는 빠른 독립을 위한 지원으로 판단	• 격렬한 반대 ➡ 대다수 국민들의 지지를 얻음 • 신탁 통치는 한국 자주권을 부정한다고 판단

결과	통일 정부 수립을 두고 좌·우 대립의 심화를 초래함

(2) 1차 미·소 공동위원회(1946.3.)

배경	모스크바 3국 외상 회의 결정에 따라 한국에 임시 정부 수립을 위해 개최
소련의 주장	미국의 주장
신탁 통치에 반대하는 우익 단체와 협의할 수 없다고 주장	소련과 달리 우익 단체도 협의 대상에 포함시키자고 주장
결과	정부 수립에 참가하는 단체의 범위를 놓고 논란을 벌이다 무기한 휴회(결렬)

(3) 이승만의 정읍 발언(1946.6.)

전개 과정	제1차 미·소 공동 위원회가 결렬 ➡ 이승만이 정읍에서 38도선 이북의 소련 철퇴 및 남한만이라도 단독 정부를 수립해야 한다고 주장
결과	한국 민주당을 비롯한 우익 세력은 이승만의 단독 정부 수립 주장을 지지

(4) 좌·우 합작 운동(1946.7.~1947.12.)

배경	• 신탁 통치로 인한 좌·우익의 대립 격화 • 미군정의 지원, 단독 정부 수립 움직임(이승만의 정읍 발언)
전개 과정	• 중도 우파인 김규식과 중도 좌파인 여운형을 중심으로 좌·우 합작 위원회 결성 ➡ 미군정의 지원 속에 좌·우 합작 7원칙 발표 • 좌우 합작 7원칙 발표(1946.10.) : 모스크바 3국 외상 회의 결정 지지, 토지 개혁 실시, 친일파 처리 등이 포함 ➡ 미 군정은 이 원칙을 근거로 남조선 과도 입법 의원을 출범시킴(1946.12.)
결과	좌·우 세력의 불참(이승만·조선 공산당 등 불참), 냉전 체제 격화에 따른 미군정의 지원 철회, 여운형 암살(1947.7.) 등으로 중단

▲ 모스크바 3국 외상 회의의 결과를 보도한 신문 기사
소련은 신탁 통치 실시를, 미국은 즉각 독립을 주장하였다는 잘못된 내용이 보도되었다.

▲ 신탁통치에 대한 우익 진영 구호 '신탁통치 절대 반대'

▲ 신탁통치에 대한 좌익 진영 구호 '3상 결정 절대지지'

▲ 좌우 합작 위원회의 위원들

▲ 좌우 합작 운동을 풍자한 그림 (제3특보, 1946.10.28.)
극좌 세력과 극우 세력이 좌우 합작을 방해하는 모습을 풍자하고 있다. 왼쪽은 여운형, 오른쪽은 김규식이다.

▲ 이승만(좌)과 김구(우)

▲ 유엔 한국 임시 위원단 환영식
(1948. 1. 8.)
유엔 총회의 결의에 따라 8개국 대표로 구성된 유엔 한국 임시 위원단이 입국하였다.

(5) 2차 미·소 공동위원회(1947.5.)

결과	1차 미·소 공동위원회 때와 마찬가지로 자국에 우호적인 정부를 세우려는 미국과 소련의 대립으로 결렬됨

(6) 미국의 한국 문제 유엔 상정(1947.10.)

전개 과정	미국이 한국 문제를 유엔에 상정(1947.10.) → 유엔 총회에서 유엔 감시 하 인구 비례에 의한 남북한 총선거를 통한 정부 수립 결의(1947.11.) → 선거 감독을 위한 유엔 한국 임시 위원단 입국(1948.1.) → 북한, 소련의 유엔 한국 임시 위원단의 입북 거부(1948.1.)
결과	유엔 소총회에서 '위원단이 접근 가능한 지역(남한)의 총선거'를 결정(1948.2.)

(7) 남북 협상(1948.4.)

배경	유엔의 남한만의 단독 선거 실시 결정, 단독 정부 수립 운동 전개
전개 과정	김구, 김규식 등이 통일 정부 수립을 위해 남북한 정치 지도자 회담(남북 협상) 제안 → 평양에서 전조선 제정당·사회단체 대표자 연석회의 개최(남북 연석 회의) → 평양에서 김구와 김규식이 김일성, 김두봉 등 북측 지도자들과 만남(1948.4.) → 외국 군대 즉시 철수, 남한 단독 선거 반대, 조선 정치 회의 구성을 통한 총선거 등의 내용을 포함한 공동 성명을 발표
결과	통일 정부에 대한 시각 차이로 별다른 성과 없이 끝남 → 김구는 5·10 총선거에 불참한 이후 암살됨(1949.6.)

김구, 삼천만 동포에게 눈물로써 호소하다.

▲ 남북 협상을 위해 38도선을 넘어 가는 김구

통일하면 살고 분열하면 죽는 것은 고금의 철칙이니 자기의 생명을 연장하기 위하여 조국의 분열을 연장시키는 것은 전 민족을 죽음의 구렁텅이에 넣은 극악극흉의 위험한 일이다. 이와 같은 위기에 있어서 우리는 우리의 최고 유일의 이념을 재검토하여 국내외에 인식시킬 필요가 있는 것이다. …… 이 육신을 조국이 요구한다면 당장이라도 제단에 바치겠다. 나는 통일된 조국을 건설하려다가 38도선을 베고 쓰러질지언정 일신에 구차한 안일을 취하여 단독 정부를 세우는 데는 협력하지 아니하겠다. 나는 생전에 38도선 이북에 가고 싶다.
　　－ 김구, 삼천만 동포에 읍고(泣告)함(서울신문, 1948. 2. 11.) －

김구는 1948년 2월 10일 「삼천만 동포에게 읍고함」이라는 성명서를 발표하고, 통일 정부 수립을 위한 마지막 몸부림으로 남북협상의 길에 올랐다. 1948년에 접어들며 남북 양쪽에 단독 정부가 들어설 준비가 진행되고 있어서 분단은 이미 기정사실화가 되어가고 있었다.

은쌤의 합격노트

광복 직후의 국내 정세 및 통일 정부 수립 운동

✏️ **시험에 꼭 나오는 키워드**

- 조선 건국 준비 위원회의 활동 정리하기 ➡ 조선 건국 동맹, 여운형과 연계해서 간혹 출제됨
- 모스크바 3상 회의부터 다음 장에서 배울 대한민국 정부 수립까지의 큰 사건들을 시간 순으로 정리하기

✔️ **최다 빈출 선지**

ㅣ조선 건국 준비 위원회
① 조선 건국 동맹(조선 건국 준비 위원회의 전신)을 결성하였다.
② 여운형이 조선 건국 준비 위원회를 결성하였다.

ㅣ통일 정부 수립 운동의 전개
① 모스크바 3국 외상 회의가 개최되었다.
② 제1차 미·소 공동 위원회가 결렬되었다.
③ 정읍에서 남한만의 단독 정부 수립을 주장하였다(이승만의 정읍 발언).
④ 좌우 합작 위원회가 결성되고 활동하였다.
⑤ 좌우 합작 위원회에서 좌우 합작 7원칙이 발표되었다.
⑥ 유엔 소총회에서 남한만의 단독 총선거가 결의되었다.
⑦ 김구가 남북 협상을 추진하였다.

대표 기출 문제

기본 51회 46번

01 다음 발언 이후 전개된 사실로 옳은 것은?

> 미소 공동 위원회가 결렬된 이후 다시 열릴 기미가 보이지 않습니다. 통일 정부가 수립되길 원했으나 뜻대로 되지 않으니, 남방만이라도 임시 정부 혹은 위원회를 조직하고, 38도선 이북에서 소련이 물러가도록 세계에 호소해야 합니다.

이승만

① 한국 광복군이 창설되었다.
② 김구가 남북 협상을 추진하였다.
③ 모스크바 삼국 외상 회의가 개최되었다.
④ 여운형이 조선 건국 준비 위원회를 결성하였다.

이승만의 정읍 발언	정답 ②

다음 발언은 이승만의 정읍 발언이다. 1946년 제1차 미소 공동 위원회가 결렬되자, 이승만은 통일 정부 수립이 어렵다면 남한만이라도 정부를 수립해야 한다는 '정읍 발언'을 발표하여 큰 반향을 불러 일으켰다.

정답 분석

② 김구와 김규식은 분단의 가능성이 점차 높아지자 통일 정부 수립을 위한 남북 협상을 추진하였다. 그 결과 1948년 4월 평양에서 남북 협상 회의가 개최되었다.

오답 피하기

① 1940년 대한민국 임시 정부는 충칭에서 한국광복군을 창설하였다.
③ 1945년 12월에 미국, 영국, 소련의 외무장관은 모스크바에 모여 제2차 세계 대전의 전후 처리 문제를 논의하였다.
④ 1945년 광복이 되자 여운형은 조선 건국 동맹을 토대로 조선 건국 준비 위원회를 조직하였다.

대표 기출 문제

기본 48회 45번

02 밑줄 그은 '위원회'로 옳은 것은?

> 이곳 덕수궁 석조전에서는 모스크바 3국 외상 회의에서 결정된 한반도의 임시 민주 정부 수립 문제를 협의하기 위해 위원회가 열렸습니다.

① 남북 조절 위원회
② 미·소 공동 위원회
③ 조선 건국 준비 위원회
④ 반민족 행위 특별 조사 위원회

기본 67회 41번

03 (가)에 들어갈 단체로 옳은 것은?

> 1946년 7월, 미군정의 지원 아래 여운형, 김규식 등이 중심이 되어 결성한 단체입니다. 정치 세력의 대립을 넘어 민주주의 임시 정부 수립을 위해 노력한 이 단체의 이름은 무엇일까요?

(가)

① 권업회
② 대한인 국민회
③ 좌우 합작 위원회
④ 남북 조절 위원회

미·소 공동 위원회
정답 ②

밑줄 그은 '위원회'는 미·소 공동 위원회이다. 1945년 12월 말 모스크바 3국 외상 회의가 개최되었다. 이때 한국의 임시 민주 정부 수립, 미·소 공동 위원회 설치, 최대 5년간의 신탁 통치가 결의되었다. 이에 따라 미국과 소련은 1946년, 1947년 두 차례에 걸쳐 서울과 평양에서 임시 정부 수립을 논의하기 위한 미·소 공동 위원회를 열었다.

정답 분석

② 임시 민주 정부 수립, 신탁 통치 문제 등을 협의하기 위해 두 차례의 미·소 공동 위원회가 열렸다.

오답 피하기

① 박정희 정부는 1972년 7·4 남북 공동 성명을 발표한 후 남북 조절 위원회를 설치하였다.
③ 1945년 광복이 되자 여운형은 조선 건국 동맹을 토대로 조선 건국 준비 위원회를 조직하였다.
④ 1948년 제헌 국회는 국민의 여망에 따라 반민족 행위 처벌법을 제정하고 반민족 행위 특별 조사 위원회(반민 특위)를 설치하였다.

좌우 합작 위원회
정답 ③

(가)에 들어갈 단체는 좌우 합작 위원회이다. 여운형과 김규식은 미·소 공동 위원회가 결렬되면서 임시 정부 수립이 좌절될 위기를 맞게 되자 이를 극복하기 위해 좌우 합작을 모색하였다. 1946년 7월에 김규식과 여운형의 주도로 좌우 합작 위원회가 구성되고, 10월에 좌우 합작 7원칙이 발표되면서 좌우 합작 운동은 활기를 띠게 되었다. 하지만 1947년 7월 여운형이 암살되면서 이 운동은 막을 내렸다.

정답 분석

③ 1946년 7월 김규식과 여운형의 주도로 좌우 합작 위원회가 구성되었다.

오답 피하기

① 연해주에 1911년 한인들의 자치 단체인 권업회가 조직되었다.
② 1910년 미국 샌프란시스코에서는 여러 한인 단체들이 통합하여 대한인 국민회를 결성되었다.
④ 1972년 박정희 정부는 7·4 남북 공동 성명 발표 이후 남북 조절 위원회를 설치하였다.

04 (가)에 들어갈 사진으로 옳은 것은?

대한민국 정부 수립 과정

신탁 통치 반대 집회 → (가) → 대한민국 정부 수립

① 경부 고속 도로 개통

② 4 · 19 혁명

③ 유신 헌법 공포

④ 5 · 10 총선거

대한민국 정부 수립 과정 (신탁 통치 반대 집회 ~ 대한민국 정부 수립)	정답 ④

(가)에 들어갈 사진은 신탁 통치 반대 집회와 대한민국 정부 수립 사이의 일이다. 1946년 모스크바 3국 외상 회의의 결정이 전해지자 국내에서는 좌익과 우익 사이에 극심한 분열이 일어났다. 좌익은 신탁통치를 한국에 대한 연합국의 후원으로 해석하면서 총체적 지지를 표명하였고, 우익은 신탁 통치를 또 다른 식민지 지배로 보고 강력한 반탁 운동을 전개하였다. 1948년 5월 10일 총선거로 구성된 제헌국회는 7월 17일 국호를 대한민국으로 정하고, 헌법을 공포하였다. 이승만은 1948년 7월 초대 대통령에 취임하였고, 1948년 8월 15일 광복절을 맞아 정부 수립을 선포하였다.

정답 분석

④ 1948년 5 · 10 총선거에서 당선된 국회의원들은 제헌국회를 구성하였다.

오답 피하기

① 박정희 정부는 1968년 2월 1일 기공식을 가진 지 2년 5개월 만인 1970년 7월 7일 경부 고속도로를 개통하였다.

② 1960년 4 · 19 혁명으로 이승만 대통령이 하야하였다.

③ 1972년 유신 헌법에 따라 박정희는 통일 주체 국민 회의에서 제8대 대통령에 선출되었다.

05 (가)에 들어갈 사진으로 옳은 것은?

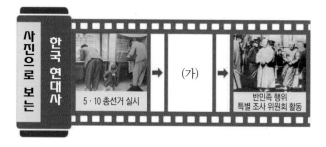

사진으로 보는 한국 현대사

5 · 10 총선거 실시 → (가) → 반민족 행위 특별 조사 위원회 활동

① 베트남 전쟁 파병

② 대한민국 정부 수립

③ 신탁 통치 반대 운동 전개

④ 제1차 미 · 소 공동 위원회 개최

대한민국 정부 수립 과정(5 · 10 총선거 ~ 반민족 행위 처벌법)	정답 ②

(가)에 들어갈 사진은 5·10 총선거 실시와 반민족 행위 특별 조사 위원회 활동 사이의 일이다. 1948년 5월 10일 총선거로 구성된 제헌 국회는 7월 17일 국호를 대한민국으로 정하고, 헌법을 공포하였다. 이승만은 1948년 7월 초대 대통령에 취임하였고, 1948년 8월 15일 광복절을 맞아 중앙청에서 정부 수립을 선포하였다. 1948년 9월 제헌국회는 일제에 협력하여 한국인에게 피해를 입힌 사람들의 행적을 조사하여 처벌하고자 반민족 행위 처벌법을 제정하였다.

정답 분석

② 1948년 8월 15일 이승만 대통령은 대한민국 정부 수립을 대내외에 선포하였다.

오답 피하기

① 박정희 정부는 1965년부터 베트남에 전투병을 파견하기 시작하였다.

③ 1945년 12월의 모스크바 3국 외상 회의의 결정 사항이 국내에 전해지자 우익을 중심으로 신탁 통치 반대 운동이 전개되었다.

④ 1946년 3월 제1차 미 · 소 공동 위원회가 개최되었지만 1947년 10월 결렬되었다.

44강 대한민국 정부 수립과 6 · 25 전쟁

1 대한민국 정부의 수립과 활동

(1) 제주 4·3 사건(1948) : 정부 수립 과정 중의 갈등

전개 과정	제주도의 좌익 세력과 일부 주민들이 단독 정부 수립 반대와 5 · 10 총선거 반대 등을 주장하며 무장 봉기 ➡ 제주도 지역구 2곳에서 5 · 10 총선이 무효화됨 ➡ 진압 과정(군경의 초토화 작전)에서 수만 명의 제주 주민이 희생
영향	제주 4 · 3 사건 진상 규명 및 희생자 명예 회복에 관한 특별법 제정(2000)

▲ 제주 4 · 3 사건 당시 심문을 받기 위해 대기 중인 제주도민들

(2) 5·10 총선거(1948.5.10.)

전개 과정	• 우리나라 최초의 민주 · 보통 선거(만 21세 이상 모든 국민에 투표권 부과) • 남한만의 단독 총선거를 실시하여 제헌 국회 의원 선출 • 총 200명의 재적 의원 가운데 198명의 제헌 국회의원이 선출(제주도 2곳은 제주 4 · 3 사건으로 선출 못함) ➡ 간접 선거로 이승만이 대통령 당선
영향	제헌 국회 의원 선출(임기 2년) ➡ 제헌 국회 구성

▲ 5 · 10 총선거 포스터

(3) 제헌 헌법 제정 및 공포(1948.7.17.)와 대한민국 정부 수립(1948.8.15.)

제헌 국회	• 국호 대한민국, 삼권 분립, 대통령 중심의 민주 공화정 체제 채택 • 대통령 간선제 : 국회 간접 선거로 정 · 부통령 선출, 대통령 임기 4년
정부 수립	• 초대 대통령에 이승만, 부통령에 이시영 선출 • 유엔 총회에서 대한민국을 한반도의 유일한 합법 정부로 승인(1948.12.)

(4) 여수·순천 10·19사건(1948.10.19.) : 정부 수립 이후의 갈등

전개 과정	제주도 4 · 3사건 진압을 위해 여수에 주둔한 군부대에 출동 명령 ➡ 군대 내 좌익 세력이 제주도 출동 반대 ➡ 통일 정부 수립 등의 구호를 내세우며 봉기(여수 · 순천 일대 점령) ➡ 이승만 정부의 진압(군대 내 좌익 세력 숙청)
영향	국가 보안법 제정(1948)과 국민 보도 연맹 조직(1949)에 영향을 줌

▲ 반란 폭도와 양민으로 나뉜 여수의 주민들

2 제헌 국회의 활동

(1) 반민족 행위 처벌법 제정(1948.9.)

배경	정부 수립 이후 국민들의 친일파 청산 요구, 미군정의 친일파 청산 외면
전개 과정	반민족 행위 처벌법(반민법) 제정 ➡ 반민족 행위 처벌법에 근거해 반민족 행위 특별 조사 위원회(반민 특위) 구성 ➡ 친일파 조사 및 체포
결과	친일파 청산 실패 : 반공을 내세운 이승만 정부의 소극적 태도

▲ 반민특위 활동으로 법정으로 끌려가는 친일파들

(2) 농지 개혁법(1950.3.)

배경	국민의 개혁 요구, 북한의 토지 개혁, 산업화 토대 마련
전개 과정	농지 개혁법 공포(1946.6) → 농지 개혁법 완료(1957)
원칙	경자 유전의 원칙에 따른 유상 매입·유상 분배(정부 주도) ┌ 1가구당 농지 소유 면적을 3정보로 제한(농지 소유의 상한선 설정) ├ 지주에게 지가 증권을 발급하고, 5년 동안 그 해 쌀값으로 현금 보상 └ 토지를 분배받은 농민은 1년 평균 생산량의 1.5배를 5년에 걸쳐 분할 상환
결과	농민 중심의 토지 소유제 확립 → 자작농이 증가

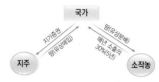
▲ 농지 개혁법

▲ 지가 증권

3 6·25 전쟁

(1) 배경

국외	• 미국과 소련 사이에 냉전 체제의 강화 • 중화 인민 공화국 수립으로 인한 중국의 공산화(1949) • 미국의 애치슨 선언(1950.1.) : 극동 방위선에서 한반도를 제외하기로 한 선언
국내	남북 대립 심화 : 38도선 부근 잦은 충돌 발생

▲ 애치슨 라인
1950년 1월 12일 미 국무 장관 애치슨이 미국의 극동 방위선에서 한국을 제외한다고 발표하였다.

(2) 전개 과정

북한군의 남침	북한이 선전포고 없이 기습 공격(1950.6.25.) → 3일 만에 서울 함락 → 이승만 정부 정부는 부산으로 피란 → 한 달여 만에 낙동강 유역까지 후퇴
국군과 유엔군의 반격	미국의 주도하에 안전 보장 이사회에서 유엔군 파견 결의, 16개국으로 구성된 유엔군 파견(1950.7.) → 낙동강을 사이에 두고 치열한 공방전 전개(다부동 전투 등) → 인천 상륙 작전 성공(9.15.) → 전세 역전 → 서울 탈환(9.28.) → 38도선 돌파 → 평양 입성 → 압록강까지 진격(10월 말)
중국군의 개입	중국군의 전쟁 개입(1950.10.25.) → 국군과 유엔군의 최대 북진(11.25.) → 중국군의 대대적인 공세(11월 하순) → 전세 역전 → 흥남 철수(1950.12. 흥남에서 국군과 유엔군, 피란민의 철수) → 1·4 후퇴(1951.1.4. 서울 재함락)
전선의 교착	전열을 정비한 국군·유엔군 서울 탈환(1951.3) → 38도선 부근에서 교착 상태
휴전 교섭	소련의 휴전 제안으로 미국, 북한, 중국 대표가 참가 → 이승만 정부의 정전 반대, 반공 포로 석방 강행(1953.6.) → 군사 분계선, 포로 교환 방식 등으로 대립(북한은 강제 송환, 유엔군은 자유 송환 주장)
휴전 협정 체결	포로의 자유의사 존중, 휴전선 확정, 비무장지대 설치 등에 합의(1953.7.27.)
결과 및 영향	• 한·미 상호 방위 조약(1953.10.) : 한국과 미국 간에 한반도에 무력 충돌이 발생하는 경우 미국이 즉각 개입한다는 내용을 담은 조약 체결 • 많은 인명과 재산 피해, 수많은 전쟁고아와 이산가족 발생 • 분단 체제 고착화 : 남북한 간의 적대감 심화

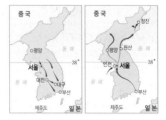
▲ 북한군의 남침 ▲ 국군의 북진

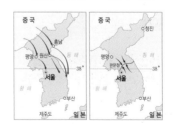
▲ 중국군의 개입 ▲ 전선 교착과 휴전

은쌤의 **합격노트**

· 대한민국 정부 수립 ·

✏️ 시험에 꼭 나오는 **키 워 드**

- 앞 강에서 다룬 모스크바 3상 회의부터 대한민국 정부 수립까지의 큰 사건들을 시간 순으로 정리하기
- 제주 4·3 사건의 내용 정리하기 ➡ 단독으로 출제가 됨
- 제헌국회의 활동 정리하기 ➡ 5·10 총선거, 반민족 행위 처벌법, 농지 개혁법과 연계해서 함께 정리하기

✔️ 최다 빈출 선지

┃ 제주 4·3사건

① 4·3 사건으로 많은 제주 주민이 희생되었다.
② 희생자들의 명예 회복을 위해 특별법이 제정되었다.

┃ 제헌국회

① 반민족 행위 처벌법이 제정되었다.
② 농지 개혁법이 제정되었다.
③ 친일파 청산을 목적으로 하였다(반민족 행위 처벌법).
④ 자작농이 증가하는 계기가 되었다(농지 개혁법의 결과).
⑤ 이승만을 초대 대통령으로 선출하였다.

· 6·25 전쟁 ·

✏️ 시험에 꼭 나오는 **키 워 드**

6·25 전쟁과 관련된 주요 사건을 배경 - 전개 과정 - 결과에 맞춰서 시간순으로 정리하기

✔️ 최다 빈출 선지

┃ 6·25 전쟁의 배경

① 미국이 애치슨 선언을 발표하였다.

┃ 6·25 전쟁의 전개 과정

① 북한의 전면적인 남침으로 6·25 전쟁이 발발하였다.
② 16개국으로 구성된 유엔군이 참전하였다.
③ 인천 상륙 작전이 전개되었다.
④ 중국군이 참전하였다.
⑤ 흥남 철수 작전이 전개되었다.
⑥ 중국군의 개입으로 서울을 다시 빼앗겼다.

┃ 6·25 전쟁의 정전 협정

① 소련의 제안으로 정전 회담이 개최되었다.
② 반공 포로가 석방되었다.
③ 판문점에서 6·25 전쟁 정전 협정이 조인되었다.
④ 한·미 상호 방위 조약이 체결되었다.

대표 기출 문제

기본 67회 42번

01 (가)에 들어갈 사건으로 옳은 것은?

제작: ○○ 역사 동아리

영상 속 역사

학생들이 제작한 영상의 배경이 된 (가) 은/는 미군정기에 시작되어 이승만 정부 수립 이후까지 지속되었습니다. 당시에 남한만의 단독 정부 수립에 반대하는 무장대와 토벌대 간의 무력 충돌과 그 진압 과정에서 많은 주민이 희생되었습니다.

① 6·3 시위
② 제주 4·3 사건
③ 2·28 민주 운동
④ 5·16 군사 정변

제주 4·3사건 정답 ②

(가)에 들어갈 사건은 제주 4·3 사건이다. 제주도에서는 1947년 경찰의 3·1절 기념 대회 발포 사건을 계기로 무장 봉기가 일어났다. 단독 정부 수립 반대의 분위기가 고조된 1948년 4월 무장 봉기가 확산되어 좌익을 중심으로 한 무장 유격대는 미군 철수, 단독 정부 수립 반대를 주장하며 경찰, 군인 및 우익 청년단체와 맞섰다. 이 과정에서 많은 제주도민이 희생되었고, 제주도 3개 선거구 가운데 두 곳에서는 선거를 치르지 못하였다.

정답 분석

② 1948년 4월 3일 제주도의 좌익 세력은 5·10 총선거를 앞두고 단독 선거 저지와 통일 정부 수립을 내세우며 무장 봉기하였다.

오답 피하기

① 박정희 정부가 1964년 일본 정부의 사과와 배상 없이 국교를 정상화하려 한다는 사실이 알려지자 대학생과 시민들은 6·3 시위를 전개하였다.
③ 이승만 정부는 1960년 2월 28일 대구에서 학생들이 야당의 유세에 참여하지 못하게 하자 학생들은 대규모 시위를 일으켰다.
④ 1961년 박정희를 비롯한 일부 군인 세력은 장면 내각의 무능과 사회 혼란을 구실로 삼아 군대를 앞세워 5·16 군사 정변을 일으켰다.

기본 66회 46번

02 밑줄 그은 '국회'의 활동으로 적절하지 <u>않은</u> 것은?

> 이 자료는 유엔 결의에 따라 치러진 총선거로 출범한 국회의 개회식 광경을 담은 화보입니다.

① 제헌 헌법을 제정하였다.
② 반민족 행위 처벌법을 가결하였다.
③ 한미 상호 방위 조약을 비준하였다.
④ 이승만을 초대 대통령으로 선출하였다.

기본 67회 43번

03 (가) 전쟁 중에 있었던 사실로 옳지 <u>않은</u> 것은?

① 유엔군이 참전하였다.
② 흥남 철수 작전이 펼쳐졌다.
③ 거제도에 포로 수용소가 설치되었다.
④ 13도 창의군이 서울 진공 작전을 전개하였다.

제헌국회   정답 ③

밑줄 그은 '국회'는 제헌 국회이다. 1948년 5월 10일 남한에서 총선거가 실시되었는데, 이는 21세 이상 모든 국민에게 투표권이 부여된 우리나라 최초의 보통 선거였다. 5·10 총선거로 구성된 제헌 국회는 1948년 7월 17일 국호를 '대한민국'으로 정하고, 대통령 중심제를 근간으로 한 헌법을 공포하였다. 제헌 국회의원의 임기는 2년이었다.

정답 분석

③ 1953년 6·25 전쟁 이후 이승만 정부는 미국과의 동맹 관계를 강화하여 한·미 상호 방위 조약을 체결하였다.

오답 피하기

① 제헌국회는 국호를 '대한민국'으로 정하고, 헌법을 제정하였다.
② 제헌 국회는 정부 수립 직후 국민적 열망에 따라 반민족 행위 처벌법(반민법)을 제정하였다.
④ 제헌 국회 의원들의 간접 선거에 의하여 치러진 제1대 대통령 선거에서 초대 대통령에 이승만, 부통령에 이시영이 선출되었다.

6·25 전쟁   정답 ④

(가) 전쟁은 6·25 전쟁이다. 1950년 6월 25일 새벽 북한군은 38도선 전역에서 전면적인 공격을 시작하였다. 국군은 북한군의 남침으로 3일 만에 서울을 빼앗기고, 유엔군의 지원이 있었음에도 북한군에 밀려 한 달여 만에 낙동강 선까지 후퇴하였다. 낙동강을 사이에 두고 북한군과 치열한 전투를 벌이던 국군과 유엔군은 인천 상륙 작전을 성공시켜 전세를 역전하였고, 9월 28일 서울을 수복하였다. 그러나 중국군이 1950년 11월 하순에 대대적인 공세를 취하자 이듬해 1월에는 서울을 다시 빼앗겼다(1·4 후퇴). 1951년 7월부터 정전 회담이 시작되어 1953년 7월에 정전 협정이 체결되었다.

정답 분석

④ 1908년 13도 연합 부대(13도 창의군)는 이인영을 총대장, 허위를 군사장으로 하여 서울 진공 작전을 전개하였다.

오답 피하기

① 6·25 전쟁 때 유엔 창립 이후 최초로 유엔군 파견이 이루어지게 되었다.
② 6·25 전쟁 때 중국군의 공세에 국군과 유엔군은 흥남 철수를 하였다.
③ 6·25 전쟁의 휴전에 반대하였던 이승만 정부는 2만 5,000여 명에 이르는 반공 포로를 일방적으로 석방하였다.

45강 이승만 정부와 장면 내각

1 이승만 정부의 정치

(1) 발췌 개헌(1952.5.7.) : 6·25 전쟁 중 임시 수도 부산에서 이루어진 1차 개헌

배경	제2대 국회의원 선거(1950)에서 반 이승만 성향 후보자 대거 당선 ➡ 국회 간접 선거(대통령 간선제)로는 이승만 대통령의 재선이 어려워짐
내용	대통령 직선제, 국회 양원제(시행되지 못함) 등
과정	자유당을 창당(1951)한 후 임시 수도 부산 일대에 계엄령 선포 ➡ 야당 국회 의원을 헌병대를 동원해 연행한 후 헌법 개정안을 상정함 ➡ 대통령 직선제를 골자로 하는 개헌안 제출(여당의 대통령 직선제 안과 야당의 내각 책임제 안을 발췌·절충) ➡ 국회의원의 기립 표결 방식으로 투표 ➡ 개헌안 통과(계엄하에 통과)
결과	대통령 직선제 방식의 선거를 통해 이승만 대통령이 재선에 성공함(1952)

▲ 발췌 개헌안 심의(기립 투표)

(2) 사사오입 개헌(1954.11.29.)

배경	제3대 국회 의원 선거(1954)에서 자유당 압승 ➡ 이승만 대통령이 장기 집권 시도
내용	초대 대통령의 중임 제한 철폐 등
과정	'초대 대통령에 한해 중임 제한 조항을 적용하지 않는다.'는 내용의 개헌안 제출(1954.11.) ➡ 재적 203명에 202명이 표결에 참여 ➡ 개헌 통과 정족수에 1표 부족으로 부결 선포 ➡ 이틀 후 자유당이 '사사오입의 논리'를 내세워 개헌안 통과시킴 ➡ 제3대 대통령 선거에 이승만 출마

▲ 사사오입 개헌 모습

선거	제3대 대통령 선거(1956.5.)

구분	자유당	민주당	무소속(가칭 진보당)
대통령	이승만 (당선)	신익희 (선거 도중 사망)	조봉암(선전) ➡ 이후 진보당 창당
부통령	이기붕	장면(당선)	박기출

결과	1956년 제3대 정·부통령 선거에서 대통령에 이승만, 부통령에 장면 당선

(3) 이승만 정부의 독재 체제 강화 : 3대 대통령 당선 이후

배경	자유당과 이승만 정부의 위기감 고조 : 1956년 선거에서 야당인 민주당의 장면이 부통령에 당선, 무소속 조봉암이 유효 득표의 30%를 차지
내용	• 진보당 사건(1958.1.3.) : 제3대 대통령 선거에서 선전한 조봉암을 중심으로 진보당 창당(1956) ➡ 제4대 총선을 5개월 앞두고 진보당 당수 조봉암(평화 통일론 주장)을 간첩 혐의로 체포(진보당 사건) ➡ 조봉암을 간첩 혐의로 처형(1959) ➡ 2011년 대법원의 무죄 선고로 복권(이명박 정부) • 신국가 보안법(보안법 파동, 2·4 파동) 제정(1958.12.24.) : 사회 통제 강화 • 경향신문 폐간(1959) : 정부에 비판적인 성향을 보이자 폐간(언론 탄압)

▲ 민주당의 유세 차량
민주당이 내건 "못 살겠다. 갈아보자!"라는 구호는 이승만 정부의 독재와 부정부패에 염증을 느낀 국민들의 마음을 잘 표현하고 있다.

▲ 국가보안법 위반 혐의로 재판을 받고 있는 조봉암(오른쪽 두 번째)

(4) 4·19 혁명(1960)

배경	이승만 정부의 장기 독재체제 강화 : 발췌·사사오입 개헌, 3·15 부정 선거 등
3·15 부정선거 (1960)	• 제4대 정·부통령 선거(1960.3.15.) 표 아래 참조 • 이승만 대통령이 고령으로 건강 문제가 생기면 부통령이 대통령직을 승계함 ➡ 자유당은 정권 유지를 위해 이기붕 부통령 후보를 당선시키고자 함 ➡ 대대적인 3.15 부정 선거를 자행(4할 사전 투표, 3인조·9인조 투표 등)
전개 과정	대구의 2·28 민주 운동(야당의 선거 유세장에 못 가도록 하자 시위 전개) ➡ 마산의 3·15 의거(부정 선거 규탄 시위) ➡ 경찰이 무력으로 진압하는 과정에서 김주열 학생의 시신이 발견(마산) ➡ 고려대 학생 시위 전개 및 피습(4.18.) ➡ 학생·시민 등이 대규모 시위 전개, 비상계엄령 선포(4.19.) ➡ 경무대(당시 대통령 집무실)로 향하던 시위대가 경찰의 총격을 받음(4.19.) ➡ 대학 교수단이 시국 선언 및 시위 동참(4.25.) ➡ 이승만 대통령은 하야 발표 후 미국 망명(4.26.)
결과	• 이승만 대통령 하야 ➡ 허정 과도 정부 수립 ➡ 장면 내각 수립 • 제3차 개정 헌법(1960.6.15.) : 내각 책임제와 국회 양원제 등을 골자로 개헌

구분	자유당	민주당
대통령	이승만(당선)	조병옥(선거 도중 사망)
부통령	이기붕	장면

▲ 시위에 참여한 수송 초등학교 학생들

▲ 학생과 시민의 시위

▲ 3인조·9인조 투표

(5) 이승만 정부의 전후 복구와 원조 경제

전후 복구	6·25 전쟁으로 전 국토 파괴 ➡ 미국의 경제 원조를 통해 전후 복구
미국의 경제 원조	• 농산물 중심 원조 : 미국의 잉여 농산물 제공, 국내 농산물 가격 하락 ➡ 국내 농업 기반 파괴 • 삼백 산업의 발달(1950년대 후반) : 생활 필수품과 면화, 밀가루, 설탕 등에 집중 ➡ 제분업, 제당업, 면방직업 발달 ➡ 소비재 산업의 발달 • 결과 : 미국의 경제 원조 감소 및 유상 차관으로 전환 ➡ 경제 혼란 가중
귀속 재산 처리 (1949)	• 정부 수립 이전 : 미군정이 귀속 재산 처리를 위해 신한공사 설립(1945~48) • 배경 : 일제로부터 압류한 시설(귀속 재산)과 미국의 원조 물자를 민간 기업에 넘겨 전후 복구 자금 마련 • 과정 : 귀속 재산과 원조 물자를 민간에 넘기는 과정에서 정경 유착 발생 • 결과 : 정부 재정 확충에 도움이 됨, 각종 특혜 조치에 국민 불만 초래

▲ 인천항에서 미국 원조 식량을 트럭에 옮겨 싣는 모습

2 장면 내각(1960~1961)

수립	내각책임제 개헌(1960.6.) ➡ 민주당의 총선거 압승(1960.7.) ➡ 내각책임제에 따라 국무총리에 장면, 대통령에 윤보선이 선출로 장면 내각 성립(1960.8.)
정책	• 민주화의 진전 : 언론 활동 보장(국가 보안법 개정, 경향 신문 복간) 등 • 통일 운동 : 학생, 혁신 계열 정치인은 중립화 통일론·남북 협상론·남북 교류론 등을 주장, 남북 학생 회담 제의('가자 북으로, 오라 남으로') • 경제 : 경제 개발 5개년 계획을 수립하지만 실행은 하지 못함

▲ 장면 내각 출범

대표 기출 문제

01 다음 가상 일기에 나타난 민주화 운동에 대한 설명으로 옳은 것은?

> **○○월 ○○일 흐림**
>
> 대학 교수단이 시국 선언을 한 뒤 가두 시위에 나섰다.
> '학생의 피에 보답하라'라고 적힌 현수막을 들고 행진하였다.
>
> **○○월 ○○일 맑음**
>
> 오늘 이승만 대통령이 하야했다. 학생과 시민의 힘으로 역사가 바뀌는 순간이었다.

① 신군부의 무력 진압에 저항하였다.
② 대통령 직선제 개헌을 이끌어 냈다.
③ 유신 체제가 붕괴하는 계기가 되었다.
④ 3 · 15 부정 선거에 항의하여 일어났다.

은쌤의 합격노트

• 이승만 정부의 정치 •

✎ 시험에 꼭 나오는 **키 워 드**

• 이승만 정부 시기에 주요 사건을 시간순으로 정리하기
• 4 · 19 혁명의 배경 – 전개과정 – 결과 기억하기 ➡ 단독으로 출제가 됨
• 이승만 정부 시기의 경제 상황 정리하기 ➡ 다른 정부 경제 문제의 오답 선지로 자주 활용됨

✔ 최다 빈출 선지

| 이승만 정부
① 발췌 개헌안이 통과되었다.
② 사사오입 개헌안이 가결되었다.

| 4 · 19 혁명
① 대구에서 2 · 28 민주 운동이 시작되었다.
② 3 · 15 부정 선거에 항의하여 일어났다.
③ 이승만 대통령이 하야하는 결과를 가져왔다.
④ 양원제 국회가 출현하는 결과를 가져왔다.

| 장면 내각
① 양원제 국회가 출범하였다.
② 정부 형태가 내각 책임제로 바뀌었다.
③ 5 · 16 군사 정변으로 해산되었다.

---

4 · 19 혁명   **정답 ④**

다음 가사 일기에 나타난 민주화 운동은 4.19혁명이다. 1960년 3월 15일에 실시된 제4대 정·부통령 선거 당일 마산 지역의 학생과 시민들이 부정 선거를 규탄하는 시위를 전개하였다. 4월 19일 학생과 시민들이 대통령과 면담을 요구하며 경무대로 향하자, 경찰이 무차별 총격을 가하여 많은 희생자가 발생했다. 4월 25일에는 대학 교수들도 시국 선언문을 발표하고 시위를 벌였다. 이에 이승만 대통령은 하야하였고, 허정을 대통령 대행으로 한 과도 정부가 수립되었다.

정답 분석

④ 이승만 정부가 1960년 3월 15일 제4대 정 · 부통령 선거에서 온갖 부정을 저지르자 부정 선거를 규탄하는 시위가 전개되었고, 4 · 19 혁명이 일어나게 되었다.

오답 피하기

① 1980년 5 · 18 민주화 운동을 신군부가 시위 진압하는 과정에서 시민들에게 총을 쏘았고, 이에 맞서 시민들은 무장하여 시민군을 조직하였다.
② 1987년 노태우 정부 때의 6월 민주 항쟁 전개의 결과 5년 단임의 대통령 직선제 개헌안이 통과되었다.
③ 1979년에 일어난 YH 무역 사건과 부 · 마 민주 항쟁은 유신 체제가 붕괴되는 계기가 되었다.

02 (가)에 들어갈 민주화 운동으로 옳은 것은?

- ■ 주제 : 불의와 독재에 항거한 (가) 자료집 만들기
- – 수행 과제 : (가) 중 인상적인 장면을 그려 설명과 함께 올려 주세요.

게시자 : 서○○
3·15 부정 선거에 항의하는 학생들
⊕ 댓글추가

게시자 : 송○○
대학 교수단의 가두 시위
⊕ 댓글추가

게시자 : 최○○
하야하는 이승만 대통령
⊕ 댓글추가

게시자 : 강○○
환호하는 시민들
⊕ 댓글추가

① 4 · 19 혁명
② 6월 민주 항쟁
③ 부마 민주 항쟁
④ 5 · 18 민주화 운동

---

4 · 19 혁명 　　　　　　　　　　　정답 ①

(가)에 들어갈 민주화 운동은 4.19혁명이다. 1960년 3월 15일에 실시된 제4대 정·부통령 선거 당일 마산 지역의 학생과 시민들이 부정 선거를 규탄하는 시위를 전개하였다. 4월 19일 학생과 시민들이 대통령과 면담을 요구하며 경무대로 향하자, 경찰이 총격을 가하여 많은 희생자가 발생했다. 4월 25일에는 대학 교수들도 시위를 벌였다. 이에 이승만 대통령은 하야하였다.

정답 분석

① 1960년 4 · 19 혁명으로 구성된 허정의 과도 정부는 내각 책임제와 양원제를 핵심으로 하는 개헌을 실시하였고, 장면 내각이 출범하였다.

오답 피하기

② 1987년 전두환 정부가 국민들의 대통령 직선제 개헌 요구를 거스르자 6월 민주 항쟁을 전개했다.
③ 1979년 박정희의 유신 체제에 대한 국민의 불만이 폭발하면서 부마 민주 항쟁이 일어났다.
④ 1980년 5월 18일 광주 지역 대학생들은 신군부에 비상계엄 해제와 민주 헌정 체제의 회복 등을 요구하는 시위를 계속하였다.

---

03 (가) 정부 시기에 있었던 사실로 옳은 것은?

> 반민족 행위 특별 조사 위원회가 발족되었습니다. 이 위원회에서는 반민족 행위자를 제보하는 투서함을 설치하는 등 친일파 청산을 위해 많은 노력을 하였습니다. 그러나 당시 (가) 정부는 이 위원회의 활동에 대해 비협조적인 태도를 보였습니다.

역사 돋보기

반민특위, 반민족 행위자 제보 투서함 설치

① 금융 실명제를 실시하였다.
② 중국, 소련 등과 수교하였다.
③ 사사오입 개헌안을 가결하였다.
④ 개성 공단 건설 사업을 실현하였다.

이승만 정부 　　　　　　　　　　　정답 ③

(가) 정부는 이승만 정부이다. 1948년 제헌 국회는 이승만 정부 수립 직후 국민적 열망에 따라 반민족 행위 처벌법(반민법)을 제정하였고, 이에 따라 반민족 행위 특별 조사 위원회(반민 특위), 특별 재판부 등의 기구들이 설치되었다.

정답 분석

③ 1952년 제2대 대통령에 당선된 이승만은 1954년 초대 대통령이 횟수 제한 없이 대통령에 출마할 수 있도록 헌법을 개정하였다.

오답 피하기

① 1993년 김영삼 정부는 불법 자금의 유통을 차단하고 정확한 과세를 하기 위해 금융 실명제를 실시하였다.
② 노태우 정부는 냉전 체제가 해체되는 국제 정세에 부응하여 북방 외교를 추진하여 중국 등 사회주의 국가들과 수교하였다.
④ 김대중 정부는 북한과 개성 공단 건설에 합의하였고, 노무현 정부는 이를 계승하여 개성 공단 사업을 실현하였다.

46강 박정희 정부

① 5·16 군사 정변(1961)과 군정 시기(1961~1963, 2년 6개월)

(1) 5·16 군사 정변(1961)

배경	장면 정부의 무능과 사회 혼란, 6·25 전쟁 이후 군부 세력의 성장
전개 과정	박정희 중심의 일부 군인들 권력 장악(장면 내각 붕괴) ➡ 전국 비상계엄 선포 ➡ 군사 혁명 위원회 조직, 반공을 국시로 '혁명 공약' 발표
정책	• 국가 재건 최고 회의 설치 : 초헌법적인 최고 통치 기구 • 중앙정보부 설치 : 국가 재건 최고 회의 직속의 정보·수사기관

▲ 5·16 군사 정변의 주역들 : 박정희(가운데)

② 박정희 정부의 수립과 활동 (1963~1972)

(1) 정부 출범 과정

성립	군사 정변 당시 민정 이양을 약속한 군사 정부가 제5차 개헌 단행(1962.12.) ➡ 대통령 중심제와 단원제 국회를 골자로 한 헌법 개정안을 국민 투표를 거쳐 통과 ➡ 민주 공화당 창당(1963.2.) ➡ 박정희는 육군 대장으로 전역 후 민주 공화당 후보로 제5대 대통령 선거에 출마 ➡ 박정희가 대통령에 당선(1963)

(2) 한·일 국교 정상화(1965.6)

배경	경제 개발 자금 마련, 미국의 요구(한국·미국·일본 안보 동맹 구축)
전개 과정	• 김종필·오히라 비밀 회담(1962) : 독립 축하금 명목의 후원금 및 차관 등에 대해서 합의하며 한·일 국교 정상화를 추진 • 6·3 시위(1964) : 식민 통치의 사과나 배상 없이 차관 도입에만 집중한 굴욕적인 대일 외교가 알려지자 반대 시위 전개 • 한·일 협정 체결(1965.6.) : 박정희 정부의 계엄령 선포 ➡ 6·3 시위 탄압 후 협정 체결 ➡ 경제 협력 자금 제공 합의(무상 자금과 차관 제공)
한계	일본의 침략과 지배를 둘러싼 사과와 배상 문제를 명시하지 않음

▲ 6·3 시위

▲ 김종필과 오히라의 비밀 메모

(3) 베트남 파병(1965~1973)

배경	• 미국 : 베트남 전쟁 개입(1964) ➡ 반공 전선을 확고히 하고자 한국에 파병 요청 • 한국 : 미국의 요청과 경제 개발 자본을 마련하고자 대규모 파병 결정
영향	• 브라운 각서 교환(1966) : 국군 현대화를 위한 장비 제공, 경제 발전 지원을 위한 차관 제공, 국군의 보급 물자와 장비를 한국에서 구매 등 • 전쟁 특수(베트남 특수)로 경제 성장 : 베트남에 대한 군수 물자 수출과 건설 사업 참여, 미국 시장 상품 수출 유리, 파병된 군인의 송금 등
한계	전쟁 후유증(고엽제 피해), 베트남 민간인의 희생과 라이따이한 문제

▲ 베트남에 파병되는 병사들

(4) 향토 예비군 창설(1968.4.)

배경	북한의 군사적 도발에 대처 : 북한 무장 간첩들이 청와대 습격 시도 사건(1968)
목적	군사 동원 체제를 수립 ➡ 자주적 방위 태세의 강화
창설	'내 고장 내 마을 내가 지킨다.', '싸우면서 일하고 일하면서 싸운다.'라는 구호를 내걸고 창설

▲ 향토 예비군 창설

(5) 3선 개헌(1969)

배경	경제 발전의 성과를 내세운 박정희가 제6대 대통령에 당선(1967)
과정	여당은 대통령의 3회 연임을 허용하는 헌법 개정 추진 ➡ 국민과 야당은 장기 집권 음모라고 반대 ➡ 정부는 북한의 도발을 빌미로 반대 여론 억압 ➡ 여당은 야당 의원을 따돌린 채 국회 별관에서 3선 개헌을 편법으로 통과(1969)
결과	제7대 대통령 선거에 박정희 출마 ➡ 야당인 신민당 김대중 후보를 누르고 당선(1971)

▲ 3선 개헌 반대 운동

❸ 박정희 정부의 유신 체제(1972~1979)

(1) 유신 체제의 성립

배경	• 국내 경제 위축, 지지도 하락 • 닉슨 독트린 선언(1969)으로 냉전 체제 완화
성립	국가 비상사태 선언(1971.12.) ➡ 7 · 4 남북 공동 성명 발표(1972) ➡ 전국에 비상계엄 선포 ➡ 경제 난국 극복과 평화 통일 대비를 명분으로 대통령 특별 선언 선포(10월 유신) ➡ 불법적으로 국회 해산, 모든 정치 활동 금지 ➡ 비상 국무회의에서 유신 헌법 마련 ➡ 국민 투표를 거쳐 확정(1972.11.21.) ➡ 통일 주체 국민 회의를 통해 박정희 대통령 당선(제8대 대통령 선거, 1972.12.23.)
유신 헌법 내용	• 한국적 민주주의 표방 : 대통령이 입법 · 사법 · 행정 모든 권한 장악, 헌법 위에 군림 • 대통령 선출 : 통일 주체 국민 회의에서 간접 선거로 선출(임기 6년, 중임 제한 없음) • 대통령 권한 : 국회의원 3분의 1 추천, 국회 해산권, 법관 인사권, 초헌법적인 긴급조치권(국민의 기본권 일부 제한) ➡ 비정상적인 권한 강화로 영구 집권 체제를 마련함
유신 반대 운동	• 저항 : 개헌 청원 100만 인 서명 운동(1973), 민청학련 선언(1974), 3.1 민주 구국 선언(1976), 해직된 언론인들은 언론 자유 수호 투쟁 전개 • 탄압 : 정부는 긴급 조치(제1호~제9호)를 발동하여 탄압(개헌 논의 금지), 민청학련 사건 · 인혁당 재건위 사건 등을 통해 유신 반대 시위 탄압
유신 사회상	• 경범죄 처벌법 개정(1973) : 국가가 국민의 일상을 통제하고 억압(장발과 미니스커트 단속, 통금령 등) • 문학과 예술에 대한 정부 검열 강화 ➡ 수많은 금서와 금지곡(양희은의 아침 이슬 등) 양산

긴급 조치 1호(1974.1.8.)

1. 대한민국 헌법을 부정·반대·왜곡 또는 비방하는 일체의 행위를 금한다.
2. 대한민국 헌법의 개정 또는 폐지를 주장·발의·제안 또는 청원하는 일체의 행위를 금한다.

긴급 조치는 대통령에게 각종 법의 효력을 정지시킬 수 있는 초법적인 권한을 부여하였다. 긴급 조치는 1974년(1호)~1979년(9호)까지 만 5년 11개월 간 존속하였다.

▲ 장발 단속과 미니스커트 단속

▲ 통일 주체 국민 회의

▲ YH 무역 사건

▲ 독일에 파견된 탄광 광부

▲ 경부 고속 국도(1970.7.7. 준공)

▲ 새마을 운동
새마을 운동은 다른 개발 도상국들이 이를 학습할 만큼 농촌을 발전시킨 사례로 평가받고 있다. 이에 새마을 운동 기록물은 2013년 유네스코 세계 기록 유산으로 등재되었다.

(2) 유신 체제의 붕괴

배경	• 경기 침체에 따른 불만 고조, 국제 사회에서 박정희 독재와 인권 탄압 비난 • 일반 국민의 긴급 조치 위반 건수 늘어감 ➡ 국회의원 선거에서 야당인 신민당이 개헌 저지선 확보(1978)
전개	• YH 무역 사건(1979.8.) : YH 무역의 폐업에 항의한 노동자가 경찰의 강제 진압 과정에서 사망 ➡ 야당의 신민당 총재 김영삼이 정치 공세를 강화하자 국회의원직을 제명 당함 • 부 · 마 민주 항쟁(1979.10.) : 부산 · 마산 지역에서 유신 체제 반대 시위 전개 ➡ 정부는 계엄령과 위수령 선포로 탄압(유신 체제 몰락의 결정적 계기) • 10 · 26 사태(1979) : 박정희가 중앙 정보 부장 김재규에게 피살당함

❹ 박정희 정부의 경제

(1) 제1차(1962~1966), 제2차(1967~1971) 경제개발 5개년 계획

시행	• 5 · 16 군사 정변 이후 박정희 정부에서 실시(1962) • 자금 마련 : 서독에 광부와 간호사 파견, 한 · 일 협정 체결, 베트남 파병 등
특징	• 정부 주도형 경제 정책, 수출 주도형 성장 전략 • 노동 집약적인 경공업 위주의 정책 추진(의류 · 가발 · 합판 산업, 식료품 등) ➡ 소비재 수출 산업 육성 • 사회 간접 자본 확충 : 울산에 대규모 산업 시설 건립 착수(1962), 경부 고속 국도 건설 착수(1968~1970), 포항 종합 제철 공장 설립 착수(1970~1973)
한계	대외 의존도 심화, 외채 증가 ➡ 1960년대 말 경제 위기 도래

(2) 제3차(1972~1976), 제4차(1977~1981) 경제개발 5개년 계획

시행	1960년대 말 경제 위기 극복을 위해 추진
특징	• 중화학 공업 중심(기계 · 조선 · 석유 · 철강 등), 수출액 100억 달러 달성(1977) • 중화학 공업의 비중이 경공업의 비중을 앞서기 시작 ➡ 산업 구조 개편
경제 위기	• 제1차 석유 파동(1973) : 중동 건설 사업으로 벌어들인 오일 달러로 극복 • 제2차 석유 파동(1978) : 국가 재정과 국민 생활의 어려움, 기업 부담이 커짐
한계	재벌 중심의 경제 구조 형성(정경 유착), 저임금 · 저곡가 정책, 빈부격차 심화 등

(3) 새마을 운동(1970) : 근면, 자조, 협동 강조

배경	농촌과 도시 간 격차 심화, 농촌 인구 감소 및 고령화 시작
목표	도시와 농촌의 균형 있는 발전을 통한 농 · 어촌의 근대화 및 소득 증대
과정	농촌 환경 개선, 소득 증대 사업 ➡ 도시로 확산 ➡ 도시 · 직장 · 공장으로 확산 ➡ 근면 · 자조 · 협동을 구호로 내세움 ➡ 전국적인 의식 개혁 운동으로 발전
한계	농촌의 외형 변화에만 치중, 유신 체제를 유지하는 데 이용됨

은쌤의 합격노트

• 박정희 정부의 수립과 유신 체제 •

✎ 시험에 꼭 나오는 키워드

- 박정희 정부 시기의 주요 사건을 시간 순으로 정리하기 ➡ 한·일 국교 정상화, 베트남 파병, 3선 개헌
- 유신 체제의 특징과 주요 사건을 시간 순으로 정리하기
- 경제 개발 5개년 계획의 구체적인 내용 정리하기

✔ 최다 빈출 선지

| 박정희 정부
① 굴욕적인 한일 국교 정상화에 반대하였다(6·3시위).
② 베트남 전쟁에 국군이 파병되었다.
③ 3선 개헌안을 통과시켰다.
④ 새마을 운동을 시작하였다.

| 유신 헌법
① 통일 주체 국민 회의가 조직되었다.
② 국회의원의 3분의 1을 대통령이 추천하였다.
③ 거리에서 장발을 단속하는 경찰
④ 긴급 조치 9호가 발동되었다.

| 유신 체제에 대한 저항
① YH 무역 노동자들의 농성을 강경 진압하였다.
② 부마 민주 항쟁이 일어났다.
③ 유신 체제가 붕괴되는 배경이 되었다(YH 무역 사건, 부마 민주 항쟁).

| 박정희 정부의 경제
① 제1차 경제 개발 5개년 계획이 수립되었다.
② 제2차 경제 개발 5개년 계획이 실시되었다.
③ 경부 고속 도로를 준공하였다.
④ 수출 100억 달러를 처음 달성하였다.
⑤ 중화학 공업의 육성과 석유 파동을 겪었다.

대표 기출 문제

기본 51회 50번

01 밑줄 그은 '정부' 시기의 사실로 옳지 <u>않은</u> 것은?

> 우리 정부가 일본의 사과와 반성 없이 한일 국교 정상화를 추진한다는 사실이 알려지면서 대학생과 시민들을 중심으로 굴욕적 대일 외교에 반대하는 시위가 확산하고 있습니다.

한일 회담 반대 시위 확산

① 3선 개헌안이 통과되었다.
② 베트남에 국군이 파병되었다.
③ 경제 개발 5개년 계획이 추진되었다.
④ 한일 월드컵 축구 대회가 개최되었다.

박정희 정부   정답 ④

밑줄 그은 '정부'는 박정희 정부이다. 1964년 박정희 정부가 일본 정부의 사과와 배상 없이 국교를 정상화하려 한다는 사실이 알려졌다. 대학생과 시민들은 굴욕적인 대일 외교라고 반발하며 박정희 정부의 퇴진을 요구하는 6·3 시위를 전개하였다.

정답 분석

④ 김대중 정부는 2002년 한일 월드컵 대회를 성공적으로 개최하고, 4강에 올라 새로운 응원 문화도 보여 주었다.

오답 피하기

① 박정희 정부는 경제 발전과 국가 안정을 명분으로 내세워 1969년에 대통령의 3선을 허용하는 개헌안을 국회에서 편법으로 통과시켰다.
② 박정희 정부는 1965년부터 베트남에 전투병을 파견하기 시작하였다.
③ 박정희 정부는 제1차~제4차 경제 개발 5개년 계획을 추진하였다.

기본 63회 45번

02 밑줄 그은 '정부' 시기에 볼 수 있는 사회 모습으로 가장 적절한 것은?

> 긴급 조치 9호로 피해를 당한 국민과 그 가족에 대해 국가의 배상 책임이 있다는 대법원 판결이 나왔습니다. 긴급 조치 9호에는 정부가 선포한 유신 헌법을 부정하거나 반대 또는 비방하는 행위 등을 금지하고, 위반할 경우 영장 없이 체포·구속해 1년 이상의 징역에 처한다는 내용이 담겨 있습니다.

당시 대한뉴스 화면

헌법 부정행위 금 지

대법원 "긴급 조치 9호로 인한 피해, 국가가 배상해야"

① 부마 민주 항쟁에 참여하는 학생
② 서울 올림픽 대회 개막식을 관람하는 시민
③ 금융 실명제 시행 속보를 시청하는 회사원
④ 반민족 행위 특별 조사 위원회에 체포되는 친일 행위자

박정희 정부의 유신 체제   정답 ①

밑줄 그은 '정부'는 박정희 정부의 유신 체제이다. 박정희 정부는 장기 독재 체제를 구축하기 위해 유신 헌법을 만들었다(10월 유신). 유신 헌법은 대통령에게 입법, 사법, 행정권을 집중시킨 비민주적인 헌법이었다. 이 헌법으로 대통령 중임 제한이 철폐되어 영구 집권이 가능해졌다. 나아가 국민의 기본권을 일부 제한할 수 있는 긴급 조치를 통해 반대 세력을 억압하였다.

정답 분석

① 1979년 박정희의 유신 체제에 대한 국민의 불만이 폭발하면서 부마 민주 항쟁이 일어났다.

오답 피하기

② 1988년 노태우 정부는 서울 올림픽을 성공적으로 치러 대외적으로 국제적 위상을 높였다.
③ 1993년 김영삼 정부는 불법 자금의 유통을 차단하고 정확한 과세를 하기 위해 금융 실명제를 실시하였다.
④ 1948년 이승만 정부의 제헌 국회는 일제에 협력하여 한국인에게 피해를 입힌 사람들의 행적을 조사하여 처벌하고자 반민족 행위 처벌법을 제정하였다.

기본 50회 49번

03 다음 대화에 나타난 민주화 운동으로 옳은 것은?

> 이것은 1979년 야당 총재의 국회 의원직 제명으로 촉발되어 유신 독재에 저항한 민주화 운동을 기념한 조형물입니다.

> 2019년 정부는 이 운동이 민주화에 기여한 점을 인정하여 시위가 시작된 날을 국가 기념일로 지정하였습니다.

① 4·19 혁명
② 6월 민주 항쟁
③ 부·마 민주 항쟁
④ 5·18 민주화 운동

부·마 민주 항쟁   정답 ③

다음 대화에 나타난 민주화 운동은 부·마 민주 항쟁이다. 박정희 정부의 유신 체제 시기에 회사 폐업에 항의하며 신민당 당사에서 농성하던 YH 무역의 여성 노동자 중 한 명이 경찰의 강제 진압 과정에서 사망하였다(YH 무역 사건, 1979). 이와 관련해 당시 신민당 총재였던 김영삼이 국회에서 제명당하였다. 그러자 1979년 10월 부산과 마산에서 유신 체제에 저항하는 시위가 발생하였다.

정답 분석

③ 1979년 박정희의 유신 체제에 대한 국민의 불만이 폭발하면서 부산과 마산에서는 대규모 반정부 시위가 격렬하게 전개되었다.

오답 피하기

① 4·19 혁명으로 이승만 대통령의 하야 직후 허정을 대통령 대행으로 한 과도 정부가 수립되었다.
② 전두환 정부 때 일어난 6월 민주 항쟁의 결과 5년 단임의 대통령 직선제 개헌안이 통과되었다.
④ 1980년 5월 17일 신군부 세력이 비상계엄을 전국으로 확대하자 5월 18일 광주 지역 대학생들은 시위를 전개하였다.

04 (가)에 들어갈 사진으로 옳은 것은?

1970년대 대한민국 사진전
- 경제 분야 -

경부 고속 도로 개통 / 포항 종합 제철 공장 준공 / (가)

①
수출 100억 달러 달성

②
서울 올림픽 대회 개최

③
경제 협력 개발 기구 (OECD) 가입

④
아시아·태평양 경제 협력체 (APEC) 정상 회의 개최

박정희 정부의 경제 상황	정답 ①

(가)에 들어갈 사진은 박정희 정부 시기의 경제 분야와 관련된 사진이다. 1968년 2월 1일 기공식을 가진 지 2년 5개월 만인 1970년 7월 7일 경부 고속 국도가 개통되었다. 1970년대 포항 제철의 준공으로 산업의 기초가 되는 철강이 대량 생산되어 석유 화학, 조선, 자동차 등 중화학 공업이 비약적으로 발전할 수 있었다.

정답 분석

① 1977년 박정희 정부는 수출액이 100억 달러를 넘어섰고 연평균 8.9%에 달하는 경제 성장을 이루었다.

오답 피하기

② 1988년 노태우 정부는 서울 올림픽을 성공적으로 치러 국제적 위상을 높였다.
③ 1996년 김영삼 정부는 세계화를 내세우며 경제 협력 개발 기구(OECD)에 가입하는 등 시장 개방 정책을 추진하였다.
④ 1989년 노태우 정부는 아시아·태평양 경제 협력체(APEC) 설립에 참여하였다.

---

05 다음 뉴스가 보도된 정부 시기의 통일 노력으로 옳은 것은?

분단 26년 만에 처음으로 남측 자유의 집과 북측 판문각을 연결하는 직통 전화가 개설되었습니다. 이로써 남북 적십자 회담을 열기 위한 대화의 통로가 마련되었습니다.

남북 직통 전화 개설

① 금강산 관광 사업을 시작하였다.
② 남북한이 유엔에 동시 가입하였다.
③ 7·4 남북 공동 성명을 발표하였다.
④ 최초로 남북 정상 회담을 개최하였다.

박정희 정부의 통일 정책	정답 ③

1971년 남북 직통 전화가 개설된 정부는 박정희 정부이다. 이는 남북 적십자 회담의 성과이다. 해방 이후 남북한 간 전화통신이 재개되기까지는 26년이나 걸렸다. 1971년 9월 20일 남북적십자회담 제1차 예비회담에서 처음으로 남북직통전화의 가설을 합의하였고, 이 합의에 따라 남북직통전화 2개 회선이 개통되었다.

정답 분석

③ 박정희 정부는 1972년 7·4 남북 공동 성명을 발표한 후 남북 조절 위원회를 설치하였다.

오답 피하기

① 김대중 정부는 1998년 현대그룹 정주영 명예 회장이 두 차례에 걸쳐 소떼를 몰고 북한을 방문한 것을 계기로 금강산 해로 관광을 시작하였다.
② 노태우 정부는 1991년 남북 총리급 회담이 개최되어 남북 유엔 동시 가입과 남북 기본 합의서를 채택하는 성과를 이루었다.
④ 2000년 김대중 정부는 평양에서 최초로 남북 정상 회담을 개최하였고 '6·15 남북 공동 선언'을 발표하였다.

47강 전두환·노태우·김영삼·김대중·노무현·이명박 정부

① 전두환 정부 (1981~1988)

(1) 신군부의 등장

집권	10·26 사태에 따른 계엄령 선포 ➡ 통일 주체 국민 회의에서 최규하 대통령 선출(1979.12.) ➡ 전두환 등 신군부가 정권 장악(12·12 사태) ➡ 비상 계엄령 하에 정치적 영향력 확대
서울의 봄 (1980)	• 의미 : 10·26 사태 이후부터 비상계엄의 전국 확대 조치(5.17.) 전까지의 정치적 과도기를 말함 • 시민들의 민주화 요구 ➡ 서울역 시위(5.15.) ➡ 신군부의 비상계엄 전국 확대(5.17.) ➡ 모든 정치 활동 금지, 민주화 운동 세력과 신군부에 반대하는 사람들 체포 • 학생과 시민들의 요구 사항 ┌ 유신 헌법 폐지, 전두환의 신군부 퇴진 요구 └ 민주 헌정 체제 회복, 언론 자유 보장, 비상계엄 철폐 요구

(2) 5·18 민주화 운동

배경	신군부의 지속적인 민주화 운동 탄압 ➡ 비상계엄의 전국적인 확대(5.17.)
전개 과정	전라남도 광주에서 계엄령 확대에 저항하는 학생들의 시위(5.18.) ➡ 계엄군의 폭력 진압 및 발포(5.21.) ➡ 시위 군중들의 시민군 조직, 계엄군과 대치 무장 ➡ 시민 수습 대책 위원회 구성, 평화적 협상 요구(5.22.) ➡ 계엄군의 무자비한 무력 진압(5.27.)
결과	• 신군부 정권의 정당성과 도덕성에 심각한 타격 • 신군부의 병력 동원에 미국의 방조 반미 운동의 계기
의의	• 아시아 여러 나라의 민주화 운동의 토대가 됨 • 5·18 민주화 운동 기록물이 유네스코 세계 기록 유산으로 등재(2011) • 5·18 진상 규명을 위한 특별법 제정(2018, 문재인 정부)

(3) 전두환 정부의 수립과 정책

수립 과정	5·18 민주화 운동 진압 후 신군부 세력이 정권 장악 ➡ 국가 보위 비상 대책위원회 구성(입법·사법·행정 3권 장악) ➡ 언론인 강제 해직 및 삼청 교육대 운영 ➡ 최규하 대통령 사임 ➡ 통일 주체 국민 회의를 통해 제11대 대통령으로 전두환이 선출(1980) ➡ 제8차 헌법 개헌(대통령 간접 선거, 임기 7년의 단임제) ➡ 대통령 선거인단을 통한 간접 선거로 제12대 대통령으로 전두환 선출(1981)
강압 정책	• 권위주의적 강권 통치 : 삼청 교육대 운영, 민주화 운동과 인권 탄압 등 • 언론 통제 : 언론사 통폐합, 보도 지침을 통한 기사 검열과 단속 등

▲ 서울역에서의 민주화 시위

▲ 5·18 광주 민주화 운동

5·18 민주화 운동 당시 시민군의 궐기문(1980.5.25.)

우리는 왜 총을 들 수밖에 없었는가? 그 대답은 너무나 간단합니다. 너무나 무자비한 만행을 더 이상 보고 있을 수만 없어서 너도나도 총을 들고 나섰던 것입니다. …… 계엄 당국은 18일 오후부터 공수부대를 대량 투입하여 시내 곳곳에서 학생, 젊은이들에게 무차별 살상을 자행하였으니! …… 이 고장을 지키고자 이 자리에 모이신 시민 여러분! 그런 상황에 우리가 할 수 있는 일은 무엇이겠습니까?

신군부는 5·18 민주화 운동이 일어나자 언론을 통제하여 실상을 보도하지 못하게 하였고, 당시에 이 궐기문도 언론에 보도되지 못하였다.

유화 정책	• 야간 통행금지 해제, 해외여행 자유화, 컬러텔레비전 방송 시작, 두발 · 교복 자율화, 과외 금지, 졸업 정원제 시행 • 스포츠 활성화 : 프로 스포츠 도입(야구, 축구), 86 아시아 경기대회 개최, 88 서울 올림픽 유치 등
저항	민주화 추진 협의회 결성(1984.5.18.) : 전두환 정부에 대항하기 위해 김영삼계와 김대중계의 야당 인사들이 연합하여 결성한 재야 정치 단체 ➡ 직선제 개헌을 청원하는 1천만 명 서명 운동 전개 주도(1985.12.)
1980년대 경제	• 경제 위기 극복 : 부실기업 정리, 중화학 공업에 대한 중복 투자 제한 등 • 저금리 · 저유가 · 저달러의 3저 호황(1980년대 중반) • 고도 성장, 기술 집약적 산업 발달(반도체 · 자동차 등)

▲ 프로 야구 출범

(4) 6월 민주 항쟁(1987)

배경	• 5 · 18 민주화 운동에 대한 진상 규명 요구, 대통령 직선제를 통한 민주화에 대한 국민들의 열망 • 1985년 총선 이후 신한 민주당이 제1야당이 됨 ➡ 개헌 청원 천만인 서명 운동 전개
전개 과정	야당과 재야 세력 중심으로 대통령 직선제 개헌 추진 ➡ 박종철 고문치사 사건(1987.1.) 등이 발생 ➡ 전두환 정부는 4 · 13 호헌 조치를 발표하며 대통령 직선제 개헌 거부(1987.4.) ➡ 호헌에 저항하는 시위 전개 ➡ 개헌 요구 시위 중 이한열이 최루탄에 맞아 뇌사(1987.6.9.) ➡ 시위의 격화 ➡ 시민과 학생이 6 · 10 대회 선언문을 발표 ➡ 전국 주요 도시에서 시위 전개 전국 주요 도시에서 대대적 시위, '호헌 철폐, 독재 타도, 민주 헌법 쟁취' 등을 구호로 삼음
결과	6 · 29 민주화 선언(1987) : 민주 정의당(여당) 대표이자 대통령 후보였던 노태우가 국민의 민주화 및 대통령 직선제 요구 수용 ➡ 여야 합의를 통해 대통령 직선제, 5년 단임제로 헌법이 개정됨(제9차 개헌, 현행 헌법)

▲ 박종철 고문치사 사건 규탄 시위

▲ 6월 민주 항쟁

❷ 노태우 정부 (1988~1993)

출범	제13대 대통령 선거(1987) : 야권 분열로 노태우 당선			
	여당	야당 후보 ➡ 대선 후보 단일화 실패		
	노태우(당선)	김영삼	김대중	김종필
3당 합당 (1990)	야당이 국회의 과반수 의석 확보 ➡ 야당 우세 국회로 청문회 개최(5 · 18 민주화 운동 진상 규명 등) ➡ 노태우의 민주 정의당은 여소야대 국회를 극복하기 위해 야당인 통일 민주당(김영삼), 신민주 공화당(김종필)과 합당 추진 ➡ 거대 여당인 민주 자유당 출현(1990)			
정책	• 제24회 서울 올림픽 대회 개최(1988) • 지방 자치제의 부분적 실시(1991) • 통일 정책 　┌ 남 · 북한 유엔 동시 가입(1991), 남북 기본 합의서(1991) 　└ 북방 외교(소련 · 중국 · 헝가리 등 공산 국가와 수교)			

김종필
(신민주 공화당)
8.1%

기타 0.3%

김대중
(평화 민주당)
27%

대선
득표율
(1987년)

노태우
(민주 정의당)
36.6%

김영삼
(통일 민주당)
28%

▲ 제13대 대통령 후보자별 득표율 (1987)

▲ 금융실명제의 시행을 알리는 신문
김영삼 정부는 사회 정의 실현과 경제 활성화를 도모한다는 목적 아래 금융실명제와 부동산실명제를 도입하였다.

❸ 김영삼 정부 (1993~1998, 문민 정부)

출범	5·16 군사 정변 후 30여 년 만의 민간인 대통령(문민 정부)
개혁 정책	• 금융실명제 실시(1993, 대통령 긴급 명령), 지방 자치제 전면적 실시(1995) • '역사 바로 세우기' 운동 : 민주화 운동 진압 관련자 처벌, 조선 총독부 건물 철거 • 고위 공직자 재산 등록 의무화, 신군부의 핵심인 하나회 해체
경제 정책	• 시장 개방의 가속화 : 우루과이 라운드 타결(1993) ➡ 세계무역기구(WTO) 출범(1995), 수출 1,000억 달러 돌파(1995) ➡ 경제협력개발기구(OECD) 가입(1996, 세계 경제 발전과 무역 촉진 도모) ➡ 규제 완화, 시장 자율성 확대 • 외환위기 초래(1997) : 외환위기 발생(금융기관의 부실, 재벌의 방만한 기업 운영, 외국 자본 이탈 등) ➡ 국제 통화 기금(IMF)의 금융 지원·관리를 받게 됨

❹ 김대중 정부 (1998~2003, 국민의 정부)

▲ 금 모으기 운동

출범	최초의 선거에 따른 평화적인 여야 정권 교체(국민의 정부)
정책	• 국민 기초 생활 보장법 제정(2000), 국가 인권 위원회 설립(2001), 여성 가족부 신설(2001), 한·일 월드컵 개최(2002), 부산 아시안 게임 개최(2002) • 대북 화해 협력 정책 : 6·15 남북 공동 선언(2000) ➡ 한반도의 긴장 완화 공로를 인정받아 김대중 대통령은 노벨 평화상을 수상함(2000) • 외환위기 극복 : 기업의 구조 조정, 노사정 위원회 구성(1998, 대통령 직속 자문 기구), 금 모으기 운동 등 전개 ➡ 국제 통화 기금의 지원금 조기 상환(2001)

❺ 노무현 정부 (2003~2008, 참여 정부)

▲ 질병 관리 본부 출범

▲ 금강산 육로 관광

정책	• 행정 수도 건설 특별법 제정(2003) ➡ 헌법 재판소의 위헌 결정(2004) • 대통령 탄핵 사태(기각) • 행정 중심 복합 도시 건설 시작(2003), 경부 고속 철도(KTX) 개통(2004) • 과거사 진상 규명법 제정, 진실·화해를 위한 과거사 정리 위원회 출범(2005) • 권위주의 청산, 호주제 폐지, 가족 관계 등록법 시행, 질병 관리 본부 출범(2004), 노인 장기 요양 보험법 제정(2007, 시행은 이명박 정부) • 칠레와 자유무역협정(FTA)체결(2004), 미국과 자유 무역 협정(FTA) 체결(2007, 반대 시위 전개) • 김대중 정부의 남북 화해 협력 정책 계승 : 금강산 육로 관광 시작(2003), 제2차 남북 정상 회담 성사(2007)

❻ 이명박 정부 (2008~2013, 실용 정부)

▲ G20 정상회의 개최

정책	• 여야 정권 교체로 등장, 4대강 사업, 서울에서 G20 정상회의 개최(2010) • 한·미 자유 무역 협정(FTA) 발효(2012) : 노무현 정부 때 국회 비준 실패 이후 이명박 정부 때 양국 국회에서 통과되어 발효

은쌤의 합격노트

• 전두환·노태우·김영삼·김대중·노무현·이명박 정부의 활동 •

✎ 시험에 꼭 나오는 **키 워 드**

각각의 정부 활동 정리하기 ➡ 단독으로 출제됨

✔ 최다 빈출 선지

| 노태우 정부
① 서울 올림픽 대회 개막식을 관람하는 시민
② 소련, 중국과의 국교가 수립되었다.

| 김영삼 정부
① 금융실명제를 전면 실시하였다.
② 경제협력개발기구(OECD)에 가입하였다.
③ 조선 총독부 건물이 철거되었다.
④ 역사 바로 세우기 운동을 전개하였다.

| 김대중 정부
① 외환위기 극복을 위한 금 모으기 운동이 전개되었다.
② 국제통화기금(IMF)의 구제 금융을 조기 상환하였다.
③ 한일 월드컵 축구대회를 개최하였다.

| 노무현 정부
① 미국과의 자유무역협정(FTA)이 체결되었다.
② 행정 중심 복합 도시 건설을 시작하였다.

| 이명박 정부
① 서울에서 G20 정상회의가 개최되었다.

기본 66회 47번

01 (가)에 들어갈 내용으로 옳은 것은?

수업 시간에 ⬜(가)⬜ 당시 시민군의 항쟁 중심지였던 옛 전남도청 모형을 만들었다. 실제 옛 도청 앞 시계탑에서는 매일 같은 시간에 '임을 위한 행진곡'이 나온다고 한다. 많은 분의 희생으로 우리나라의 민주주의가 발전하게 되었음을 깨닫게 되었다.

① 4 · 19 혁명　　　　② 부마 민주 항쟁
③ 6월 민주 항쟁　　　④ 5 · 18 민주화 운동

5·18 민주화 운동　　　　　정답 ④

(가)에 들어갈 내용은 5·18 민주화 운동이다. 1980년 5월 18일 전라남도 광주에서는 신군부의 비상계엄 확대와 휴교령에 반대하는 시위가 일어났다. 신군부는 5월 21일 시위 진압 과정에서 시민들을 향하여 총을 쏘았고, 이에 맞서 시민들은 시민군을 조직하였다. 5월 27일 계엄군은 탱크와 헬기를 동원하여 시민군을 진압하면서 5·18 민주화 운동은 막을 내렸다.

정답 분석

④ 1980년 5 · 18 민주화 운동을 신군부가 시위 진압하는 과정에서 시민들에게 총을 쏘았고, 이에 맞서 시민들은 무장하여 시민군을 조직하였다.

오답 피하기

① 1960년 4 · 19 혁명으로 이승만 대통령이 하야하였고, 허정을 대통령 대행으로 한 과도 정부가 수립되었다.
② 1979년에 일어난 YH 무역 사건과 부 · 마 민주 항쟁은 유신 체제가 붕괴되는 계기가 되었다.
③ 1987년 노태우 정부 때의 6월 민주 항쟁 전개의 결과 5년 단임의 대통령 직선제 개헌안이 통과되었다.

기본 54회 45번

02 (가) 정부 시기에 있었던 사실로 옳은 것은?

① 야간 통행 금지가 해제되었다.
② 베트남 전쟁에 국군이 파병되었다.
③ 한미 상호 방위 조약이 체결되었다.
④ 제1차 경제 개발 5개년 계획이 실시되었다.

기본 60회 45번

03 밑줄 그은 '민주화 운동'에 대한 설명으로 옳은 것은?

① 대통령 직선제 개헌을 이끌어 냈다.
② 3 · 15 부정 선거에 항의하여 일어났다.
③ 굴욕적인 한일 국교 정상화에 반대하였다.
④ 신군부의 비상계엄 확대가 원인이 되어 발생하였다.

전두환 정부   정답 ①

(가) 정부는 전두환 정부이다. 5·18 민주화 운동이 일어난 지 1년 후 전두환 정부는 국풍 81을 서울 여의도 광장에서 대규모 축제로 개최하였다. 전두환 정부는 사회 정화를 명분으로 내세우며 삼청 교육대를 운영하였는데 1980년 8월 1일부터 1981년 1월 25일까지 총 6만 755명이 법원의 영장 발부없이 체포되었다. 전두환 정부는 학원 자율화, 교복 자율화, 해외여행 자율화, 과외와 학원 수강 전면 금지, 프로 야구단 창설 등과 같은 유화 정책을 펼쳤다.

정답 분석

① 전두환 정부는 야간 통행금지 해지 등과 같은 유화 정책을 펼쳤다.

오답 피하기

② 박정희 정부는 1965년부터 베트남에 전투병을 파견하기 시작하였다.
③ 이승만 정부는 6 · 25 전쟁이 끝난 후인 1953년 10월 한미 상호 방위 조약을 체결하였다.
④ 박정희 정부는 노동 집약적인 경공업을 집중적으로 육성하는 제1차 경제 개발 계획(1962~1966)을 하였다.

6월 민주 항쟁   정답 ①

밑줄 그은 '민주화 운동'은 6월 민주 항쟁이다. 전두환 정부 당시 대통령 선거는 대통령 선거인단에 의한 간접 선거로, 사실상 여당 후보의 집권을 보장하는 수단으로 여겨졌다. 이에 민주화 운동 진영은 야당과 연계하여 대통령 직선제 시행을 핵심으로 하는 헌법 개정을 요구하였다. 이 과정에서 대학생 박종철이 고문으로 숨지는 사건이 일어났다(1987). 수십만 명의 시민은 1987년 6월 10일 전국 주요 도시에 모여 호헌 철폐와 독재 타도를 외쳤다(6월 민주 항쟁). 결국 전두환 정부는 특별 선언을 발표하였다(6·29 민주화 선언).

정답 분석

① 1987년 전두환 정부가 4 · 13 호헌 조치를 발표하자 국민들은 6월 민주 항쟁을 전개했다. 그 결과 5년 단임의 대통령 직선제 개헌안이 통과되었다.

오답 피하기

② 이승만 정부가 1960년 3 · 15 부정 선거를 저지르자 부정 선거를 규탄하는 시위가 전개되었고, 4 · 19 혁명이 일어나게 되었다.
③ 박정희 정부가 1964년 일본 정부의 사과와 배상 없이 국교를 정상화하려 한다는 사실이 알려지자 대학생과 시민들은 6 · 3 시위를 전개하였다.
④ 1980년 5월 18일 광주에서는 신군부의 비상계엄 확대와 휴교령에 반대하는 5 · 18 민주화 운동이 일어났다.

04 (가)에 들어갈 내용으로 옳은 것은?

주제 : ○○○ 정부가 한 일

역사 바로 세우기의 일환으로 옛 조선 총독부 건물을 철거했어.

경제 협력 개발 기구(OECD)에 가입했어.

(가)

① 금융 실명제를 실시했어.
② 경부 고속 도로를 준공했어.
③ 제1차 경제 개발 5개년 계획을 추진했어.
④ 미국과 자유 무역 협정(FTA)을 체결했어.

05 다음 뉴스가 보도된 정부 시기의 경제 상황으로 옳은 것은?

오늘 서울 월드컵 경기장에서 제17회 FIFA 한일 월드컵 축구 대회 개막식이 열렸습니다. 이번 월드컵 대회는 아시아 지역에서 처음 열리는 대회로서 세계인의 큰 관심을 끌고 있습니다.

서울에서 월드컵 개막식 성공적으로 열려

① 경부 고속 도로를 준공하였다.
② 세계 무역 기구(WTO)에 가입하였다.
③ 제1차 경제 개발 5개년 계획이 추진되었다.
④ 국제 통화 기금(IMF)의 구제 금융을 조기 상환하였다.

김영삼 정부   정답 ①

(가)에 들어갈 내용은 김영삼 정부가 한 일이다. 김영삼 정부는 5·16 군사 정변 이후 31년 만에 들어선 민간 정부임을 강조하며 개혁을 단행하였다. '역사 바로 세우기'를 내세워 전두환, 노태우 두 전직 대통령을 반란 및 내란죄로 수감하고, 옛 조선 총독부 건물을 철거하였다. 1996년 세계화를 내세우며 경제 협력 개발 기구(OECD)에 가입하는 등 시장 개방 정책을 추진하였다.

정답 분석

① 1993년 김영삼 정부는 탈세와 부정부패를 차단하기 위한 금융 실명제를 실시하였다.

오답 피하기

② 박정희 정부는 1968년 2월 1일 기공식을 가진 지 2년 5개월 만인 1970년 7월 7일 경부 고속 도로를 개통하였다.
③ 박정희 정부는 노동 집약적인 경공업을 집중적으로 육성하는 제1차 경제 개발 계획(1962~1966)을 하였다.
④ 미국과 자유 무역 협정(FTA)을 체결은 노무현 정부, 미국과 자유 무역 협정(FTA) 비준은 이명박 정부이다.

김대중 정부의 경제 상황   정답 ④

다음 뉴스가 보도된 정부는 김대중 정부이다. 김대중 정부는 2002년 한·일 월드컵 대회를 성공적으로 개최하고, 4강에 올라 새로운 응원 문화도 보여 주었다.

정답 분석

④ 김대중 정부는 외환 위기 속에 출범하였지만 2001년 국제 통화 기금(IMF) 지원금을 조기 상환하였다.

오답 피하기

① 박정희 정부는 1968년 2월 1일 기공식을 가진 지 2년 5개월 만인 1970년 7월 7일 경부 고속 도로를 개통하였다.
② 김영삼 정부는 1995년 세계 무역 기구(WTO)가 출범하자 곧바로 가입하였다.
③ 박정희 정부는 노동 집약적인 경공업을 집중적으로 육성하는 제1차 경제 개발 계획(1962~1966)을 하였다.

48강 평화 통일을 위한 노력과 사회 변동

① 남북의 화해와 협력을 위한 노력

이승만 정부	반공 정책 : 6 · 25 전쟁 이후 철저한 반공 정책을 추진 ➡ 북진 통일론
장면 내각	• 정부 : 유엔 감시하의 남북한 총선거, '선 경제 건설, 후 통일' 제시, 민간 차원의 통일 논의 금지 • 학생 · 혁신 정당 계열 : 남북 협상, 중립화 통일안, 남북 학생 회담 제기
박정희 정부	7 · 4 남북 공동 성명(1972) : 남북 대화의 진전 ┌ 배경 : 닉슨 독트린의 발표(1969)에 따른 냉전 체제 완화, 이산가족 상봉을 위한 남북 적십자 회담(1971) 개최 ├ 내용 : 자주 · 평화 · 민족 대단결 통일의 3대 원칙에 합의 ├ 전개 : 평화 통일 실무 협의를 위한 남북 조절 위원회 설치 ➡ 북한의 대화 중단 선언(1973) └ 한계 : 남북의 독재 체제 강화에 이용(박정희 정부는 유신 헌법 제정)
전두환 정부	북한의 수해 물자 제공 수용(1984) ➡ 적십자 회담, 남북 경제 회담 등 개최 ➡ 최초의 이산가족 고향 방문(서울과 평양을 처음 방문)과 예술 공연단 교환(1985)
노태우 정부	• 7 · 7선언(1988) : 북한을 민족자존과 통일 번영을 위한 민족 공동체의 일원으로 인식 ➡ 북방 외교 정책 추진 • 여러 차례 남북 고위급 회담 개최 : 1990년부터 사회주의 국가들의 붕괴로 궁지에 물린 북한이 남북 대화에 적극 동참 ➡ 남북한 유엔 동시 가입과 남북 기본 합의서가 채택되는 성과 달성 • 남북한 유엔 동시 가입(1991.9.) : 유엔 총회에서 남북한을 회원국으로 승인 • 남북 기본 합의서(1991.12.) : 남북 사이의 화해와 불가침 및 교류 협력에 관한 합의서 ┌ 남북한 정부 간에 이루어진 최초의 공식 합의서 └ 서로의 체제를 인정하고 상호 불가침에 합의 • 한반도 비핵화 공동 선언(1992) : 핵무기의 실험, 제조, 생산 금지를 약속
김영삼 정부	남북 정상 회담 개최 준비 ➡ 김일성 사망(1994)으로 회담 무산
김대중 정부	• 대북 화해 협력 정책(햇볕 정책) 추진 : 정주영 회장의 소떼 방북(1998), 해로를 통한 금강산 관광 사업 시작(1998) 등 ➡ 남북 교류 활성화 • 제1차 남북 정상 회담(2000) : 분단 이후 최초의 남북 정상 회담 ┌ 회담 개최 직후 평양에서 6 · 15 남북 공동 선언 발표 └ 이산가족 방문 재개, 개성 공단 조성, 경의선 복구 사업, 금강산 육로 관광(노무현 정부 때 시작) 등을 추진
노무현 정부	• 김대중 정부의 대북 화해 협력 정책 계승 ➡ 대북 포용 정책 추진 • 제2차 남북 정상 회담(2007) : 회담 개최 직후 10 · 4 남북 공동 선언 발표(군사적 대결 종식, 평화 체제 정착에 합의) • 북핵 문제 해결을 위한 6자 회담 추진

▲ 7 · 4 남북 공동 성명을 발표하고 있는 이후락 중앙정보부장

▲ 남북 기본 합의서 채택(1991)
서울에서 열린 제5차 남북 고위급 회담에서 남북 기본 합의서를 채택하고 서명, 교환했다.

▲ 제1차 남북 정상 회담(2000)

▲ 제2차 남북 정상 회담(2007)

② 산업화에 따른 사회 변동

(1) 도시화

도시화	• 배경 : 산업화의 급속한 진행으로 농촌 인구가 도시로 이동 • 문제점 : 빈민촌, 철거민 문제(달동네, 판자촌 등), 도시 인구 과밀 • 경기도 광주 대단지 사건(1971) : 1968년 서울시는 무허가 판자촌을 정리하면서 철거민을 경기도 광주군(지금의 성남시)에 집단 이주 ➡ 주민 5만여 명이 정부의 무계획적인 도시 정책에 반발하여 항의 시위 전개

▲ 버스에 올라타고 이동하는 광주 대단지 시위대
경기도 광주 대단지 사건은 빈민 운동의 시발점으로 평가된다.

(2) 농민·노동·시민 운동

농민 운동	함평 고구마 피해 보상 운동(1976~1978, 유신 체제) : 전남 함평군 농민들이 농협과 정부 당국을 상대로 고구마 피해 보상 투쟁 전개
노동 운동	• 전태일 분신 사건(1970, 박정희 정부) : 서울 동대문 평화시장 재단사 전태일이 열악한 노동 환경 개선을 요구하며 분신 항거 자살한 사건(근로기준법 준수, 작업 환경 개선, 임금 인상, 건강 진단 실시 등 주장) • YH무역 사건(1979, 유신 체제) : 가발 제조업체 YH무역의 폐업 공고에 노동자들이 생존권 보장을 요구하며 농성 ➡ 강제 진압 중 여성 노동자 사망 ➡ 유신 체제 몰락의 한 원인 • 외환 위기 이후 청년 실업, 비정규직 문제 대두 ➡ 전국 민주 노동조합 총연맹 결성(1995, 김영삼 정부), 노사정 위원회 구성(1998, 김대중 정부)
시민 운동	경제 정의 실천 시민 연합 창립(1989, 노태우 정부), 전국 민주 노동조합 총연맹 창립(1995, 김영삼 정부)
여성 운동	남녀 고용 평등법 제정(1987, 노태우 정부), 호주제 폐지(2005, 노무현 정부), 가족 관계 등록부 마련(2008, 노무현 정부)
사회보장 제도	최저 임금법 제정(1986, 전두환 정부), 국민연금제도 시행(1988, 노태우 정부), 고용보험제도 시행(1995, 김영삼 정부), 국민기초생활보장법 제정(1999, 김대중 정부), 다문화가족 지원법(2008, 노무현 정부)

▲ 분신자살한 노동자 전태일의 장례식에서 아들의 영정을 껴안고 오열하고 있는 어머니 이소선씨

▲ 경제 정의 실천 시민 연합 창립 대회

(3) 교육 제도

미군정 시기	6·3·3 학제, 남녀 공학제 도입
이승만 정부	학도호국단 결성(1949), 문맹국민 완전퇴치 5개년 계획 수립(1954~1958)
박정희 정부	• 국민 교육 헌장 선포(1968) : 국민 모두가 반공 정신을 갖추고 국가에 충성하도록 함(개인보다 국가 발전을 우선시하는 태도가 잘 드러남) • 중학교 무시험 제도(1969)·고교 평준화 제도(1974), 학도 호국단 부활(1975)
전두환 정부	신군부 세력의 7·30 교육 조치(1980) : 과외 전면 금지 및 본고사 폐지, 대학 졸업 정원제 실시
김영삼 정부	대학 수학 능력 시험 도입(1993), 국민학교 명칭을 초등학교로 변경(1995)
김대중 정부	수준별 수업 및 학교 정보화 사업(1998), 중학교 의무 교육 실시(2002)

▲ 국민 교육 헌장 선포식(1968)
박정희 정부는 국민 교육 헌장을 모든 교과서에 수록하고 학생들로 하여금 암기하도록 하였다. 학교 시험과 국가 고시, 입사 시험 등에 의무적으로 출제되었다.

은쌤의 합격노트

• 남북의 화해와 협력을 위한 노력 •

✎ 시험에 꼭 나오는 키워드

각각 정부의 통일 정책 정리하기 ➡ 박정희 정부, 노태우 정부, 김대중 정부, 노무현 정부의 통일 정책은 단독으로 출제됨

✔ 최다 빈출 선지

Ⅰ 장면 내각
① 남북 학생 회담 요구 집회가 벌어졌다.

Ⅰ 박정희 정부
① 7 · 4 남북 공동 성명을 발표하였다.
② 남북 조절 위원회를 개최하였다.

Ⅰ 전두환 정부
① 최초로 남북 간 이산가족 상봉을 성사시켰다.

Ⅰ 노태우 정부
① 남북 기본 합의서를 채택하였다.
② 남북한이 유엔에 동시 가입하였다.
③ 중국, 소련 등과 수교하였다.
④ 한반도 비핵화 공동 선언을 채택하였다.

Ⅰ 김대중 정부
① 6 · 15 남북 공동 선언을 발표하였다.
② 최초로 남북 정상 회담을 개최하였다.
③ 금강산 관광 사업을 시작하였다(해로).
④ 개성공단 조성에 합의하였다.

Ⅰ 노무현 정부
① 금강산 관광 사업을 시작하였다(육로).
② 제2차 남북 정상 회담을 개최하였다.
③ 개성공단 건설 사업을 실현하였다.

기본 67회 45번

01 (가)에 들어갈 내용으로 옳은 것은?

① 개성 공단 조성
② 남북 기본합의서 채택
③ 7 · 4 남북 공동 성명 발표
④ 6 · 15 남북 공동 선언 합의

노태우 정부의 통일 정책   정답 ②

(가)에 들어갈 내용은 노태우 정부의 통일 정책이다. 노태우 정부는 1990년부터 남북 고위급 회담을 여러 차례 개최하였고, 1991년에는 남북한이 유엔(국제 연합)에 동시 가입하였다. 이는 남북 화해와 공존의 가능성을 확인하는 계기가 되었고, 남북 관계의 발전에 새로운 발판이 되었다. 이후 서울과 평양을 오가면서 열린 남북 고위급 회담의 결과 1991년 남북한은 '남북 사이의 화해와 불가침 및 교류 협력에 관한 합의서(남북 기본합의서)'를 채택하였다.

정답 분석

② 노태우 정부는 1991년 남북 총리급 회담이 개최되어 남북 유엔 동시 가입과 남북 기본합의서를 채택하는 성과를 이루었다.

오답 피하기

① 김대중 정부는 정상 회담의 결과 발표된 6 · 15 남북 공동 선언에 따라 개성 공단 건설 등의 경제 협력 및 사회 · 문화 교류를 추진하였다.
③ 박정희 정부는 1972년 7 · 4 남북 공동 성명을 서울과 평양에서 동시에 발표하였다. 그 후 남북 조절 위원회가 설치되었다.
④ 2000년 김대중 정부는 북한을 방문하여 분단 이후 최초의 남북 정상 회담을 개최하였고, 그 결과 6 · 15 남북 공동 선언이 채택되었다.

기본 64회 45번

02 밑줄 그은 '정부'의 통일 노력으로 옳은 것은?

① 남북 기본합의서를 채택하였다.
② 남북한이 유엔에 동시 가입하였다.
③ 6·15 남북 공동 선언을 발표하였다.
④ 최초로 남북 간 이산가족 상봉을 성사시켰다.

기본 58회 46번

03 다음 뉴스가 보도된 정부 시기의 통일 노력으로 옳은 것은?

대통령 내외와 수행원단이 개성 공단을 방문하였습니다. 대통령 취임 이후 일관되게 추진해 온 대북 정책의 성과와 남북 경제 협력의 중요성을 확인했다는 점에서 의미가 큽니다.

대통령 내외, 개성 공단 방문

① 이산가족 최초 상봉
② 남북 기본합의서 채택
③ 남북한 유엔 동시 가입
④ 10·4 남북 정상 선언 발표

김대중 정부의 통일 정책   정답 ③

밑줄 그은 '정부'는 김대중 정부이다. 김대중 정부는 외환 위기 속에 출범하였지만 2001년 국제 통화 기금(IMF)지원금을 조기 상환하였다. 그러나 근로자의 대량 해고, 일부 은행과 대기업의 해외 매각을 피할 수 없었다. 2002년 한·일 월드컵 대회를 성공적으로 개최하고, 4강에 올라 새로운 응원 문화도 보여 주었다. 한편, 현대그룹 정주영 명예 회장이 두 차례에 걸쳐 소떼를 몰고 북한을 방문한 것을 계기로 금강산 해로 관광이 시작되었다(1998).

정답 분석

③ 2000년 김대중 정부는 북한을 방문하여 분단 이후 최초의 남북 정상 회담을 개최하였고, 그 결과 6·15 남북 공동 선언이 채택되었다.

오답 피하기

① 1991년 노태우 정부 때 남북한은 '남북 사이의 화해와 불가침 및 교류 협력에 관한 합의서(남북 기본합의서)'를 발표하였다.
② 노태우 정부는 1991년 남북 총리급 회담이 개최되어 남북 유엔 동시 가입과 남북 기본합의서를 채택하는 성과를 이루었다.
④ 전두환 정부는 1985년 최초로 이산가족 고향 방문과 예술 공연단 교환을 실현하였으나 일회성 행사로 그치고 말았다.

노무현 정부 통일 정책   정답 ④

다음 뉴스가 보도된 정부 시기는 노무현 정부이다. 노무현 정부는 대북 화해 협력 정책을 계승하면서 북한에 대한 경제적·인도적 지원에 나섰다. 분단 후 끊겼던 경의선과 동해선 철도도 연결하였다. 개성에는 공단을 건설하여 남한의 자본과 북한의 노동력을 활용한 상품 생산이 이루어지게 되었다. 노무현은 육로로 북한을 방문하여 한반도 평화 경제 공동체 건설을 위한 '남북 관계 발전과 평화 번영을 위한 선언'을 발표하였다.

정답 분석

④ 노무현 정부는 김대중 정부의 통일 정책을 이어받아 2007년 평양에서 제2차 남북 정상 회담을 개최하고 10·4 남북 공동 선언을 발표하였다.

오답 피하기

① 전두환 정부는 1985년 최초로 이산가족 고향 방문과 예술 공연단 교환이 실현하였으나 일회성 행사로 그치고 말았다.
② 1991년 노태우 정부 때 남북한은 '남북 사이의 화해와 불가침 및 교류 협력에 관한 합의서(남북 기본합의서)'를 발표하였다.
③ 노태우 정부는 1991년 남북 총리급 회담이 개최되어 남북 유엔 동시 가입과 남북 기본합의서를 채택하는 성과를 이루었다.

VII

우리나라의 지역사와 문화

49강 우리나라의 주요 지역 역사, 세시 풍속,
민속놀이

50강 우리나라의 유네스코 등재 유산과 조선의
궁궐

49강

우리나라의 주요 지역 역사, 세시 풍속, 민속놀이

1 많은 역사가 담겨 있는 주요 지역

광역시와 특별시	
제주	고산리 유적(신석기 시대), 삼별초의 항쟁(김통정 주도), 탐라총관부 설치(원 간섭기), 벨테브레의 표류(인조, 귀화한 후 박연), 하멜 일행의 표류(효종), 김정희의 유배지, 거상 김만덕의 거점(정조, 백성 구휼), 알뜨르 비행장(일제 강점기), 제주 4·3 사건으로 많은 주민이 희생됨
부산	• 동삼동 패총(신석기), 왜관 설치(두모포, 초량), 부산진에 일본군 상륙(임진왜란), 부사 송상현과 첨사 정발의 순절(임진왜란), 내상(조선 후기 사상), 개항장(강화도 조약), 러시아의 부산 절영도 조차 요구, 일본의 경부선 부설 • 박재혁의 경찰서 폭탄 투척(의열단), 안희제의 백산 상회(임시 정부 교통국) • 6·25 전쟁 당시 임시 수도, 부·마 민주 항쟁(유신 반대 시위)
울산	반구대 암각화(선사 시대), 신라의 국제 무역항, 효심의 봉기(고려 무신 집권기)
대구	• 국채 보상 운동 시작(서상돈, 김광제 주도), 대한 광복회(박상진) • 2·28 민주 운동 시작(4·19 혁명)

▲ 제주 김정희 유배지

▲ 부산 임시 수도 대통령 관저

광주	광주 학생 항일 운동(일제 강점기), 5 · 18 민주화 운동(신군부)
강화도	• 고인돌 유적(유네스코 세계 문화유산), 참성단(단군에게 제사를 지낸 곳), 고려의 강화 천도(몽골의 침략), 고려 궁지, 삼별초의 항쟁(강화도에서 시작) • 정족산 사고(『조선왕조실록』 보관), 강화학파(양명학, 정제두), 병인양요(양헌수, 외규장각 약탈), 신미양요(어재연), 강화도 조약 체결

▲ 병인양요 때 양헌수 장군이 활약한 강화도 정족산성

경상남도

거제도	이승만의 반공 포로 석방(6 · 25 전쟁)
창원	다호리 유적의 붓(중국과의 교류 증거), 제포(세종 때 개항한 3포 중 하나)
김해	금관가야(전기 가야 연맹의 중심), 구지봉(금관가야 건국 신화에 등장), 대성동 고분군(금관가야 고분군)
합천	해인사 장경판전(팔만대장경판 보관, 유네스코 세계 문화유산)
진주	김시민의 진주 대첩(임진왜란), 진주 민란(세도 정치 시기), 조선 형평사가 창립된 곳(형평 운동)

경상북도

경주	• 신라의 도읍(금성), 황룡사 9층 목탑 소실(몽골의 침입) • 경주 역사 유적 지구(유네스코 세계 문화 유산)
안동	• 고창 전투(후삼국 통일 과정), 이천동 마애여래입상(고려 초기), 안동 봉정사 극락전(고려, 현존하는 가장 오래된 목조 건물), 홍건적 침입 때 공민왕의 피난(놋다리밟기) • 도산 서원(이황), 하회 마을(유네스코 세계 문화 유산)
영주	부석사(통일 신라, 의상이 창건), 부석사 무량수전(고려 중기, 주심포 양식 · 배흘림 기둥), 백운동 서원(이황의 건의로 최초의 사액 서원 ➡ 소수 서원)

▲ 안동 도산 서원의 전교당

전라남도

거문도	영국의 거문도 불법 점령(1885~1887)
완도	장보고의 청해진 설치(해상 무역권 장악)
진도	삼별초 항쟁(배중손 주도, 용장산성)
강진	백련사(요세가 백련 결사 운동 전개), 고려청자 도요지, 다산 초당(정약용 유배지)
흑산도	정약전이 유배지에서 『자산어보』 저술(신유박해)
나주	반남면 고분군(마한), 왕건과 견훤이 후삼국의 패권을 놓고 자웅을 겨루었던 지역, 나주역(광주 학생 항일 운동의 도화선)
암태도	지주 문재철의 횡포에 맞선 소작쟁의(일제 강점기)

▲ 강진 다산 초당

전라북도

정읍	이승만의 정읍 발언(남한만의 단독 정부 수립 주장)
전주	• 후백제 도읍(당시 완산주), 동고산성(후백제 견훤), 관노의 난(고려 무신 정권) • 경기전(태조 이성계의 어진을 모신 사당), 전동 성당(신해박해), 전주 화약(1차 동학 농민 운동)
익산	미륵사지 석탑(백제 무왕), 안승의 보덕국(고구려 부흥 운동), 백제 역사 유적 지구(왕궁리 유적, 미륵사지 유적)

▲ 전주 경기전의 태조 어진

▲ 충주 탑평리 칠층 석탑

▲ 천안 독립 기념관

▲ 강릉 오죽헌

▲ 개경 선죽교

	충청북도
보은	우리나라에 남아 있는 유일한 오층 목탑인 법주사 팔상전(조선 후기), 동학 교도들의 보은 집회(교조 신원 운동)
청주	신라 민정 문서(서원경), 상당산성(백제 토성), 용두사지 철당간(고려 초기 광종), 흥덕사(현존하는 세계에서 가장 오래된 금속 활자본 직지심체요절 간행)
충주	충주 고구려비(장수왕), 탑평리 칠층 석탑(통일 신라), 창동리 마애 여래상(고려), 김윤후의 충주성 전투(고려 대몽 항쟁), 신립의 탄금대 전투(임진왜란), 임경업 장군의 충절을 기리기 위해 세운 충렬사, 유인석의 충주성 점령(을미의병)

	충청남도
부여	백제의 도읍(성왕 때 천도), 백제 금동 대향로 출토, 정림사지 5층 석탑(평제탑)
논산	• 황산벌 전투(백제의 계백), 관촉사 석조 미륵보살 입상(고려 초기), 개태사지(고려) • 돈암 서원(김장생), 동학의 남접(전봉준)과 북접(손병희)이 연합(2차 동학 농민 운동)
공주	• 석장리 유적(구석기), 백제의 도읍(문주왕 때 천도), 무령왕릉(벽돌무덤) • 김헌창의 난(신라 하대 헌덕왕), 망이·망소이의 난(공주 명학소, 고려 무신 집권기) • 이괄의 난으로 인조가 피난을 간 곳, 우금치 전투(제2차 동학 농민 운동)
예산	수덕사 대웅전(고려 초기, 주심포 양식), 남연군 묘(흥선 대원군 아버지)
천안	아우내 장터(독립 만세 운동이 일어남), 초혼묘와 사우(유관순 열사 사적지), 망향의 동산(일본군 위안부 묘역), 독립 기념관(국난 극복의 역사)

	경기도
화성	제암리 학살 사건(3·1 운동)
용인	김윤후의 처인성 전투(대몽 항쟁, 몽골 장수 살리타 사살)
수원	수원 화성(정조), 장용영 외영(정조)

	강원도
평창	월정사 8각 9층 석탑(고려 초기, 송의 영향)
철원	후고구려의 도읍지(궁예), 도피안사 철조 비로자나불 좌상(신라 하대), 백마고지 전투(6·25 전쟁)
강릉	오죽헌(신사임당과 율곡 이이의 생가), 최초의 한글 소설 홍길동전을 지은 허균과 최고의 여류 문인으로 인정받는 허난설헌의 생가터, 선교장(조선 상류층의 가옥), 강릉대도호부 관아(고려~조선 시대에 걸쳐 중앙의 관리들이 강릉에 내려오면 머물던 건물터)

	북한
개경	• 고려의 도읍(개성, 만월대), 만적의 난(고려 무신 정권), 공민왕릉(고려 공민왕의 무덤), 선죽교(고려 시대 돌다리, 정몽주 피살), 송상의 근거지(조선 후기) • 유엔군과 공산군 사이의 첫 번째 정전 회담이 열린 곳(6·25 전쟁), 개성 공단 건설(노무현 정부)

평양	• 고구려의 도읍(장수왕, 안학궁터), 안악 3호분 벽화(고구려), 안동 도호부 설치(당나라), 묘청의 서경 천도 운동(고려), 서경 유수 조위총의 반란(고려 무신 정권), 조 · 명 연합군의 평양성 탈환(임진왜란) • 제너럴 셔먼호 사건(박규수), 대성학교(신민회, 안창호), 물산 장려 운동 시작(조만식 주도), 강주룡의 을밀대 지붕에서 고공 농성 전개(일제 강점기) • 남북 정상 회담(김대중 · 노무현 정부), 백화원의 영빈관(북한의 국빈 숙소, 1차 남북 정상 회담 개최)
덕원 (원산)	개항장(강화도 조약), 원산 학사(최초의 근대 사립 교육 기관), 원산 노동자 총파업(일제 강점기)
의주	서희의 외교 담판으로 강동 6주 획득(거란의 1차 침입), 위화도 회군(고려 후기, 이성계), 선조 피란(임진왜란), 만상의 근거지(조선 후기), 경의선 부설(일본)

▲ 북한의 주요 지역

② 우리나라의 세시 풍속

월 · 일(음력)		명칭	주요 풍속
1월 (정월)	1일	설날	• 한 해의 시작인 음력 정월 초하루 원일(元日) · 원단(元旦) · 세수(歲首) · 세초(歲初)라고 함 • 이른 아침에 '조리'를 사서 벽에 걸어 '복조리'라고 함 • 일제 강점기에 신정이 등장하면서 구정으로 불림 • 풍속 : 차례, 세배, 성묘, 널뛰기, 윷놀이, 연날리기, 떡국 먹기 등
	15일	정월 대보름	• 가장 큰 보름이라는 뜻의 음력 정월 보름인 1월 15일 • 부럼 깨기(밤, 호두, 잣 등을 깨움), 귀밝이술을 마시기(귀가 밝아지며 좋은 소식만 듣게 됨), 오곡밥 먹음 • 풍속 : 달맞이, 더위팔기, 부럼깨기, 줄다리기, 놋다리밟기, 차전놀이, 쥐불놀이, 석전, 달집태우기, 지신밟기 등
2월 또는 3월		한식	• 동지로부터 105일째 되는 날(양력 4월 5일경)로 불을 사용하지 않고 찬 음식을 먹음 • 설날 · 단오 · 추석과 함께 4대 명절의 하나로 하루 전날을 취숙일이라 함 • 풍속 : 금화(불의 사용 금지), 성묘, 산신제(서울 지역), 개사초, 제기차기, 그네타기, 갈고리 던지기 등
3월	3일	삼짇날	• 강남 갔던 제비가 돌아온다는 날로 완연해진 봄기운을 반영함 • 이 날 머리를 감으면 머리카락이 아름답다고 하여 부녀자들이 머리를 감음 • 풍속 : 화전놀이, 풀각시 놀이, 활쏘기 대회, 화전(진달래꽃전) · 화면(화채) · 쑥떡 · 고리떡 먹기 등
4월	8일	초파일	• 석가모니가 탄생한 날로 '부처님 오신 날'이라 부름 • 불교 신자들은 절에서 큰 재를 올리고 각 전각에 등불을 킴 • 불교의 연중행사 가운데 가장 큰 명절로 불교인이든 아니든 오래 전부터 우리 민족이 함께 즐긴 민속명절로 전승되어 옴

▲ 복조리

▲ 차전놀이

▲ 연등회

월 · 일(음력)		명칭	주요 풍속
5월	5일	단오	• 수리 · 천중절 · 중오절 · 수릿날이라고도 함 • 부녀자들은 창포물에 머리와 얼굴을 씻고 창포뿌리를 깎아 비녀를 만들어 머리에 꽂음 • 임금이 신하들에게 부채를 주고, 수리취떡을 만들어 먹음 • 강릉 단오제는 인류 무형 문화유산에 등재됨(2005) • 풍속 : 창포물에 머리감기, 씨름, 그네뛰기, 봉산탈춤, 송파산대놀이, 양주별산대놀이, 수박희 등
6월	15일	유두	• 복중에 들어 있으며 유둣날이라도 함 • 더운 날씨에 맑은 냇물을 찾아 목욕을 하고 머리를 감음 • 햇밀가루로 국수 · 떡을 마련하고, 참외 · 수박으로 차례를 지냄
7월	7일	칠석	• 헤어져 있던 견우와 직녀가 만나는 날 • 청년들은 학문 연마를 위해 밤하늘의 별을 보며 소원을 빌고, 부녀자들은 직녀성을 보며 바느질 솜씨가 좋아지기를 빌었음 • 풍속 : 햇볕에 옷 · 책을 말림, 여인들이 직녀성에 바느질 솜씨를 비는 걸교, 칠석놀이, 시 짓기, 칠석제 등
	15일	백중	• 백종 · 중원 또는 망혼일, 우란분절이라고도 함 • 농민들의 여름철 축제로 세벌김매기가 끝난 후 여름철 휴한기에 휴식을 취하는 날임 • 풍속 : 백중놀이, 씨름, 들돌들기, 호미걸이 등
8월	15일	추석	• 우리나라의 대표적 명절로 가배 · 가위 · 한가위 또는 중추절이라고도 함 • 신라 유리왕 때 길쌈 시합을 한 뒤 잔치를 연 것에서 유래 • 송편, 시루떡, 토란단자, 밤단자를 만들어 먹고, 저녁에 달맞이를 함 • 풍속 : 차례(새로 수확한 곡식이나 과실로 지냄), 성묘(벌초를 함), 강강술래, 거북놀이, 가마싸움, 씨름, 소싸움 등
9월	9일	중양일 (중양절)	• 중양절은 날짜와 달의 숫자가 겹치는 명절로서, 중구라고도 함 • 제비가 따뜻한 강남으로 돌아간다고 전해지는 세시풍속 • 국화주(국화를 따서 술을 빚음)과 국화전(국화 꽃잎을 따서 찹쌀가루와 반죽)을 먹음
10월		입동	• 겨울이 시작된다는 의미로 24절기 중 9번째 절기 • 노인들을 위로하기 위해 음식을 대접(치계미)하거나 김장을 담금
11월 (동짓달)		동지	• 24절기 중 하나로 일년 중에서 밤이 가장 길고 낮이 가장 짧은 날(양력 12월 22일경)로 '작은설'이라도 함 • 풍속 : 팥죽을 쑤어 먹기, 팥죽을 부엌과 대문짝 기둥에 뿌리기, 새 달력 나누어주기 등
12월 (섣달)		섣달 그믐	• 음력으로 한 해의 마지막 날 • 연말이 가까워지면 세찬이라 하여 친척 또는 친지들 사이에 마른 생선, 육포, 곶감, 사과, 배 등을 주고 받음 • 그믐날(12월 31일) 밤은 지킴이라 하여 집 안팎에 불을 밝히고, 새벽이 될 때까지 자지 않고 밤을 새웠음 • 풍속 : 묵은 세배, 윷놀이, 연말 대청소 등

▲ 남원의 광한루원 오작교
조선 시대 남원 부사 장의국이 견우와 직녀가 오작교에서 만난다는 전설을 형상화한 다리이다.

▲ 추석 차례

▲ 동지 고사 준비(팥죽 쑤기)

3 우리나라의 민속 놀이

명칭	주요 내용
줄다리기	• 예로부터 대보름날에 행하는 것이 상례로 되어 있으며, 남녀노소가 함께 참여하는 단체놀이 가운데 규모가 가장 큰 놀이 • 줄다리기는 벼농사와 깊은 관련을 맺고 있어 이긴 쪽의 줄을 가져가 거름에 섞으면 농작물이 잘 여물고, 지붕에 올려놓으면 아들을 낳고, 소를 먹이면 소가 잘 크며 튼튼해진다고 여김 • 인류 무형 문화유산에 등재됨(2015)
연날리기	• 바람을 이용해 연을 하늘에 띄우는 놀이 • 주로 초겨울에 시작되어 이듬해 추위가 가시기 전까지 행해지며 본격적인 놀이 시기는 음력 정월 초부터 대보름 사이임
윷놀이	• 대개 정월 초하루부터 보름날까지 즐김 • 도, 개, 걸, 윷, 모는 각각 돼지, 개, 양, 소, 말 등의 동물을 의미함 • 부여의 마가(말), 우가(소), 저가(돼지), 구가(개)에서 유래한 것으로 추정
투호	• 궁궐과 양반 집안에서 주로 행해지던 놀이 • 태종, 세종, 세조, 성종 등 조선의 왕들도 즐겼음 • 병을 일정한 거리에 놓고, 그 속에 화살을 던져 넣은 후 그 개수로 승부를 가림
지신 밟기	• 정월 보름날 마을에서 운영되는 풍물패의 주도아래 집집마다 돌면서 행하는 집터 닦기 • 마을의 지신(地神)을 밟아 진정시키고, 잡귀를 쫓아서 연중 무사와 만복이 깃들기를 기원함
차전놀이 (안동)	• 정월 대보름을 전후하여 안동 지방에서 행해지던 민속놀이로 동채 싸움이라고도 불림 • 후백제 견훤과 고려 태조 왕건의 치른 고창 전투에서 유래되었다는 설이 있음
그네뛰기	• 단오의 가장 대중적인 놀이 • 고려 시대에는 궁중이나 상류층, 조선 시대에는 민중 사이에 크게 유행함
강강술래	• 풍작과 풍요를 기원하는 풍속으로 주로 음력 8월 한가위에 행해짐 • 밝은 보름달이 뜬 밤에 수십 명의 마을 처녀들이 모여서 손을 맞잡아 둥그렇게 원을 만들어 돌며, 한 사람이 '강강술래'의 앞부분을 선창하면 뒷소리를 하는 여러 사람이 이어받아 노래를 부름 • 임진왜란 때 이순신 장군이 조선군에 많은 군사가 있는 것처럼 보이기 위해 부녀자들을 동원하여 강강술래를 하게 하였다고 전해짐 • 인류 무형 문화유산에 등재됨(2009)
씨름	• 단오, 추석, 백중 등의 명절놀이로 각저·각력·각희·상박이라고도 함 • 고구려 고분 각저총과 장천 1호 무덤에는 씨름을 하는 모습을 묘사한 벽화 등을 통해 삼국 시대 이전부터 실시된 것으로 추정함
놋다리 밟기	• 경북 안동·의성 등지에서 단장한 젊은 여자들이 공주를 뽑아 자신들의 허리를 굽혀 그 위로 걸어가게 하는 놀이로 기와밟기라고도 함 • 고려 공민왕이 노국공주와 홍건적의 난을 피해 안동 지방으로 피난 가던 중 개울을 건널 때 마을의 소녀들이 나와 등을 굽히고 그 위로 공주를 건너게 한 것을 놀이의 유래로 봄

▲ 영산 줄다리기

▲ 부산 지역의 전통연인 동래연을 만드는 기술을 지닌 장인

▲ 지신밟기

▲ 강강술래

▲ 놋다리 밟기

▲ 백중놀이

▲ 아리랑

▲ 농악

▲ 줄타기

명칭	주요 내용
쥐불놀이	• 정월 들어 첫 번째 드는 쥐날에 들판에 쥐불을 놓으며 노는 풍속으로 서화희, 훈서화라고도 부름 • 횃불을 들고 들판에 나가 논밭두렁의 잡초와 잔디를 태워 해충의 피해를 줄이고자 하는 의도를 담고 있음
백중놀이 (밀양)	• 경상남도 밀양에서 농민들이 논에서 김매기를 마칠 무렵인 백중을 전후하여 놀았던 놀이 • 바쁜 농사일을 끝내고 고된 일을 해 오던 머슴들이 음력 7월 15일경 지주들로부터 하루 휴가를 얻어 흥겹게 놀았음 • 1980년에 중요 무형 문화재 제68호로 지정됨
아리랑	• 우리나라의 대표적인 민요로 정선, 밀양, 진도 등 여러 지역에서 다양한 형태로 불림 • 단일한 하나의 곡이 아닌 한반도 전역에서 지역별로 다양한 곡조로 전승(약 60여 종, 3,600여 곡) • 나운규는 1926년에 이 민요를 제목으로 한 영화를 제작 • 인류 무형 문화유산에 등재됨(2012)
제기차기	구멍 뚫린 동전을 천이나 한지로 접어 싸고 그 끝을 여러 갈래로 찢어 술을 너풀거리게 만든 뒤, 이를 발로 차며 즐기는 놀이
농악	• 마을 공동체의 신명을 끌어내고 주민의 화합과 안녕을 기원하기 위해 전국에서 행해짐 • 꽹과리, 징, 장구, 북, 소고 등 타악기를 합주하면서 행진하거나 춤을 추며 연극을 펼치기도 하는 기예가 함께하는 종합 예술 • 인류 무형 문화유산에 등재됨(2014)
택견	• 조선 시대부터 한국 문화의 정수와 대중의 기쁨 및 슬픔을 반영하는 전통 무술로 전승 • 유연하고 율동적인 춤과 같은 동작으로 상대를 공격하거나 다리를 걸어 넘어뜨리는 한국 전통 무술 • 인류 무형 문화유산에 등재됨(2011)
매사냥	• 매나 기타 맹금(猛禽)을 길들여서 야생 상태에 있는 사냥감을 잡도록 하는 전통 사냥 • 원나라는 고려에 응방 설치하여 사냥용 매 수탈함 • '시치미를 뗀다.'는 말의 유래 • 인류 무형 문화유산에 등재됨(2010)
줄타기	• 다른 나라와 달리 한국의 줄타기는 음악 반주에 맞추어 줄타기 곡예사와 바닥에 있는 어릿광대가 서로 재담을 주고받음 • 대중의 접근이 쉬우며 공연자와 관객 모두에게 해방감을 느끼게 해줌 • 인류 무형 문화유산에 등재됨(2011)
남사당 놀이	• '남자들로 구성된 유랑광대극'으로서 원래 유랑예인들이 널리 행하던 다방면의 한국 전통 민속공연 • 전통적으로 남사당패는 한 곳에 머무르지 않고 떠돌아다니면서 주로 서민 관객들을 위해 공연 • 인류 무형 문화유산에 등재됨(2009)

은쌤의 합격노트

우리나라의 주요 지역 역사

✎ 시험에 꼭 나오는 키워드

각 지역별 사건 정리하기

✔ 최다 빈출 선지

① 제주 : 탐라국, 항파두리성, 탐라총관부, 하멜, 김정희 유배지, 김만덕, 알뜨르 비행장, 이중섭
② 인천 : 미추홀, 개항지, 제물포 구락부, 제17회 아시아 경기 대회 개최
③ 진주 : 12목 중 하나, 김시민의 진주대첩, 유계춘의 진주 민란, 조선 형평사 개최
④ 개경 : 공민왕릉, 만월대, 만적의 난, 선죽교, 고려 첨성대
⑤ 대구 : 공산 전투, 김광제의 국채 보상 운동, 2.28 민주 운동
⑥ 강화 : 부근리 지석묘, 참성단, 대몽 항쟁기 왕릉, 연무당 옛터, 정족산성
⑦ 청주 : 상당산성, 신라 촌락 문서, 직지와 흥덕사, 청녕각
⑧ 전주 : 후백제 도읍, 태조 이성계 어진, 경기전, 동학 농민군의 전주 화약
⑨ 부산 : 임진왜란 때 송상현 순절, 초량 왜관, 내상의 근거지, 제14회 아시아 경기 대회 개최
⑩ 공주 : 석장리 유적, 송산리 고분군, 동학 농민군의 우금치 전투
⑪ 충주 : 충주 고구려비, 김윤후의 충주성 전투, 신립의 탄금대 전투

우리나라의 세시 풍속, 민속놀이

✎ 시험에 꼭 나오는 키워드

우리나라의 세시 풍속과 민속놀이 정리하기 ➡ 초급에서 기본 체제로 개편되면서 세시풍속은 매회 출제되고, 민속놀이는 사실상 출제가 되지 않고 있음

✔ 최다 빈출 선지

| 설날
① 어른에게 세배하고 떡국 먹기

| 정월 대보름
① 들판에 쥐불을 놓으며 풍년을 기원했다.
② 액운을 물리치고 건강을 기원하는 달집태우기
③ 귀밝이술이라 하여 데우지 않은 술을 나누어 마셨다.
④ 건강을 기원하며 부럼을 깨물고 오곡밥을 지어 먹었다.

| 한식
① 불을 사용하지 않고 찬 음식 먹기

| 단오
① 창포를 삶은 물로 머리 감기
② 앵두로 화채를 만들어 먹었다.
③ 임금이 신하들에게 부채를 나누어 주었다.
④ 남자는 씨름 경기를 벌이고 여자는 그네뛰기를 하였다.
⑤ 수레바퀴 모양의 떡살로 문양을 내어 수리취떡 만들기

| 칠석
① 별을 보며 바느질 솜씨를 좋게 해 달라고 빌었다.

| 추석
① 햇곡식을 빻아 송편 빚어 먹기
② 소원 성취를 기원하는 달맞이하기

| 동지
① 호랑이 장가가는 날이다.
② 일 년 중 밤이 가장 긴 날이다.
③ 새알심을 넣어 팥죽 만들기

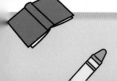

대표 기출 문제

기본 64회 48번

01 (가)에 들어갈 지역으로 옳은 것은?

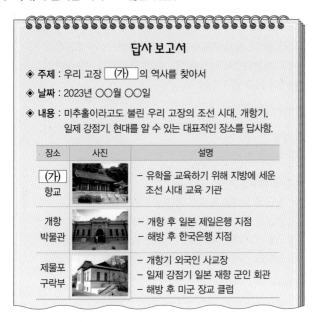

답사 보고서

◆ **주제** : 우리 고장 (가) 의 역사를 찾아서
◆ **날짜** : 2023년 ○○월 ○○일
◆ **내용** : 미추홀이라고도 불린 우리 고장의 조선 시대, 개항기, 일제 강점기, 현대를 알 수 있는 대표적인 장소를 답사함.

장소	사진	설명
(가) 향교		– 유학을 교육하기 위해 지방에 세운 조선 시대 교육 기관
개항 박물관		– 개항 후 일본 제일은행 지점 – 해방 후 한국은행 지점
제물포 구락부		– 개항기 외국인 사교장 – 일제 강점기 일본 재항 군인 회관 – 해방 후 미군 장교 클럽

① 군산
② 마산
③ 목포
④ 인천

기본 66회 44번

02 (가) 지역에 대한 탐구 활동으로 가장 적절한 것은?

저는 (가) 의 역사와 관련된 단어를 이 섬의 모양으로 표현해 보았습니다.

삼성혈 이중섭
관덕정 탐라총관부 김만덕
해녀항쟁 4·3사건 이재수의 난
고산리 알뜨르비행장 추사유배지
탐라국 송악산동굴진지 하멜

① 운요호 사건의 과정을 검색한다.
② 삼별초의 최후 항쟁지를 조사한다.
③ 고려 왕릉이 조성된 지역을 찾아본다.
④ 대한 제국 칙령 제41호의 내용을 파악한다.

인천의 역사 　　　　　정답 ④

(가)에 들어갈 지역은 인천이다. 백제의 시조인 온조와 그의 형인 비류는 고구려로부터 남하하였는데, 형인 비류는 미추홀에 도읍을 정하였다. 이 미추홀이 지금의 인천이다. 조선은 1876년 강화도 조약으로 부산, 원산, 인천 세 항구를 개방한 이래 여러 나라와 통상 조약을 체결하고 항구를 개방하였다. 제물포 구락부는 개항기 인천 제물포에 거주하던 미국, 영국, 독일, 프랑스 등 외국인들의 친목을 돕는 사교장으로 사용하기 위하여 1901년에 지었다.

정답 분석

④ 강화도 조약에 따라 일본은 서울의 관문으로 정치적, 군사적 요지였던 인천을 개항시키고 침략을 강화할 수 있었다.

오답 피하기

① 고려 후기 최무선은 화포를 이용하여 진포(현재 군산) 싸움에서 왜구를 크게 격퇴하였다.
② 박정희 정부의 유신 체제에 저항하여 부산, 마산 등지에서 부·마 민주화 운동이 전개되었다.
③ 목포는 부산과 인천을 뺀다면 가장 이른 시기에 개항된 도시이다.

제주도의 역사 　　　　　정답 ②

(가) 지역은 제주도이다. 제주 알뜨르 비행장은 일제가 모슬포 지역의 주민들을 강제 징용하여 만들었다고 알려져 있다. 제주 셋알오름 중턱에 있는 일제의 고사포 진지는 미국의 폭격기 공습에 대비한 것이다. 바닷가의 동굴 진지는 일본군이 해상으로 들어오는 연합군 함대를 공격한 곳이다. 조선 후기 정조 때 김만덕은 제주도에 큰 가뭄이 들어 사람들이 죽어갈 때 전 재산을 기부하여 제주민들을 살려냈다. 제주도의 좌익 세력은 5·10 총선거를 앞두고 단독 선거 저지와 통일 정부 수립을 내세우며 무장 봉기하였다(제주 4·3사건). 조선 후기 제주도에 표류했던 하멜 일행은 네덜란드로 돌아간 뒤 "하멜 표류기"를 발표하여 조선을 유럽에 소개하였다.

정답 분석

② 삼별초의 대몽 항쟁은 제주 항파두리성이 함락되면서 막을 내렸다.

오답 피하기

① 일본은 조선을 침략할 명분을 찾기 위해 군함 운요호를 강화도에 파견하였다.
③ 고려의 왕릉은 개성 부근 산악 지대에 분포하고 있다.
④ 대한 제국은 칙령 제41호에 울릉전도와 죽도, 석도(독도)를 울릉 군수의 관할 영역으로 선포하였다.

03 밑줄 그은 '이날'에 해당하는 세시 풍속으로 옳은 것은?

음력 5월 5일인 오늘은 한국의 전통 명절입니다. 여러분이 드시는 수리취떡은 이날에 만들어 먹는 음식입니다. 마당에서도 다양한 체험 행사가 진행 중입니다. 어떤 행사에 참여하실 건가요?

저는 창포물에 머리를 감아보려 합니다.

저는 친구와 함께 씨름 경기에 참여할 겁니다.

① 단오 ② 동지
③ 추석 ④ 한식

단오   정답 ①

밑줄 그은 '이날'은 단오이다. 단오는 일명 수릿날·중오절·천중절·단양이라고도 한다. 단오의 '단(端)'자는 처음 곧 첫 번째를 뜻하고, '오(午)'자는 오(五), 곧 다섯의 뜻으로 통하므로 단오는 '초닷새'라는 뜻이 된다. 일 년 중에 가장 양기가 왕성한 날이라 해서 큰 명절로 여겨왔고, 여러 가지 행사가 전국적으로 행해지고 있다. 단오의 풍속 및 행사로는 창포물에 머리 감기, 쑥과 익모초 뜯기, 부적 만들어 붙이기, 대추나무 시집보내기, 단오 비녀 꽂기 등의 풍속과 함께 그네뛰기·씨름·석전·활쏘기 등과 같은 민속놀이도 행해졌다.

정답 분석

① 단오는 1년 중에서 양기가 가장 왕성한 날이라 하여 음력 5월 5일에 지내는 우리나라의 명절이다.

오답 피하기

② 동지는 흔히 아세 또는 작은설이라 하였고, 태양의 부활이라는 큰 의미를 지니고 있어서 설 다음가는 작은 설로 대접하였다.
③ 추석은 음력 팔월 보름을 일컫는 말로 가을의 한가운데 달이며 또한 팔월의 한 가운데 날이라는 뜻을 지니고 있는 연중 으뜸 명절이다.
④ 한식은 동지로부터 105일째 되는 날로 설날·단오·추석과 함께 4대 명절에 해당하는 명절이다.

---

04 (가)에 들어갈 명절로 옳은 것은?

○○○
30분 전
#세시_풍속 #부럼_깨기
#오곡밥_먹기

오늘은 음력 1월 15일
[(가)] 맞이 부럼 깨기 완료!

👍 좋아요 48 💬 댓글 2 ➡ 공유하기

□□
부럼 깨기가 뭐야?

○○○
부스럼을 예방하고 치아를 튼튼하게 하려는 뜻이 담긴 세시 풍속이야.

① 단오 ② 동지
③ 한식 ④ 정월 대보름

정월 대보름   정답 ④

(가)에 들어갈 명절은 정월 대보름이다. 정월 대보름은 한국 세시풍속에서 비중이 크고 뜻이 깊은 날이기 때문에 '대보름'이라고 특별히 일컫는다. 정월 대보름날 이른 아침에 하는 부럼 깨기는 한 해 동안의 각종 부스럼을 예방하고 이[齒]를 튼튼하게 하려는 뜻으로 날밤·호두·은행·잣 등 견과류를 어금니로 깨무는 풍속이다.

정답 분석

④ 정월 대보름은 한 해의 첫 보름이자 보름달이 뜨는 날로 음력 1월 15일에 지내는 우리나라의 명절이다.

오답 피하기

① 단오는 1년 중에서 양기가 가장 왕성한 날이라 하여 음력 5월 5일에 지내는 우리나라의 명절이다.
② 동지는 흔히 아세 또는 작은설이라 하였고, 태양의 부활이라는 큰 의미를 지니고 있어서 설 다음가는 작은 설로 대접하였다.
③ 한식은 동지로부터 105일째 되는 날로 설날·단오·추석과 함께 4대 명절에 해당하는 명절이다.

50강 우리나라의 유네스코 등재 유산과 조선의 궁궐

❶ 우리나라의 유네스코 등재 유산

(1) 우리나라의 세계 문화유산

정의	세계유산협약이 규정한 탁월한 보편적 가치를 지닌 유산으로서 그 특성에 따라 자연유산, 문화유산, 복합유산으로 분류됨
갯벌, 한국의 조간대 (2021)	• 대한민국 황해의 동부 연안과 서남해안에 있는 서천갯벌, 고창갯벌, 신안갯벌, 보성-순천갯벌 등이 등재 • 전 세계적으로 멸종위기종이나 위협종 22종을 포함하여 2,150종 동식물의 생물 다양성 수준이 매우 높은 곳임
한국의 서원 (2019)	• 조선 시대의 핵심 이념인 성리학 교육 시설의 한 유형으로 사림 세력이 건립 • 영주 소수 서원, 함양 남계 서원, 경주 옥산 서원, 안동 도산 서원, 장성 필암 서원, 달성 도동 서원, 안동 병산 서원, 정읍 무성 서원, 논산 돈암 서원 등 총 9개의 서원이 등재
산사, 한국의 산지 승원 (2018)	• 산사는 산속에 자리 잡고 있는 불교 사찰들로, 대한민국 곳곳에 7~9세기에 걸쳐 지어진 7곳의 산사들이 등재됨 • 한국의 산지형 불교 사찰의 유형을 대표하는 양산 통도사, 영주 부석사, 안동 봉정사, 보은 법주사, 공주 마곡사, 순천 선암사, 해남 대흥사 등이 등재
백제 역사유적지구 (2015)	• 백제의 옛 수도였던 공주시, 부여군, 익산시 3개 지역에 분포된 8개 고고학 유적지로 이루어져 있음 • 공주 웅진성과 연관된 공산성과 송산리 고분군, 부여 사비성과 관련된 관북리 유적 및 부소산성, 정림사지, 능산리 고분군, 부여 나성, 사비 시대 백제의 두 번째 수도였던 익산시 지역의 왕궁리 유적, 미륵사지 등으로 구성
남한산성 (2014)	• 서울에서 남동쪽으로 25km 떨어진 산지에 축성(경기 광주·성남·하남 일대) • 조선 시대 유사시를 대비하여 임시 수도 역할을 담당하도록 건설됨 • 17세기 초, 청나라의 위협에 맞서 여러 차례 개축 • 병자호란 때 인조가 청의 침입에 맞서 저항한 곳
하회와 양동 (한국의 역사 마을) (2010)	• 14세기~15세기에 조성된 한국을 대표하는 역사적인 씨족 마을 • 전통 건축 양식을 잘 보존하고, 유교적 삶의 양식, 전통 문화를 계승 • 마을의 입지와 배치는 조선 시대 초기의 유교적 양반 문화가 반영
조선 왕릉 (2009)	• 1408년~1966년(5세기)에 걸쳐 만들어져 있으며, 18개 지역에 총 40기가 있음 • 왕릉은 선조와 그 업적을 기리고 존경을 표하며, 왕실의 권위를 다지고, 선조의 넋을 보호하고 능묘의 훼손을 막는 역할 • 건축의 조화로운 총체를 보여주는 탁월한 사례로, 유교의 예법을 충실히 구현하여 공간 및 구조물 배치

▲ 경주 옥산서원

▲ 남한산성

▲ 안동 하회마을

▲ 조선의 선릉(선종의 능)

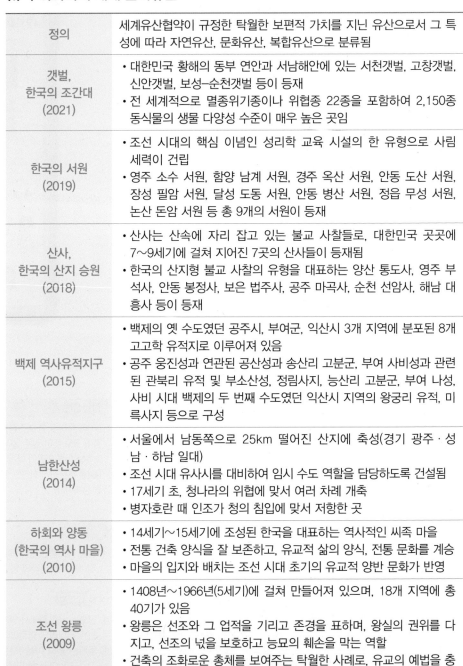

제주 화산섬과 용암동굴 (2007)	• 전 세계에서 이와 유사한 동굴계 중 가장 아름답고 우수한 것으로 평가 • 세계에서 보기 드물게 움직이지 않는 대륙 지각판 위열점에 생성된 대규모 순상 화산 • 다양한 희귀 생물이나 멸종 위기종의 서식지가 분포하고 있어 생태계 연구에 중요한 가치가 있음
경주 역사유적지구 (2000)	• 신라의 1,000년 역사를 간직하고 있는 수도로서 신라 고유의 탁월한 예술성을 확인할 수 있음 • 남산 지구, 월성 지구, 대릉원 지구, 황룡사 지구, 산성 지구로 총 5개 지구로 이루어짐 • 신라 시대의 조각, 탑, 사지, 궁궐지, 왕릉, 산성을 비롯해 여러 뛰어난 불교 유적과 생활 유적이 집중적으로 분포
고창 · 화순 · 강화의 고인돌 유적 (2000)	• 기원전 1000년에 만들어진 것으로, 장례 및 제례를 위한 문화 유산 • 청동기 시대의 사회와 문화를 보여주는 고인돌이 집중적으로 분포 • 세계의 다른 어떤 유적보다 선사 시대의 기술과 사회상을 보여줌
수원 화성 (1997)	• 정조가 부친의 묘를 옮기면서 개혁 정치의 중심지로 건설 • 주변 지형에 따라 자연스러운 형태로 조성해 독특한 아름다움을 보여줌 • 처음부터 계획되어 신축, 전통적인 축성 기법에 동양과 서양의 새로운 과학적 지식과 기술을 활용함
창덕궁 (1997)	• 경복궁 동쪽에 위치한 조선 왕조의 궁궐 • 태종 때 창건되어 가장 오랜 기간 동안 왕들이 거처하였음 • 임진왜란 때 폐허가 된 후에 재건과 중건 과정 거치면서 정궁의 역할을 함 • 정조 때 후원의 부용지를 중심으로 부용전, 주합루, 서향각이 세워짐 • 일제 강점기에는 순종이 여생을 보낸 궁이기도 함 • 자연 환경과 건축물이 완벽하게 조화를 이루고 있다고 평가받음
석굴암과 불국사 (1995)	• 경주 토함산의 아름다운 자연환경과 어우러져, 한국 고대 불교 예술의 정수를 보여줌 • 통일 신라 경덕왕 때 김대성이 창건하여 혜공왕 때 완성 • 석굴암은 인공적으로 축조된 석굴과 불상 조각에 나타난 뛰어난 기술과 예술성을 보여줌 • 불국사는 석조 기단과 목조 건축이 잘 조화된 고대 한국 사찰 건축
종묘 (1995)	• 조선 왕조의 역대 왕과 왕비의 신주를 모신 곳 • 종묘 제례가 거행되며, 종묘 제례악의 음악과 춤이 동반 • 왕을 제사 지내는 유교 사당의 표본으로, 전통 의식과 행사가 잘 이어지고 있음 • 태조가 한양으로 천도한 이후 곧바로 착공, 임진왜란 때 불탔지만 광해군 때 복원함
해인사 장경판전 (1995)	• 13세기에 제작된 팔만대장경을 봉안하기 위해 지어진 건축물 • 15세기 조선 초기에 경상남도 합천군 가야산의 해인사에 건립되었으며 대장경 목판 보관을 목적으로 지어진 세계에서 유일한 건축물 • 대장경 원형 보존을 위해 온도, 습도 조절 기능에 탁월하도록 설계

▲ 경주 월성 지구의 첨성대

▲ 수원 화성

▲ 불국사

▲ 종묘 정전

(2) 우리나라의 세계 기록 유산

정의	세계의 귀중한 기록물을 보존·활용하기 위해 선정하는 문화유산
국채 보상 운동 기록물 (2017)	• 일제의 경제적 침략에 맞서 나라의 빚을 갚기 위한 국채 보상 운동의 모든 과정을 보여 주는 기록물(1907~1910) • 주요 문적 200여종과 수기, 언론, 정부 기록물까지 총 2,475건 문건으로 구성 • 국채 보상 운동은 전세계적으로 가장 앞선 시기에 국채를 갚기 위하여 국민의 약 25%가 자발적으로 벌인 모금 운동이라는 점에서 의의가 큼
조선 통신사에 관한 기록 (2017)	• 조선에서 일본 에도 막부의 초청으로 12회에 걸쳐, 일본국으로 파견되었던 외교 사절단에 관한 자료(1607~1811) • 관련 기록물은 외교 문서, 기행문, 일기, 서화 등으로 구성된 종합 사료
조선 왕실 어보와 어책 (2017)	• 어보는 조선 왕실의 의례용 도장으로, 왕과 왕후의 존호를 올릴 때나 왕비·세자·세자빈을 책봉할 때 사용 • 어책은 세자와 세자빈의 책봉, 비와 빈의 직위 하사 때 내린 교서 • 어보와 어책은 조선 왕실 구성원의 정통성을 상징하는 의물
KBS 특별생방송 '이산가족을 찾습니다' 기록물 (2015)	• KBS가 1983년 6월 30일 밤 10시 15분부터 11월 14일 새벽 4시까지 '이산가족을 찾습니다'라는 방송에 사용된 문서·사진·영상 등의 기록물을 말함 • 전쟁의 참상을 전 세계에 고발하고 인권과 보편적 인류애를 고취시킨 생생한 기록임 • TV라는 매체가 탄생한 이후 최대 규모의 대중 참여와 접근을 보장한 기록이라는데 역사적 의의가 있으며, 방송 역사상 전례를 찾아볼 수 없는 장기 캠페인임
한국의 유교책판 (2015)	• 조선 시대에 718종의 서책을 간행하기 위해 판각한 책판 • 유교책판은 선현이 남긴 학문의 상징으로 간주되었고, 후대의 학자들은 이를 누대에 걸쳐 보관 및 전승해왔음 • 유교책판은 모두 '공론'에 의해 제작되었고, 책판으로 인쇄된 서책들은 지역 공동체의 주도 아래 간행되었음
새마을 운동 기록물 (2013)	• 1970~1979년까지 전개된 새마을 운동에 대한 문서·사진·영상 등의 기록물(대통령 연설문, 정부 문서, 마을 단위의 기록물, 편지, 새마을 운동 교재, 관련 사진, 영상 등) • 기록물들은 그 동안 기아 극복, 빈곤 퇴치, 농촌 지역 현대화, 여성의 지위 향상을 도모하였던 국제 개발 기구, 개발도상국의 정부 및 해당 정부의 국민들에게 유용하게 이용되어 왔음
난중일기 (2013)	• 이순신 장군이 일본의 조선 침략 당시였던 임진왜란(1592~1598) 때에 진중에서 쓴 친필 일기 • 임진왜란이 발발한 1592년 1월부터 이순신 장군이 노량 해전에서 결정적인 승리를 앞두고 전사하기 직전인 1598년 11월까지 거의 날마다 적은 기록(총 7책 205장)
5·18 민주화 운동 기록물 (2011)	• 1980년 5월 18일부터 5월 27일 사이에 한국 광주에서 일어난 5·18 민주화 운동과 관련한 기록물 • 5·18 민주화 운동은 한국의 민주화에 중추적인 역할을 하였을 뿐만 아니라 민주화를 쟁취함으로써 동아시아의 다른 국가들에도 영향을 미침

▲ 성종비 어보

▲ KBS 특별 생방송 「이산가족을 찾습니다」 방송기념특집 앨범

▲ 새마을 운동 기록물

▲ 5·18 민주화 운동 당시의 군 법재판 자료

일성록 (2011)	• 단 한 부만 편찬되었으므로 남아 있는 편찬본이 유일함 • 정조가 왕위에 오르기 전부터 쓴 일기에서 유래, 즉위 후에는 규장각에서 집필 • 근세 조선의 왕들이 자신의 통치에 대해 성찰하고 나중의 국정 운영에 참고할 목적으로 쓴 일기
동의보감 (2009)	• 1613년 허준이 왕명에 따라 의학 전문가들과 문인들의 협력 아래 편찬한 의학 지식과 치료법에 관한 백과사전적 의서 • 의학 원리와 실천에 관한 최초의 종합 서적으로, 공공 의료와 예방 의학의 이상을 선포한 국가의 혁신적인 지시에 따라 편찬하여 전국에 보급 • '양생(養生)'의 원칙을 바탕으로 의학에서 예방의 중요성을 전면적으로 인식한 세계 최초의 의학 서적
고려대장경판 및 제경판 (2007)	• 『고려대장경』은 13세기 몽골의 침입을 막기 위해 총 81,258판의 목판에 새긴 대장경 • 해인사에 보관되어 있는데, 목판의 판수 때문에 『팔만대장경』으로 불림 • 제경판은 『대장경』을 보완하기 위해 해인사에서 직접 후원하여 제작한 것으로 1098~1958년에 조판된 총 5,987판의 목각 제경판이 해인사에 보관되어 있음 • 당대 최고의 인쇄 및 간행 기술의 사례로 문화적 가치가 매우 높음
조선 왕조 의궤 (2007)	• 조선 왕조 500여 년간의 왕실 의례에 관한 기록물 • 조선 왕조의 중요한 행사와 의식에 관해 자세하게 설명하는 글과 그림을 포괄적이고 체계적으로 모아 놓은 문서(3,895권) • 병인양요 때 프랑스군에게 약탈당함
승정원 일기 (2001)	• 조선 시대 국왕의 비서 기관인 승정원에서 모든 국왕의 일상을 날마다 일기로 작성한 것 • 조선 왕조에 관한 방대한 규모(17~20세기 초)의 사실적 역사 기록과 국가 비밀을 담고 있음
직지심체요절 (2001)	• 고려 승려 백운화상이 선(禪)의 요체(要諦)를 깨닫는데 필요한 내용을 뽑아 엮은 책 • 상하 2권으로 되어 있었으나 상권은 아직까지 발견되지 않고, 하권만 프랑스 국립도서관에 소장되어 있음 • 이 책은 『직지심체요절』, 『직지심체』, 『직지심경』 또는 『직지』 등의 다른 이름으로도 불림 • 세계에서 가장 오래된 금속 활자로 인쇄된 책으로 인류의 인쇄 역사상 매우 중요한 기술적 변화를 보여줌
조선왕조실록 (1997)	• 조선 태조~철종까지의 25대 472년간의 역사를 연월일 순서에 따라 편년체로 기록한 책 • 『사초』, 『시정기』, 『승정원일기』, 『의정부등록』, 『비변사등록』, 『일성록』 등의 자료를 토대로 작성 • 역대 제왕을 중심으로 하여 정치와 군사 · 사회 제도 · 법률 · 경제 등 조선 왕조의 역사와 문화 전반을 포괄하는 매일의 기록임 • 실록은 후임 왕이 전왕의 실록의 편찬을 명하면 최종적으로 편찬이 됨
훈민정음 해례본 (1997)	세종이 1443년에 창제된 한글을 공표하는 반포문을 포함하여 집현전 학자들이 해설과 용례를 덧붙여 쓴 해설서 해례본(解例本)을 말함

▲ 동의보감

▲ 명성황후 국장도감의궤

▲ 직지심체요절

▲ 조선왕조실록 오대산사고본

2 조선의 궁궐

▲ 경복궁 근정전

▲ 창경궁 명정전

▲ 덕수궁 전경(위)과 덕수궁 중화전
내부(아래)

▲ 경희궁의 숭정전

경복궁	• 조선 태조 때 처음 지어진 조선의 법궁(근정전이 정전 역할을 함) • 정도전이 궁궐과 주요 전각의 명칭을 정함 • '왕과 백성이 태평성대를 누릴 큰 복을 빈다'라는 뜻을 지닌 궁궐(북궐) • 임진왜란 당시 불에 탐 고종 때 흥선 대원군이 중건 • 명성 황후가 일본 낭인들에 의해 시해된 장소(을미사변) • 일제가 조선 물산 공진회(전국 물품을 전시한 박람회) 개최 장소로 활용 • 일제에 의해 궁궐 안에 조선 총독부 건물이 세워짐
창경궁	• 세종 양위 후 태종이 기거하기 위해 창건(처음 이름은 수강궁) • 성종 때에 대비전의 세조의 비 정희왕후, 덕종의 비 소혜왕후, 예종의 계비 안순왕후를 모시기 위해 수강궁을 수리하여 조성한 궁궐(동궐) • 숙종 때 장희빈이 죽은 곳, 영조 때 사도세자가 죽은 곳 • 일제에 의해 동물원 · 식물원이 설치 후 창경원으로 격하되었다가 1980년대에 복원
창덕궁	• 태종 때에 한양 재천도를 위해 경복궁 동쪽에 지은 궁궐(동궐) • 임진왜란 이후 경복궁이 불타면서 왕들이 이곳에서 국정을 돌보았음 • 정조가 규장각으로 사용하였던 주합루가 있음 • 인정전(정전), 돈화문(정문), 연경당(접견실), 부용정과 부용지(정원과 연못)가 있음 • 1997년 유네스코 세계 문화유산에 등재
덕수궁 (경운궁)	• 임진왜란 때 의주로 피난 갔던 선조가 다시 한양으로 돌아와 월산 대군의 집터(성종의 형)를 행궁으로 삼음(정릉동 행궁) • 선조가 승하하고 광해군이 즉위한 곳 ➡ 광해군이 즉위한 후 창덕궁으로 거처를 옮기면서 경운궁이란 이름을 사용, 광해군이 인목대비를 유폐한 곳임 • 고종이 아관파천 후 환궁한 곳 ➡ 고종이 대한 제국을 선포한 후 황궁으로서의 규모와 격식을 갖추게 됨 • 고종의 강제퇴위 이후 규모가 축소되면서 덕수궁으로 이름이 바뀌게 됨 • 주요 건물 : 대한문(덕수궁의 정문), 중명전(을사늑약 체결, 러시아 건축가 사바틴이 설계, 고종 황제의 집무실로 사용), 함녕전(고종 황제의 거처), 정관헌(궁궐 안에 남아 있는 가장 오래된 서양식 건물), 중화전(대한 제국 황궁의 정전), 석조전(대한 제국의 서양식 건물, 두 차례의 미 · 소 공동 위원회 개최), 석어당(궁궐의 유일한 중층 목조 건물, 광해군이 인목 대비를 유폐한 곳)
경희궁	• 광해군 대에 유사시에 왕이 본궁을 피해 머무는 곳으로 지어짐 • 궁의 규모가 크고 여러 왕이 정사를 본 일이 많고, 도성 내 서쪽에 있어 서궐로 불림 • 인조는 이괄의 난으로 창덕궁과 창경궁이 불타자 경덕궁에서 정사를 봄 • 숙종과 경종이 태어나고, 숙종 · 영조 · 순조가 승하하고 경종 · 정조 · 헌종이 즉위한 곳 • 영조가 경덕궁에서 경희궁으로 궁명을 고침 • 흥선 대원군이 경복궁을 복원하면서 경복궁 재료로 사용하여 많은 전각들이 소실됨
운현궁	• 흥선 대원군의 개인 저택 • 고종이 출생하여 12세에 왕위에 오르기 전까지 성장한 곳

은쌤의 *합격노트*

· 우리나라의 유네스코 등재 유산과 조선의 궁궐 ·

✎ 시험에 꼭 나오는 키워드

- 우리나라의 세계 문화유산과 세계 기록 유산의 정리하기 ➡ 간혹 단독으로 출제됨
- 조선의 궁궐에 담긴 주요 역사 정리하기 ➡ 간혹 단독으로 출제됨

✔ 최다 빈출 선지

I 우리나라의 세계 문화유산

① 인조가 피신하여 청과 항전을 벌인 과정을 살펴본다(남한산성).
② 역대 국왕과 왕비의 신주가 모셔져 있다(종묘).
③ 익산 왕궁리 유적과 미륵사지 유적은 유네스코 세계 유산에 등재되었다(백제 역사 유적 지구).

I 세계 기록 유산

① 금속 활자로 직지심체요절이 간행되었다.
② 대장도감을 설치하여 팔만대장경을 간행하였다(고려대 장경판 및 제경판).
③ 사초, 시정기 등을 바탕으로 편찬되었다(조선왕조실록).
④ 전통 한의학을 정리한 동의보감이 간행되었다.
⑤ 외규장각 건물이 불타고 의궤가 약탈당하였다(조선왕조 의궤).
⑥ 5·18 민주화 운동 관련 기록물이 유네스코 세계 기록 유산으로 등재되었다.

I 경복궁

① 조선 태조 때 처음 지어진 조선의 법궁이다.
② 정도전이 궁궐과 주요 전각의 명칭을 정하였다.
③ 군자가 만년토록 큰 복을 누린다라는 뜻을 지닌 궁궐이다.
④ 명성 황후가 일본 낭인들에 의해 시해된 장소이다.
⑤ 조선 물산 공진회 개최 장소로 이용되었다.
⑥ 일제에 의해 경내에 조선 총독부 청사가 세워졌다.

I 창경궁

① 정희 왕후 등 세 분의 대비를 모시기 위해 수강궁을 수리하여 조성한 궁궐이다.
② 일제에 의해 창경원으로 격하되기도 하였다.

I 창덕궁

① 왕실 도서관인 규장각이 설치된 곳이다.

I 덕수궁

① 인목 대비가 광해군에 의해 유폐된 장소이다.
② 고종이 아관파천 이후 환궁한 곳이다.
③ 두 차례의 미·소 공동 위원회가 개최되었다.
④ 일제의 강압 속에 을사늑약이 체결된 현장이다.
⑤ 궁궐 안에 남아 있는 가장 오래된 서양식 건물이 있다.

대표 기출 문제

01 (가) 문화유산으로 옳은 것은?

이 실감 콘텐츠는 정조와 혜경궁이 함께 수원 화성에 행차하는 장면을 구현한 것으로, 조선 시대 왕실이나 국가의 중대한 행사를 글과 그림으로 기록한 책인 (가) 을/를 바탕으로 제작되었어요.

혜경궁   정조

① 의궤
② 경국대전
③ 삼강행실도
④ 조선왕조실록

02 (가)에 들어갈 문화유산으로 옳은 것은?

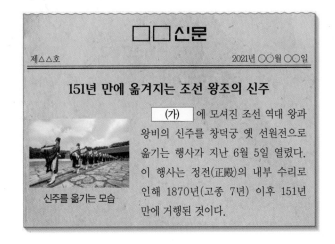

□□신문

제△△호   2021년 ○○월 ○○일

151년 만에 옮겨지는 조선 왕조의 신주

(가) 에 모셔진 조선 역대 왕과 왕비의 신주를 창덕궁 옛 선원전으로 옮기는 행사가 지난 6월 5일 열렸다. 이 행사는 정전(正殿)의 내부 수리로 인해 1870년(고종 7년) 이후 151년 만에 거행된 것이다.

신주를 옮기는 모습

① 종묘
② 사직단
③ 성균관
④ 도산 서원

의궤   정답 ①

(가) 문화유산은 의궤이다. 의궤는 조선 시대에 왕실이나 국가에 큰 행사가 있을 때 후세에 참고할 수 있도록 일체의 관련 사실을 그림과 문자로 정리한 책이다. 의궤는 왕실의 혼사, 장례, 부묘, 건축, 잔치, 편찬 등 반복적으로 일어나는 일을 기록하여 유사한 행사가 있을 시에 참고하도록 하였다.

정답 분석

① 의궤는 2007년 6월 '조선왕조의궤'로 유네스코 지정 세계기록유산에 지정되었다.

오답 피하기

② 조선 초기 성종은 "경국대전"을 완성하여 조선의 기본통치 방향과 유교적 통치 체제를 확립하였다.
③ 조선 초기 세종 때 모범이 될 충신, 효자, 열녀 등의 행적을 글과 그림으로 구성한 "삼강행실도"를 편찬하였다.
④ 조선왕조실록은 조선시대 왕들의 재위 기간 동안 일어난 일을 연, 월, 일 순서에 따라 기록하는 편년체로 구성되었다.

종묘   정답 ①

(가)에 들어갈 문화유산은 종묘이다. 종묘는 조선시대의 왕과 왕비, 그리고 실제로 왕위에 오르지는 않았으나 죽고 나서 왕의 칭호를 올려받은 왕과 그 비의 신주를 모시고 제사를 행하던 왕실의 사당이다. 종묘는 1394년 12월 태조가 한양으로 천도할 때 중국의 제도를 본떠 궁궐의 동쪽에 영건을 시작하여 다음 해 9월에 1차 완공하였다. 그 뒤 1546년 명종까지 계속되었으며, 1592년 선조 때 임진왜란으로 소실되었다가 1608년 광해군 때 중건되어 오늘에 이르고 있다.

정답 분석

① 종묘의 정전에는 19실에 19위의 왕과 30위의 왕후 신주를 모셨으며, 영녕전에는 정전에서 조천된 15위의 왕과 17위의 왕후 및 의민황태자 신주를 모셨다.

오답 피하기

② 서울 종로구 사직동에 위치한 사직단은 토지의 신인 사와 곡식의 신인 직에게 제사를 지내던 제단이다.
③ 조선 시대 성균관은 국가 최고 교육 기관이었다.
④ 도산 서원은 우리나라의 대표적인 유학자이자 선비인 퇴계 이황이 세상을 떠난 후 그의 제자들에 의하여 건립되었다.

기본 61회 19번

03 (가)에 들어갈 문화유산으로 옳은 것은?

임금께서 큰 복을 받으시라는 뜻에서 한양의 새로운 궁궐 이름을 [(가)]으로 하기를 청합니다. 또한 중심이 되는 정전은 나랏일을 부지런히 해야 한다는 의미로 근정전이라 짓고자 합니다.

그 뜻이 좋구나. 그렇게 하도록 하라.

정도전 / 태조

① 경복궁　② 경운궁
③ 경희궁　④ 창경궁

기본 52회 29번

04 다음에서 설명하는 문화유산으로 옳은 것은?

이 궁궐은 조선 시대에 창덕궁과 함께 동궐로 불렸습니다. 1/3

일제에 의해 동물원과 식물원이 설치되어 한때는 그 원래 모습을 잃었던 적도 있습니다. 2/3

이제 본 모습을 찾아가고 있는 궁궐에서 조선 왕실의 숨결을 느껴 보시기 바랍니다. 3/3

① 경복궁　② 경희궁
③ 덕수궁　④ 창경궁

경복궁　정답 ①

(가)에 들어갈 문화유산은 경복궁이다. 태조 이성계는 조선을 세운 뒤, 1394년에 도읍지를 한양으로 옮기고 북악산 아래에 경복궁을 지었다. 경복궁은 태조 이성계를 도와 조선을 세운 정도전이 붙인 이름이다. '경복'은 유교 경전에 나오는 '군자만년 개이경복'이라는 글귀에서 따온 말이다. 그 말은 '군자여, 만년토록 복을 누리소서.'라는 뜻으로 군자, 즉 임금님께서 영원토록 복을 누리시라는 뜻이 담겨 있다. 조선이 오래도록 큰 복을 누리라는 뜻으로 경복궁이라고 이름 지은 것이다. 경복궁에서 가장 크고 웅장한 건물은 근정전으로 중요한 국가 행사를 치르고, 여러 가지 나라 정책을 결정하였다.

정답 분석

① 경복궁을 지을 때 총책임자였던 정도전은 경복궁 전각 하나하나에 자신의 소망을 담은 이름을 붙여 주었다.

오답 피하기

② 고종은 환구단에서 황제 즉위식을 거행하고, 경운궁에서 국호를 대한 제국으로 선포하였다.
③ 경희궁은 도성 서쪽에 있어 서궐이라고도 하는데 이는 창덕궁과 창경궁을 동궐이라고 불렸던 것과 대비되는 별칭이다.
④ 일제 강점기에 일제는 창경궁에 동물원·식물원이 설치 후 창경원으로 격하하였다.

창경궁　정답 ④

다음에서 설명하는 문화유산은 창경궁이다. 창경궁은 원래 1418년 세종이 즉위하면서 아버지 태종을 모시기 위해 지은 수강궁이 있던 곳이다. 1483년 성종이 대왕대비인 세조의 비 정희왕후 윤씨, 성종의 생모 소혜왕후 한씨, 예종의 계비 안순왕후 한씨를 모시기 위해 수강궁을 확장하여 세운 별궁이 바로 창경궁이다. 일제는 1909년 창경궁내 전각들을 헐어내고 동물원과 식물원을 설치하였다. 1911년에는 2층 규모의 박물관을 건립하고 명칭을 '창경원'으로 바꾸어 격하시켰다. 해방 후에도 계속 동·식물원으로 이용되다가 1981년 정부에 의해 창경궁 복원 계획이 결정되면서 원형을 되찾기 시작하였다. 1986년 8월 23일 창경궁은 옛 모습을 회복하여 일반인에게 공개되었다.

정답 분석

④ 일제 강점기에 일제는 창경궁에 동물원·식물원 설치 후 창경원으로 격하하였다.

오답 피하기

① 경복궁은 조선 왕조의 개국에 따라 창건되어 초기에 정궁으로 사용되었다.
② 경희궁은 도성 서쪽에 있어 서궐이라고도 하는데 이는 창덕궁과 창경궁을 동궐이라고 불렸던 것과 대비되는 별칭이다.
③ 덕수궁 석조전에서 두 차례의 미·소 공동 위원회 개최되었다.

부록1

시대별 압축 요약집

선사 시대~초기 국가 개념정리

키워드 1 구석기 시대와 신석기 시대

구분	구석기 = 약 70만 년 전	신석기 = B.C. 8000년 전~
의식주	• 짐승 가죽(의), 사냥 · 채집 · 어로(식) • 동굴 · 막 집 · 바위그늘(주)	• 가락바퀴 · 뼈바늘(의), 농경과 목축 시작 · 채집 · 사냥(식) • 강가나 바닷가의 움집(주)
사회	이동 생활, 무리 생활, 평등 사회	정착 생활, 부족 사회, 족외혼, 평등 사회
도구	뗀석기 : 주먹도끼, 찍개, 슴베찌르개 등	간석기, 갈판 · 갈돌, 빗살무늬 토기
예술	고래 · 물고기 · 새를 새긴 조각품, 사냥감 번성 기원	원시 종교 등장, 조개껍데기 가면, 치레걸이 등
유적	연천 전곡리, 충남 공주 석장리 등	서울 암사동, 강원 양양 오산리, 제주 고산리 등
유물	▲ 주먹도끼　　▲ 찍개　　▲ 슴베찌르개	▲ 갈판과 갈돌 (간석기)　　▲ 가락 바퀴　　▲ 빗살무늬 토기

키워드 2 청동기 시대와 철기 시대

구분	청동기 = B.C. 2000년경~B.C. 1500년경에 시작	철기 = B.C. 5세기경~
의식주	벼농사 시작(식), 산간이나 구릉 지대에 거주(주)	
사회	계급 사회, 족장(군장) 출현, 선민의식 등장(천손 사상)	
도구	• 무덤 : 고인돌, 돌넘무덤 • 청동기 : 비파형 동검, 청동 방울, 거친무늬 거울 등 • 토기 : 미송리식 토기 등 • 농기구 : 반달 돌칼 등	• 철기 사용(철제 무기 · 농기구), 청동기 의기화 • 독자적 청동기 문화 발달 : 세형동검, 거푸집, 잔무늬 거울 • 민무늬 토기(토기), 널무덤, 독무덤
문화	암각화 : 울주 대곡리 반구대, 고령 양전동 일대	중국과 교역 : 오수전, 반량전, 명도전, 붓 출토(한자)
유물	▲ 반달 돌칼　　▲ 비파형 동검 ▲ 고인돌　　▲ 미송리식 토기	독자적인 청동기 문화의 발전 ▲ 세형동검　　▲ 거푸집 중국과 교류의 증거 ▲ 명도전　　▲ 반량전

키워드 3 · 고조선의 건국과 성장

건국	• 기원전 2333년 청동기 문화를 바탕으로 건국 • 단군 신화(삼국유사에서 언급) : 홍익인간 정신, 선민사상, 농경사회, 토테미즘, 제정일치 사회

발전	• 기원전 3세기 : 부왕, 준왕의 왕위 세습, 관직 정비(상·대부·장군) • 고조선 문화 범위 : 비파형 동검, 미송리식 토기, 탁자식 고인돌 • 8조법 : 노동력, 사유 재산 중시, 형벌과 노비 존재

위만 조선	• 위만이 준왕을 몰아내고 왕이 됨(기원전 194) • 철기 문화를 본격적으로 수용 + 중계 무역 독점 • 진번과 임둔을 복속

멸망	• 조선상 역계경이 무리를 이끌고 남쪽 진국으로 남하 • 한의 침략 ➡ 왕검성 함락 후 멸망(기원전 108) ➡ 한 군현 설치

▲ 고조선의 세력 범위

▲ 비파형 동검   ▲ 미송리식 토기   ▲ 북방식 고인돌

키워드 4 · 여러 나라의 성장

부여
• 5부족 연맹체
• 사출도(마가, 우가, 구가, 저가)
• 순장, 1책 12법, 형사 취수제, 우제점법
• 영고(12월)

삼한
• 목지국 지배자(진왕, 마한왕)가 삼한 전체 주도
• 군장(신지, 견지, 부례, 읍차)이 각 소국 통치
• 제정 분리 사회 : 정치적 지배자 군장과 제사장 천군(소도 다스림)이 따로 존재
• 변한 : 철 생산 및 수출(낙랑, 왜), 철을 화폐처럼 사용
• 벼농사 발달
• 수릿날(5월), 계절제(10월)

고구려
• 5부족 연맹체
• 제가 회의
• 서옥제, 형사취수제
• 동맹(10월)

옥저
• 군장 국가(읍군, 삼로)
• 해산물 풍부 ➡ 고구려에 공납
• 가족 공동 무덤, 민며느리제

동예
• 군장 국가(읍군, 삼로)
• 특산물(단궁, 과하마, 반어피)
• 책화, 족외혼
• 무천(10월)

삼국 시대 개념정리

2일차

키워드 1 **삼국의 발전과 쇠퇴**

건국

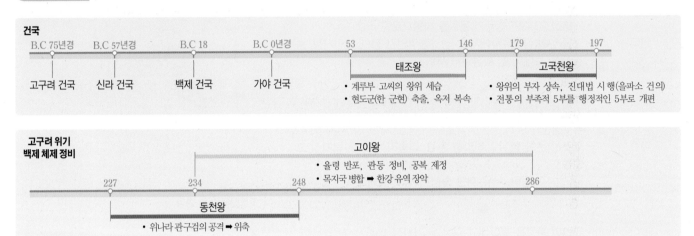

| B.C 75년경 | B.C 57년경 | B.C 18 | B.C 0년경 | 53 | 146 | 179 | 197 |
| 고구려 건국 | 신라 건국 | 백제 건국 | 가야 건국 | 태조왕 | | 고국천왕 | |

태조왕
• 계루부 고씨의 왕위 세습
• 현도군(한 군현) 축출, 옥저 복속

고국천왕
• 왕위의 부자 상속, 진대법 시행(을파소 건의)
• 전통의 부족적 5부를 행정적인 5부로 개편

고구려 위기
백제 체제 정비

고이왕
• 율령 반포, 관등 정비, 공복 제정
• 목지국 병합 ➡ 한강 유역 장악

227 234 248 286

동천왕
• 위나라 관구검의 공격 ➡ 위축

4세기
백제 전성기

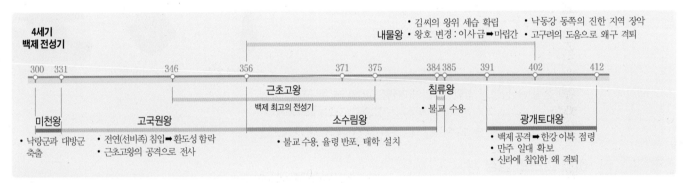

내물왕
• 김씨의 왕위 세습 확립 • 낙동강 동쪽의 진한 지역 장악
• 왕호 변경 : 이사금 ➡ 마립간 • 고구려의 도움으로 왜구 격퇴

300 331 346 356 371 375 384 385 391 402 412

미천왕
• 낙랑군과 대방군 축출

고국원왕
• 전연(선비족) 침입 ➡ 환도성 함락
• 근초고왕의 공격으로 전사

근초고왕
백제 최고의 전성기

소수림왕
• 불교 수용, 율령 반포, 태학 설치

침류왕
• 불교 수용

광개토대왕
• 백제 공격 ➡ 한강 이북 점령
• 만주 일대 확보
• 신라에 침입한 왜 격퇴

5세기
고구려 전성기

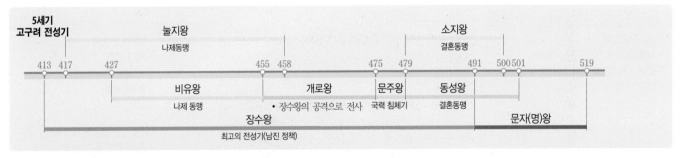

눌지왕
나제동맹

소지왕
결혼동맹

413 417 427 455 458 475 479 491 500 501 519

비유왕
나제 동맹

개로왕
• 장수왕의 공격으로 전사

문주왕
국력 침체기

동성왕
결혼동맹

장수왕
최고의 전성기(남진 정책)

문자(명)왕

6세기
신라 전성기

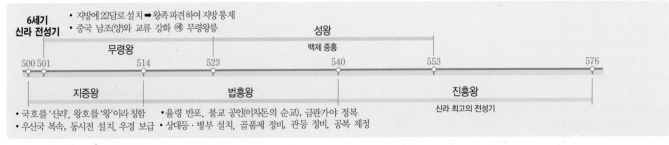

• 지방에 22담로 설치 ➡ 왕족 파견하여 지방 통제
• 중국 남조(양)와 교류 강화 ⓔ 무령왕릉

무령왕

성왕
백제 중흥

500 501 514 523 540 553 576

지증왕
• 국호를 '신라', 왕호를 '왕'이라 칭함
• 우산국 복속, 동시전 설치, 우경 보급

법흥왕
• 율령 반포, 불교 공인(이차돈의 순교), 금관가야 정복
• 상대등 · 병부 설치, 골품제 정비, 관등 정비, 공복 제정

진흥왕
신라 최고의 전성기

◆ 신라 왕호 변천

거서간	→	차차웅	→	이사금	→	마립간	→	왕
군장 (혁거세)		제사장 (남해)		연장자 (유리)		대수장 (내물)		지증왕 때부터 사용

◆ 호우명 그릇

광개토 대왕의 3년상 행사에 쓰였던 제사 용기가 신라 무덤 호우총에서 발견 ➡ 5세기 고구려가 신라에 영향력을 행사한 증거임

◆ 백제와 고구려의 돌무지 무덤

▲ 장군총　　　　▲ 백제 석촌동 고분

백제 초기 무덤이 고구려의 돌무지 무덤을 닮은 것은 백제 건국 중심 세력이 고구려와 같은 계통의 집단임을 나타내는 증거임

◆ 삼국의 전성기

▲ 백제 전성기(4세기)

▲ 고구려 전성기(5세기)

▲ 신라 전성기(6세기)

근초고왕 (346~375)	• 왕위의 부자 상속 • 정복 활동 　┌ 마한 완전 정복 　└ 고구려의 평양성 공격 ➡ 고국원왕 전사 • 백제 중심의 해상 교역권 확립 　┌ 중국 남조의 동진과 국교 　├ 가야 및 왜와의 교역로 개척 　└ 중국 요서 지방과 일본 규슈 지방 진출 • 고흥의 「서기」 편찬
장수왕 (413~491)	• 남진 정책 : 국내성 ➡ 평양 천도(427) • 백제 한성 점령 ➡ 개로왕 살해, 한강 유역 확보 • 충주(중원) 고구려비, 광개토대왕릉비 건립 • 분열된 중국 남북조와 교류
성왕 (523~554)	• 사비(부여)로 수도 천도, 국호를 '남부여'라 함 • 중앙 관청 22개로 정비, 행정 구역 정비(수도 5부, 지방 5방) • 신라와 연합하여 한강 하류 지역 일시 차지 ➡ 신라 기습으로 상실 　➡ 관산성 전투에서 전사
진흥왕 (540~576)	• 화랑도를 국가적인 조직으로 정비 • 백제 성왕을 배신하고 한강 유역 독점 • 대가야 정복, 원산만 일대(함경도) 진출 • 당항성 설치 ➡ 중국과 직접 교류 • 영토 확장 기념 ➡ 단양 신라 적성비와 4개의 순수비를 세움 • 거칠부의 「국사」 편찬

삼국 시대 개념정리

키워드 2 가야의 성장과 멸망

건국	• 변한 계승, 낙동강 일대의 여러 나라가 연합하여 세운 연맹체 • 중앙 집권 국가로 발전하지 못함
전기 가야 연맹 (3세기 이후~5세기 초)	• 전기 가야 맹주 : 김해 금관가야(김수로 건국) 중심 • 중계 무역(낙랑군과 왜의 규슈 연결) • 질 좋은 철 생산, 덩이쇠(화폐로 사용) • 광개토 대왕이 보낸 고구려군의 공격으로 금관가야 쇠퇴
후기 가야 연맹 (5세기 말)	후기 가야 맹주 : 고령의 대가야 중심 ➡ 농업 생산 기반과 제철 기술을 바탕으로 급속히 성장
멸망	• 백제와 신라의 잦은 공격 ➡ 멸망 ┌ 금관가야 : 신라 법흥왕에 멸망(532) └ 대가야 : 신라 진흥왕에 의해 멸망(562)

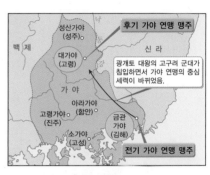

▲ 가야 연맹의 중심 세력 변화

▲ 철 갑옷　　▲ 가야의 금동관

키워드 3 수·당의 고구려 침략과 삼국 통일

고구려		나·당 동맹(648)	백제 멸망(660)
수의 침입	수 문제와 양제의 침략 ➡ 을지문덕 살수 대첩 승리(612)	백제 의자왕이 대야성 등 40여 개 신라 성을 빼앗음 ➡ 신라 김춘추 고구려에 구원병 요청(실패) ➡ 김춘추가 당으로 건너가 성사 ➡ 당에게 대동강 이북 땅을 넘기로 약속	나·당 연합군 공격 ➡ 계백의 황산벌 전투 패배 ➡ 사비성 함락
당의 침입	요동에 천리장성 축조, 당 침략 ➡ 안시성 싸움에서 승리(645)		**백제 부흥 운동의 전개** 흑치상지, 복신, 도침, 부여풍 주도 ➡ 지원 온 왜의 패배(백강 전투) ➡ 지도층의 분열로 실패

고구려 멸망(668)	나·당 전쟁(675~676)
연개소문 사후 지배층의 권력 다툼, 분열 ➡ 나·당 연합군의 공격 ➡ 평양성 함락	• 당의 한반도 지배 욕심 : 웅진 도독부·계림 도독부·안동 도호부 설치 • 매소성 전투(675) : 당의 20만 대군을 물리침 • 기벌포 전투(676) : 금강 하구 기벌포에서 당의 수군 격파 • 삼국 통일 완성(676) : 대동강 이남 지역 확보
고구려 부흥 운동의 전개 고연무, 검모잠, 안승 주도 ➡ 신라는 당 견제를 위해 안승에게 보덕국을 세우게 함	

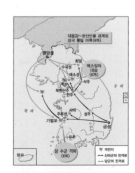

▲ 나·당 전쟁의 전개

삼국의 사회와 경제

고구려	• 지배층 : 왕족 고씨와 5부 출신 귀족, 제가 회의 • 풍습 : 형사취수제, 서옥제, 엄격한 법률(1책 12법), 상무적인 기풍 • 진대법 실시(고국천왕) : 춘대추납의 빈민 구제 제도
백제	• 지배층 : 부여씨(왕족)와 8성 귀족, 정사암 회의 • 반역·살인자는 사형, 도둑질한 자는 귀양, 뇌물받은 관리는 3배로 배상 및 금고형
신라	• 화랑도 : 진흥왕 때 국가적 조직으로 정비 　┌ 구성 : 화랑(진골 귀족의 자제)과 낭도(귀족과 평민) 　└ 역할 : 계층 간의 대립과 갈등을 조절 및 완화 • 골품제 : 신라에 편입된 부족장 세력의 크기에 따라 등급을 매긴 귀족 신분제 　➡ 정치·사회적 활동 범위를 규정, 일상생활 제한 • 화백 회의, 동시전 설치(지증왕), 녹읍과 식읍 지급

관 등		골 품				공복
등급	관등명	진골	6두품	6두품	두품	
1	이벌찬					자색
2	이 찬					
3	잡 찬					
4	파진찬					
5	대아찬					
6	아 찬					비색
7	일길찬					
8	사 찬					
9	급벌찬					
10	대나마					청색
11	나 마					
12	대 사					황색
13	사 지					
14	길 사					
15	대 오					
16	소 오					
17	조 위					

▲ 신라의 관등제와 골품제

삼국의 문화

유학	
고구려	• 학교 설립 : 태학(수도), 경당(지방) • 역사서 : 「유기」 ➡ 이문진의 「신집」 5권(영양왕)
백제	• 박사 제도 : 5경 박사 ➡ 유교 경전을 가르침 • 역사서 : 고흥의 「서기」(근초고왕)
신라	• 화랑의 유교 경전 공부 ➡ 임신서기석 내용 • 역사서 : 거칠부의 「국사」(진흥왕)

도교	
특징	산천 숭배와 신선 사상이 결합하여 발달
고구려	강서대묘의 사신도, 연개소문 때 도교 장려 등
백제	금동대향로, 산수무늬벽돌, 사택지적비 등

불교	
고구려	소수림왕(372, 전진의 순도)
백제	침류왕(384, 동진의 마라난타)
신라	• 고구려 통해 수용, 법흥왕 때 공인(이차돈 순교) • 불교식 왕명 사용, 왕즉불 사상·업설

과학 기술	
천문학	• 고구려 : 별자리를 그린 천문도와 고분 벽화 • 신라 : 첨성대
과학 기술	• 고구려 : 철을 단련하는 고분 벽화 • 백제 : 칠지도 ➡ 백제와 왜의 교류 입증 • 신라 : 금관 제작

▲ 현무도

▲ 백제 금동 대향로

▲ 산수무늬 벽돌

▲ 칠지도

▲ 첨성대

삼국 시대 개념정리

일차

키워드 5 삼국의 문화

불상	석탑

▲ 금동 연가 7년명 여래 입상 (고구려)
불상 뒷면(광배)에 고구려 연호 '연가'가 적혀 있음

▲ 서산 용현리 마애 여래 삼존상(백제)
자비로운 인상을 지녀 '백제의 미소'로 불림

▲ 미륵사지 석탑(백제)
현존하는 석탑 중 가장 규모가 크고 오래된 탑

▲ 정림사지 5층 석탑(백제)
한때 당의 소정방이 쓴 글이 있어 평제탑이라 불림

▲ 분황사 모전 석탑(신라)
돌(석재)을 벽돌 모양으로 다듬어 쌓음

무덤	
고구려	돌무지무덤(장군총) ➡ 굴식 돌방무덤(무용총, 강서 대묘 등)
백제	계단식 돌무지무덤(석촌동 고분) ➡ 벽돌무덤(무령왕릉) ➡ 굴식 돌방무덤
신라	돌무지덧널무덤(천마총) ➡ 굴식 돌방무덤

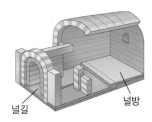

▲ 벽돌무덤
널방을 벽돌로 쌓은 백제 무덤으로 중국 남조의 영향을 받았다.

▲ 굴식 돌방무덤
돌로 널길과 널방을 짜고 그 위에 흙을 덮어 봉문을 만든 무덤으로, 널방의 벽과 천장에 벽화를 그리거나 모줄임천장 구조를 사용하기도 하였다.

▲ 돌무지 덧널무덤
나무로 덧널을 짜고 그 위에 돌을 쌓은 뒤 흙으로 봉문을 쌓는 무덤이다. 도굴이 어려워 껴묻거리가 많이 남아 있으나, 벽화는 그릴 수 없는 구조이다.

▲ 백제 무령왕릉

▲ 고구려 평양 진파리 4호분

▲ 신라 천마총

▲ 경주 천마총의 천마도

중국과의 문화 교류	
백제	남조의 영향을 받은 벽돌무덤 양식(무령왕릉), 양직공도(양나라와 교류)
신라	한강 차지 이후에는 당항성을 통해 중국과 직접 교역

▲ 양직공도   ▲ 백제 무령왕릉

일본과의 문화 교류		
고구려	승려 혜자(쇼토쿠 태자의 스승), 담징(종이와 먹, 벼루 만드는 기술 전파, 호류 사 금당 벽화)	일본의 고대 국가, 아스카 문화 형성
백제	• 오경박사, 의박사, 역박사, 천문박사 등 파견 • 왕인(논어, 천자문 가르침), 아직기(일본 태자에게 한자 교육), 노리사치계(불경, 불상 전파)	
신라	조선술, 축제술	
가야	철기 문화(철 수출, 철 갑옷), 토기 문화 전파	스에키 토기에 영향

▲ 고구려 수산리 고분 벽화   ▲ 금동 미륵보살 반가사유상   ▲ 가야 토기   ▲ 일본 다카마쓰 고분 벽화   ▲ 일본 고류사 목조 미륵 반가 사유상   ▲ 일본 스에키 토기

서역과의 문화 교류	
고구려	• 서역의 아프라시압 궁전 벽화에 고구려 사신 모습 • 고분 벽화에 서역 계통 인물 등장(각저총 씨름도)
신라	신라 무덤에서 유리 그릇, 금제 장식 보검 등 중앙아시아와 페르시아 계통 물품 출토

▲ 아프라시압 궁전 벽화   ▲ 서역에서 온 유리 제품(경주 황남대총 출토)   ▲ 각저총 씨름도

남북국 시대 개념정리

키워드 1
통일 신라의 발전과 전망

신라 중대(7~8세기)	
무열왕 (654~661)	최초의 진골 출신 왕, 사정부 설치
문무왕 (661~681)	삼국 통일 완성, 외사정 설치, 수중왕릉
신문왕 (681~692)	• 왕권 강화 : 김흠돌의 반란 진압(진골 귀족 숙청), 녹읍 폐지 ➡ 관료전 지급 • 제도 정비 : 9주 5소경, 9서당 10정 설치, 국학 설치

신라 하대(9~10세기)	
왕권 약화	진골 귀족들의 왕위 다툼, 지방 세력의 반란 ➡ 김헌창의 난(822), 장보고의 난(846) 등
새로운 세력의 성장	• 호족의 등장 : 반독립적 세력, 지방의 행정·군사권 장악 • 6두품의 불만 : 귀족이면서 관직 승진의 제한 ➡ 골품제의 모순 비판, 지방 호족과 연계 ➡ 개혁안 제시 : 최치원의 시무 10조
농민 봉기 발생	진성여왕 시기에 심화, 원종·애노의 난, 적고적의 난 등
새 사상의 등장	선종과 풍수지리설의 유행
후삼국의 성립	• 후백제 건국(900) : 완산주(전주), 견훤, 중국의 후당·오월에 사신 파견, 신라 경애왕 살해(927) • 후고구려 건국(901) : 송악, 궁예, 국호(마진 ➡ 태봉), 철원 천도(905), 광평성 설치

▲ 9주 5소경

▲ 신라 말의 사회 혼란

키워드 2
통일 신라의 사회·경제

통일 신라	
사회	• 통일 직후 : 전제 왕권 강화, 골품제 변화 • 신라 말 : 왕권 약화, 호족 등장, 농민 봉기 발생
경제	• 민정 문서 : 조세 징수와 노동력 동원 목적 • 토지 제도 : 관료전 지급, 녹읍 폐지(신문왕) ➡ 정전 지급(성덕왕) ➡ 녹읍 부활(경덕왕)
대외 교류	• 당 : 유학생(빈공과), 신라방·신라소·신라원 설치 • 청해진 설치 ➡ 장보고의 해상권 장악 • 서역 : 울산항, 아라비아 상인 왕래

▲ 남북국 시대의 무역로

▲ 무인 석상(서역과 교류)

통일 신라의 문화

유학	
유교 이념	• 신문왕 : 국학 설립 • 원성왕 : 독서삼품과 시행 ➡ 시험으로 관리 채용
6두품 학자	• 강수(외교 문서에 능함), 설총(이두 정리) • 최치원 : 진성 여왕에게 개혁 10조 건의 ➡ 실패

불교	
중대	• 교종 유행 : 경전 연구 중심 • 원효 : 「대승기신론소」 저술 ➡ 일심 사상과 화쟁 사상 주장 ➡ 불교 대중화(아미타 신앙 전파) • 의상 : 「화엄일승법계도」 저술, 부석사 창건 ➡ 화엄 사상 정립, 화엄종 개창 ➡ 관음 신앙 전파 • 혜초 : 「왕오천축국전」 저술
하대	선종 유행 : 개인의 깨달음 중시 ➡ 호족 후원, 9산 선문 성립, 승탑 유행(쌍봉사 철감선사 승탑)

문화유산	
건축	불국사, 석굴암
탑	• 감은사지 3층 석탑 : 신문왕이 아버지 문무왕의 은혜에 감사한다는 뜻으로 건립 • 불국사 다보탑 : 틀에 얽매이지 않는 기법 • 불국사 3층 석탑(석가탑) : 무구정광대다라니경 발견, 무영탑이라고도 불림 • 화순 쌍봉사 철감선사 승탑 : 팔각 원당형의 형태, 선종의 유행과 관련
인쇄물	무구정광대다라니경(현존 최고 목판 인쇄물)
범종	성덕대왕 신종(에밀레종)
고분	둘레돌의 12지 신상 조각(김유신묘), 화장 유행

▲ 감은사지 3층 석탑

▲ 석굴암 본존불(통일 신라)

▲ 불국사 3층 석탑

▲ 불국사 다보탑

▲ 불국사

▲ 안압지

▲ 쌍봉사 철감선사 승탑

▲ 성덕대왕 신종

남북국 시대 개념정리

키워드 4　**발해의 발전과 전망**

발해의 건국과 멸망	
대조영	• 동모산에서 발해 건국(698) • 고구려 유민과+말갈인 집단 이끌고 건국 • 고구려 계승 의식 표방
무왕 (719~737)	• 당과 대립 ➡ 산둥 반도를 선제공격(장문휴의 수군) • 돌궐·일본과 친교, 당·신라와 대립 • 독자적 연호 '인안' 사용
문왕 (737~793)	• 당과 친선 관계 ➡ 당의 3성 6부제 도입, 장안성 모방 • 신라도 개설, 수도를 상경 용천부로 천도 • 독자적 연호 '대흥' 사용
선왕 (818~830)	• 고구려의 옛 땅 대부분 회복 ➡ 해동성국이라 불림 • 지방 제도 완비 : 5경 15부 62주 • 독자적 연호 '건흥' 사용
멸망(926)	지배층의 분열, 거란족의 침입으로 멸망

▲ 발해의 최대 영역

키워드 5　**발해의 사회·경제**

발해	
사회	• 지배층 : 고구려인 ➡ 대씨(왕족)+고씨(귀족) • 피지배층 : 말갈인
경제	• 농업 : 밭농사 중심, 목축 발달(솔빈부의 말) • 수공업 : 금속 공예, 도자기업 발달
대외 교류	• 당 : 문왕(8세기 후반) 이후 교류 시작, 산둥 반도(등주)에 발해관 설치, 거란도·영주도를 통해 교류 • 신라 : 신라도를 통해 교류 • 일본 : 일본도를 통해 교류

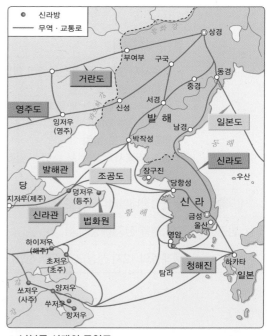

▲ 남북국 시대의 무역로

발해의 문화

문화유산	
특징	고구려+당+말갈 문화의 융합
고구려 문화 계승	• 일본에 보낸 외교 문서, 온돌 장치 • 굴식 돌방무덤의 모줄임 천장, 돌사자 상 • 연꽃무늬 기와 · 벽돌무늬, 이불병좌상 석등
유교	• 주자감(유교 경전 교육), 6부의 유교식 명칭 • 당에 유학생 파견, 빈공과 합격(신라와 경쟁)
불교	• 이불병좌상, 영광탑(당의 영향) • 발해 석등(상경에서 출토)
무덤	• 정혜공주 묘 : 굴식 돌방무덤, 모줄임 천장 구조 ➡ 고구려 문화 계승 • 정효공주 묘 : 벽돌무덤 ➡ 당+고구려 양식 혼재
건축	상경 용천부 : 당의 수도 장안성을 모방하여 만듦

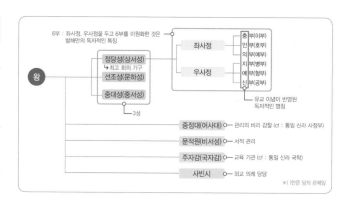

6부 : 좌사정, 우사정을 두고 6부를 이원화한 것은 발해만의 독자적인 특징

왕 — 정당성(상서성) ↳ 최고 회의 기구 — 좌사정 — 충부(이부) / 인부(호부) / 의부(예부)
선조성(문하성) — 우사정 — 지부(병부) / 예부(형부) / 신부(공부)
중대성(중서성)
— 3성
유교 이념이 반영된 독자적인 명칭

중정대(어사대) ◯→ 관리의 비리 감찰 (ơ : 통일 신라 사정부)
문적원(비서성) ◯→ 서적 관리
주자감(국자감) ◯→ 교육 기관 (ơ : 통일 신라 국학)
사빈시 ◯→ 외교 의례 담당

※ ( )안은 당의 관제임

▲ 이불병좌상(발해)

▲ 정혜 공주 묘의 돌사자상

▲ 발해 상경에서 출토된 석등

▲ 정혜 공주 묘의 모줄임천장 구조

▲ 영광탑(발해)

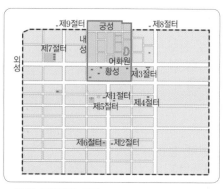

▲ 발해 상경성의 구조

▲ 발해 상경성의 터

고려 시대 개념정리

키워드 1 고려의 발전과 멸망

후삼국 통일 과정	
고려 건국 (927)	• 궁예 실정으로 추대 • 고구려 계승, 국호-고려, 도읍-송악
공산 전투 (927)	경애왕 피살 ➡ 고려군 대패(신숭겸 죽음)
고창 전투 (930)	고려군이 후백제군을 고창 크게 격퇴
신라 항복 (935)	경순왕 고려에 투항
후백제 멸망 (936)	내분으로 인한 견훤 귀순, 후백제 군 격파 ➡ 후삼국 통일

고려 초기 체제 정비	
왕건	• 호족 회유 : 정략 결혼, 관직·토지(역분전)·성씨 하사 • 호족 견제 : 사심관 제도, 기인 제도 • 흑창(민생 안정), 북진 정책(서경 중시, 국경 확장) • 훈요 10조, 정계·계백료서
광종	• 노비안검법 실시, 과거제 실시 • 공복 제정, 공신 숙청, 독자적 연호('광덕'·'준풍') 사용
성종	• 최승로의 시무 28조 건의 수용 • 체제 정비 : 2성 6부제, 12목에 지방관 파견, 향리 제도 시행, 국자감·의창 설립, 경학박사·의학박사 파견

고려 중기의 대외 관계	
거란(요) (10~11세기)	• 1차 침입(993) : 서희의 외교 담판 ➡ 강동 6주 확보 • 2차 침입(1010) : 강조의 정변, 양규의 분전 • 3차 침입(1018) : 강동 6주 반환 요구 거부 ➡ 강감찬의 귀주 대첩 • 결과 : 나성(개경) 축조, 천리장성 축조
여진(금) (12세기)	• 동북 9성 축조 : 윤관이 별무반 편성(숙종) ➡ 여진 정벌(예종) ➡ 동북 9성 축조 • 여진의 금 건국(1115) : 동북 9성 반환 ➡ 금 건국 ➡ 금의 군신 관계 요구 ➡ 이자겸 등 정권 유지를 위해 군신 관계 수용

문벌 귀족 사회의 성립과 동요	
문벌 귀족	음서와 공음전 혜택, 폐쇄적 혼인 관계 형성 ➡ 사회적 모순 대립
이자겸의 난 (1127)	• 배경 : 경원 이씨 가문의 권력 독점 • 과정 : 인종이 이자겸 제거 시도 ➡ 이자겸 반란 ➡ 인종이 반란 진압
묘청의 서경 천도 운동 (1135)	• 배경 : 이자겸의 난, 금의 군신 관계 수용 • 과정 : 묘청 등이 서경 천도 추진(풍수지리설, 칭제건원, 금 정벌 주장) ➡ 실패하자 묘청 세력이 서경에서 반란(국호 대위, 연호 천개 사용) ➡ 김부식의 관군에게 진압

고려 후기의 대외 관계	
몽골 (13세기)	• 1차 침입(1231) : 몽골 사신 저고여의 피살 ➡ 박서의 귀주성 전투 ➡ 몽골과 강화 • 2차 침입(1232) : 최우 정권의 강화도 천도 ➡ 처인성 전투(김윤후와 처인 부곡민의 항전), 살리타 사살 ➡ 이후 팔만대장경 간행 • 김윤후의 충주성 전투 승리(제5차 침입) • 충주 다인철소의 저항(제6차 침입) • 결과 : 개경 환도(1270) • 삼별초의 항쟁 : 개경 환도 반대 ➡ 강화, 진도, 제주도로 이동하며 대몽 항쟁 ➡ 여몽 연합군에 진압됨

▲ 거란의 침입

▲ 고려의 대몽 항쟁

통치 체제의 정비

중앙 정치 조직	• 2성 6부 : 중서문하성(재신+낭사) · 상서성 6부 • 중추원(군사 기밀, 왕명 출납), 어사대(관리 비리 감찰), 삼사(화폐와 곡식의 회계), 대간(낭사+어사대) • 도병마사, 식목도감 : 고려 독자적인 기구, 재추회의 • 도병마사 : 국방 담당, 도평의사사(도당)로 개편 • 식목도감 : 대내적인 법제와 격식 제정 및 관장
지방 행정 조직	• 체제 : 5도(안찰사 파견)–양계(병마사 파견) • 특수 행정 구역 : 향 · 부곡 · 소(차별적 대우) • 지방관이 파견되지 않은 속현이 주현보다 많음
관리 등용 제도	• 과거제 : 문과(제술과 · 명경과), 잡과, 승과 • 음서제 : 과거를 치르지 않고 관료로 선발(공신 · 종실 · 5품 이상 고관의 자손) ➡ 귀족적 성격

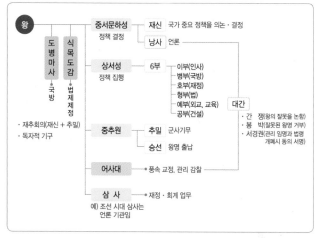

▲ 고려의 중앙 통치 체제

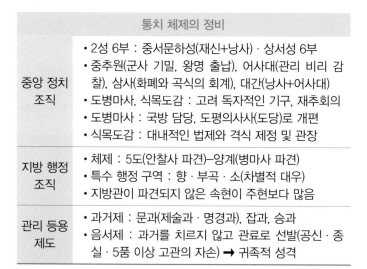

▲ 무신 정권의 변천

▲ 고려의 5도 양계

무신 정권과 하층민의 동요

무신 정변 (1170)	무신에 대한 차별, 군인전을 받지 못한 하급 군인들의 불만 ➡ 정중부, 이의방 등의 정변 ➡ 의종 폐위, 명종 옹립
초기 무신 정권 수립	중방을 중심으로 국정 주도, 무신들 간에 권력다툼(이의방 ➡ 정중부 ➡ 경대승 ➡ 이의민)
최씨 무신 정권	• 최충헌 : 봉사 10조 제시, 교정도감 설치, 도방 확대 • 최우 : 정방 설치(인사권), 삼별초 조직
무신 집권기 사회 봉기	• 무신 정권 반발 : 김보당의 난, 조위총의 난 • 농민, 하층민의 봉기 : 망이 · 망소이의 난, 만적의 난, 김사미 · 효심의 난, 전주 관노의 난 등

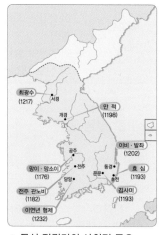

▲ 무신 집권기의 사회적 동요

고려 시대 개념정리

4 일차

원 간섭기

고종 → 원종 → 충렬왕 → 충선왕 → 충숙왕 → 충혜왕 → 충목왕 → 충정왕 → 공민왕

반원 자주 정책

고려 후기의 정치 변화	
권문세족	친원적 성향, 음서로 관직 독점, 대농장 소유, 도평의사사 장악
원 간섭기	• 왕실 용어와 관제 격하, 부마국 • 영토 상실 : 쌍성총관부, 동녕부, 탐라총관부 • 정동행성 설치 : 내정 간섭 기구 • 공녀와 공물 요구, 몽골풍 · 고려양 유행
공민왕	• 반원 자주 : 고려 관제 복구, 정동행성 혁파, 몽골풍 폐지, 친원파 제거, 쌍성총관부 수복 • 왕권 강화 : 전민변정도감 설치(신돈 등용), 정방 폐지, 신진 사대부 등용
신진 사대부	• 지방 향리 출신(중소 지주), 성리학 수용 • 과거를 통해 관직 진출, 권문세족과 대립, 불교 비판, 사회 개혁 주장

▲ 공민왕의 영토 수복 지역

▲ 변발(몽골풍)

고려 후기의 대외 관계	
홍건적의 침입	2차 침입(공민왕, 1361) : 개경이 함락되고 공민왕은 2개월 간 복주(안동)로 피란
왜구의 침입	• 최영의 홍산 대첩(1376), 이성계의 황산 대첩(1380, 아지발도 사살), 박위의 쓰시마섬(대마도) 정벌 등의 활약 • 최무선의 화통도감 설치 ➡ 최무선, 나세, 심덕무 등의 진포 대첩(1380)

▲ 홍건적과 왜구의 격퇴

▲ 족두리(몽골풍)

◈ 고려 멸망 과정

명의 철령 이북 영토 요구	➡	요동 정벌 추진	➡	위화도 회군	➡	과전법 실시	➡	조선 건국
최영과 이성계의 대립		이성계의 4불가론		이성계의 정권 장악		신진사대부 경제 기반 마련		

▲ 위화도

고려의 경제

토지 제도의 변천

태조	**역분전(940)**
	후삼국 통일 과정의 공로자에게 인품과 공로에 따라 토지(과전) 지급

경종	**시정 전시과(976)**
	관직 고하와 인품을 기준으로 전 · 현직 관료에게 전지와 시지 지급

목종	**개정 전시과(998)**
	관직만 기준으로 전 · 현직 관료에게 지급, 지급량 재조정

문종	**경정 전시과(1076)**
	현직 관료에게만 지급, 지급량 감소, 무신 대우 개선

전시과 종류	과전(관리에게 복무의 대가로 지급), 공음전(5품 이상의 관료에게 지급, 세습 가능), 한인전, 구분전, 군인전, 내장전, 공해전, 사원전, 민전(매매, 상속, 기증, 임대 등의 자유로운 개인 소유지) 등

▲ 고려의 교통로와 산업 중심지

▲ 고려의 대외 무역

경제 활동

중농 정책	• 농기구 개량, 우경에 의한 심경법 확대, 시비법 발달, 2년 3작의 보급 (밭농사) • 논농사(고려 말 일부 지방에 모내기법 보급), 목화 재배(고려 말), 농상집요 소개(원의 농서)
수공업	• 전기 : 관청 수공업과 소 수공업 중심 • 후기 : 민간 수공업과 사원 수공업 발달
상업	• 도시 : 시전(개경), 관영 상점, 경시서 설치 등 • 지방 : 장시, 행상, 조운로 이용 등 • 화폐 발행 : 건원중보(성종), 삼한통보 · 해동통보 · 해동중보 · 활구(숙종) 등 ➡ 유통 부진, 주로 곡식과 삼베 사용
대외 무역	• 송 : 조공 무역과 함께 사무역 전개 • 거란, 여진, 일본 : 11세기 후반부터 내왕 • 아라비아 : 대식국, 고려 이름이 서방에 알려짐 • 벽란도 : 국제 무역항으로 번성(예성강 하구)

▲ 건원중보

▲ 삼한통보

▲ 해동통보

▲ 활구(은병)

키워드 3 고려의 사회

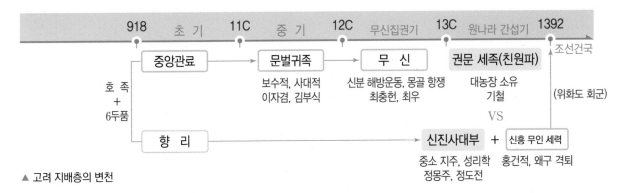

▲ 고려 지배층의 변천

	신분 제도
특징	• 골품제에 비해 개방적, 신분 상승의 기회 존재 • 지배층의 변화 : 호족 ➡ 문벌 귀족 ➡ 무신 ➡ 권문세족 ➡ 신진 사대부
귀족	왕족, 5품 이상의 고위 관료, 음서 · 공음전 혜택
중류층	지배 기구의 말단 행정직, 직역 세습 ➡ 서리, 잡류, 남반, 향리 등
양민	대대수가 농민(백정), 상인, 수공업자, 향 · 부곡 · 소의 주민 ➡ 조세 · 공납 · 역의 의무
천민	대대수가 노비, 공노비(입역 · 외거 노비), 사노비(솔거 · 외거 노비) ➡ 매매 · 증여 · 상속의 대상

▲ 고려의 신분제도

▲ 벽화 속 남녀의 모습(고려 말 문신인 박익의 묘)

	사회 제도
사회 시책	의창(빈민 구휼), 상평창(물가 조절 기관), 동서대비원(환자 진료 및 빈민 구휼), 혜민국(약국), 구제도감 · 구급도감(재해 시 백성 구제), 제위보(기금을 모아 빈민 구제)
향도	• 초기 : 매향 활동, 불상 · 석탑 · 절 건설 주도 • 후기 : 혼례와 상장례, 마을 제사 등 공동체 생활을 주도하는 농민 조직
여성의 지위	• 여성의 재가가 비교적 자유로움 • 음서의 혜택이 사위 · 외손자에게도 적용 • 재산 균분 상속, 태어난 순서대로 호적 기록 • 딸이 제사 지내기도 함, 상 · 제례 비용 균등 부담

▲ 사천 매향비

고려의 문화

유학	
초기	• 과거제 실시, 국자감 설치 • 정치 이념으로 유교 채택, 자주적 · 주체적
중기	• 귀족적 · 보수적 성향 • 사학 : 문헌공도 등 사학 12도 번성(9재 학당) ➡ 관학 위축 • 관학 진흥책 : 7재, 서적포 · 양현고 설치 • 삼국사기(김부식) : 유교적 합리주의, 현존 최고 역사서, 기전체 형식
후기	• 무신 정변 이후 유학 위축 • 고려 말 안향이 성리학 전래 ➡ 신진 사대부의 수용 • 해동고승전(각훈) : 삼국시대 이래 승려들 전기 • 동명왕편(이규보) : 고구려 시조(주몽)의 일대기를 서사시로 표현 • 삼국유사(일연) : 고조선 건국 이야기 최초 수록, 불교사 중심, 고대 민간 설화 등을 수록 • 제왕운기(이승휴) : 고조선 건국 이야기 수록, 상권에 중국 역사, 하권에 우리나라 역사 서술 • 사략(이제현) : 성리학적 역사관(정통의식 · 대의명분 강조)

불교	
의천	• 교종 입장에서 선종 통합 • 해동 천태종 창시 ➡ 교관겸수 강조
지눌	• 선종 입장에서 교종 통합 • 수선사 결사 운동 ➡ 돈오점수와 정혜쌍수 강조
요세	백련 결사 조직
혜심	유 · 불 일치설 주장, 선문염송집 편찬
대장경	초조대장경(거란 침입 시 간행) ➡ 교장(의천이 간행) ➡ 팔만대장경(몽골 침입 시 간행)

불교 · 귀족 문화	
자기 · 공예	• 자기 : 순수 청자(10~11세기) ➡ 상감청자(12~13세기, 원 간섭기 이후 쇠퇴) ➡ 분청사기(고려 말~조선 초기) • 공예 : 귀족의 생활 도구, 불교 의식 도구, 은입사 기술, 나전칠기
인쇄술	• 목판 인쇄술 : 팔만대장경 • 활판 인쇄술 : 상정고금예문, 직지심체요절
석탑	• 전기 : 월정사 8각 9층 석탑(송의 영향) • 후기 : 경천사지 10층 석탑(원의 영향) ➡ 후에 조선의 원각사지 10층 석탑으로 계승
불상	• 강한 지방색, 개성 있는 대형 불상 유행 • 광주 춘궁리 철불, 논산 관촉사 석조 미륵보살 입상, 영주 부석사 소조여래 좌상 등
건축	• 주심포 양식+배흘림 기둥(초기) : 공포가 기둥 위에 설치(봉정사 극락전, 부석사 무량수전) • 다포 양식(후기) : 기둥 위와 기둥 사이에 공포 설치, 조선 건축에 영향(사리원 성불사 응진전)

▲ 평창 월정사 8각 9층 석탑 (송의 영향)

▲ 경천사지 10층 석탑(원의 영향)

▲ 관촉사 석조 미륵보살 입상 (대형 석불)

▲ 부석사 소조 아미타여래좌상 (신라 양식 계승)

▲ 광주 춘궁리 철불 (대형 철불)

▲ 상감청자

▲ 주심포 양식(좌)과 다포 양식(우)의 비교

조선 전기 개념정리

5일차

키워드 1 조선의 건국과 통치 체제의 정비

국가 기틀 마련	
태조	• 국호 '조선' 제정, 한양 천도 • 정도전 : 불씨잡변, 조선경국전(재상 중심의 정치)
태종	왕권 강화 : 6조 직계제 실시, 호패법 실시, 사간원 독립, 사병 폐지, 개국 공신 세력 축출
세종	• 왕권과 신권의 조화 ➡ 집현전 설치, 의정부 서사제 실시, 경연 실시 • 왕도 정치 추구 ➡ 유교적 민본 사상 실현, 유교 윤리 보급
세조	왕권 강화 : 6조 직계제 실시, 집현전과 경연 폐지, 직전법 실시, 종친 등용
성종	통치 체제 정비 : 경국대전 완성 반포, 홍문관 설치(집현전 계승), 경연 실시

통치 체제의 정비	
중앙	• 의정부 : 재상 합의에 의한 국정 총괄 • 6조 : 정책 집행 • 승정원 : 왕의 비서 기관, 왕명 출납 • 의금부 : 국왕 직속 사법 기관 • 3사(사헌부, 사간원, 홍문관) ➡ 권력 독점 견제 • 한성부(한성의 행정 · 치안), 춘추관(역사 편찬 및 보관), 성균관(최고 교육 기관)
지방	• 8도(관찰사 파견) ➡ 부 · 목 · 군 · 현 설치 • 모든 군현에 수령 파견(향 · 부곡 · 소 소멸) • 수령의 권한 강화 : 지방의 행정, 군사, 사법권 장악 • 향리의 지위 약화 : 수령의 행정 실무를 보좌하는 세습적 아전으로 전락 • 관찰사, 암행어사 파견 ➡ 수령 감찰 • 유향소 : 지방 양반의 자치 기구 ➡ 수령 보좌, 향리 감찰, 백성 교화
교육 기관	• 서당 : 사립 초등 교육 기관 • 4부 학당 : 관립 중등 교육 기관 • 향교 : 지방에 설치한 관립 중등 교육 기관, 전국의 부 · 목 · 군 · 현에 하나씩 설립, 중앙에서 교수, 훈도 파견 • 성균관 : 조선 최고 관립 교육 기관, 원칙상 소과에 합격한 생원이나 진사가 입학

▲ 호패

▲ 6조 직계제(좌)와 의정부 서사제(우)

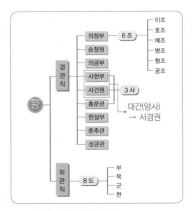
▲ 조선의 중앙 행정 조직

▲ 조선의 지방 행정 조직

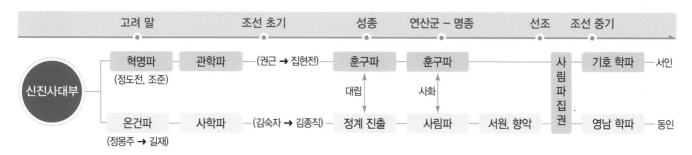

고려 말 신진 사대부의 분화

온건 개혁파	급진 개혁파
• 고려 왕조 내 점진적 개혁 (이색, 정몽주 등) • 전면적인 토지 개혁 반대	• 고려 왕조 부정, 역성혁명 주장 (정도전, 조준 등) • 전면적 토지 개혁 주장(과전법)

VS

사림파	훈구파
• 온건 개혁파 계승 • 향촌 자치, 왕도 정치 강조 ➡ 16세기 이후 정권 장악	• 공신 세력, 중앙 집권 • 성리학 이외 학문 포용 ➡ 15~16세기 전반 정치 주도

사림 세력의 성장과 붕당의 출현

성장	성종의 사림 등용 ➡ 3사 언관직 차지, 훈구 세력 비판
사화	• 연산군 : 무오사화(김종직의 '조의제문'), 갑자사화(폐비 윤씨 사건) • 중종 : 기묘사화(조광조의 개혁 정치가 발단 ➡ 현량과 실시, 소격서 폐지, 위훈 삭제) • 명종 : 을사사화(외척 간의 다툼), 양재역 벽서 사건
붕당의 형성	선조 때 사림이 정국 주도 ➡ 척신 정치의 청산, 이조 전랑 임명 문제 등을 두고 붕당 형성(동인 · 서인)
성리학 발달	• 이황 : '이' 강조, 「성학십도」 저술, 일본 성리학에 영향 • 이이 : '기' 중시, 개혁적 성향, 「성학집요」 저술
서원	선현에 대한 제사 및 교육 기능, 백운동 서원이 시초 ➡ 붕당 형성의 토대
향약	전통적 공동 조직에 유교 윤리를 가미한 향촌의 자치 규약 ➡ 사림의 지방민 통제력 강화

▲ 사림 계보도

구분	원인
무오사화(1498)	김종직의 '조의제문'
갑자사화(1504)	폐비 윤씨 사건
기묘사화(1519)	조광조의 개혁정치
을사사화(1545)	외척 간의 대립

▲ 사화의 원인

▲ 소수 서원

▲ 이황의 성학 십도

조선 전기 개념정리

5일차

키워드 3 ## 조선의 대외 관계

조선 전기 사대교린 정책	
명 (사대관계)	• 초기 요동 정벌로 대립 ➡ 태종 이후 친선 • 조공, 사신 교환, 선진 문물 수용 ➡ 실리 추구 • 동지사, 성절사 등 정기적·비정기적 사절 교환
여진 (교린정책)	• 강경책 : 4군 6진 설치(김종서), 사민정책 실시 • 회유책 : 토관 제도, 국경 지역에서 무역 허용 • 여진의 사신을 위해 한양에 북평관 설치
일본 (교린정책)	• 강경책 : 쓰시마섬 정벌(이종무) • 회유책 : 3포 개항(세종), 계해약조(세종) • 왜관 설치, 한양에 동평관 설치(일본 사신)

▲ 4군 6진

임진왜란	
전쟁 발발	도요토미 히데요시의 조선 침략 ➡ 부산진(정발)과 동래성(송상현) 함락 ➡ 충주 탄금대 전투에서 패배(신립) ➡ 한양 함락 ➡ 선조 의주 피란, 명에 지원군 요청 ➡ 일본군 평양까지 북상
반격	• 수군 활약 : 이순신의 옥포·당포·한산도 대첩 승리 • 의병 활약 : 의병 조직(곽재우, 정문부, 유정 등) • 명군의 참전, 육군의 승리(진주대첩-김시민, 행주대첩-권율)
정유재란	명과 일본의 휴전 회담 진행 ➡ 결렬 ➡ 정유재란 ➡ 도요토미 히데요시 사망 ➡ 노량해전에서 승리
영향	• 조선 : 국토 황폐화, 인구 감소, 토지 대장·호적 손실 • 중국 : 명 쇠퇴 ➡ 여진족 성장 • 일본 : 에도 막부 성립, 문화 발전(도자기, 성리학)

▲ 임진왜란과 정유재란 당시 관군과 의병의 활동

광해군	
전후 복구	토지 조사, 호적 조사, 대동법 시행, 성곽과 무기 수리, 동의보감 편찬(허준)
중립 외교	명과 후금 사이에서 실리적인 외교 정책 추진 ➡ 후금과의 전쟁을 피함
인조반정 (1623)	명에 대한 의리와 명분 강조 ➡ 중립 외교 정책과 광해군의 비윤리적인 정치(영창대군 살해, 인목대비 폐위)에 대한 서인 비판 ➡ 서인의 인조반정 ➡ 광해군 축출 ➡ 인조 즉위, 서인 집권

▲ 후금 누르하치에 항복하는 강홍립

호란과 북벌 운동	
정묘호란 (1627)	서인 세력의 친명 배금 정책(후금 자극), 이괄의 난(사회 혼란) → 조선 침략 → 인조 강화도 피란, 의병 활약(정봉수, 이립) → 화의 맺고 후금 퇴각
병자호란 (1636)	국호를 청으로 바꾼 뒤 군신 관계 요구 → 주화론과 척화론 대립(척화론 우세) → 조선 정부 거절 → 청의 침략 → 한성 함락, 인조 피란(남한산성에서 항쟁) → 청에 항복, 삼전도에서 화의 체결(군신 관계 맺음) → 북벌론, 북학론 대두

▲ 삼전도비

▲ 남한산성

북벌 운동	효종 때 청에 대한 수모 설욕을 위해 북벌 계획 → 송시열, 송준길, 이완 등이 중심이 되어 성곽 수축, 군대 확대 정비 → 청의 국력 강화로 실현 못함
나선 정벌	러시아와 청나라 간에 국경 분쟁 → 청이 조선에 원군 요청 → 두 차례 조총 부대 파견 → 승리
북학 운동	청의 선진 문물 수입 주장 → 18세기 후반 북학 운동으로 전개

조선 후기의 대외 관계	
일본	• 국교 재개 : 에도 막부의 요청 → 제한적 교류 허용, 회답 겸 쇄환사(유정 파견) • 통신사 파견 : 일본의 막부 교체 시 요청 → 조선의 선진 문물 전파 • 독도 : 숙종 때 안용복이 조선의 영토임을 확인
청	백두산 정계비 건립(1712) : 숙종 때 조선과 청의 대표가 백두산 일대를 답사한 후 국경 확정 → 서로는 압록강, 동으로 토문강을 경계로 정함

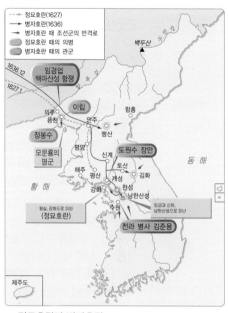

▲ 정묘호란과 병자호란

▲ 나선 정벌

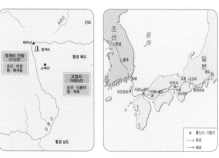

▲ 백두산 정계비   ▲ 통신사의 파견

조선 전기 개념정리

키워드 4　조선의 경제

경제	
토지제도	• 과전법 : 전 · 현직 관리, 수신전 · 휼양전 세습 • 직전법 : 현직 관리에게만 과전 지급 • 관수관급제 : 국가가 직접 조세를 거두어 지급
수취제도	• 조세 : 전분6등법, 연분9등법(세종, 토지 비옥도 · 풍흉) • 공납 : 각 지역의 토산물 징수 ➡ 대납, 방납 성행 • 역 : 16세 이상 양인 남자에게 부과 ➡ 대립, 방군수포 현상 발생
경제활동	• 농업 : 밭농사(2년 3작 일반화), 논농사(남부 지방에 모내기 보급), 농기구 개량 • 수공업 : 관영수공업 중심 • 상업 : 시전 상업(육의전 번성, 경시서 설치, 금난전권 부여), 장시(16세기 이후 전국 확대, 보부상 활약), 화폐 주조(조선통보), 무역(사신 왕래 때 공무역 성행)

1391○ 과전법 실시(고려 말 공양왕)

1466○ 직전법 실시(조선 세조)

1470○ 관수관급제 실시(조선 성종)

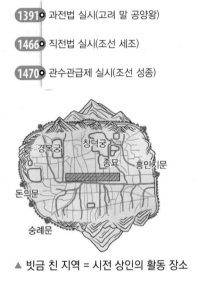

▲ 빗금 친 지역 = 시전 상인의 활동 장소

키워드 5　조선 전기의 사회

신분 제도	
특징	• 법제상 : 양천제(양인, 천인) • 실제상 : 반상제(양반, 중인, 상민, 천민)
양반	문무 관원과 그 자손, 토지와 노비 소유
중인	기술직, 중앙 관청 하급 관리, 향리, 서얼 등
상민	농민, 상인, 수공업자, 신량역천, 과거 응시 가능
천민	대부분 노비(일천즉천), 백정, 광대 등

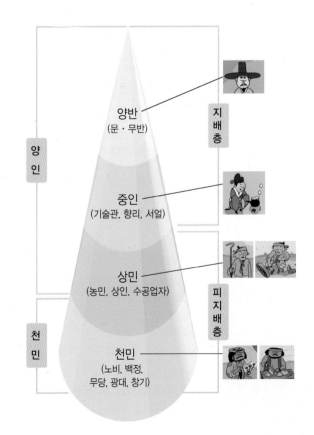

조선 전기의 문화

	민족 문화의 발달
편찬사업	• 훈민정음 반포 : 민족 문화의 기반 확대, 백성들의 문자 생활 가능, 국문학 발달 • 농서 : 농사직설(세종, 우리 현실에 맞는 농업 기술), 금양잡록(성종), 구황촬요(명조) • 의서 : 향약집성방(세종), 의방유취(세종) • 윤리서 · 의례서 : 삼강행실도(세종), 국조오례의 · 악학궤범(성종) • 역사서 : 조선왕조실록, 동국통감(성종, 서거정) • 지리서 · 지도 : 혼일강리역대국도지도(태종), 동국여지승람(성종), 해동제국기(성종) • 인쇄술 : 주자소(태종), 계미자(태종), 갑인자(세종)
과학기술	• 역법서 : 칠정산(세종, 한양을 기준으로 천체 계산) • 천문학 : 천상열차분야지도(태조, 천문도) • 과학기구(세종) : 앙부일구(해시계), 자격루(물시계), 측우기(강우량 측정), 혼천의 · 간의(천체 관측 기구)
예술	• 건축 : 궁궐, 관아, 경복궁, 원각사지 10층 석탑(15세기) → 서원 건축(16세기) • 공예 : 분청사기(15세기) → 백자(16세기) • 그림 : 안견의 '몽유도원도', 강희안의 '고사관수도'(15세기) → 산수화, 사군자 유행(16세기)

▲ 훈민정음 영인본 ▲ 조선왕조실록

▲ 삼강행실도 ▲ 해동제국기 (성종, 신숙주)

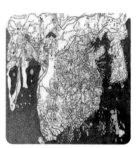

▲ 악학궤범 ▲ 혼일강리역대국지도

▲ 간의

▲ 자격루

▲ 앙부일구

▲ 측우기

▲ 몽유도원도(안견)

▲ 고사관수도(강희안)

▲ 분청사기

▲ 백자

▲ 천상열차분야지도 각석

▲ 원각사지 10층 석탑

▲ 초충도(신사임당)

▲ 목죽도 (이정)

▲ 송하보월도 (이상좌)

붕당 정치
붕당의 출현 : 선조

동인	서인
분화 배경 : 명종 때 척신 정치의 잔재 청산과 이조 전랑의 임명을 둘러싸고 사림 세력 분열	
• 김효원 등 신진 사림 • 척신정치 잔재 청산에 적극적	• 심의겸 등 기성 사림 • 척신정치 잔재 청산에 소극적

⬇

동인		서인
북인	남인	
분화 배경 : 정여립 모반 사건		

⬇

붕당 정치의 전개 : 광해군

북인	남인	서인
북인 집권 ➡ 전후 복구, 제도 개편 ➡ 인조반정(북인 실각)		

⬇

호란의 발발과 붕당 정치 : 인조+효종

남인	서인
서인 집권, 남인 참여 ➡ 서인과 남인의 공존 ➡ 붕당 연합 체제	

⬇

예송논쟁의 발생 : 현종

남인	서인
효종과 효종비의 사망을 계기로 두 차례 예송 발생(1차는 서인 승리, 2차는 남인 승리) ➡ 서인과 남인의 붕당 간 대립 심화	

⬇

환국의 발생 : 숙종

남인	서인	
	소론	노론

- 숙종이 왕권 안정을 위하여 정국을 주도하는 붕당을 자주 교체하는 환국 단행 ➡ 상대 붕당에 대한 탄압(일당 전제화)
- 경신환국(1680) : 허적의 아들인 허견의 역모설(삼복의 변)이 발생 ➡ 서인 집권, 소론과 노론의 분화
- 기사환국(1689) : 희빈 장씨 소생의 아이가 원자로 책봉, 희빈 장씨가 왕비로 책봉 ➡ 인현 왕후 폐위 ➡ 남인 재집권
- 갑술환국(1694) : 인현 왕후 복위, 남인 세력 몰락

키워드 1 조선 후기의 정치 변화

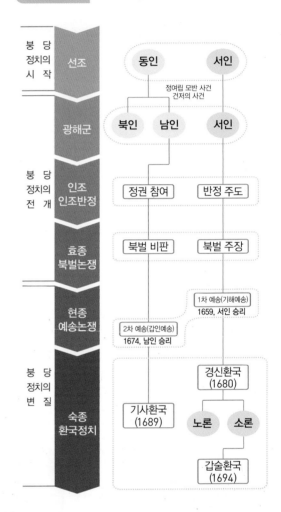

탕평 정치의 전개

영조	• 탕평책 : 탕평비 건립, 탕평파 육성, 서원 대폭 정리, 이조 전랑의 3사 관리 추천 관행 폐지 • 정책 : 균역법 시행, 가혹한 형벌 폐지, 신문고 부활, 「속대전」, 「동국문헌비고」 편찬, 준천사(청계천)
정조	• 왕권 강화 : 규장각 설치, 초계문신제 시행, 장용영 설치, 수원 화성 건설 • 규장각 검서관으로 서얼 등용(박제가, 유득공 등), 통공 정책(신해통공), 「대전통편」, 「탁지지 편찬」

조선 후기의 통치 체제 변화

	양난 이후의 제도 변화
정치 구조	비변사 : 삼포왜란(중종, 임시 기구) ➡ 을묘왜변(명종, 상설 기구화) ➡ 임진왜란(선조, 구성원이 고위 관원) ➡ 호란(인조, 최고 정치 기구) ➡ 군사, 외교, 재정, 인사 등 거의 모든 정무 총괄 ➡ 흥선 대원군 때 혁파
군사 제도	• 중앙군 : 5군영 체제 확립 ➡ 훈련도감(선조, 삼수병 체제, 직업 군인), 어영청 · 총융청 · 수어청(인조), 금위영(숙종) • 지방군 : 속오군 체제 ➡ 양반~노비까지 편제, 평상 시 생업에 종사하다가 외적이 침입하면 지역 방어

관청	설립	특징
훈련도감	선조	왜란 중 설치
수어청	인조	청 침략 대비
총융청	인조	청 침략 대비
어영청		북벌 준비(효종)
금위영	숙종	• 국왕 호위 • 수도 방위

▲ 5군영

	수취 제도의 변화
대동법 (공납)	• 배경 : 방납의 폐단, 국가 재정 악화 • 내용 : 토지 1결당 쌀(또는 동전, 삼베) 12두 납부 ➡ 상품 화폐 경제 발달(공인의 등장)
영정법 (조세)	• 배경 : 농경지 황폐화, 전세 제도 문란 • 내용 : 풍흉에 관계없이 토지 1결당 쌀 4두로 고정 ➡ 여러 명목의 부과로 농민 부담 증가
균역법 (역)	• 배경 : 농민의 군포 부담 증가 • 내용 : 1년에 군포 1필만 거둠, 보충안(결작, 선무군 관포, 잡세(어장세 · 염세 · 선박세)의 국고 전환 등) ➡ 결작 부담 소작농에게 전가

▲ 대동세의 징수와 운송

▲ 대동법 시행 시기

▲ 영조가 성균관에 세운 탕평비

▲ 수원 화성

	세도 정치의 전개
배경	정조 사후 외척이 권력 행사(안동 김씨, 풍양 조씨)
전개	소수 가문이 정치 주도, 고위직의 정치 독점(비변사를 장악한 유력 가문이 권력 행사)
폐단	왕권 약화, 정치 기반 축소, 매관매직 성행, 과거 시험 부정, 삼정의 문란(전정 · 군정 · 환곡의 문란 심화) 등
저항	홍경래의 난, 임술 농민 봉기(진주민란-백낙신, 유계춘)
수습	암행어사 파견, 안핵사 파견(박규수), 삼정이정청 설치

조선 후기 개념정리

키워드 3 조선 후기의 경제 변화

상품 화폐 경제의 발달

농업	• 모내기법 보급 : 수확량 증가, 노동력 절감(광작 가능 ➡ 부농으로 성장), 이모작(벼와 보리) 가능 • 상품작물 재배 : 면화 · 인삼 · 담배 등 재배, 쌀 상품화 • 농민층 분화 : 소수 농민의 부농 성장, 농민 대부분 임노동자로 몰락
광업	• 17세기 이후 : 민영 광산 허용 • 민영 광산 발달 : 은광, 금광 개발 활발, 잠채 성행 • 덕대(광산 전문가)가 경영(덕대제)
수공업	• 배경 : 상품 화폐 경제의 발달, 제품 수요의 증가 • 민영 수공업 발달 : 선대제 수공업 유행, 독립 수공업자 등장
상업	• 공인과 사상(만상–청, 송상–중계 무역, 경강상인–한강, 내상–일본)의 대두 ➡ 일부 도고로 성장 • 장시(보부상)와 포구(객주 · 여각 · 선상) 상업의 발달 • 상평통보의 전국적 유통 • 국제 무역의 발달 : 개시 · 후시 무역

▲ 조선 후기의 상업과 무역 활동

키워드 4 조선 후기의 사회 변화

신분제의 동요

양반	양반 수의 증가 ➡ 상민들이 공명첩, 납속책 등을 통해 신분 상승
중인	• 신분 상승 운동 전개 • 중인 : 소청 운동 전개 • 서얼 : 집단 상소 운동, 규장각 검서관 등용(정조)
상민	• 상민 수의 감소 • 경제력 상승, 군역 부담 회피 등으로 신분 상승 추구
천민	• 노비 수의 감소 • 군공, 납속, 도망 등으로 신분 해방, 공노비 해방(순조)

향촌 질서의 변화

• 양반의 향촌 지배 약화 : 양반의 지위 약화 ➡ 향전 발생, 몰락 양반 증가, 부농층 등장(관권과 결탁하여 영향력 확대)
• 농민층 분화 : 부농층(신분 상승 추구), 임노동자(몰락 농민)

▲ 상평통보   ▲ 공명첩

이름을 적는 곳이 비어 있음.

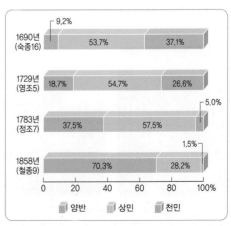

1690년 (숙종16)	9.2%	53.7%	37.1%
1729년 (영조5)	18.7%	54.7%	26.6%
1783년 (정조7)	37.5%	57.5%	5.0%
1858년 (철종9)	70.3%	28.2%	1.5%

0   20   40   60   80   100%

▨ 양반   ▧ 상민   ▦ 천민

▲ 조선 후기의 직역별 인구 변동

새로운 종교·사상의 유행과 농민 봉기

천주교	
전래	사신을 통해 서학으로 소개(17세기) ➡ 일부 남인 실학자들에 의해 신앙으로 수용(18세기) ➡ 부녀자, 하층민으로 전파
확산&탄압	• 인간 평등, 내세 신앙을 바탕으로 교세 확산 ➡ 제사 거부 등 성리학적 질서 부정을 이유로 탄압 • 탄압 : 신유박해, 황사영 백서 사건 등 • 신해박해(1791, 정조) : 윤지충이 조상의 신주를 불태우고, 어머니가 상을 당하자 천주교식으로 장례를 치러 처형을 당함(최초의 천주교도 박해 사건) • 신유박해(1801, 순조) : 노론 강경파가 천주교 신자에게 박해를 가함(정약용, 정약전 등 유배) • 황사영 백서 사건(1801, 순조) : 신유박해 때 황사영이 청의 베이징 주교를 통해 프랑스 군대의 출병을 요청하는 편지 작성 ➡ 정부의 탄압이 더 심해짐

동학	
창시	• 경주 출신 몰락 양반 최제우가 창시 • 유·불·선과 민간 신앙을 결합
확산	• 인내천 사상(평등사상), 시천주, 후천개벽, 보국안민 • 탄압 : 혹세무민을 이유로 최제우 처형
정비	최시형이 교리 정비(동경대전, 용담유사 편찬), 교단 조직 정비 ➡ 농민층 확산

예언 사상	
대두	예언 사상 유행(비기·도참을 이용한 말세의 도래, 왕조의 교체, 변란 예고, 정감록 등), 미륵 신앙 확산

농민 봉기	
배경	세도 정치로 인한 삼정의 문란
홍경래의 난 (1811)	평안도민에 대한 차별, 세도 정치 ➡ 홍경래의 지도 아래 영세 농민, 중소 상인 광산 노동자 등이 봉기(청천강 이북 지역 장악) ➡ 정부에 진압
임술 농민 봉기 (철종, 1862)	환곡의 문란, 탐관오리(백낙신)의 탐학 ➡ 진주 농민 봉기를 계기로 전국 확대 ➡ 안핵사 박규수 파견(삼정이정청 설치 건의)

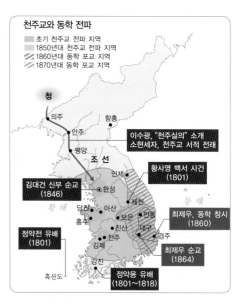

천주교와 동학 전파

- ▨ 초기 천주교 전파 지역
- ▨ 1850년대 천주교 전파 지역
- ▨ 1860년대 동학 포교 지역
- ▨ 1870년대 동학 포교 지역

이수광, "천주실의" 소개
소현세자, 천주교 서적 전래

황사영 백서 사건
(1801)

김대건 신부 순교
(1846)

최제우, 동학 창시
(1860)

정약전 유배
(1801)

최제우 순교
(1864)

정약용 유배
(1801~1818)

◀ 동학 창시자 최제우

- ♜ 홍경래 반란군의 점령지 (1811~12)
- ● 1862년(철종 13년)의 봉기
- ● 1863~93(고종 원년~30년) 간의 봉기

순조 11년
정주성에서
관군에 패함

홍경래의 난
(1811)

민란의 대비책
• 삼정이정청 설치 (1862)
• 탐관오리 숙청
• 암행어사의 파견

개령 농민
봉기(1862)

고부 농민
봉기(1894)

진주 농민
봉기(1862)

박규수를
안핵사로
파견하여
탐관오리를
파면함

제주 농민
봉기(1862)

▲ 19세기 농민 항쟁

조선 후기 개념정리

6일차

키워드 6   실학의 발달

성리학

성리학의 절대화	성리학의 상대화
• 주자 중심의 성리학 절대화 • 명분론 강화(송시열 등)	• 윤휴 : 경전의 독자적 해석 • 박세당 : 주자 학설 비판

양명학 수용

일부 소론 학자들이 연구, 성리학의 형식화와 교조화 비판 ➡ 지행합일의 실천성 강조, 강화 학파 성립(정제두)

▲ 송시열

▲ 박세당

실학의 등장

배경	성리학 비판, 사회 모순을 개혁하고자 한 학문 경향

중농학파(경세치용 학파)

• 주장 : 농촌 안정을 위한 토지 제도 개혁 주장 ➡ 자영농 육성
• 유형원 : 「반계수록」 저술, 균전론 주장, 양반 문벌 제도 · 노비 제도 비판
• 이익 : 「성호사설」 저술, 한전론 주장(영업전 이외 토지 매매), 여섯 가지 폐단 지적
• 정약용 : 「경세유표」, 「목민심서」, 「흠흠신서」 등 저술, 여전론 · 정전론 주장(공동 경작 · 분배), 거중기 제작

중상학파(이용후생 학파, 북학파)

• 주장 : 상공업 진흥, 기술 혁신, 청 문물 수용
• 유수원 : 「우서」 저술, 사 · 농 · 공 · 상 직업적 평등화 · 전문화 주장
• 홍대용 : 「의산문답」 저술, 기술 혁신, 성리학적 세계관 극복
• 박지원 : 「열하일기」 저술, 수레와 선박 이용, 화폐 유통 주장, 양반 제도 비판
• 박제가 : 「북학의」 저술, 소비 권장(우물론), 청과 통상 강화, 수레와 선박의 이용 강조

국학 연구의 확대

• 역사 : 안정복(동사강목), 유득공(발해고), 이종휘(동사), 이긍익(연려실기술), 한치윤(해동역사)
• 지리지 · 지도 : 이중환(택리지), 정상기(동국지도), 김정호(대동여지도)
• 국어 : 신경준(훈민정음운해), 유희(언문지)
• 백과사전 : 지봉유설(이수광), 동국문헌비고(영조)

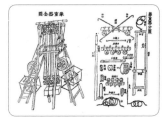
▲ 정약용의 거중기

▲ 홍대용의 혼천의

▲ 정상기의 동국지도

▲ 김정호의 대동여지도

조선 후기의 문화

서민 문화의 발달			
한글 소설	허균의 홍길동전, 춘향전, 심청전, 장화홍련전 등	민화	민중의 미적 감각 표현 ➡ 생활공간을 장식, 소원 기원
사설 시조	자유로운 형식으로 서민들의 감정을 솔직히 표현	판소리	창과 사설로 이야기를 엮어 서민층 호응을 받음
시사 활동	중인층과 서민층이 시사를 조직하여 활동	탈놀이	지배층, 승려들의 부패와 위선 풍자

▲ 김홍도의 무동

▲ 신윤복의 단오 풍정

▲ 민화(까치와 호랑이)

▲ 판소리

예술의 새 경향	
그림	• 진경산수화 : 우리 경치를 사실적으로 묘사 ➡ 정선의 '인왕제색도', '금강전도' • 풍속화 : 김홍도(서민의 생활 모습 묘사), 신윤복(양반·부녀자들의 생활 모습 묘사) • 문인화 : 김정희의 세한도(이상적에게 그려준 그림)
자기	청화백자 유행
건축	• 17세기 : 불교의 사회적 지위 향상, 양반층 지원 ➡ 금산사 미륵전, 화엄사 각황전, 법주사 팔상전(현존 유일한 조선 시대 목탑, 석가모니의 생애를 여덟 장면으로 표현한 팔상도가 그려져 있음) • 18세기 : 부농과 상인의 지원으로 건립 ➡ 논산 쌍계사, 부안 개암사

▲ 신윤복의 미인도

◀ 청화백자

▲ 법주사 팔상전

▲ 정선의 인왕제색도

▲ 정선의 금강전도

▲ 강세황의 영통골 입구도

▲ 김정희의 세한도

▲ 김정희의 추사체

1860~1910년대 개념정리

키워드 1 흥선 대원군의 정책과 양요

흥선 대원군의 국내 정치

왕권 강화	• 안동 김씨 가문 제거, 인재 등용 • 비변사 기능 축소, 의정부 · 삼군부 부활 • 「대전회통」, 「육전조례」 편찬
서원 철폐	• 목적 : 붕당의 근거지 제거, 국가 재정 확충 • 결과 : 전국에 47개소만 남기고 모두 철폐 ➡ 국가 재정 확충, 민생 안정, 유생의 반발 초래
삼정 개혁	• 군정 : 호포법 실시 ➡ 양반에게도 군포 징수 • 환곡 : 사창제 실시 ➡ 지역민의 자치 운영, 관리
경복궁 중건	• 목적 : 왕실의 위엄 회복 • 과정 : 원납전 강제 징수, 당백전 발행, 백성의 강제 노역 ➡ 양반과 백성의 불만 고조

흥선 대원군의 국외 정치

병인양요(1866)

• 배경 : 병인박해(프랑스 신부와 천주교 신자 처형)
• 전개 : 프랑스의 강화도 침략 ➡ 한성근(문수산성), 양헌수(정족산성) 부대 항전 ➡ 프랑스군의 철수, 외규장각 도서 약탈(의궤)

⬇

오페르트 도굴 사건(1868)

독일 상인 오페르트가 남연군 묘 도굴을 시도하다 실패

⬇

신미양요(1871)

• 배경 : 미국 상선 제너럴셔먼호 선원들이 통상 요구하며 횡포 ➡ 대동강에서 평양 군민이 제너럴셔먼호를 불태움(제너럴셔먼호 사건, 1866)
• 제너럴셔먼호 사건 ➡ 미군의 강화도 침략 ➡ 어재연(광성보) 부대 항전 ➡ 미군의 철수, 척화비 건립

▲ 병인양요 결전지

▲ 신미양요 격전지

키워드 2 19세기 개항과 개화 · 구국운동

문호 개방

강화도 조약 (1876)	• 배경 : 운요호 사건(1875)으로 일본의 개방 요구, 고종의 친정, 통상 개화론의 대두 • 내용 : 조선을 자주국으로 규정(청의 종주권 배제), 부산(경제) · 원산(군사) · 인천(정치) 개항, 해안 측량권(불평등), 치외 법권 허용(불평등) • 의의 : 최초의 근대적 조약, 문호 개방, 불평등 조약
부속 조약	• 강화도 조약 부록(조 · 일 수호 조규 부록, 1876) ➡ 일본인 거류지 설정, 일본 화폐 유통 • 조 · 일 무역 규칙(조 · 일 통상 장정, 1876) ➡ 양곡의 무제한 유출, 일본 수출입 상품 무관세
서양 열강과 수교	• 조 · 미 수호 통상 조약(1882) ┌ 배경 : 조선책략의 유포, 청의 알선 └ 내용 : 치외법권, 최혜국 대우, 관세 있음 • 조 · 영 수호 통상 조약(1883), 조 · 독 수호 통상 조약(1883), 조 · 러 수호 통상 조약(1884), 조 · 프 수호 통상 조약(1886) ➡ 불평등 조약

개화 정책의 추진

정책 추진	• 개화 정책 담당 : 통리기무아문 설치, 12사 설치 • 군사 제도 : 5군영 ➡ 무위영, 장어영으로 개편, 별기군(신식 군대) 설치 • 사절단 파견 : 1 · 2차 수신사(김홍집의 「조선책략」), 조사 시찰단(일본), 영선사(청), 보빙사(미국)

임오군란(1882)

배경	구식 군인 차별(별기군 우대), 곡물 가격 폭등
전개	구식 군인의 폭동과 도시 빈민의 합세 ➡ 흥선 대원군의 재집권(통리기무아문과 별기군 폐지) ➡ 청군의 개입(흥선 대원군 납치) ➡ 민씨 세력의 재집권
결과	• 청의 내정 간섭 : 청군 주둔, 마건상 · 묄렌도르프 파견 • 조 · 청 상민 수륙 무역 장정 체결 : 청 상인의 내륙 진출 허용 • 제물포 조약 체결 : 일본군 주둔 허용, 배상금 지불

개화파의 분화

온건 개화파	급진 개화파
• 김홍집, 어윤중, 김윤식 등 • 동도서기론, 점진적 개혁 ➡ 청의 양무운동이 모델 • 친청 사대 유지	• 김옥균, 박영효, 서광범 등 • 문명개화론 ➡ 일본 메이지 유신이 모델 • 친청 사대 반대 • 갑신정변 주도

VS

위정척사 운동

1860년대	서양의 통상 요구 ➡ 통상 반대, 척화주전론(이항로)
1870년대	강화도 조약 체결 ➡ 개항 반대, 왜양일체론(최익현)
1880년대	조선책략 유포 ➡ 개화 반대, 영남 만인소(이만손)
1890년대	을미사변, 단발령 ➡ 의병 항쟁으로 발전(유인석)

갑신정변(1884)

배경	청의 내정 간섭, 개화 정책의 후퇴, 청·프 전쟁으로 청군 철수, 일본의 지원 약속
전개	우정총국 개국 축하연을 이용해 정변 ➡ 민씨 정권 처단 ➡ 개화당 정부 수립(14개조 혁신 개혁 정강 발표) ➡ 청군 개입 ➡ 3일 만에 실패로 끝남
	14개조 개혁 정강 : 사대 관계 청산, 문벌 폐지, 인민 평등권 확립, 지조법 개혁, 국가 재정의 호조 담당
결과	• 청의 내정 간섭 심화 : 민씨 세력 재집권 • 한성 조약 : 일본 공사관 신축비 부담, 배상금 지불 • 텐진 조약 : 향후 조선 파병 때 사전 통보 약속

⬇

갑신정변 이후 국내외 정세

전개	• 거문도 사건(1885) : 영국이 러시아 남하 견제를 빌미로 불법 점령 • 한반도 중립화론 대두 : 부들러, 유길준이 주장

▲ 제1차 동학 농민 운동의 전개

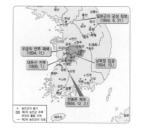
▲ 제2차 동학 농민 운동의 전개

키워드 3 **동학 농민 운동**

교조 신원 운동	• 교조 최제우의 신원과 동학의 합법화 요구 • 삼례 집회(1892) ➡ 서울에서 복합 상소(1893) ➡ 보은 집회

동학 농민 운동의 전개 과정

고부 민란	배경	고부 군수 조병갑의 탐학(만석보 축조)
	과정	전봉준이 사발통문을 돌려 농민을 모아 관아 습격 ➡ 정부는 조병갑 파면 이후 후임 군수로 박원명 임명, 안핵사 이용태 파견 ➡ 후임 군수의 회유로 농민들 자진 해산
1차 봉기 =반봉기	배경	고부 민란 수습 과정에서 안핵사 이용태의 실정 ⑩ 봉기 관련자를 역적으로 몰아 탄압
	과정	전봉준, 김개남, 손화중 등이 무장에서 봉기 ➡ 고부 점령 후 백산 1차 봉기(백산격문–보국안민·제폭구민+4대 강령) ➡ 황토현 전투 승리(감영군) ➡ 황룡촌 전투 승리(정부군) ➡ 전주성 점령(1894.4.)
전주 화약과 집강소 활동기	배경	정부는 동학군 진압을 위해 청에 원병 요청 ➡ 청군 출병 ➡ 텐진 조약을 빌미로 일본군 출병
	과정	전주 화약 체결 : 정부와 농민군 화해 ➡ 폐정 개혁에 합의 ┌ 농민군 : 전라도 각지에 집강소 설치 ➡ 폐정 개혁안 실천 노력 └ 정부 : 교정청 설치 ➡ 농민군 요구 반영, 일본 개혁 요구 대응
2차 봉기 =반외세	배경	청·일본 군대에 철수 요구 ➡ 일본의 경복궁 점령 ➡ 교정청 폐지, 군국기무처 설치(1차 갑오개혁) ➡ 청·일 전쟁 발발
	과정	일본 내정 간섭에 반발 ➡ 삼례에서 2차 봉기(남접) ➡ 논산에서 남접(전봉준)·북접(손병희)의 연합 부대 형성, 서울로 북상 ➡ 공주 우금치 전투에서 농민군 패배(1894.11.) ➡ 전봉준 등 농민군 지도자 체포, 잔여 세력 진압됨

키워드 4 · 근대 국가 수립을 위한 노력

갑오 · 을미개혁	
1차 갑오개혁 (1894.7.)	• 주도 : 군국기무처 설치, 김홍집 내각, 흥선 대원군 섭정 • 추진 : 갑신정변 당시 제기된 혁신 정강과 동학농민군의 폐정 개혁안 일부 수용 • 정치 : 궁내부 설치, 개국기년 사용, 과거 폐지, 6조를 8아문으로 개편, 경무청 신설 • 경제 : 재정 일원화, 조세 금납화, 도량형 통일 • 사회 : 신분제 폐지, 조혼 금지, 과부 재가 허용
2차 갑오개혁 (1894.12.)	• 배경 : 청 · 일 전쟁에서 일본 우세, 흥선 대원군 퇴진, 군국기무처 폐지 • 주도 : 홍범 14조 반포, 김홍집 · 박영효 내각 • 행정 개편 : 내각제 및 7부로 개편, 8도를 23부로 개편, 군현제 폐지 • 재판소 설치 : 사법권 독립, 지방관의 권한 축소 • 교육입국 조서 반포 : 근대 교육 제도 마련
3차 갑오개혁 =을미개혁 (1895.8.)	• 배경 : 청 · 일 전쟁 후 삼국 간섭 ➡ 친러 내각 수립(3차 김홍집 내각) ➡ 을미사변(1895) ➡ 친일 내각 수립(4차 김홍집 내각) • 개혁 : '건양' 연호 제정, 태양력 사용, 단발령 시행, 종두법 실시, 근대적 우편 사무 제도 마련

키워드 5 · 독립 협회

독립 협회	
배경	아관파천 이후 러시아 등 열강의 이권 침탈
성립	서재필이 독립신문 창간 ➡ 독립 협회 조직(1896)
활동	• 민중 계몽 : 독립신문 발간, 독립문 건립, 강연회와 토론회 개최 ➡ 만민 공동회 개최 • 자주 국권 : 만민 공동회 개최 ➡ 열강의 이권 침탈 반대 운동 ➡ 러시아의 절영도 조차 요구 저지, 군사 교관 · 재정 고문 철수, 한 · 러 은행 폐쇄 • 자유 민권 : 관민 공동회 개최 ➡ 헌의 6조 채택 ➡ 의회 설립 운동(의회식 중추원 관제 반포)
해산	고종이 황국 협회와 군대를 동원하여 탄압 및 해산

키워드 6 · 대한 제국의 성립

대한 제국	
수립	고종 환궁 요구 ➡ 고종이 경운궁(덕수궁)으로 환궁 ➡ 황제 즉위식 거행(1897) ➡ 국호 '대한 제국', 연호 '광무'
광무 개혁	• 방침 : 점진적 개혁 추구, 구본신참 • 정치 : 대한국 국제 제정(1899), 궁내부 · 내장원 확대 • 군사 : 원수부 설치, 친위대(중앙)와 진위대(지방) 증강, 무관학교 설립(장교 육성) • 교육 : 중학교 관제 공포(한성 중학교 설립), 기술 · 실업 교육 강조 ➡ 유학생 파견 • 경제 : 양전 사업 실시 ➡ 지계 발급 • 산업 : 근대적인 공장과 회사 설립, 근대 시설 도입

키워드 7 · 국권 피탈 과정

국권 피탈
한 · 일 의정서(1904.2.) : 군사 요충지 사용 가능

⬇

제1차 한 · 일 협약(1904.8.)
일본이 추천한 고문 초빙(외교 – 스티븐스, 재정 – 메가타)

 가쓰라 · 태프트 밀약, 제2차 영 · 일 동맹, 포츠머스 조약

을사조약(1905)
대한 제국의 외교권 박탈, 통감부 설치

을사조약 항거	• 나철 · 오기호의 오적 암살단 조직 • 을사의병, 상소 및 순국 자결(민영환 등) • 헤이그 특사 파견(이상설, 이준, 이위종) • 황성신문에서 장지연의 '시일야방성대곡' 게재 • 전명운, 장인환의 미국인 외교 고문 스티븐스 사살 • 안중근의 이토 히로부미 사살(1909)

⬇

한 · 일 신 협약(1907)
행정 각 부에 일본인 차관 임명 ➡ 이후 대한 제국 군대 해산

⬇

한 · 일 병합 조약(1910.8.) : 국권 피탈

▲ 독립신문

▲ 독립문

▲ 황궁우(왼쪽)와 환구단(오른쪽)

▲ 지계

▲ 헤이그 특사 : 왼쪽부터 이준, 이상설, 이위종

국권 피탈에 맞선 항일 의병 운동과 애국 계몽 운동

의병 활동	
을미의병 (1895)	• 배경 : 을미사변, 단발령 계기 • 전개 : 양반 유생 의병장 중심(유인석, 이소응) → 국왕의 해산 권고에 따라 자진 해산
을사의병 (1905)	• 배경 : 을사조약 강요 계기 • 전개 : 유생 의병장(최익현, 민종식)과 함께 평민 의병장(신돌석) 등장
정미의병 (1907)	• 배경 : 고종의 강제 퇴위, 군대 해산 계기 → 전투력 향상, 의병 전쟁으로 확대 • 전개 : 13도 창의군 조직(이인영, 허위) → 서울 진공 작전 전개 → 실패
호남의병	일본의 남한 대토벌 작전(1909)으로 큰 타격

▲ 정미의병의 모습

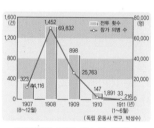
▲ 정미의병 전투 횟수와 참가 수

▲ 의병 부대의 활동

애국 계몽 운동	
성격	• 시기 : 을사조약 전후로 전개 • 목표 : 실력을 양성하여 국권 회복
보안회	일본의 황무지 개간권 요구 반대 운동(1904) 성공
헌정 연구회	의회 설립을 통한 입헌 군주정 수립 주장(1905)
대한 자강회	• 대한 자강회 월보 간행, 전국 지회 설립 • 고종 퇴위 반대 운동으로 강제 해산(1906)
신민회	• 결성 : 안창호, 양기탁 등, 비밀 결사(1907) • 목표 : 국권 회복과 공화정 추구 • 학교 설립 : 대성 학교, 오산 학교 • 회사 설립 : 태극 서관, 자기 회사 • 독립운동 기지 건설 : 삼원보, 신흥 무관 학교 설립 • 해산 : 105인 사건으로 해산

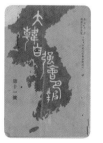
▲ 대한 자강회 월보

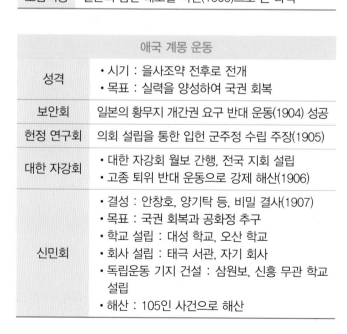
▲ 신민회가 세운 평양의 대성학교

┏ **한눈에 흐름 파악하기** ┓

1904.	보안회 결성
1905.	헌정 연구회 결성
1906.	대한 자강회 결성
1907. 2.	국채 보상 운동 시작
4.	신민회 결성
7.	신문지법 시행 보안법 시행
1908. 8.	사립 학교령 시행
1909. 2.	출판법 시행

키워드 9 경제적 구국 운동

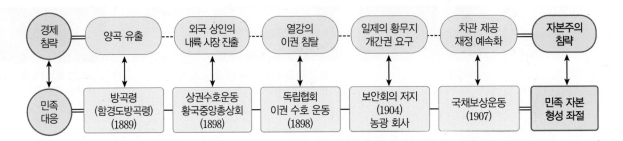

	열강의 경제 침탈
일본 · 청 경제 침탈	• 일본 : 거류지 무역, 미면 교환 체제(쌀 ↔ 면) • 청 : 조 · 청 상민 수륙 무역 장정 체결(1882) ➡ 청 · 일 상인의 상권 확대, 조선 상인의 타격
열강 이권 침탈	• 아관 파천 이후 러시아의 이권 침탈 본격화 • 최혜국 대우로 이권 침탈 ➡ 광산 채굴권(러시아), 철도 부설권(일본), 삼림 채벌권(러시아)
화폐 정리 사업	화폐 정리와 시설 개선 명목, 대한 제국의 재정 예속 음모 ➡ 재정 고문 메가타 주도, 금본위 화폐제, 국내 상공업자 타격
토지 약탈	황무지 개간권 요구, 동양척식 주식회사 설립(1908)

	경제적 구국 운동의 전개
방곡령	개항 이후 일본 상인에 의한 곡물 유출 ➡ 물가 폭등 ➡ 방곡령 선포 ➡ 일본 요구(조 · 일 통상 장정의 규정 근거)에 굴복 ➡ 방곡령 철회, 배상금 지불
상권수호	상인들의 철시 투쟁, 황국 중앙 총상회 조직
이권수호	러시아 절영도 조차 요구 저지, 한 · 러 은행 폐쇄
토지수호	일본의 황무지 개간권 요구 ➡ 보안회 반대 운동
국채 보상 운동	대구에서 서상돈 등이 시작 ➡ 국채 보상 기성회 조직 ➡ 황성신문 · 대한매일신보 등 언론 기관, 애국 계몽 운동 단체 지원 ➡ 통감부 탄압으로 실패

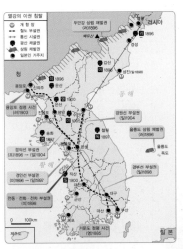
▲ 열강의 이권 침탈

▲ 화폐 정리 사업으로 새롭게 발행된 제일은행 1원권

▲ 동양 척식 주식회사

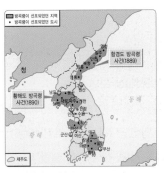
▲ 방곡령 선포

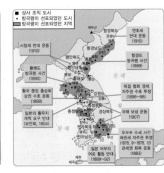
▲ 경제적 침략 저지 운동

◀ 국채 보상 운동의 주역 서상돈(좌)과 김광제(우)

국학 연구

국사	• 계몽 사학 : 민족 영웅전 편찬, 외국 흥망사 소개 • 신채호 : 「독사신론」, 민족주의 역사학 방향 제시 • 조선 광문회 : 최남선 · 박은식 ➡ 고전 정리 간행
국어	주시경의 국문연구소

예술

예술	창가 유행, 원각사 설립(극장), 서양 화풍 소개
문학	신소설과 신체시 등장, 외국 문학 번역 작품 소개

근대 문물 수용

통신	전신 · 전화 가설(경운궁, 1898), 우정총국(1884)
교통	• 전차 : 한성 전기 회사(1898) ➡ 서대문~청량리 간 가설(1899) • 철도 : 경인선(1899, 일본), 경부선 · 경의선(일본)
전기	전등 가설(1887, 경복궁)
의료	• 광혜원(1885, 후에 제중원 ➡ 세브란스 병원) • 광제원 ➡ 후에 대한 의원
시설	기기창(1883), 박문국(1883), 전환국(1883)
건축	명동성당(1898), 덕수궁 석조전(1910)

▲ 광혜원

▲ 전차

▲ 명동성당

▲ 덕수궁 석조전

▲ 원각사

▲ 우정총국

근대 교육 기관

근대 교육	• 동문학(1883) : 통역관 양성, 영어 교육 • 원산학사(1883) : 최초 근대적 사립학교 • 육영 공원(1886) : 미국인 교사, 양반 자제 입학
갑오개혁	교육입국조서 반포 ➡ 근대적 교육 제도 마련
대한 제국	한성 중학교, 각종 실업학교 등 설립
사립학교	개신교 선교사가 건립 : 배재 학당, 이화 학당

종교

천도교	동학 개칭, '만세보' 등을 간행
대종교	나철 창시, 단군 숭배, 독립운동 전개
천주교	애국 계몽 운동 전개
개신교	서양 의술, 근대 교육 보급
유교	박은식의 유교 구신론
불교	한용운의 조선 불교 유신론

언론 기관

한성순보	순 한문, 최초의 근대 신문, 박문국에서 발행
독립신문	최초의 민간 신문, 한글판 · 영문판 발행, 국민 계몽
제국신문	순 한글, 민중 계몽, 자주 독립 의식 고취
황성신문	국한문 혼용체, 장지연의 '시일야방성대곡' 게재
대한매일신보	• 베델(영국인) · 양기탁이 운영, 강한 항일 논조 • 국채 보상 운동 주도, 의병 투쟁에 호의적
만세보	천도교 기관지, 민중 계몽

▲ 독립신문

▲ 황성신문

▲ 대한매일신보

일제 강점기 개념정리

키워드 1 　일제의 침략과 식민 통치

1910년대 일제 무단 통치

공포 통치
- 조선 총독부 : 일제 식민 통치의 중추 기관
- 헌병 경찰 통치 : 헌병이 일반 경찰 업무 대행, 즉결 처분권 · 태형령 제정
- 기본권 박탈 : 언론 · 출판 · 집회 · 결사의 자유 제한
- 제1차 조선 교육령 제정(1911) : 우민화 교육 실시

경제 수탈
- 토지 조사 사업(1910~1918) : 근대적 토지 제도 확립 명분 ➡ 신고주의로 미신고 토지 및 국 · 공유지 등 약탈 ➡ 식민지 지주제 강화, 농민 몰락
- 회사령 제정(허가제) ➡ 민족 자본 성장 억제

1920년대 일제 문화 통치

기만 통치
- 배경 : 3 · 1 운동을 계기로 무단 통치 한계 인식
- 목적 : 친일파를 키워 민족 분열 + 기만적 통치
- 문관 총독 임명 가능 ➡ 실제로 임명되지 않음
- 보통 경찰제도 시행 ➡ 인원, 장비 수 증가
- 언론 · 출판의 자유 허용 ➡ 검열 강화, 기사 삭제
- 제2차 조선 교육령 : 기회 확대 ➡ 낮은 취학률

경제 수탈
- 산미 증식 계획(1920~1934) : 일본 쌀 부족 해결을 위해 실시 ➡ 식량 사정 악화, 만주산 잡곡으로 보충, 몰락 농민 증가, 국외 이주민 증가
- 회사령 폐지(신고제) ➡ 일본 기업의 한국 진출 유도 ➡ 관세 폐지 ➡ 물산 장려 운동 전개

1930년대 일제 민족 말살 통치

황국 신민화 정책
- 배경 : 전쟁을 위한 인적 · 물적 자원 수탈
- 조선 · 동아일보 등 한글 신문 폐간, 창씨 개명
- 조선 사상범 보호 관찰령, 조선 사상범 예방 구금령
- 황국 신민 서사 암송, 신사 참배와 궁성 요배, 일선 동조론, 내선일체
- 제3차 조선 교육령 : 한국어 · 한국사 과목 사실상 폐지, 우리 말 사용 금지, 소학교(1941)

경제 수탈
- 병참 기지화 정책 : 전쟁 수행에 필요한 물자 생산 및 공업화 정책 시행 ➡ 남면북양 정책
- 인적 수탈 : 국가 총동원법 제정(1938) ➡ 지원병제, 징병제, 징용령, 일본군 위안부 등
- 물적 수탈 : 미곡 공출, 식량 배급제, 금속 공출 등
- 농촌 진흥 운동, 조선 농지령(1934)

▲ 일본 헌병대

▲ 1910년대 학생과 교사 모습

일제 통치 방식 계

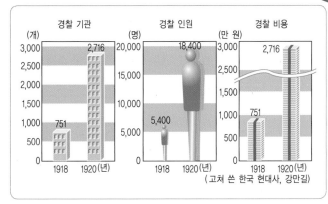

경찰 기관	경찰 인원	경찰 비용

(개) 751 → 2,716 (1918 → 1920년)
(명) 5,400 → 18,400 (1918 → 1920년)
(만 원) 751 → 2,716 (1918 → 1920년)
(고쳐 쓴 한국 현대사, 강만길)

▲ 문화 통치 시기의 보통 경찰의 실제

▲ 내선일체 관련 포스터

▲ 황국신민서사를 외우는 학생들

▲ 징용에 끌려간 사람들

▲ 강제 징발된 생활용품들

3 · 1 운동	
배경	• 국외 : 윌슨의 민족 자결주의, 소련의 약소국 지원, 독립 선언(대한독립 선언, 2 · 8 독립 선언) • 국내 : 고종의 죽음, 무단 통치에 대한 반발
전개	민족 대표 33인의 독립 선언 ➡ 서울에서 만세 시위운동 ➡ 학생, 시민들의 만세 시위 ➡ 도시, 농촌, 국외(간도, 연해주, 일본, 미주)로 확산
영향	• 대한민국 임시 정부 수립에 영향 • 중국의 5 · 4 운동, 인도의 반영 운동에 영향 • 일제 통치 방식의 변화 : 무단 통치 ➡ 문화 통치

▲ 대한민국 임시 정부 조직

▲ 애국 공채

▲ 이봉창 의사

▲ 윤봉길 의사와 홍커우 공원의 상하이 사변 승전 식장

▲ 한국광복군과 영국군

▲ 한국광복군과 미국 OSS 대원

대한민국 임시 정부의 초기 활동	
수립	• 3권 분립에 입각한 민주 공화제 정부 ➡ 임시 의정원(입법), 국무원(행정), 법원(사법) • 대통령 중심제 : 대통령 이승만, 국무총리 이동휘
활동	• 연통제와 교통국 : 독립운동 자금 모금과 정보 수집 • 행정 : 이륭양행, 백상 상회, 독립 공채(애국 공채) • 외교 : 구미 위원부, 파리 위원부 설치 • 독립신문 발행, 사료 편찬소(한 · 일 관계 사료집)

대한민국 임시 정부의 위기	
위축	연통제, 교통국 조직 붕괴, 외교 활동 미흡
국민 대표회의	• 목적 : 독립운동 전선 통일 및 방향 전환 모색 • 개최(1923) : 창조파와 개조파의 대립 ➡ 결렬 • 결과 : 독립운동가 다수 이탈, 임시 정부 침체

한인 애국단의 활동	
배경	국민 대표 회의 결렬 이후 임시 정부의 침체
결성	김구가 임시 정부의 활로 모색을 위해 설립(1931)
활동	• 일제 요인 암살 및 식민 통치 기관 폭파 위주 • 이봉창 : 도쿄에서 일본 국왕에게 폭탄 투척(1932) ➡ 상하이 사변에 영향 • 윤봉길 : 상하이 훙커우 공원 의거(1932) ➡ 임시 정부에 대한 중국 국민당 정부의 적극적 지원 계기
이동	윤봉길 의거 이후 일본의 탄압 및 중국 침략 ➡ 중국의 국민당 정부 따라 이동 ➡ 충칭에 정착(1940)

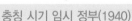

충칭 시기 임시 정부(1940)	
정착	• 임시 정부 체제 정비 ➡ 한국 독립당 결성(1940) • 대한민국 건국 강령 발표(1941) : 삼균주의 반영
한국 광복군	• 중국 정부의 지원으로 창설(사령관 지청천) • 대일 선전 포고(1941, 태평양 전쟁 발발 직후) • 김원봉의 조선 의용대 합류(1942) • 연합 작전 전개 : 인도, 미얀마 전선에 투입(1943) • 국내 진공 작전 준비(1945) : 미국 전략 정보국(OSS)의 지원하에 국내 정진군 훈련 ➡ 실현 못함

일제 강점기 개념정리

키워드 4 1920~1930년대 국내 민족 운동

민족주의 계열의 국내 운동 = 실력 양성 운동	
물산 장려 운동	• 배경 : 회사령 철폐, 관세 철폐 ➡ 민족 자본 위기 • 전개 : 평양에서 조만식 주도, 조선 물산 장려회 조직 (1923) ➡ 전국으로 확대 • 한계 : 상품 가격 상승, 사회주의 세력의 비판
민립 대학 설립 운동	• 배경 : 일제의 우민화 교육 • 전개 : 민립 대학 설립 기성회 조직, 모금 운동 • 결과 : 일제의 방해로 실패, 경성 제국 대학 설립

민족주의 세력의 분화	
타협적 민족주의	비타협적 민족주의
자치 운동, 참정권 운동 전개	일제와의 타협 거부

문맹퇴치운동	• 문자 보급 운동(1929) : 조선일보 중심, 한글 교재 • 브나로드 운동(1931) : 동아일보, '민중 속으로'라는 구호, 학생을 모아 문맹 · 미신 타파, 구습 제거 등

사회주의 계열의 국내 운동	
농민 운동	• 1920년대 : 생존권 투쟁, 암태도 소작 쟁의(1923) • 암태도 소작 쟁의 : 전남 신안군 암태도의 소작인들이 친일 지주 문재철의 횡포에 반발 ➡ 소작료를 약 40%로 낮추는 성과를 거둠 • 1930년대 : 사회주의와 연계된 항일 투쟁 강화
노동 운동	• 1920년대 : 생존권 투쟁, 원산 총파업(1929) • 원산 총파업 : 라이징 선 석유 회사에서 일본인 감독의 조선인 구타 사건 ➡ 신간회 지원, 국외 노동 단체에서 격려를 받음 • 평양 을밀대 지붕에서 강주룡의 고공 농성(1931) • 1930년대 : 사회주의와 연계된 항일 투쟁 강화

사회 운동	
소년 운동	• 방정환이 주도한 천도교 소년회 중심 • 어린이날 제정(1922), 잡지 "어린이" 발간
여성 운동	근우회(1927) : 여성계 민족 유일당 운동 ➡ 여성의 의식 계몽 · 권리 신장 · 사회적 지위 개선
형평운동	• 백정에 대한 사회적 차별과 편견에 대항 • 조선 형평사 창립(1923) : 진주의 백정들이 주도

▲ 국산품 애용 선전 광고

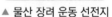

▲ 물산 장려 운동 선전지   ▲ 물산 장려 운동 선전지

▲ 문자 보급을 위한 교재   ▲ 브나로드 운동 포스터

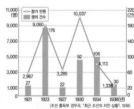
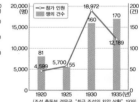

▲ 노동 쟁의 발생 건수   ▲ 소작 쟁의 발생 건수

▲ 원산 노동자 총파업   ▲ 강주룡의 고공 농성

▲ 어린이날 표어   ▲ 근우회의 '근우'   ▲ 형평사 전국 대회 포스터

국내 항일 운동	
6 · 10 만세 운동 (1926)	• 배경 : 순종 서거, 일제 수탈, 식민지 교육 정책 • 전개 : 사회주의 · 천도교 계열, 학생 단체 주도 ➡ 시위 계획 사전 발각 ➡ 순종 인산일에 학생을 중심으로 시위 전개 ➡ 일제 탄압으로 실패 • 의의 : 민족주의 · 사회주의 계열 간의 연대 계기 ➡ 민족 협동 전선 운동, 민족 유일당 운동으로 발전

⬇

민족 유일당 운동의 전개	
국내	• 민족주의 세력 : 타협적 민족주의 등장, 조선 민흥회 조직(1926) • 사회주의 세력 : 치안 유지법 제정, 정우회 선언

⬇

신간회 (1927)	• 활동 : 좌우 합작에 의한 최대 규모의 합법 단체 ➡ 기회주의자 배격 ➡ 각종 노동 쟁의나 소작 쟁의, 동맹 휴학 등을 지원 ➡ 광주 학생 항일 운동 지원 • 해체 : 일제 탄압, 내부 분열, 코민테른 노선 변화

⬇

국내 항일 운동	
광주 학생 항일 운동 (1929)	• 배경 : 식민지 차별 교육, 한 · 일 학생 간 충돌 • 전개 : 일본 경찰의 한국인 학생 검거로 가두시위 발생 ➡ 동맹 휴학, 시위 전개, 신간회의 지원 ➡ 전국 규모의 항일 투쟁으로 확대 • 의의 : 3 · 1 운동 이후 최대 민족 운동으로 확산

▲ 순종의 인산 행렬

▲ 광주 학생 항일 운동의 도화선이 된 여학생 희롱 사건 피해자 박기옥(오른쪽)

키워드 5 민족 문화 수호 운동

일제의 한국사 왜곡과 한국사 연구	
민족주의 사학	• 특징 : 우리 역사의 주체적 발전과 자주성 강조 • 신채호 : 고대사 연구, 「조선 상고사」·「조선사연구초」 저술, '낭가 사상' 강조 • 박은식 : 「한국통사」, 「한국독립운동지혈사」 저술, 민족 '혼' 강조 • 계승 : 조선학 운동 ➡ 정인보(얼), 문일평(조선심)
사회경제 사학	백남운 : 유물 사관에 입각하여 세계사적 보편성 속에서 한국사의 역사 발전 법칙 규명 ➡ 일제의 정체성론 비판
실증주의 사학	• 특징 : 철저한 문헌 고증을 바탕으로 실증적 역사 연구 • 이병도, 손진태 등이 진단학회 결성, 진단학보 간행

▲ 신채호

▲ 박은식

▲ 백남운

민족 문화 수호 운동	
국어	• 조선어 연구회(1921) : 가갸날 제정, 잡지 '한글' • 조선어 학회(1931) : 한글 맞춤법 통일안과 표준어 제정, 우리말 큰사전 편찬 시도 ➡ 조선어 학회 사건으로 해산(1942)
문학	1920년대 후반 신경향파 문학(카프) ➡ 1930년대 저항 문학 및 친일 문학 증가
예술	• 영화 : 나운규의 아리랑(1926) • 연극 : 토월회(1923), 극예술 연구회(1930년대)
종교	• 천도교 : 3 · 1 운동 주도적 역할, 잡지 '개벽', 소년 운동 전개, 제2의 독립 선언 운동 계획 • 대종교 : 북간도에 중광단 결성 ➡ 북로 군정서 • 불교 : 한용운 등이 민족 불교 전통 수호 노력 • 원불교 : 박중빈이 창시, 새 생활 운동 전개 • 개신교 : 계몽 운동 전개, 신사 참배 거부 운동 • 천주교 : 사회 사업 전개, 의민단 조직, 잡지 '경향'

일제 강점기 개념정리

8일차

키워드 6 1910~1940년대 무장 독립 전쟁

1910년대 국내 독립 운동	
독립의군부	• 임병찬(고종의 밀지), 복벽주의 표방 • 의병 전쟁 준비, 국권 반환 요구서 제출
대한광복회	• 박상진, 공화정 지향 • 무관 학교의 설립, 군자금 모금, 친일파 처단
1910년대 국외 독립 운동	
서간도	신민회에서 삼원보 건설 ➡ 경학사(후에 부민단), 신흥 강습소(신흥 무관 학교) 설립, 서로 군정서군
북간도	• 명동촌, 용정촌 ➡ 명동 학교, 서전서숙 설립 • 중광단(대종교 세력이 중심) ➡ 북로 군정서로 계승
연해주	신한촌, 권업회, 대한 광복군 정부, 대한 국민 의회
미주	대한인 국민회(안창호), 대조선 국민군단(하와이)
멕시코	숭무 학교
상하이	신한 청년당

▲ 임병찬　　▲ 박상진

▲ 1910년대 국외 독립 운동

1920년대 국외 독립 운동	
봉오동 전투 (1920)	일본군이 독립군 근거지인 봉오동 공격 ➡ 대한 독립군(홍범도) 등의 연합 부대가 일본군 기습 공격으로 승리
훈춘 사건 : 일제가 만주 출병 구실 만들기 위해 마적단 매수	
청산리 전투 (1920)	봉오동 전투 패배에 대한 일본군의 보복 공격 ➡ 북로 군정서군, 대한 독립군 등이 청산리 일대에서 전투를 벌여 대승을 거둠
독립군 시련	간도 참변(1920) ➡ 독립군 이동 ➡ 밀산에 대한 독립 군단 조직(총재 서일) ➡ 자유시 이동 후 자유시 참변 (1921) ➡ 독립군 희생 ➡ 독립군 만주 귀환
3부의 성립	만주로 돌아온 독립운동 단체의 통합 ➡ 참의부, 정의부, 신민부 조직(1923~1925)
미쓰야 협정(1925) : 일제와 만주 군벌 사이에 체결 ➡ 독립군 체포 및 인도에 합의	
3부의 통합 운동	• 배경 : 독립운동 위축, 민족 유일당 운동 • 북만주 : 혁신 의회(한국 독립당–한국 독립군) • 남만주 : 국민부(조선 혁명당–조선 혁명군)

▲ 1920년대 국외 독립 운동

▲ 1920년대 독립군의 시련

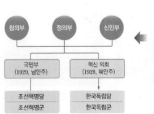

▲ 3부의 통합 운동

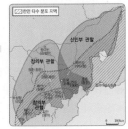

▲ 3부의 성립

1930년대 만주의 국외 독립 운동

한·중 연합
작전 전개
	• 배경 : 만주 사변 ➡ 중국 내 항일 감정 고조
	• 조선 혁명군 : 양세봉 지휘, 중국 의용군과 연합
	  ➡ 영릉가·흥경성 전투 승리
	• 한국 독립군 : 지청천 지휘, 중국 호로군과 연합
	  ➡ 대전자령·쌍성보 전투 승리

항일 유격	• 한인 사회주의자들이 참여 ➡ 항일 유격 투쟁 전개 • 조국 광복회 : 보천보 전투 지원 등

▲ 양세봉

▲ 지청천

▲ 1930년대 초반 한·중 연합군의 항일 투쟁

1920년대 의거 활동

의열단
(1919)
	• 결성 : 김원봉·윤세주 등이 만주 지린에서 조직
	• 목표 : 일제 요인 암살, 식민 통치 기관 파괴 등
	• 행동 지침 : 신채호의 '조선 혁명 선언' ➡ 민중의 직접 혁명을 통한 독립 쟁취 주장
	• 활동 : 박재혁(부산 경찰서), 김익상(조선 총독부), 김상옥(종로 경찰서), 김지섭(도쿄 왕궁), 나석주(동양 척식 주식회사) 등의 폭탄 투척 의거
	• 노선 변경 : 조직적·대중적 무장 투쟁 준비
	  ➡ 김원봉 등 단원들이 황푸 군관학교에 입교(1926)
	  ➡ 조선 혁명 간부 학교 설립(1932)
	  ➡ 민족 혁명당 결성 주도(1935)

▲ 의열단의 의거

1930년대 중국 본토의 국외 독립 운동

민족혁명당 (1935)	• 결성(난징) : 의열단(김원봉) 주축＋조선 혁명당(지청천) ＋한국 독립당(조소앙) 등 연합 • 성격 : 중국 관내 최대 규모의 좌우 연합 세력
	조선 의용대 창설(1938)
	• 중국 관내 최초 한인 무장 부대 • (조선)민족 혁명당 산하의 군사 조직 • 일부 세력 화북 지역으로 이동(조선 의용대 화북지대) ➡ 조선 독립 동맹의 조선 의용군으로 개편 • 남은 세력은 대한민국 임시 정부의 한국광복군에 합류

⬇

조선 독립 동맹	• 성립 : 김두봉 등이 주도 ➡ 화북 지역의 사회주의자들 중심＋조선 의용대 화북 지대 • 조선 의용군의 조직, 민주 공화국 수립 지향

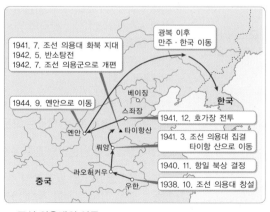

▲ 조선 의용대의 이동

대한민국 개념정리

키워드 1 광복과 대한민국 정부 수립 과정

광복 직후	
미·소 분할 점령	얄타 회담에 따라 소련이 참전 후 한반도로 진주 ➡ 미국이 소련에 38도선 분할 점령 제안 ➡ 소련이 수용함 ➡ 미·소의 영향 아래 군정 실시
조선 건국 준비위원회	• 결성 : 좌우 합작의 형태로 결성된 조선 건국 동맹 계승 · 개편, 우익 세력이 대거 탈퇴 ➡ 영향력 약화 • 활동 : 치안대 설치, 전국 각지에 지부 조직 • 조선 인민 공화국 선포 : 미군 진주에 대비, 각 지방의 지부는 인민 위원회로 전환
미군정 실시	• 미군 진주(1945.9.) ➡ 조선 인민 공화국, 대한민국 임시 정부 불인정, 조선 총독부 관료와 경찰 조직 유지, 국내 우익 세력을 지원 • 신한공사 설립(1946) : 일본의 귀속 재산 처리
광복 후 여러 세력	• 한국 민주당 : 송진우, 김성수, 지주 · 자본가 중심 • 독립 촉성 중앙 협의회 : 이승만 • 한국 독립당 : 김구, 대한민국 임시 정부 핵심 정당 • 조선 공산당 : 박헌영, 미군정의 탄압을 받음

정부 수립 과정	
모스크바 3국 외상 회의	• 내용 : 미 · 영 · 소의 외무 장관이 한반도 문제 논의 • 결정 사항(1945.12.) : 한국의 임시 민주 정부 수립, 미 · 소 공동 위원회 설치, 최고 5년간의 신탁 통치 결의 • 영향 : 우익 계열(신탁 통치 반대)과 좌익 계열(신탁 통치 반대 ➡ 지지) 대립 심화
1차 미 · 소 공동 위원회	• 협의 대상 선정을 둘러싸고 미 · 소의 의견 차이 • 소련은 반탁 단체 제외, 미국은 모든 정치 단체의 포함 주장 ➡ 결렬
정읍 발언	이승만이 정읍에서 남한만의 정부 수립 주장
좌우 합작 운동	• 목표 : 좌우를 아우른 통일 정부 수립 • 활동 : 좌우 합작 위원회 개최(1946.7, 여운형, 김규식 중심, 미군정 지원) ➡ 좌우 합작 7원칙 발표(1946.10.) • 결과 : 좌우익의 견해 차이, 미군정 지지 철회, 여운형 암살 등으로 실패
2차 미 · 소 공동 위원회	협의 대상 선정 문제, 미 · 소 냉전의 심화 ➡ 결렬 ➡ 미국이 한반도 문제를 유엔에 이관

▲ 미군과 소련군의 한반도 점령

▲ 대한민국 임시 정부 귀국 환영 대회

▲ 모스크바 3국 외상 회의 결정안 지지 시위

▲ 미 · 소 공동 위원회

▲ 좌 · 우 합작 위원회

	대한민국 정부 수립
한국 문제 유엔 상정	• 미국이 단독으로 유엔에 상정 • 유엔 총회 결의 : 인구 비례에 의한 남북한 총선거 실시, 유엔 한국 임시 위원단 파견 ➡ 소련이 유엔 한국 임시 위원단의 입북 거부 ➡ 선거가 가능한 지역에서 총선거로 정부 수립
남북 협상	남북 지도자 연석회의(1948.4.) : 김구, 김규식 주도 ➡ 평양에서 개최 ➡ 남한만의 단독 정부 수립 반대, 외국군의 철수 합의
제주 4·3 사건	제주 좌익 세력이 단독 정부 수립에 반대하여 일으킨 무장 봉기 ➡ 진압 과정에서 양민까지 희생
5·10 총선거	남한만의 총선거(보통 선거) ➡ 제헌 국회의원 선출(임기 2년) ➡ 제헌 국회 구성
정부 수립	• 제헌 국회에서 헌법 제정(1948.7.) : 국호 '대한민국', 대통령 이승만, 부통령 이시영 선출 • 대한민국 정부 수립 선포(1948.8.15.)

▲ 유엔 한국 임시 위원단 환영식

▲ 김구의 입북 ▲ 5·10 총선거 포스터

키워드 2 · 정부 수립 후 체제 정비

	정부 수립 후 체제 정비
여수·순천 10·19사건	제주 4·3 사건 진압에 동원된 여수 주둔의 군대가 반발하여 일으킨 무장 봉기
반민족 행위 처벌법	• 배경 : 제헌 국회에서 제정(1948.9.) • 활동 : 박흥식, 최린, 이광수 등 친일파 기소 • 좌절 : 이승만 정부의 방해 ➡ 국회 프락치 사건, 반민 특위 습격 사건
농지 개혁법	• 배경 : 제헌 국회에서 제정 • 전개 : 3정보 소유 상한선, 유상 매입, 유상 분배 원칙 ➡ 지주제 소멸, 자작농 증가

국가

지주 ← 지가증권 / 땅(유상매입) → 국가
국가 → 땅(유상분배) / 매년 소출의 30%(5년) → 소작농

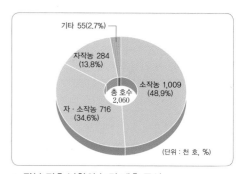

기타 55(2.7%)
자작농 284 (13.8%)
소작농 1,009 (48.9%)
총 호수 2,060
자·소작농 716 (34.6%)
(단위 : 천 호, %)
▲ 광복 직후 남한의 농민 계층 구성

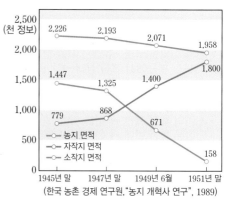

2,500 (천 정보)
2,226 / 2,193 / 2,071 / 1,958
1,800
1,447 / 1,325 / 1,400
779 / 868 / 671
158
○ 농지 면적
○ 자작지 면적
○ 소작지 면적
1945년 말 / 1947년 말 / 1949년 6월 / 1951년 말
(한국 농촌 경제 연구원, "농지 개혁사 연구", 1989)
▲ 농지 개혁 실시 전후의 소작 면적 변화(이후 자작 면적이 크게 증가)

대한민국 개념정리

9 일차

키워드 3 6 · 25 전쟁

배경
• 미국의 애치슨 선언(1950.1.), 중화 인민 공화국 수립 • 주한 미국 철수(1949.6.), 한 · 미 상호 방위 원조 협정 체결 • 남북 대립 심화(38도선 부근 잦은 충돌 발생)

북한의 전쟁 준비
• 소련 · 중국의 지원으로 군사력 증강, 조선 의용군을 인민군에 편입 • 소련의 북한 남침 계획 승인

북한군의 남침(1950.6.25.)

북한의 기습 남침 ➡ 3일 만에 서울 함락 ➡ 한 달여 만에 낙동강 선까지 후퇴

국군과 유엔군의 반격
• 유엔의 결의에 따라 유엔군 결성 · 참전(1950.7.) • 낙동강을 사이에 두고 치열한 공방전 전개 • 인천 상륙 작전 성공(9.15.) ➡ 전세 역전 • 서울 탈환(9.28.) ➡ 38도선 돌파 • 평양 입성 ➡ 압록강까지 진격(10월 말)

중국군의 개입(10.25.)
• 중국군의 대대적인 공세(11월 하순) ➡ 전세 역전 • 흥남 철수, 서울 재함락(1 · 4 후퇴, 1951)

전선의 교착
• 전열 정비한 국군 · 유엔군 서울 탈환(1951.3.) • 38도선 부근에서 교착 상태 ➡ 치열한 공방전 지속

휴전 교섭
• 소련의 휴전 제안 ➡ 미국, 북한, 중국 대표 참가 • 남한은 휴전 반대 ➡ 이승만의 거제도 반공 포로 석방(1953.6.) • 군사 분계선, 포로 교환 방식 등으로 대립

휴전 협정 체결(1953.7.27.)
• 중립국 감시 위원단 설치, 포로의 자유의사 존중 • 휴전선 확정, 비무장 지대 설치 등에 합의

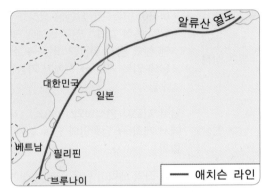

▲ 애치슨 선언

▲ 북한군의 남침

▲ 국군의 북진

▲ 중국군의 개입

▲ 전선 교착과 휴전

▲ 정전 협정 체결

전쟁의 결과	
피해	많은 인명과 재산 피해, 전쟁고아와 이산가족 발생
국제 질서 변화	• 한미 상호 방위 조약(1953.10.) : 군사 동맹 강화 • 중국의 영향력 확대, 미국 영향력 강화, 일본의 경제 부흥

키워드 4 현대 사회의 발전

이승만 정부(1948~1960)	
독제 체제 강화	• 발췌 개헌(1952) : 대통령 직선제로 개정 • 사사오입 개헌(1954) : 초대 대통령의 중임 제한 철폐 • 자유당 정권의 독재 체제 강화 : 진보당 사건(진보당 조봉암을 간첩 혐의로 사형), 신국가 보안법 통과(1958), 경향신문 강제 폐간(1959) 등
4 · 19 혁명	• 배경 : 이승만 정부의 독재 강화, 3 · 15 부정 선거 • 전개 : 마산 시위 ➡ 김주열의 시신 발견 ➡ 시위 전국 확산(4.19.) ➡ 정부의 무력 진압 ➡ 대학 교수단 시국 선언(4.25.) ➡ 이승만 하야(4.26.) • 영향 : 허정 과도 정부 수립 ➡ 장면 내각 수립
경제	• 미국의 경제 원조 : 소비재 중심의 삼백 산업 발전, 잉여 농산물 유입으로 농업 기반 약화 • 귀속 재산 처리 : 기업체의 민간 불하, 기업체에 원조 물자 배정 ➡ 자본주의 정착, 정경유착 발생

장면 내각(1960~1961)	
수립	허정 과도 정부의 개헌 추진 ➡ 양원제 의회, 내각 책임제 개헌 ➡ 대통령에 윤보선, 국무총리에 장면 선출
정책	• 다양한 민주화 요구, 평화 통일 운동 분출, 민주당 구파와 신파의 대립 ➡ 5 · 16 군사 정변으로 붕괴 • 경제 개발 5개년 계획 마련 ➡ 5 · 16 군사 정변으로 중단
통일	유엔 감시하의 총선거 실시 주장(정부), 민간의 통일 운동 대두

▲ 발췌 개헌 모습

▲ 사사오입 개헌 모습

▲ 3인조 · 9인조 투표

▲ 대학 교수단 시위

▲ 학생과 시민의 시위

▲ 하야하는 이승만

▲ 장면 내각 출범

▲ 남북학생 회담 요구

박정희 정부(1963~1979)

구분	내용
5 · 16 군사 정변	군정 실시(국가 재건 최고 회의 구성) → 대통령 중심제와 단원제 국회 구성을 위한 개헌 단행
경제 개발 자금 마련	• 한 · 일 협정 : 굴욕적 대일 외교 → 6 · 3 시위 • 베트남 파병 : 브라운 각서 체결, 경제 개발 관련 기술 및 차관 확보, 베트남 건설 사업 참여
장기 집권 기반 마련	3선 개헌(1969) : 대통령 3선 연임을 허용하는 개헌안 통과
사회	• 새마을 운동 : 농어촌 환경 개선 및 소득 증대 • 전태일 분신 사건(1970), 향토 예비군 창설
유신 체제 수립	• 유신 헌법, 10월 유신 → 유신 체제 수립, 대통령의 권한 강화 • 대통령 간선제(통일 주체 국민 회의에서 선출, 임기 6년), 대통령의 중임 제한 조항 삭제 • 대통령에게 긴급 조치권, 국회 해산권, 국회의원 3분의 1 추천권 부여 → 국민의 기본권과 자유 제한, 대통령이 사법권과 입법권 장악
유신 체제 붕괴	YH 무역 사건 → 김영삼의 국회의원직 제명 → 부 · 마 민주 항쟁 → 10 · 26 사태(1979)
경제	• 제1, 2차 경제 개발 5개년 계획(1960년대) → 외국 차관, 값싼 노동력 결합 → 경공업 발달 • 제3, 4차 경제 개발 5개년 계획(1970년대) → 수출 주도형 중화학 공업 중심 • 경제 위기 : 1차 석유 파동(오일 달러로 극복) → 2차 석유 파동(중화학 공업 과잉 · 중복 투자)
통일	7 · 4 남북 공동 성명 : 자주, 평화, 민족 대단결의 3대 원칙 → 남북 조절 위원회 구성

전두환 정부(1981~1988)

구분	내용
수립	12 · 12 사태(1979)로 신군부 권력 장악 → 5 · 18 민주화 운동 진압 → 국가 보위 비상 대책 위원회 설치 → 전두환 정부 수립(통일 주체 국민 회의에서 대통령 선출된 후 헌법 개정 후 7년 단임의 대통령에 재선출)
5 · 18 민주화 운동	• 배경 : 신군부 퇴진, 유신 헌법 폐지 요구 • 전개 : 광주에서 민주화 요구 시위 → 계엄군 발포 → 시민군 조직 → 계엄군 광주 봉쇄 → 무력 진압 • 관련 기록물이 유네스코 세계 기록 유산으로 등재
정부 정책	• 강압책 : 언론 통폐합, 삼청 교육대 운영 등 • 회유책 : 교복 · 두발 자율화, 야간 통행 금지 해제
6월 민주 항쟁	• 배경 : 전두환 정부의 권위주의적 통치와 강압적 통제에 대한 반발 전개, 직선제 개헌 • 전개 : 야당 정치인과 재야 세력을 중심으로 대통령 직선제 개헌 운동 전개 → 박종철 고문치사 사건 발생 → 4 · 13 호헌 조치 → 개헌 요구 시위 중 이한열이 최루탄에 맞아 뇌사 → 시위의 격화 → 6 · 10 국민 대회 → 6 · 29 민주화 선언 발표 • 결과 : 5년 단임의 대통령 직선제 개헌(1987.10.)
경제	3저 호황으로 경제 성장, 물가 안정
통일	최초 이산가족 고향 방문, 예술 공연단 교환

▲ 5 · 16 군사 정변의 주역들

▲ 한 · 일 협정 반대시위

▲ 3선 개헌 반대 시위

▲ 12 · 12 사태의 주역들

▲ 5 · 18 민주화 운동

▲ 6월 민주 항쟁

▲ 남북 이산가족 고향 방문단

노태우 정부(1988~1993)	
수립	야당 분열로 여당(민주 정의당) 노태우 후보가 대통령에 당선 ➡ 여소야대 정국 전개 ➡ 야당 주도로 5공 청문회 개최 ➡ 3당 합당(민주 자유당)을 통해 여소야대의 정국 개편
정책	• 서울 올림픽 개최, 지방 자치제의 부분적 실시 • 북방 외교 추진 : 소련, 중국 등 공산권과 수교
통일	남북한 고위급 회담 개최 ➡ 남북한 유엔 동시 가입, 남북 기본 합의서 채택, 남북한 비핵화 공동 선언

김영삼 정부(1993~1998)	
수립	5 · 16 군사 정부 이후 첫 민간 정부(문민 정부)
정책	• 역사 바로 세우기 운동 : 전두환 · 노태우 구속 • 고위 공직자 재산 등록제, 금융실명제, 지방 자치제 전면 실시
경제	경제 협력 개발 기구(OECD) 가입, 외환 위기 발생

김대중 정부(1998~2003)	
수립	선거를 통한 최초의 평화적 여야 정권 교체
정책	국민 기초 생활 보장법 제정, 국가 인권 위원회 설립, 여성 가족부(여가부) 신설, 한 · 일 월드컵 개최, 부산 아시안 게임 개최
경제	외환 위기 극복 : 금 모으기 운동, 노사정 위원회
통일	• 금강산 관광 사업(1998) 시작 • 대북 화해 협력 정책 추진(햇볕 정책) • 남북 정상 회담(2000) : 6 · 15 남북 공동 선언 • 정상 회담 이후 : 경의선 복구 사업, 개성 공단 건설, 이산가족 상봉

노무현 정부(2003~2008)	
정책	• 행정 중심 복합 도시 건설, 대통령 탄핵 사태(기각) • 경부고속철도(KTX) 개통, 과거사 진상규명법 제정 • 칠레 · 미국과 자유 무역 협정(FTA) 체결
통일	• 금강산 육지 관광, 개성 공단 설치 등 • 2차 남북 정상 회담(2007) : 10 · 4 남북 공동 선언

이명박 정부(2008~2013)	
정책	서울에서 G20 정상 회의 개최, 한 · 미 자유 무역 협정(FTA) 발효

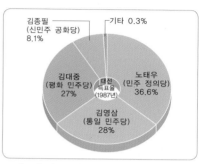

▲ 제13대 대통령 후보자별 득표율(1987)

▲ 남북 고위급 회담

▲ 역사 바로 세우기(조선 총독부 철거)

▲ 제1차 남북 정상 회담(2000)

▲ 제2차 남북 정상 회담(2007)

부록2

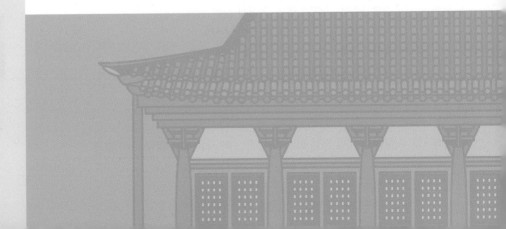

시대별 왕 족보집

고국원왕의 전사로 직면한 국가적 위기는 내가 극복한다!

- ☑ 불교 수용
  - ➡ 국가적 통합
- ☑ 율령 반포
  - ➡ 왕권 강화
- ☑ 태학 설립
  - ➡ 인재 양성

소수림왕

고구려 17대 왕
(317~384)

- ☑ 요동과 만주 지역 확보
  - ➡ 영토 확장
- ☑ 한강 이북 점령
  - ➡ 영토 확장
- ☑ 신라에 침입한 왜 격퇴
  - ➡ 신라에 대한 정치적 간섭 획득
- ☑ '영락'이라는 독자적인 연호 사용
  - ➡ 고구려의 높은 위상을 드러냄

광개토 대왕

고구려 19대 왕
(391~413)

드넓은 중국의 만주와 요동은 내가 접수한다!

- ✓ 국내성에서 평양으로 천도
  - ➡ 본격적인 남진 정책
- ✓ 백제 한성 점령
  - ➡ 백제 개로왕의 전사
- ✓ 광개토대왕릉비와 중원 고구려비 건립
  - ➡ 고구려 중심 천하관 과시
- ✓ 중국 남·북조와 교류
  - ➡ 폭넓은 외교 관계

백제와 신라는
긴장해라! 내가
남쪽으로 내려간다!

장수왕

고구려 20대 왕
(412~491)

근초고왕

백제 13대 왕
(317~384)

내가
백제 최고의
정복 군주이다!

- ✓ 고구려의 평양성 공격
  - ➡ 고구려 고국원왕 전사
- ✓ 백제 중심의 해상 교역권 확립
  - ➡ 해상 교역로 확보
- ✓ 왜왕에게 칠지도 하사
  - ➡ 일본과 교류의 증거

중국 요서 지방
중국 남조
가야
일본 규슈 지방

바닥에 떨어진 왕권은
내가 다시 세운다!

무령왕
백제 25대 왕
(501~523)

- ☑ 22담로에 왕족 파견
  - ➡ 지방 통제 강화
- ☑ 무령왕릉 남김
  - ➡ 중국 남조의 영향 반영
- ☑ 중국 남조의 양나라와 교류
  - ➡ 선진 문물 수용

- ☑ 수도를 사비로 천도
  - ➡ 대외 진출에 유리
- ☑ 국호를 '남부여'로 변경하고 중앙에
  22개 관청 설치
  - ➡ 통치 조직 정비
- ☑ 한강 유역을 일시 점령
  - ➡ 국력 회복
- ☑ 관산성 전투에서 신라에 패함
  - ➡ 성왕 전사

성왕
백제 26대 왕
(523~554)

백제의 부흥은
내가 이끈다!

- ☑ 국호를 '신라'로, 왕호를 '왕'으로 고침
  ➡ 왕권 강화
- ☑ 이사부로 하여금 우산국 정복
  ➡ 영토 확장
- ☑ 우경 보급 ➡ 생산력 증대
- ☑ 동시전 설치 ➡ 시장을 관리 감독

신라의 전성기를
위한 주춧돌은
내가 만든다!

지증왕

신라 22대 왕
(500~514)

법흥왕

신라 23대 왕
(514~540)

신라의
중앙 집권 체제 정비는
나의 몫이지!

- ☑ 율령 반포, 관등 정비, '건원' 연호
  사용 ➡ 왕권 강화
- ☑ 불교 공인
  ➡ 국가적 통합
- ☑ 금관가야 정복
  ➡ 영토 확장

내가 바로 신라 최고의
정복 군주이지!

진흥왕

신라 24대 왕
(534~576)

- ☑ 화랑도를 국가적 조직으로 정비
  - ➡ 군사력 향상
- ☑ 관산성 전투 승리
  - ➡ 백제 성왕의 전사
- ☑ 대가야를 정복하고 함경도로 진출
  - ➡ 영토 확장
- ☑ 단양 적성비와 4개의 순수비 건립
  - ➡ 활발한 영토 확장의 증거

신문왕

신라 31대 왕
(681~692)

- ☑ 김흠돌의 난 진압
  - ➡ 왕권 강화
- ☑ 관료전 지급
  - ➡ 왕권 강화
- ☑ 9주 5소경과 9서당 10정 설치
  - ➡ 지방 행정과 군사 제도 정비
- ☑ 국학 설립
  - ➡ 유학 보급

내가 신라 역사상
가장 강력한 전제 왕권을
확립하였지.

- ☑ 3성 6부의 중앙 관제 갖춤
  - ➡ 중앙 집권 체제 강화

- ☑ 신라도 개설
  - ➡ 신라와 교류

- ☑ 당의 장안성을 모방하여 상경성 축조
  - ➡ 당 문물 수용

당의 문물을 받아 들여
통치 체제를
정비하겠어!

문왕

발해 3대 왕

(737~793)

왕건

고려 1대 왕

(918~943)

내가 건국한 고려를 위해
왕권 강화와 민생 안정
두 마리 토끼를 잡겠어!

- ☑ 혼인 정책과 사성 정책 실시
  - ➡ 호족 포섭

- ☑ 기인제도와 사심관 제도 시행
  - ➡ 호족 견제

- ☑ 흑창 설치 ➡ 민생 안정

- ☑ 훈요 10조와 정계·계백료서를 남김
  - ➡ 후손과 신하들에게 전함

호족에 의해
망가진 왕권은
내가 다시 강화시킨다!

광종

고려 4대 왕
(949~975)

- ☑ 노비안검법 실시
  - ➡ 국가 재정 확충+호족 세력 억압
- ☑ 과거제를 실시
  - ➡ 호족 세력 억제
- ☑ '광덕', '준풍'의 연호 사용
  - ➡ 왕권 강화

성종

고려 6대 왕
(981~997)

- ☑ 최승로가 건의한 시무 28조 받아 들임
  - ➡ 유교적 정치 질서 확립
- ☑ 12목 설치 및 지방관 파견
  - ➡ 중앙 집권 강화
- ☑ '광덕', '준풍' 연호 사용
  - ➡ 왕건 강화
- ☑ 경학, 의학 박사 파견 및 향리제 마련
  - ➡ 행정 제도 정비

고려에
유교 정치 이념을
확립시키고 말겠어!

친원파

- ✓ 쌍성 총관부를 공격하여 철령 이북땅 회복 ➡ 자주성 회복
- ✓ 전민변정도감 설치
  ➡ 국가 재정 확충, 권문세족 약화
- ✓ 기철 등의 친원파 제거 ➡ 왕권 강화
- ✓ 몽골풍을 폐지하고 격하된 왕실 용어와 관제 복구 ➡ 자주성 회복
- ✓ 정동행성 이문소와 정방 폐지
  ➡ 왕권 강화

원의 힘이 약해진 지금이 반원 자주 정책과 왕권 강화를 이룰 기회다!

공민왕

고려 31대 왕
(1351~1374)

태조(이성계)

조선 1대 왕
(1392~1398)

성리학을 통치 이념으로 삼고 새로운 국가의 기틀을 마련하겠어!

- ✓ 홍건적과 왜구 격퇴
  ➡ 백성들로부터 신망을 얻음
- ✓ 위화도 회군
  ➡ 군사적 실권 장악
- ✓ 정도전 중용
  ➡ 재상 중심의 정치 추구
- ✓ 조선 건국
  ➡ 불교 사회에서 유교 사회로의 전환

국왕 중심의
통치 질서를
세우고야 말겠어!

태종 (이방원)

조선 3대 왕
(1400~1418)

- ✔ 두 차례 왕자의 난을 일으킴
  - ➡ 정치적 실권 장악
- ✔ 6조 직계제 실시
  - ➡ 왕권 강화
- ✔ 호패법 실시
  - ➡ 전국 인구 동태 파악

- ✔ 집현전 설치 및 경연 활성화
  - ➡ 유교 정치 실현
- ✔ 의정부 서사제 실시 ➡ 왕권과 신권의 조화
- ✔ 각종 편찬 사업 실시 ➡ 한약집성방, 훈민정음, 농사직설, 칠정산, 삼강행실도
- ✔ 각종 과학 기구 제작
  - ➡ 앙부일구, 자격루, 측우기, 혼천의
- ✔ 4군 6진 설치+대마도 정벌
  - ➡ 영토 확장

세종

조선 4대 왕
(1418~1450)

안정된 왕권과 경제력을
바탕으로 유교 정치를
실현하겠어!

내가 강력한 왕권을
행사할 수 있도록
최선을 다 하겠어!

- ☑ 계유 정난(정변) 일으킴 ➡ 왕위 즉위
- ☑ 6조 직계제 실시 ➡ 왕권 강화
- ☑ 집현전을 없애고 경연을 일시적으로
    폐지 ➡ 왕권 강화
- ☑ 직전법 시행 ➡ 수신전, 휼양전 폐지

세조

조선 7대 왕
(1455~1468)

성종

조선 9대 왕
(1469~1494)

- ☑ 홍문관 설치 및 경연 활성화
    ➡ 유교 정치 실현
- ☑ 경국대전 완성 및 반포
    ➡ 유교적 법치 국가의 토대 마련
- ☑ 관수 관급제 실시
    ➡ 국가 수조권 행사

유교 정치를
바탕으로 한 통치 조직을
완비하겠어.

명이 쇠약해지고 후금이 강성해지는 국제 정세의 변화를 잘 파악하겠어!

광해군

조선 15대 왕
(1608~1623)

☑ 명과 후금 사이에서
실리적 중립 외교 전개
➡ 후금과의 전쟁을 피함

☑ 대동법 시행 ➡ 민생 안정

☑ 전후 복구 사업 전개
➡ 국가 재정 확충 및 민생 안정

☑ 영창대군 살해, 인목대비 유폐
➡ 인조반정의 명분 제공

☑ 탕평비 건립 및 탕평교서 발표
➡ 군신들 간의 화합 도모

☑ 균역법 시행 ➡ 민생 안정

☑ 각종 편찬 산업 실시
➡ 속대전, 동국문헌비고, 속오례의 등

영조

조선 21대 왕
(1724~1776)

각 붕당의 조화를 통해 정국을 안정되게 이끌어 나가겠어!

- ☑ 규장각과 장용영 설치
  ➡ 왕권 강화

- ☑ 초계문신제 실시 ➡ 왕권 강화

- ☑ 수원 화성 건립 ➡ 정치적 이상 실현

- ☑ 각종 편찬 사업 실시
  ➡ 대전통편, 탁지지, 무예도보통지 등

- ☑ 금난전권 폐지하는 신해통공 실시
  ➡ 상업의 발전

강력한 왕권을
이루기 위해 여러 가지
정책을 시행하겠어!

정조

조선 22대 왕
(1776~1800)

흥선 대원군

섭정
(1863~1873)

세도정치로 인해
흐트러진 민심을 수습하고
실추된 왕권을
강화하겠어!

- ☑ 비변사를 사실상 폐지하고 의정부와
  삼군부의 기능 부활 ➡ 비변사 폐지

- ☑ 경복궁 중건 ➡ 왕실의 위엄 회복

- ☑ 통치 체제 재정비
  ➡ 대전회통, 육전조례 등

- ☑ 수취 제도 개혁 ➡ 사창제, 호포제
  시행

- ☑ 전국의 서원을 47개소만 남기고
  모두 철폐 ➡ 왕권 강화와 민생 안정

서양 열강의 침략을
통상 수교 거부 정책을
통해 저지하고 말겠어!

흥선 대원군

섭정
(1863~1873)

- ☑ 천주교 탄압(병인박해)
  - ➡ 병인양요의 배경
- ☑ 프랑스군 격퇴(병인양요)
  - ➡ 문화재(의궤)를 약탈 당함
- ☑ 오페르트의 남연군 무덤 도굴
  - ➡ 서양에 대한 반감 확산
- ☑ 미국 상선 제너럴셔먼호 격침
  - ➡ 신미양요의 배경
- ☑ 미군 격퇴(신미양요)
  - ➡ 이후 전국에 척화비 건립

고종

조선 26대 왕
(1863~1907)

- ☑ 국가 운영 원칙을 담은 대한국 국제 제정
  - ➡ 전제 국가임을 공표
- ☑ 원수부 설치, 황제가 직접 육해군 통솔
  - ➡ 황제권 강화
- ☑ 양전 사업을 통해 토지 소유권 증명서인
  지계 발급 ➡ 국가 재정 확보
- ☑ 근대 시설 확충 ➡ 교통, 통신, 교육 발달
- ☑ 근대적인 공장과 회사 설립 ➡ 상공업 진흥

옛 것을 근본으로 하여,
새것을 참조하는
구본 신참 정신으로
개혁을 하겠어!

MEMO

MEMO

MEMO

은동진 쌤의
한국사능력검정시험 한권으로 끝내기
기본(4, 5, 6급)

———

초 판 발 행   2024년 05월 30일

저   자   은동진
발 행 인   정용수
발 행 처   (주)예문아카이브
주   소   서울시 마포구 동교로 18길 10 2층
T E L   02) 2038 - 7597
F A X   031) 955 - 0660

등 록 번 호   제2016 - 000240호

정   가   20,000원

• 이 책의 어느 부분도 저작권자나 발행인의 승인 없이 무단 복제하여 이용할 수
  없습니다.
• 파본 및 낙장은 구입하신 서점에서 교환하여 드립니다.

홈페이지 http://www.yeamoonedu.com

I S B N   979-11-6386-305-2   [13910]